"十二五"普通高等教育本科国家级规划教材

高等学校经济学类主要课程教材

国家精品资源共享课教材

本教材第三版曾获首届全国教材建设奖
全国优秀教材二等奖

产业经济学

(第四版)

主　编　王俊豪

高等教育出版社·北京

内容简介

产业经济学是当前经济科学中发展最为迅速、理论创新最为活跃、与现实经济紧密结合的领域之一，主要研究产业内企业之间的垄断和竞争关系，为各国政府制定产业组织政策和反垄断与政府管制政策提供理论基础。同时，产业经济学关于产业演进、产业布局、产业关联的理论探索，是评价产业结构合理性与产业政策有效性的理论依据。

本书强调中国产业经济学特色，在遵循产业经济学原有理论体系和内容的基础上，吸收国内外有关创新理论、博弈论、企业策略性行为等最新研究成果，把考察的产业从第二产业拓展到包括现代农业与现代服务业在内的现代产业体系。值得一提的是，本书还突破了传统产业经济学资源配置最优化的审视角度，引入了适用于政府、企业、投资者的产业分析方法，对产业经济学的理论与应用作了重大拓展。

本书可作为经济学类和管理学类本科生教材，也可用作研究生的重要参考资料。

图书在版编目（CIP）数据

产业经济学／王俊豪主编. -- 4 版. -- 北京：高等教育出版社，2021.12（2022.7重印）

ISBN 978-7-04-057072-4

Ⅰ.①产… Ⅱ.①王… Ⅲ.①产业经济学-高等学校-教材 Ⅳ.①F062.9

中国版本图书馆 CIP 数据核字（2021）第 191380 号

Chanye Jingjixue

策划编辑	施春花	责任编辑	施春花 李斐琳	封面设计	王 琰	版式设计	杜微言
插图绘制	黄云燕	责任校对	吕红颖	责任印制	刁 毅		

出版发行	高等教育出版社	网 址	http://www.hep.edu.cn
社 址	北京市西城区德外大街 4 号		http://www.hep.com.cn
邮政编码	100120	网上订购	http://www.hepmall.com.cn
印 刷	山东百润本色印刷有限公司		http://www.hepmall.com
开 本	787 mm×1092 mm 1/16		http://www.hepmall.cn
印 张	23.5		
字 数	530 千字	版 次	2008 年 7 月第 1 版
插 页	2		2021 年 12 月第 4 版
购书热线	010-58581118	印 次	2022 年 7 月第 2 次印刷
咨询电话	400-810-0598	定 价	52.00 元

本书如有缺页、倒页、脱页等质量问题，请到所购图书销售部门联系调换
版权所有　侵权必究
物 料 号　57072-00

作者简介（按撰写章次）

夏大慰，浙江绍兴市人，教授，博士生导师。上海国家会计学院创院院长，曾任上海财经大学副校长。主要社会兼职有：中国工业经济学会副会长，1988年至1990年在日本大阪市立大学担任客座研究员，2003年被香港中文大学聘为名誉教授。1997年入选财政部跨世纪学术带头人计划，1998年入选教育部首批人文社科跨世纪学术带头人计划，1999年入选国家"百千万人才工程"第一、二层次人选，享受国务院政府津贴专家。出版学术著作20余部，公开发表学术论文50余篇，主持国家哲学社会科学基金、国家自然科学基金以及部省级研究项目10多项，获财政部、教育部、上海市科学研究优秀成果奖11项。

产业经济学

产业经济学

王俊豪，浙江嵊州市人，经济学博士。曾先后在英国University of Strathclyde和美国Columbia University做学术研究工作。浙江财经大学原校长，现任中国政府管制研究院院长、教授、博士生导师。享受国务院政府特殊津贴专家，国家"百千万人才工程"第一批第一、二层次人选，国家"万人计划"教学名师，浙江省特级专家。主要社会兼职有：中国工业经济学会副会长兼产业监管专业委员会主任委员、国家社会科学基金和国家自然科学基金评审组专家等。主要研究领域是政府监管理论与政策。已出版20多部学术著作；在《经济研究》《管理世界》等杂志上发表学术论文170多篇。曾获"孙冶方经济科学奖"（著作奖）和"薛暮桥价格研究奖"（著作奖），国家教学成果奖二等奖，教育部高等学校科学研究优秀成果奖（人文社会科学）二等奖4项，省部级一、二等奖16项，主笔的研究报告获国家级和省部级领导批示45项（其中国家领导人批示21项），入选国家哲学社会科学成果文库1项。主持国家社会科学基金、国家自然科学基金和国家重大科技专项重大、重点项目8项，一般项目7项；部省级项目40多项。

干春晖，江苏常熟人，教授，博士生导师。现任上海社会科学院副院长兼任应用经济研究所所长。主要社会兼职有：中国工业经济学会副会长、上海市经济学会副会长。曾任上海海关学院副院长等职。曾获"上海市十大青年经济人物""曙光学者"等称号；入选财政部产业经济学跨世纪学科带头人、教育部"新世纪优秀人才支持计划"、上海市产业经济学领军人才。主要研究领域为产业结构与产业政策、经济转型与产业升级。曾主持国家社科基金重大项目《中高速增长阶段经济转型升级研究》和《"十二五"期间加快推进我国产业结构调整》两项；主要研究成果发表在《经济研究》《中国工业经济》《经济学（季刊）》等刊物，出版多部专著，主编《产业经济学：教程与案例》《公司战略》等多部重点教材；获上海市第十一届哲学社会科学优秀成果一等奖等奖项；担任《中国产业发展报告》系列年度报告主编。

张耀辉，辽宁阜新人，经济学博士，教授，博士生导师，现任暨南大学管理学院教授。主要社会兼职有：广东创意经济研究会会长、五山博士联盟主席。2006年入选广东省"千百十人才工程"，2006年获得广东省名师奖，2016年获"广东特支计划教学名师"称号，2018年获国家"万人计划"教学名师称号，长期以产业创新为主线，构建了有效供给理论（1998），形成了创意、创新、创业三者协同促进高质量发展理论与

方法，以持续创新的研究提出了若干商科理论框架。二十多年来坚持开展三创教育，认为创业教育是大学教育的落脚点，以"解放全人类"的胸怀才能创新、以"以理服人"的态度才能坚持、以创造财富的方式才能实现人生价值。已出版学术专著10余部，教材6部（套），在《中国社会科学》《中国工业经济》《数量经济技术经济研究》等杂志上发表论文100余篇，获得教育部、广东省、北京市、辽宁省优秀人文社会科学成果奖多项，主持国家社会科学基金重大项目和国家自然科学基金项目3项以及教育部、广东省、辽宁省多项省部级课题。

吴照云，江西九江人，管理学博士，教授，博士生导师，江西财经大学原副校长。财政部首批跨世纪企业管理学科带头人；"赣鄱英才555工程"人选；第四、五届全国工商管理硕士(MBA)教育指导委员会委员；国家社科基金项目评审专家、学科规划评审组专家；世界管理者联盟中国组委会委员；全球华人企业管理论坛发起人之一；中国企业管理研究会副会长；中国工业经济学会顾问；中国管理50人论坛成员；江西管理学会会长；《中

国工业经济》《经济管理》杂志编委会委员、《管理学报》《外国经济与管理》等专栏专家。主要研究方向：管理理论、产业组织和战略管理。出版《管理学》《战略管理》《中国管理思想史》等著作20余部；在权威及核心刊物上发表学术论文70余篇。主持国家社会科学基金重大招标项目1项，主持其他国家和省部级项目多项。

产业经济学

胡立君,湖北天门人,经济学博士,教授,博士生导师。现任中南财经政法大学研究生院院长。历任MBA学院副院长、院长等职。兼任中国工业经济学会副会长。财政部跨世纪学科带头人,湖北省"百千万人才工程"第二层次人选。主要研究方向是产业结构理论与政策、战略管理。主持完成国家社会科学基金项目2项、国家自然科学基金项目2项、省部级项目6项、政府部门和企业单位委托的横向项目20多项。公开发表论文30多篇,出版专著、教材5部。获湖北省优秀社科成果奖多项。

唐晓华,广西桂林人,经济学博士,辽宁大学经济学院二级教授,博士生导师,辽宁大学应用经济学科建设国家"一流学科"产业经济学学科带头人,"辽宁大学先进制造业研究中心"主任。享受国务院政府特殊津贴专家,牛津大学高级访问学者,兼任中国工业经济学会副会长;中国管理科学学会理事。作为首席专家先后主持国家哲学社会科学重大项目、教育部哲学社会科学重大攻关项目各1项,主持其他国家或省部级哲学社会科学基金项目20多项。在《经济研究》《中国工业经济》《世界经济与政治》《数量经济技术经济研究》等期刊上发表学术论文60多篇;出版学术专著10余部。曾获教育部高等学校"三等奖"1次,辽宁省哲学社会科学政府奖"一等奖"2次,获得其他省级哲学社会科学成果奖"一等奖""二等奖"多次,以及"辽宁五一奖章""沈阳五一奖章"等荣誉。

第四版前言

《产业经济学》第一版在2007年被立项为普通高等教育"十一五"国家级规划教材，2009年立项为国家级精品课程教材，《产业经济学》第二版2012年入选为"十二五"普通高等教育本科国家级规划教材，2013年立项为国家精品资源共享课教材，《产业经济学》第三版2019年入选国家精品在线开放课程教材，2020年入选首批国家级一流本科课程教材，2021年获评首届全国教材建设奖全国优秀教材（高等教育类）二等奖。

自2016年出版以来，根据高等教育出版社不完全统计，《产业经济学》第三版被全国100多所高等院校采用，获得广大师生好评。为进一步坚持马克思主义指导地位，坚持正确的政治方向、价值取向，更好地体现学理性，强调中国产业经济学特色，根据产业经济学课程体系改革和研究内容的扩展等需要，本教材第四版在保持原有教材特色的基础上作了较大幅度的修订，特别是将习近平经济思想的部分内容融入本教材的有关章节。其他主要修订内容包括以下十个方面：

（1）新版教材第五章将原第一、二节合并为"博弈论和策略性行为"；重写了"产业组织理论中的典型博弈模型"部分，增加了对博弈厂商之间的策略性互动分析，补充了较为简明的模型数学推导，绘制了相应的几何图形，突出了博弈行为及其内在机制，力求深入浅出，方便学生理解、学习。

（2）新版教材第七章从理论和实证两个方面，突出了替代效应和效率效应对垄断企业的创新激励，讨论了政府激励企业研发创新的主要手段，并阐述了专利制度及其在中国的实践。

（3）新版教材对第八章的市场绩效进行了较大调整，增加了资源配置效率的衡量指标，分析了技术进步的三个阶段，讨论了企业规模与技术进步之间的关系等问题。

（4）新版教材第十章调整了产业结构演进内容，以新的数据验证了产业结构演进规律；新增了产业结构高度化方面的内容，提出了相关产业结构高度化的基准，将学生引领到产业结构高度化的前沿领域。此外，第十章更新了案例，分析了中国"十三五"时期制造业结构变动趋势与"十四五"时期调整升级方向，新案例内容更加贴近现实，具有前瞻性。

（5）为了更加符合产业布局理论形成和发展的内在逻辑，新版教材对第十一章作了很大幅度调整，按照"影响因素、区位理论、集聚理论"的顺序进行安排，并以产业布局的集聚理论重新组织产业集群的内容。

(6) 鉴于竞争政策在中国社会主义市场经济中的重要性,新版教材第十二章增加了产业组织政策中关于确立竞争政策基础性地位和坚持竞争中立原则的内容,特别是公平竞争审查政策的特点,从而反映中国产业组织政策的最新变化,并更新了有关反垄断的案例。

(7) 新版教材第十四章对产业结构政策的特征、功能等表述作了提炼优化;更新了相关产业结构数据,补充了经济新常态下中国产业结构调整面临的新问题,并根据新形势对中国产业结构政策实施路径作了调整、补充;选取近年来典型地区产业转型升级的成功实践,更新了产业结构政策案例。

(8) 为体现中国特色,总结中国产业经济领域改革与发展的实践经验,讲好"中国故事",新版教材更新了原教材中的许多案例,以更好地反映案例的时代性和经典性。

(9) 新版教材以蓝色字体显示关键词,并对书后主要参考文献作了较大幅度调整,以尽可能反映产业经济学的经典文献和最新前沿理论研究成果。新版教材还更新了每章的延伸阅读材料,以便于学生扩大阅读面,并进一步增强与相关章节内容的关联性。

(10) 完善与新版教材相配套的教辅材料体系。我们将在原有基础上,提供配套教学课件(内容包括教学大纲、多媒体教学课件、案例分析参考答案、复习思考题及参考答案、考试样题及解答等),并通过高等教育出版社免费赠送给使用本教材的教师。

新版教材是原有教材的提高和升华,是集体讨论、研究的成果。本教材的作者团队保持基本稳定,有利于不断提高教材质量。按照章次,各章的分工如下:上海国家会计学院夏大慰教授撰写第一、三章;浙江财经大学王俊豪教授撰写第二、十三、十四章;上海社会科学院干春晖教授撰写第四、六、七章;暨南大学张耀辉教授撰写第五、十五、十六章;江西财经大学吴照云教授撰写第八章;中南财经政法大学胡立君教授撰写第九、十章;辽宁大学唐晓华教授撰写第十一、十二章。在第四版教材修订过程中,浙江财经大学产业经济学教学研究团队对新版教材作了认真修订,特别是对某些章节作了较大幅度的修订,按照章次,主要参加人员及其分工是:唐要家教授(第一、六、十二章)、朱晓艳副教授(第二、三章)、熊艳博士(第四、八章)、陈刚副教授(第五、十四章)、熊红星副教授(第七、九章)、邱风教授(第十章)、任光辉副教授(第十一章)、王岭副研究员(第十三章)、金通教授(第十五、十六章)。最后,由本教材主编王俊豪教授修改定稿。

本教材的修订汲取和引用了国内外许多学者的研究成果,并尽可能在书中作了注解,在此我们对有关专家学者表示感谢。同时,由于产业经济学是一门应用性学科,许多新问题需要不断探讨,研究内容需要不断更新,以适应社会经济的发展变化。尽管我们作了最大努力,但在本教材中必定存在不少缺陷,敬请广大读者批评指正,指导和帮助我们不断改进与完善。

王俊豪
2021 年 6 月 20 日

第三版前言

《产业经济学》第一版、第二版相继于2007年被立项为普通高等教育"十一五"国家级规划教材，2009年立项为国家级精品课程教材，2012年被评为"十二五"普通高等教育本科国家级规划教材，2013年又立项为国家级精品资源共享课教材（教高司函〔2013〕132号）。同时，该教材被全国数十所高等院校所采用，获得广大师生的好评。根据国家级精品资源共享课教材建设的要求，我们对第二版教材进行修订。我们根据使用教材的部分师生提出的意见和建议，在第二版教材的基础上做了较大幅度的修订。作为国家级精品资源共享课教材，在保持第二版教材特色的基础上，根据产业经济学课程体系改革和研究内容的扩展等的需要，主要作了以下几个方面修订和提高：

（1）对博弈论和企业策略性行为内容作了较大修改，在典型博弈论模型部分，增加了对三个典型博弈论模型主旨思想的概括性表述；在掠夺性定价部分，对掠夺性定价的概念界定作了更为合理的说明。触发策略部分，还增加了无限次重复博弈中触发策略的核心思想及其有效性的介绍、分析。这使学生更容易理解这些比较抽象的内容。

（2）丰富了企业并购行为的内容，增加了"中国企业的海外并购"，对中国企业近年来海外并购的绩效进行了分析评价，从而将学习研究视野扩展到国际市场，以适应经济全球化的发展趋势。

（3）对企业创新行为的内容作了较大调整，更注重理论与实际相结合，删除了晦涩难懂的学术语言，补充了大量数据、实例和案例，弥补了原教材过于理论化的缺陷，增强了新版教材的实践性和通俗性。

（4）对产业布局与集群的内容作了较大更新，如重新撰写该章第二节，更加强调经济学的内在逻辑，对产业布局的决定与影响因素进行了分层次的阐释。

（5）根据中国反垄断法的实践，第十二章将反垄断政策分为两节介绍，分别是"反垄断政策基础"和"反垄断法的禁止对象"，并重点增加了中国的典型反垄断执法案例。同时，对各国不同时期的产业组织政策导向和政策实践进行了动态分析。

（6）在产业分析部分，突出了产业分析的内容与思路，充实了产业环境与风险分析的方法，更新了部分案例的素材。删除了原版中按照产业编排的产业新闻与评论，按照需求主体政府、企业和金融投资者，分别编撰了三个产业分析报告作为范本。

（7）将第十三章章名由原来的"垄断性产业的管制政策"改变为"公用事业的管制政策"，以更符合国际通用习惯，并对相关内容作了相应修改。特别是对公用事业的概念和基本特点作了较为明确的阐述。

（8）在每一章后面都增加了延伸阅读材料，便于学生扩大阅读面。同时，新版教材还更新了原教材中的部分案例，增添了案例的"鲜活性"。

（9）进一步加强建设与完善与新版教材相配套的开放式的立体化教辅材料体系。我们在原有基础上，配套制作教学课件（内容包括教学大纲、多媒体教学课件、案例分析参考答案、复习思考题参考答案、考试样题及其解答等），并通过高等教育出版社免费赠送给教师；推进网络互动式教学，完善产业经济学精品课程网站（http://www.cyjjx.com/），不断丰富内容，构建师生信息发布与交流平台，方便学生查阅课程相关教学资料，构建师生课后互动交流平台。

第三版是对原有教材的提高和升华，是集体讨论、研究的成果。本教材的作者团队保持基本稳定，有利于不断提高教材质量。按照章次，各章的分工是：上海国家会计学院夏大慰教授撰写第一、三章；浙江财经大学王俊豪教授撰写第二、十三、十四章；上海海关学院干春晖教授撰写第四、六、七章；暨南大学张耀辉教授撰写第五、十五、十六章；江西财经大学吴照云教授撰写第八章；中南财经政法大学胡立君教授撰写第九、十章；辽宁大学唐晓华教授撰写第十一、十二章。除上述作者外，浙江财经大学产业经济学省级研究基地（浙江省高校人文社会科学重点研究基地）的教学研究人员对新版教材作了认真修改与校订，按照章次，主要参加人员及其分工是：王俊豪教授（第一、十三章）、熊艳博士（第二、四章）、熊红星副教授（第三、九章）、陈刚副教授（第五章）、唐要家教授（第六、十二章）、戴魁早教授（第七章）、朱晓艳副教授（第八章）、邱风教授（第十、十四章）、柴志贤副教授（第十一章）、金通教授（第十五、十六章）。

在本次修订过程中，汲取和引用了国内外许多学者的研究成果，并尽可能在书中作了注解，在此对有关专家学者表示感谢。同时，由于产业经济学是一门应用性学科，许多新问题需要不断探讨，研究内容需要不断更新，以适应社会经济的发展变化。教材中必定存在一些不足，敬请广大读者批评指正，以帮助我们不断改进与完善。

王俊豪
2015 年 4 月 25 日

第二版前言

本教材第一版自2008年7月由高等教育出版社出版以来，已印刷7次，被全国56所高等院校采用，获得广大师生的好评，2009年被教育部评为普通高等教育精品教材。本教材继2007年被立项为普通高等教育"十一五"国家级规划教材，2012年又被立项为普通高等教育"十二五"国家级规划教材。趁此机会，根据使用过原教材的部分师生的反映和有关建议，并按照普通高等教育"十二五"国家级规划教材和国家精品课程建设的要求，本教材第二版在原有教材的基础上作了较大幅度的修订。

作为全国第一批产业经济学国家精品课程建设教材，新版教材在保持原教材优势和特色的基础上，根据产业经济学课程体系改革和研究内容的扩展等需要，主要作了以下几个方面修订和提高：

（1）根据本科生对产业经济学基本理论框架和知识的需求，新版教材第一章增加了对产业经济学研究对象、产业分类和学科理论体系等方面的内容，有助于学生了解本学科的基本轮廓。

（2）新版教材继续将国内外有关博弈论、创新理论、企业策略性行为等产业经济学前沿研究成果纳入教材内容中，但在第五章和第七章删除了部分理论上尚未定论、实际应用价值不大的内容，并相应增加了部分新内容，使新版教材更加通俗易懂，符合本科教学的需要。

（3）根据中国《反垄断法》颁布和实施的情况，新版教材第十二章对反垄断方面的内容作了一定调整，使教材内容更符合反垄断实践。

（4）根据现实需要，为了把产业经济学的学习和研究的产业范围从原来主要集中于第二产业拓展到由现代农业、战略性新兴产业、现代服务业构成的现代产业体系，新版教材努力体现这一需要，并在相关章节中增加了这方面的内容。

（5）新版教材更注重案例教学法，除了在新版教材中对多数案例和内容作了更新外，还专门编撰并出版了与新版教材相配套的《产业经济学案例集》（高等教育出版社2012年版），通过对典型案例的分析，引导学生针对某一主题或经济事件进行全方位的发散型探讨和思考。

（6）新版教材加强产业分析的特色，在前期教学实践的基础上，对原教材内容作了大幅度修改，专设第四篇（产业分析）讨论产业分析方法与应用，把适用于政府、企业、投资者的产业分析方法引入教学内容，并强调理论联系实践。

（7）加强建设与完善和新版教材相配套的开放式的立体化教辅材料体系。我们将在原有基础上，配套出版教学课件（内容包括教学大纲、多媒体教学课件、案例分析参考答案、复习思考题参考答案、考试样题及其解答等），并通过高等教育出版社免费赠送给教师；推进网络互动式教学，完善2009年7月开通的产业经济学精品课程网站（http://www.cyjjx.com/），不断丰富内容，构建师生信息发布与交流平台，方便学生查阅课程教学相关资料，构建师生课后互动交流平台。

新版教材是原有教材的提高和升华，是集体讨论、研究的成果。按照章次，各章的分工是：上海国家会计学院夏大慰教授撰写第一、三章；浙江财经学院王俊豪教授撰写第二、十二、十三章；上海财经大学干春晖教授撰写第四、五、六章；暨南大学张耀辉教授撰写第七、十五、十六章；江西财经大学吴照云教授撰写第八章；中南财经政法大学胡立君教授撰写第九、十章；辽宁大学唐晓华教授撰写第十一、十四章。除上述作者外，浙江财经学院产业经济学省级基地（浙江省高校人文社会科学重点研究基地）具有产业经济学博士学位和高级职称的部分教学研究人员对新版教材作了认真校订，对某些章节甚至作了较大幅度的修订，按照章次，主要参加人员及其分工是：熊红星（第三、九章）、吴一平（第四、五章）、唐要家（第六、十二章）、柴志贤（第七、十一章）、朱晓艳（第八章）、邱风（第十、十四章）、金通（第十五、十六章）。

本教材主要适用对象为经济学类专业本科生，也可为相关专业的本科生和研究生使用。

本教材汲取和引用了国内外许多学者的研究成果，并尽可能在书中作了注解，在此对有关专家学者表示感谢。同时，由于产业经济学研究内容更新较快，应用性较强，许多新问题需要探讨，本教材中必定存在一些不足，敬请广大读者批评指正，帮助我们不断改进与完善。

王俊豪

2012年9月25日

第一版前言

我国对产业经济学的教学与研究起步较晚,改革开放后,经济发达国家的产业经济理论开始引入我国,并一直是经济理论研究和应用中最活跃的领域之一,有关产业经济理论的论著不断问世,同时在指导企业实践和政府制定有关产业政策方面发挥了重要作用。为此,1996年,国务院学位委员会正式将产业经济学列为应用经济学中的二级学科。可见,产业经济学在我国还是一门较为年轻的学科。

对于产业经济学理论体系的构成问题,目前我国存在两种基本观点:第一种观点认为,产业经济学(Industrial Economics)等同于产业组织理论(Industrial Organization),主要以特定产业为研究对象,并以市场结构、市场行为、市场绩效和产业组织政策(包括反垄断政策)为基本理论框架。这种观点与欧美国家比较一致。第二种观点则认为,产业经济学不仅仅是产业组织理论,还应包括产业结构、产业关联、产业布局、产业发展和产业政策等内容。由于研究内容宽泛,产业组织理论只占一部分内容(甚至是小部分内容)。显然,第一种观点比较容易与国际接轨,而第二种观点则符合我国的传统。从我国对产业经济学的研究历史看,对产业结构等理论的研究确实早于对产业组织理论的研究,而且在支持政府制定产业结构等政策中发挥了一定作用。因此,本教材作者在经过认真讨论的基础上认为,在我国现阶段,如果以"产业经济学"为书名,其研究内容应强调以产业组织理论为重点,但还应包括产业结构理论等内容,不过不主张将产业经济学泛化,应把产业关联、产业布局、产业发展与产业优化等理论并入产业结构理论来研究,而不将这些内容独立研究。同时,本教材注重理论联系实际,强调培养学生的应用能力。

出于上述考虑,本教材主要由以下5篇共16章组成:

第一篇是总论(第一章)。主要讨论产业经济学研究范围、理论体系、产生与发展过程和主要研究方法等基本问题,为全面了解与学习产业经济学作必要的铺垫。

第二篇是产业组织(第二章至第八章)。主要探讨规模经济与范围经济、市场集中、进入与退出壁垒、企业创新行为、企业并购行为、博弈论与企业策略性行为和市场绩效。这是本教材内容最为丰富的部分。

第三篇是产业结构(第九章至第十一章)。主要讨论产业关联、产业结构的演进和产业布局与集群,以反映产业结构理论的基本内容。

第四篇是产业政策(第十二章至第十四章)。主要讨论产业结构政策、产业组织政策和垄断性产业的管制政策,为研究产业政策提供基本思路与方法。

第五篇是综合应用(第十五章和第十六章)。结合产业经济学的基本理论,重点讨论产业分析方法与应用问题,并通过提供产业分析报告摘要范本与评述,为运用产业分析方法提供样板。这是本教材的一大特色,有利于培养学生对产业经济学理论的应用能力。

至今为止,本教材是全国唯一的"产业经济学"国家精品课程教材,也是普通高等教育"十一五"国家级规划教材。我们认为,作为具有全国示范性的国家精品课程的建设,首先需要有一本精品教材。因此,虽然目前不少高校存在重专著和论文、轻教材的现象,但我们觉得很有必要发挥本教材各位作者的研究专长,共同合作撰写一本高质量的教材,希望能更好地满足产业经济学教学与研究的需要。本教材有以下几方面特色:

1. 作者整体实力较强,具有较高的学术水平。本教材是来自七所高校的教授、博士生导师合作的成果。本教材作者长期从事产业经济学的教学与研究工作,主持和参与完成多项有关产业经济学的研究项目,发表过不少高质量的论著,在产业经济学领域具有较高的学术水平,并各有一定的研究专长。本教材基本上是按作者的专长分配撰写内容,是作者在大量前期研究成果的基础上完成的。

2. 内容新颖,理论联系实际。本教材将企业的创新理论、博弈论、企业策略性行为理论和产业集群理论纳入研究范围,内容新颖,努力反映学科的前沿性。同时,本教材强调学以致用,在各章(除第一篇和第五篇外)加入了案例分析。更有特色的是本教材专门安排了"综合应用篇"(第五篇),以体现理论联系实际的理念。

3. 理论体系完整、结构合理,既能与国际接轨,又具有中国特色。本教材主要从产业组织、产业结构、产业政策和综合应用等方面系统阐述产业经济学,每章都包括提要、关键词(中英文对照)、本章小结、复习思考题等内容。同时,本教材重视参考国外同类教材的优点,更注重教材的实用价值,力求体现中国特色。

4. 重视案例教学和习题。本教材及其教学资料提供了大量实际案例与习题,便于教师在教学过程中结合案例进行课堂讲授,使学生在掌握产业经济学基本理论的基础上,能运用所学的基本理论对实际问题进行分析。教师还可以围绕案例指导学生撰写小论文,以提高学生分析问题的能力。另外,通过各章的习题还可以帮助学生融会贯通和开拓思路。

5. 课程整体形式创新。为进一步适应各高校课程体系改革以及多媒体教学、个性化教学的需要,本教材将参照教育部国家精品课程建设相关指标,配备教学参考书、学习指导书、音像制品、电子文档等教学资料,并努力通过网络教学平台为教师教学、学生学习提供较丰富的教学资源,最大限度地满足教学需要。

本教材是集体讨论、研究的成果,各章的撰写分工是:上海国家会计学院夏大慰教授撰写第一、三章;浙江财经学院王俊豪教授撰写第二、十三、十四章;上海财经大学干春晖教授撰写第四、六、七章;暨南大学张耀辉教授撰写第五、十五、十六章;江西财经大学教授吴照云撰写第八章;中南财经政法大学胡立君教授撰写第九、十章;辽宁大学唐晓华教授撰写第十一、十二章。本教材还按照作者撰写的章次,对每位作者作了简要介绍。除作者外,在本教材的资料收集、撰写与修改,特别是大量教辅材料的编写过程中,得到下列同志的大力支持,深表感谢,他们是:上海财经大学李眺博士、周海蓉博士生,上海财经大学姜涛老师,交通银行博士后工作站姚瑜琳博士,中南财经政法大学的谭智博士,浙江财经学院的熊红星博士、王建民博士、吴一平博士、黄文平博士、金通博士、唐要家博士、孙晓峰博士和朱晓艳博士等。

本教材主要适用对象为经济学类专业本科生，也可作为相关专业的研究生教材或主要参考资料。

本教材汲取和引用了国内外许多学者的研究成果，并尽可能在书中作了注解，在此对有关专家学者表示感谢。同时，由于产业经济学研究范围广，内容更新快，许多问题需要进一步探讨，本教材中难免存在一些不足，敬请读者批评指正，以求不断改进与完善。

王俊豪
2008 年 1 月 25 日

目 录

第一章 产业经济学导论 / 1
    第一节 产业经济学的研究对象和意义 / 1
    第二节 产业经济学的理论体系 / 6
    第三节 产业经济学的产生和发展 / 8
    第四节 产业经济学的研究方法 / 14
    本章小结 / 16
    关键词 / 16
    自测自评 / 16
    复习思考题 / 17
    延伸阅读 / 17

第一篇 产业组织

第二章 规模经济与范围经济 / 21
    第一节 基本概念 / 21
    第二节 规模经济与范围经济的基本成因 / 23
    第三节 企业适度规模的确定 / 25
    第四节 企业的多元化战略与范围经济 / 30
    案例 我国航空业的规模经济 / 34
    本章小结 / 37
    关键词 / 37
    自测自评 / 38
    复习思考题 / 38
    延伸阅读 / 38

第三章 市场集中 / 39
    第一节 一般集中与市场集中 / 39
    第二节 市场集中度的测定指标 / 40

第三节　影响市场集中的主要因素　/　47

　　案例　我国证券行业的市场集中度　/　50

　　本章小结　/　53

　　关键词　/　53

　　自测自评　/　53

　　复习思考题　/　53

　　延伸阅读　/　54

第四章　进入与退出壁垒　/　55

　　第一节　进入与退出壁垒的含义　/　55

　　第二节　结构性进入壁垒　/　57

　　第三节　策略性进入壁垒　/　63

　　第四节　退出壁垒　/　68

　　案例　云计算行业具有较高的进入壁垒吗？　/　69

　　本章小结　/　71

　　关键词　/　71

　　自测自评　/　72

　　复习思考题　/　72

　　延伸阅读　/　72

第五章　企业策略性行为　/　73

　　第一节　博弈论与策略性行为　/　73

　　第二节　合作策略性行为　/　81

　　第三节　非合作策略性行为　/　84

　　案例　360杀毒软件的掠夺性定价　/　87

　　本章小结　/　90

　　关键词　/　90

　　自测自评　/　90

　　复习思考题　/　91

　　延伸阅读　/　91

第六章　企业并购行为　/　92

　　第一节　企业并购概述　/　92

　　第二节　横向并购　/　99

　　第三节　纵向并购　/　104

　　第四节　混合并购　/　107

　　案例　商务部对微软收购诺基亚设备和服务业务的反垄断审查决定　/　109

　　本章小结　/　111

关键词 / 111
自测自评 / 111
复习思考题 / 111
延伸阅读 / 112

第七章 企业创新行为 / 113

第一节 企业创新的基本内涵 / 113
第二节 市场结构与企业创新 / 118
第三节 专利制度与企业创新 / 122
案例 苹果公司如何创新？ / 128
本章小结 / 129
关键词 / 130
自测自评 / 130
复习思考题 / 130
延伸阅读 / 130

第八章 市场绩效 / 132

第一节 市场绩效的衡量 / 132
第二节 市场结构与市场绩效 / 139
第三节 市场行为与市场绩效 / 146
案例 中国汽车制造业的市场结构与市场绩效 / 150
本章小结 / 154
关键词 / 155
自测自评 / 155
复习思考题 / 155
延伸阅读 / 155

第二篇 产业结构

第九章 产业关联 / 159

第一节 产业关联概述 / 159
第二节 投入产出分析原理 / 160
第三节 投入产出分析应用 / 167
案例 中国旅游产业关联分析 / 171
本章小结 / 172
关键词 / 173
自测自评 / 173

复习思考题 / 173
延伸阅读 / 173

第十章 产业结构的演进 / 174

第一节 影响产业结构的因素 / 174

第二节 产业结构演进的基本规律 / 179

第三节 产业结构演进规律的验证 / 184

第四节 产业结构优化 / 191

案例 我国"十三五"时期制造业结构变动趋势与"十四五"时期调整升级方向 / 197

本章小结 / 200

关键词 / 201

自测自评 / 201

复习思考题 / 201

延伸阅读 / 201

第十一章 产业布局 / 202

第一节 产业布局的影响因素 / 202

第二节 产业布局的区位理论 / 205

第三节 产业布局的集聚理论 / 211

案例 云栖小镇：中国科技创新新生态 / 219

本章小结 / 222

关键词 / 222

自测自评 / 223

复习思考题 / 223

延伸阅读 / 223

第三篇 产业政策

第十二章 产业组织与反垄断政策 / 227

第一节 产业组织政策的基本目标 / 227

第二节 产业组织政策导向与政策演变 / 232

第三节 反垄断政策基础 / 240

第四节 反垄断法的禁止对象 / 247

案例 欧盟查处谷歌比较购物市场垄断案 / 254

本章小结 / 255

关键词 / 256

自测自评 / 256

复习思考题 / 256

延伸阅读 / 257

第十三章 公用事业的管制政策 / 258

第一节 公用事业的基本特征 / 258

第二节 公用事业的管制需求 / 262

第三节 公用事业的主要管制政策 / 265

第四节 公用事业管制政策的有效性 / 270

第五节 公用事业的放松管制政策 / 275

案例 电力行业的放松管制 / 278

本章小结 / 279

关键词 / 280

自测自评 / 280

复习思考题 / 280

延伸阅读 / 280

第十四章 产业结构政策 / 281

第一节 产业结构政策概述 / 281

第二节 产业结构政策的主要内容 / 283

第三节 中国的产业结构政策实践 / 290

案例 杭州：推动产业数字化，促进产业转型升级 / 298

本章小结 / 299

关键词 / 299

自测自评 / 300

复习思考题 / 300

延伸阅读 / 300

第四篇 产业分析

第十五章 产业分析方法与应用 / 303

第一节 产业分析概述 / 303

第二节 产业组织形态分析 / 312

第三节 产业价值链分析 / 315

第四节 产业周期分析 / 319

第五节 产业环境与产业风险分析 / 324

本章小结 / 327

关键词 / 328
复习思考题 / 328
延伸阅读 / 328

第十六章 产业分析报告写作规范与范本 / 329
第一节 产业分析报告的基本构成要素及其要求 / 329
第二节 范本一：TH 控股公司煤炭产业纵向一体化经营战略分析 / 330
第三节 范本二：新时期 WY 县特色农业发展的关键问题与对策建议 / 334
第四节 范本三：中国水泥行业需求分析及投资策略 / 339

主要参考文献 / 345

第一章 产业经济学导论

> **本章提要**
>
> 本章主要讨论产业经济学的研究对象和意义、产业经济学的理论体系、产业经济学产生和发展过程、研究方法等基本问题，以勾画产业经济学的基本轮廓，为后面深入讨论产业经济学的具体理论和实践问题做必要的铺垫。

第一节 产业经济学的研究对象和意义

一、产业的概念及其分类

（一）产业的概念

产业经济学以产业为研究对象，而产业是一个被广泛使用、十分复杂的概念。对产业较常见的定义有：①为国民经济提供产品或劳务的各行各业，从生产到流通、服务，以至文化、教育等都可称为产业；②生产经营同类产品或服务的企业构成产业；③产业是同类经济活动的总和；④产业是具有某种同一属性的企业的集合，又是国民经济以某一标准划分的部分；⑤产业是具有某种同类属性的企业经济活动的集合；⑥产业是指那些盈利性的行业，等等。不仅如此，产业又往往和行业、部门等通用。由于对产业概念的定义十分宽泛，难以把握产业经济学的研究对象，这显然不利于产业经济学的发展。因此，有必要对产业经济学中的产业概念作一个界定，根据产业经济学的理论研究与实践，<u>产业</u>的一般性定义是：生产经营具有密切替代关系的产品或劳务（即同一类产品或劳务）的企业所组成的集合。这些企业往往具有类似的生产经营技术、工艺和经营管理等基本特性。

（二）产业一般分类方法

根据不同的方法，可以把产业分为许多类型，常见的产业分类方法有以下几种。

（1）三次产业分类法。许多国家在研究经济增长，分析在经济增长过程中各项社会经济指标及其结构变动情况时，通常采取这种把全部产业划分为第一次产业（primary industry）、第二次产业（secondary industry）和第三次产业（tertiary industry）的方法。划分这三次产业的主要依据是：第一次产业的属性是取自于自然，主要包括种植业、畜牧业、狩猎业、渔业和林业等；第二次产业则是加工取自于自然的生产物，主要包括制造业、建筑业，通常还包括采矿业和煤气、电力、供水等产业。第一次产业和第二次产业都是创造有形物质财富的生产部门，而第三次产业则被认为是创造无形财富的生产部门，主要包括商业、金融保险业、运输业、服务业（指饮食业、旅馆业、修理业、娱乐业）等，可见，第三次产业的范围最为宏大，几乎包括了除第一、第二次产业以外的其他所有产业。三次产业分类法在具体规定各类范围时尚存在理论和实践上的分歧，如采矿业明显属于取自于自然的产业，理应归入第一次产业，但在实践中，它的属性更接近制造业，因而，一般把它列入第二次产业。又如供水、电力、煤气等公共产业似乎介于第二次产业和第三次产业之间，因此，在实践中存在归属分歧。

（2）生产结构产业分类法。它是以研究社会再生产过程中的产业间关系和比例为目的的产业分类法。它主要根据在社会再生产过程中的地位和性质以确定产业的类别。通常将产业分为以下三类：①消费资料产业，包括食品、纺织、皮革、家具等产业。②资本资料产业，这里的资本资料是指形成固定资产的生产资料，包括冶金、金属材料、机械、化学等产业。③其他产业，包括橡胶、木材、造纸、印刷等产业。这种产业分类法的主要目的在于区分消费资料产业和资本资料产业。分类的原则是某一产业所提供的产品有75%以上用作消费资料则归入消费资料产业，有75%以上用作资本资料就归入资本资料产业，那些难以用上述原则确定归属的产业就列入其他产业。

（3）生产要素分类法。它是根据劳动、资本、知识等生产要素的比重或者对各生产要素的依赖程度对产业进行分类的方法。按照这种方法，可以将所有生产部门划分为劳动密集型产业、资本密集型产业和知识密集型产业。这种产业分类法能较客观地反映一个国家的经济发展水平，即一个国家的知识密集型产业的比重越大，这个国家的经济发展水平就越高；反之，劳动密集型产业的比重越大，则说明这个国家的经济发展水平越低。同时，生产要素分类法也可用来反映产业结构的高度化趋势，即由劳动密集型产业占主导地位的产业结构向资本密集型产业占主导地位的产业结构转化，最后过渡到以知识密集型为主导的产业结构。

（4）产业周期分类法。它是根据产业发展所处的不同阶段进行产业分类的方法。按照这种方法，在特定时期内，可将产业划分为幼小产业、成长产业、成熟产业、衰退产业和淘汰产业等类型。这种产业分类法有利于企业制定投资或转产决策；同时，也有利于政府根据产业发展的不同阶段制定产业政策，以扶持幼小产业，促进产业成长，指导衰退产业和淘汰产业中的企业及时转产。

除了以上四种产业分类法以外，还有根据在一个国家产业政策中的不同战略地位划分产业的"产业战略分类法"，按照这一方法，以不同战略地位划分的产业主要有主导产业、先导产业、支柱产业、重点产业、先行产业等。还有根据工艺技术生产流程的先后顺序划分产业的"生产流程分类法"，按照这一方法，生产流程处于前面工序的产业为上游产业，处于后面工序的产业为下游产业，处于前面工序和后面工序之间的产业为中游产业，等等。

（三）产业标准分类方法

各国政府和国际组织为了更好地统计国民经济中各个行业的经济发展情况，通常都制定统一的标准产业分类目标。

（1）国际标准产业分类。联合国提出的《国际标准产业分类》旨在成为生产性经济活动的一种标准分类,其主要目的是提供一套能用于根据此类活动收集和提供统计数据的活动类别。根据联合国 2004 版《所有经济活动的国际标准产业分类》,产业分类分为四个层次:门类—类—大组—组,并据此进行产业分类编码。首先区分国民经济门类,每个门类下面又分为具体的两位数类,然后分为大组,大组下面又分具体的组,见表 1-1。

表 1-1 国际标准产业分类的门类

门类	类	说明
A	01-03	农业、林业及渔业
B	05-09	采矿和采石
C	10-33	制造业
D	35	电、煤气、蒸气和空调的供应
E	36-39	供水;污水处理、废物管理和补救活动
F	41-43	建筑业
G	45-47	批发和零售业;汽车和摩托车的修理
H	49-53	运输和储存
I	55-56	食宿服务活动
J	58-63	信息和通信
K	64-66	金融和保险活动
L	68	房地产活动
M	69-75	专业、科学和技术活动
N	77-82	行政和辅助活动
O	84	公共管理和国防;强制性社会保障
P	85	教育
Q	86-88	人体健康和社会工作活动
R	90-93	艺术、娱乐和文娱活动
S	94-96	其他服务活动
T	97-98	家庭作为雇主的活动;家庭自用、未加区分的物品生产和服务活动
U	99	国际组织和机构的活动

资料开源:联合国《国际标准产业分类》。

如门类 C 为制造业,制造业又分为具体的类:①门类 C 制造业下的类中,25 类为金属制品的制造(机械设备除外);28 类为未另分类的机械和设备的制造;29 类为汽车、挂车和半挂车的制造。②28 类的大组中,281 大组为通用机械的制造,282 大组为专用机械的制造。③282 大组内的组中,2 821 组为农业和林业机械的制造;2 822 组为金属成型机械和机械的制造;2 824 组为采矿、采石及建筑机械的制造。

（2）中国国民经济行业分类标准。根据国家制定的《国民经济行业分类》（GB/T 4754—2011），中国三次产业的行业划分为：

第一产业包括农业、林业、牧业、渔业四大类。

第二产业包括采矿业，制造业，电力、热力、燃气及水生产和供应业，建筑业四大类。其中制造业包括农副食品加工业，食品制造业，酒、饮料和精制茶制造业，烟草制品业，纺织业，纺织服装、服饰业，皮革、毛皮、羽毛及其制品和制鞋业，木材加工和木、竹、藤、棕、草制品业，家具制造业，造纸和纸制品业，印刷和记录媒介复制业，文教、工美、体育和娱乐用品制造业，石油加工、炼焦和核燃料加工业，化学原料和化学制品制造业，医药制造业，化学纤维制造业，橡胶和塑料制品业，非金属矿物制品业，黑色金属冶炼和压延加工业，有色金属冶炼和压延加工业，金属制品业，通用设备制造业，专用设备制造业，汽车制造业，铁路、船舶、航空航天和其他运输设备制造业，电气机械和器材制造业，计算机、通信和其他电子设备制造业，仪器仪表制造业，其他制造业，废弃资源综合利用业。

第三产业即服务业，具体包括：批发和零售业，交通运输、仓储和邮政业，住宿和餐饮业，信息传输、软件和信息技术服务业，金融业，房地产业，租赁和商务服务业，科学研究和技术服务业，水利、环境和公共设施管理业，居民服务、修理和其他服务业，教育，卫生和社会工作，文化、体育和娱乐业，公共管理、社会保障和社会组织，国际组织，以及农、林、牧、渔业中的农、林、牧、渔服务业，采矿业中的开采辅助活动，制造业中的金属制品、机械和设备修理业。

二、产业经济学的研究对象

众所周知，现代西方经济学主要由微观经济学和宏观经济学构成。微观经济学以价格理论为核心，因此，它通常被称为价格理论，其研究对象是单个的抽象的厂商（企业）或消费者（家庭）在市场上的行为规律。其主要研究内容是：对企业而言，假定企业以追求利润最大化为目标，在有限资源的约束下，分析企业怎样理性地做出生产什么、如何生产和为谁生产的决策；对消费者而言，假定消费者以最大限度地满足其效用为目标，分析消费者怎样将有限的收入用于消费各种商品或劳务。宏观经济学以国民收入理论为核心，其研究对象是国民经济的总体运动规律，其主要研究内容是：分析国民收入、国民生产总值、总投资、总消费、进出口、外汇收支等总量的变化及其协调关系。可见，无论是以个量分析为特征的微观经济学，还是以总量分析为特征的宏观经济学，都没有涉及产业这一层次。而从经济现实看，任何一个企业总是在特定的产业中生存和发展的，国民经济也是由各个具体的产业构成的，即大量的经济活动都发生在产业领域。这就为以产业作为研究对象的产业经济学的产生和发展提供了现实基础。

综上所述，如果把社会经济分为微观、中观和宏观三个层次，与此相适应，研究社会经济基本问题的现代经济学也应由三大部分组成。其对应关系可由图1-1所示。

由图1-1可见，微观经济学以微观层次的单个企业或消费者为研究对象，宏观经济学以宏观层次的整个国民经济总体为研究对象，而产业经济学则以中观层次的产业为研究

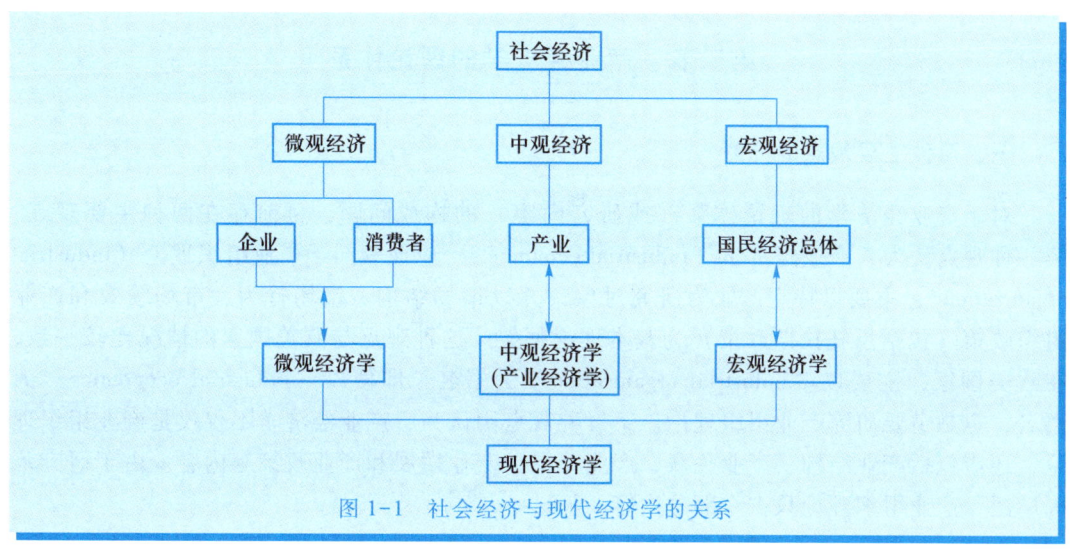

图 1-1 社会经济与现代经济学的关系

对象,主要研究产业内部企业之间的竞争、合作关系和产业之间的协调关系。因此,产业经济学是一门以产业为研究对象的中观层次的经济学。同时,从产业经济学的产生和发展过程,特别是从产业经济学与现实经济的紧密联系看,产业经济学又明显属于应用经济学。

三、研究产业经济学的意义

研究产业经济学的意义是多方面的,我们可以从经济学学科建设、政府和企业这三个方面进行讨论。

(1) 研究产业经济学有利于建立完善的现代经济学学科体系。如前所述,西方经济学由微观经济学和宏观经济学这两大部分组成,但它们都忽视了"产业"这个极具现实性的层次,从而使西方经济学难以解释与产业相关的现实问题。产业经济学以产业为特定研究对象,填补了介于微观经济学和宏观经济学之间的研究空白,这就有利于建立完善的现代经济学学科体系,增强现代经济学对现实经济问题的解释能力。

(2) 研究产业经济学有利于政府制定科学的产业政策。政府制定科学的产业政策必须有相应的理论支持。而产业经济学主要研究特定产业(产业组织)和产业之间(产业结构)的运动规律,从而为政府通过制定与实施产业政策,以优化产业组织和产业结构提供理论依据与实证资料。

(3) 研究产业经济学有利于企业正确选择投资领域,提高资本使用效率。每一个产业都会经历一定的生命周期,其产生与发展轨迹为:幼小期→成长期→成熟期→衰退期→淘汰期。企业需要对特定产业在生命周期中所处的阶段做出正确判断,作为制定投资或转产战略的重要依据。此外,研究产业经济学还有利于企业分析特定产业的竞争状况,以制定正确的竞争战略,争取并保持企业的竞争优势。

第二节 产业经济学的理论体系

一、两种主要观点的分野

对于产业经济学的理论体系（或研究内容）的构成问题，目前存在两种主要观点：第一种观点认为，产业经济学（industrial economics）应该等同于产业组织理论（industrial organization），主要以特定产业为研究对象，并以市场结构、市场行为、市场绩效和产业组织政策（包括反托拉斯政策）为基本理论框架。这种观点与欧美国家的情况比较一致，在欧美国家，主要以"industrial organization"为书名，即使以"industrial economics"为书名，也是主要研究产业组织理论。第二种观点则认为，产业经济学不仅仅是产业组织理论，还应包括产业结构、产业关联、产业布局、产业发展和产业政策等内容。由于研究范围广泛，产业组织理论只占一部分内容。

二、我国产业经济学的理论体系

上述第一种观点比较容易与国际接轨，而第二种观点更符合中国的传统。从我国对产业经济学的研究历史看，对产业结构等理论的研究确实早于对产业组织理论的研究，而且在支持政府制定产业结构政策中发挥了较大作用。因此，在现阶段，如果以"产业经济学"为书名，其研究内容除了产业组织理论外，还应包括产业结构理论、产业政策理论等内容，但又不能泛化产业经济学的研究内容，可把产业关联、产业布局等理论作为产业结构理论的研究内容，而不宜将这些内容独立化。这样，具有比较符合我国特色的产业经济学的理论体系主要由以下几部分组成。

（一）产业组织理论

产业组织理论以特定产业为研究对象，着重研究一个产业中的市场结构、市场行为和市场绩效及其三者之间的互动关系。它是产业经济学的主要内容。

（1）市场结构。市场结构是指规定构成市场的卖者（企业）相互之间、买者相互之间以及卖者和买者集团之间等诸关系的因素及其特征。[①] 但在产业组织理论的具体研究和实践中，主要分析产业内卖者（企业）之间的关系和特征。如完全竞争、垄断竞争、寡头垄断和完全垄断这四种典型的市场结构，就是以卖者的数量作为区分标准的。因此，市场结构是指在特定产业内，市场主体（主要是企业）的构成及其相互关系。它在很大程度上决定市场竞争或垄断的程度。市场结构的构成要素很多，但根据市场结构理论及其应用的文献资料，最主要的因素是规模经济、进入壁垒和市场集中。其他的许多因素可以直接或间接地归入这三者之中，例如，产品差异化可以归入进入壁垒因素。

（2）市场行为。市场行为是指企业在市场上为了获得更多利润和更高的市场占有率所采取的一系列战略性行为。市场行为是众多企业行为的综合，通常包括企业的一体化战略行为、企业的价格行为、企业的创新行为和企业限制竞争者的行为等。

[①] 杨治. 产业经济学导论. 北京：中国人民大学出版社，1985：141.

（3）市场绩效。市场绩效是指在一定的市场结构下，通过一定的市场行为，使某一产业在价格、产量、费用、利润、技术进步、产品质量和品种等方面所达到的现实状态。市场绩效的主要衡量指标是资源配置效率、生产和分配效率、技术进步率和销售费用率等。

（二）产业结构理论

它主要研究产业之间的联系及其相互影响，其研究范围比产业组织理论更为广泛，主要内容包括以下方面。

（1）产业结构优化理论。它主要研究产业结构的演进规律，通过产业结构的调整与合理化、升级与高度化，以实现产业结构的不断优化。

（2）产业关联理论。它主要研究产业间以各种投入品和产出品为连接纽带的技术经济联系。包括产业之间的产品（服务）联系、生产技术联系、价格联系、投资联系等内容。

（3）产业布局理论。它主要研究地区产业结构的合理化问题，即根据不同地区的资源优势和产业特征，在一定地区（甚至全国）范围内实行合理的产业布局，使各地区的资源得到充分、有效的利用。

（三）产业政策理论

从"实用"意义上讲，产业经济学的研究是以支持政府制定科学的产业政策为导向的。因此，产业政策理论不仅研究产业政策本身的制定、实施、修正和效果的科学性，而且研究根据特定产业的现状，如何制定科学的产业组织政策和产业结构政策，在产业内形成规模经济与竞争活力相兼容的有效竞争格局，在产业之间协调发展，实现产业结构的不断优化。

（四）反垄断与管制理论

从广义上讲，产业政策理论也包含反垄断与管制理论。但从国内外的现实情况看，反垄断与管制理论具有越来越重要的作用，因此，国外的教材也将这部分内容独立化。反垄断理论主要研究政府如何立法，并通过有效地执法，限制垄断企业滥用其垄断力量。产业经济学中的政府管制理论主要研究政府如何对电信、电力、运输、自来水和管道燃气供应等自然垄断性公用事业的价格、市场准入、产品与服务质量、投资等方面进行管制。反垄断与政府管制的主要目标都是保护消费者利益，维护社会整体利益。

作为对以上讨论的总结，我们可以用图1-2来概括性地描述产业经济学的理论体系。

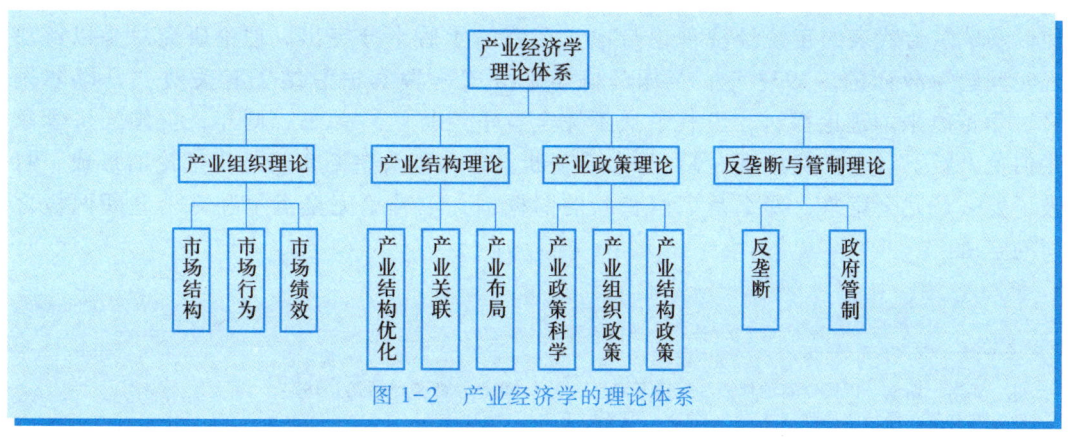

图1-2 产业经济学的理论体系

第三节　产业经济学的产生和发展

产业组织理论和产业结构理论作为产业经济学的核心内容，它们具有不同的理论渊源、形成和发展过程。

一、产业组织理论的演进过程

（一）产业组织理论的渊源

由于产业组织理论主要是研究特定产业的竞争和垄断问题，因此，一些学者认为，产业组织理论的渊源可以追溯到亚当·斯密在《国富论》中关于竞争和垄断的一些论述，他特别强调反对封建行会制度，崇尚自由竞争。[①] 但多数学者认为，产业组织理论起源于马歇尔在1890年出版的《经济学原理》[②]，马歇尔在该书中，在讨论生产要素问题时，丰富了萨伊的生产三要素（劳动、资本和土地）理论，提出了第四生产要素：组织。马歇尔使用的组织概念的范围很广泛，包括四种组织形态：①企业内部的组织形态；②产业内部企业间的组织形态（产业组织）；③产业之间的组织形态（产业结构）；④国家组织形态。而产业组织理论正是从研究其中的第二种组织形态，即产业内部企业间的组织形态基础上发展起来的。同时，马歇尔在该书中，揭示了规模经济与竞争活力的两难选择问题，这被后人称为"马歇尔困境"，这激起了一代经济学家对规模经济与竞争活力相兼容的有效竞争的探索，如何处理规模经济和竞争活力两者的关系问题，以取得较高的经济效率，这正是现代产业组织理论所探讨的核心问题。由于马歇尔最早提出产业组织概念，并揭示了规模经济与竞争活力的矛盾，因此，马歇尔被许多学者公认为产业组织理论的先驱或称鼻祖。相应地，马歇尔的《经济学原理》便成为现代产业组织理论的起源。

（二）产业组织理论的形成

在马歇尔所处的时代，自由资本主义占统治地位，垄断只是个别现象，但到了20世纪初，垄断资本主义逐渐形成，卡特尔、托拉斯等垄断组织和形式有了相当快的发展。垄断问题成为许多经济学家关心的焦点，特别是20世纪30年代发生的经济危机，使以马歇尔为代表的正统经济理论与现实经济的矛盾十分突出。理论研究总是以解决现实问题为导向的，1933年，英国经济学家乔安·罗宾逊总结了有关对"马歇尔困境"争论以来的理论探讨，出版了《不完全竞争经济学》一书，同年，美国经济学家张伯伦出版了《垄断竞争理论》，标志着垄断竞争和寡头垄断市场结构理论的形成，打破了要么是完全竞争，要么是完全垄断的旧框框，填补了完全竞争和完全垄断两极之间的空白。

---

① 亚当·斯密.国民财富的性质和原因研究（上卷）.北京：商务印书馆，1974.
② 马歇尔.经济学原理（上卷）.北京：商务印书馆，1964.

(三) 产业组织理论的主要流派

1. 哈佛学派

20世纪30年代，梅森（Mason）开始在哈佛大学正式开设产业组织课程，由他指导的该领域最早的博士研究生贝恩（J. Bain）后来成为这一领域的权威。当时，张伯伦也在哈佛大学，哈佛大学人才济济，成为早期（20世纪40—60年代）产业组织理论的研究中心，他们被称为"哈佛学派"。哈佛学派的主要贡献是建立了较为完整的产业组织理论体系，即以市场结构（market structure）、市场行为（market behavior）和市场绩效（market performance）为基本框架（简称SCP理论框架）的理论体系。贝恩在1959年出版的《产业组织》一书，当时被认为是产业组织理论的代表作，同时，也标志着产业组织理论的正式形成。由于哈佛学派十分强调市场结构对市场行为和市场绩效的决定作用，为此，产业组织理论研究者把哈佛学派称为"结构主义学派"。

产业组织理论一开始就十分注重其政策含义，理论研究一直与当时美国的反托拉斯活动和政府管制密切相关。经济学家在这方面的热情到20世纪60年代中期达到了高潮，不少人加入了美国联邦贸易委员会和司法部反托拉斯局，他们对1968年司法部颁布的《兼并准则》起了很大的作用。该准则严厉限制兼并活动，其控制垄断的态度恰好与哈佛"结构主义学派"的观点相似，这自然不是巧合。[①]

2. 芝加哥学派

从20世纪60年代后期起，施蒂格勒（J. Stigler）、德姆塞茨（H. Demsetz）、波斯纳（R. Posner）、麦吉（Y. McGee）、布罗曾（Brozen）等来自芝加哥大学的学者，对当时被奉为正统的结构主义理论进行了激烈批评，并逐渐形成了一个新的产业组织理论研究中心。他们被称为"芝加哥学派"。1968年，施蒂格勒也出版了《产业组织》一书，在该书中，他特别注重判断集中及定价的结果是否提高了效率，而不是像结构主义学派那样只重视是否阻碍了竞争。布罗曾也指出，兼并未必反竞争；高利润率并不一定是垄断定价的结果，而完全有可能是高效率的结果。由于芝加哥学派极为注重效率标准，人们也称芝加哥学派为"效率学派"。

芝加哥学派的思想对美国反托拉斯活动及政府管制政策也产生了深远影响。在里根政府时期，不少学者参加了立法和司法活动，并担任了要职。在这些人的影响下，司法部在1982年颁布了新的《兼并准则》，该准则偏重用效率原则来指导反托拉斯活动，放宽了对垄断的衡量标准。美国的立法、司法和执法机构对兼并活动采取了20世纪以来最为放任的立场，如在1982—1986年间，联邦贸易委员会和最高法院只对上报的7 700多个兼并事件中的56个采取了强制行为（不同意兼并）。

20世纪70年代以来，由于可竞争市场理论、交易费用理论等新理论的引入，产业组织理论研究的理论分析基础、分析手段和研究重点等产生了实质性的突破，大大推动了产业组织理论的发展。鲍莫尔在1982年提出的可竞争市场理论对传统的SCP理论框架提出

---

① 参见肯尼斯·W.克拉克森，罗杰·勒鲁瓦·米勒. 产业组织：理论、证据和公共政策. 上海：上海三联书店，1989：3-4.

新的挑战，他的可竞争市场理论意味着，特定的市场结构并不一定会导致特定的市场绩效。因为在可竞争市场上，新企业和产业内原有企业都面对着相同的成本函数，企业退出市场时也不存在沉淀成本，即不存在竞争者进入和退出市场的障碍。这样，即使产业内只有一家垄断企业，也就是处于完全垄断市场结构状态，竞争者进入产业的潜在威胁也会迫使现有企业降低成本，制定可维持性价格，即不存在垄断利润。这就是说，市场的可竞争性会自动维护良好的市场绩效。这就推翻了垄断性市场结构会引起垄断性市场行为，产生垄断利润的理论假定。

另外，德姆塞茨早在1973年就指出，企业取得高利润率不一定是由市场垄断力量造成的，而是由于企业的高效率。在任何一个产业中，成本最低的企业必然会逐渐扩大规模，增加市场份额，从而提高市场集中程度。因此，这将会形成生产和分销成本最低的市场结构。可见，在市场结构和市场绩效之间并不存在人们所假定的那种因果联系。威廉姆森（Williamson）在1975年也提出类似的观点：由于组织的经济性而降低交易费用，大企业通常具有较高的效率，从而取得较高的利润率。

3. 后芝加哥学派

后芝加哥学派主要形成于20世纪80年代，是在修正芝加哥学派理论缺陷的基础上发展的，其代表人物有梯诺尔、拉丰、夏皮罗等。后芝加哥学派认为由于信息不对称、沉没成本、网络效应等外生因素以及企业策略行为的影响，现实当中的市场机制并不完善，支配企业的策略性行为会对市场竞争造成伤害，因此需要政府更理性的政策介入。后芝加哥学派的理论贡献主要体现在三个方面。

（1）采用博弈论方法重构了产业组织理论。后芝加哥学派采用博弈论方法较系统地分析了寡头市场企业策略性行为的发生机制及其福利效应。20世纪80年代，以梯若尔为代表的经济学家将博弈论基本方法引入产业组织理论研究领域，从而弥补了传统产业组织理论以经验分析为主而缺乏严谨一致理论基础的缺陷，构建了逻辑严谨的不完全竞争市场理论体系，重构了产业组织理论。

（2）建立激励理论模型并推动了政府监管政策设计。拉丰领导的图卢兹经济学家注意到信息不对称给政府监管有效性造成的影响，他们依据信息经济学的委托—代理理论建立了系统的激励理论框架，并运用这一分析工具来分析政府监管问题，创立了激励性监管理论，也称为新监管理论。新监管经济学的最大特点是将激励问题引入到监管问题的分析中来，对监管政策和监管体制设计进行了深入分析，并提出了价格上限监管、标尺竞争、放松监管等诸多影响巨大的政策建议，极大地推动了世界各国的政府监管改革。

（3）新经验产业组织促进了对不完全竞争市场策略理论的经验检验。新经验产业组织主要是采用反映寡头市场策略博弈的猜想变分模型等新的计量方法，并基于大量的微观企业层面数据来对产业组织理论中的问题（特别是寡头企业策略行为）进行检验。新经验产业组织在企业市场势力估计、竞争合谋行为判别、企业策略行为影响、企业并购的效应、多边平台市场竞争行为等多个领域的研究都做出了重要的贡献，可以直接运用到特定反垄断案件的审查或评估政府政策效果。

二、产业结构理论的演进过程

(一) 产业结构理论的渊源

产业结构理论是人们将经济理论研究深入到产业结构的层次而产生与发展起来的。考虑从结构的角度研究经济活动问题，产业结构理论的渊源可以追溯到英国古典政治经济学的创始人威廉·配第（William Petty）1672年出版的《政治算术》，配第首先发现了世界各国国民收入水平的差异和经济发展的不同阶段，其关键原因是产业结构的不同，因而是最早关注到经济中结构性问题的学者。他在该著作中指出："比起农业来，工业的收入多，而商业的收入又比工业多。"[1] 这一发现被称为配第定理。配第定理揭示了结构演变和经济发展的基本方向。法国古典政治经济学的主要代表、重农学派创始人魁奈（Qnesnay）1758年发表的《经济表》和1766年发表的《经济表分析》，分析了当时法国社会总产品的流通和再生产问题，他根据自己创立的"纯产品"学说，提出了关于社会阶段结构的划分。他首次将各阶段收入的来源、资本和收入的交换、生产消费和个人消费统一起来分析，把农业与工业两大部门之间的流通看作是再生产过程的基本要素，[2] 这为国民经济结构及产业经济结构研究奠定了初步的基础。德国国家主义学派的经济学家李斯特（F. List）在1841年出版的《政治经济学的国民体系》一书中，提出了产业结构演进的五个阶段理论，"在经济方面来看，国家都必须经过如下五个发展阶段：原始未开化时期，畜牧时期，农业时期，农工业时期，农工商时期。"[3] 李斯特还提出了采用国家干预经济促进产业结构优化的理论。李斯特的产业演进论及国家干预经济的思想对于后来产业经济学的发展起到很大的影响作用。马克思在《资本论》中提出的社会再生产理论，两大部类均衡发展理论，生产资料生产优先增长理论等都具有独特的见解，对社会主义国家产业结构发展起直接指导作用。洛桑学派的瓦尔拉斯（Walras）在1874年出版的《纯粹政治经济学纲要》一书中，提出了边际效用价值论，并运用数学方法，从交换、生产、资本形式和货币流通四个方面，创立了以边际效用价值论为基础的一般均衡理论（或称瓦尔拉斯模型）。该模型通过一系列的方程式，说明国民经济中各个生产部门间的关系和每个部门对生产要素的竞争性需求，同时还考察了每个部门的生产费用、商品的总供求量和生产要素的总供求量，是投入产出分析法的理论基础，一般均衡理论为研究经济结构问题提供了一个重要的理论与方法。

(二) 产业结构理论的形成

20世纪三四十年代是现代产业结构理论的形成时期。德国经济学家霍夫曼（Hoffman）在1931年出版的《工业化阶段和类型》一书中，对工业化中工业部门结构演变规律做了开拓性的探讨，并提出了"霍夫曼定理"。[4] 他认为，在工业化进程中，"霍夫曼系数"（即消费资料的净产值与资本资料净产值的比例）是不断下降的，从而揭示了工

---

[1] 威廉·配第. 政治算术. 北京：商务印书馆，1978：19.
[2] 魁奈. 经济表. 北京：商务印书馆，1979.
[3] 李斯特. 政治经济学的国民体系. 北京：商务印书馆，1961：155.
[4] 苏东水. 产业经济学. 北京：高等教育出版社，2000：226.

业结构重工业化的趋势。费希尔虽然提出了"三次产业"分类法，但并没有能够在此基础上总结出规律性的东西。英国经济学家克拉克（Clarke）在1940年出版的《经济进步的条件》一书中，继承了费希尔的研究成果，用三次产业分类法对经济发展的条件做了大量研究，提出有关经济发展中就业人口在三次产业中的分布结构变化的理论。他认为，随着经济的发展（即人均国民收入的提高），第一次产业的就业人口比重将不断减少，而第二次产业、第三次产业的就业人口将增加，揭示出劳动力在不同产业之间的转移是由于经济增长过程中各产业之间收入的相对差异造成的。这一成果被称为"配第－克拉克定理"，其研究开创了产业结构研究的新局面。美国经济学家列昂惕夫（W. W. Leontif）在1936年发表了题为《美国经济制度中投入产出的数量关系》的论文，该论文的问世标志着投入产出理论的诞生。他在1941年出版的《1919—1929年美国经济的结构：均衡分析的实证应用》一书中对美国的经济结构进行了深入和系统的分析。美国经济学家库兹涅茨（S. S. Kuznets）在1941年出版的《国民收入及其构成》一书中阐述了国民收入与产业结构之间的重要联系。从这一阶段开始，经济学家与学者对产业结构的研究逐步从最初的实证分析转向理论研究。

（三）产业结构理论的发展

产业结构理论在20世纪五六十年代得到了较大发展。经济学理论特别是增长经济学与发展经济学理论的发展为产业结构理论的研究和发展奠定了基础。发展经济学创始人之一美国经济学家刘易斯（W. A. Lewis）在1954年发表的论文《劳动无限供给条件下的经济发展》和1958年出版的《经济增长理论》等论著中对经济结构特别是产业结构做了深刻的分析。赫希曼（Hirschman）在1958年出版《经济发展战略》一书中提出不平衡增长模型，并论述了投资的前向关联效应与后向关联效应。罗斯托（Rostow）在1960年出版《经济成长的阶段》一书中，系统地阐述了经济成长五个阶段的特征和经济结构的变化规律，分析了部门结构变化对经济增长的作用。① 日本经济学家筱原三代平在1957年发表的《产业结构与投资分配》一文中，提出了"动态比较费用论"，认为从发展的眼光和动态的角度来看，虽然在某一时点上，有些产品在国际贸易中处于劣势，但经过一定时期，特别是给以有力的扶持，有可能转化为优势产品。对那些有发展潜力又对国民经济有重要意义的产业，只要经过10~15年的积极扶持，是可以成为强有力的出口产业，能够取得动态的比较优势的，这一扶持幼小产业的观点，它对后发国家具有重大借鉴意义。当时，日本政府采纳了这一观点扶持汽车制造业等幼小产业。日本经济学家赤松要于1960年提出了产业发展的"雁行形态理论"，主张本国的产业发展要与国际市场紧密结合起来，使产业结构国际化。② 列昂惕夫在1966年出版的论文集《投入产出经济学》中建立了投入产出分析体系，包括投入产出分析法、投入产出模型和投入产出表等，他利用这一分析法分析经济体系的结构与各部门在生产中的关系，研究经济的动态发展以及技术变化对经济的影响，分析对外贸易与国内经济关系，分析国内各地区间的经济关系以及经济体

---

① 罗斯托. 经济成长的阶段. 北京：商务印书馆，1962.
② 李悦. 产业经济学. 北京：中国人民大学出版社，1998：75-76.

系的结构与各部门在生产中的关系。① 投入产出分析法不仅对经济结构的比较分析很有效,而且还广泛用于经济预测和制定计划,1968 年投入产出表被联合国推荐为西方国民核算的一个组成部分,目前全世界已有 100 多个国家和地区运用这一方法编制本国的投入产出表。库兹涅茨于 1966 年和 1971 年分别出版了《现代经济增长》和《各国经济增长》等重要论著,② 对经济增长与产业结构的关系做了进一步研究。他收集与整理了 20 多个国家的庞大统计数据,从国民收入和劳动力两个角度详细论证了三次产业的结构性变化规律。库兹涅茨把第一、二、三次产业分别称为农业部门、工业部门和服务业部门。他认为,从纵向来看,发达国家的国民生产总值在三次产业中的分布趋势是类似的:农业部门的份额显著下降,工业部门的份额显著上升,服务部门的份额略微地而不是始终如一地上升。总劳动力在三次产业中分布的变化趋势与国民生产总值分布的变化趋势大致相同,只是劳动力在工业部门中所占比重的上升趋势不够明显,而在服务部门中的比重有显著上升。对后起的国家与不发达国家这种变化趋势大致相同。从横断面来看,不同国家三次产业在总产值和总劳动力所占份额的分布规律,可得出同纵向分析大致相同的结论,即农业部门人均国内生产总值和总劳动力中所占的比重越低,工业部门和服务部门所占的比重越高;反之亦然。库兹涅茨还认为,经济总量的高增长率引起消费需求结构的高变化率,消费者需求结构的高变化率又拉动了生产结构转换率。钱纳里在 1986 年出版的《工业化和经济增长的比较研究》一书中,运用投入—产出分析方法、一般均衡分析方法和经济计量模型,依赖更多的计量模型进行实证检验,形成了系统的结构转变分析方法,由此得出一些规律性的典型事实与结论。其研究对于揭示人均 GNP 与结构变动之间的关系及其产业结构变动的一般趋向具有重大理论价值。

(四) 习近平新时代产业经济发展思想

党的十八大以后,以习近平同志为核心的党中央认为我国经济发展进入了新时代,基本特征就是我国经济已由高速增长阶段转向高质量发展阶段,做出了经济发展新常态的战略判断。基于经济发展新时代面临的突出问题,以及对经济发展新常态的科学判断,习近平在十八届五中全会上提出了"创新、协调、绿色、开放、共享"的新发展理念,五大发展理念是对中国经济发展实践经验的科学总结,是习近平经济思想的重要内容,是新时代我国产业经济发展和产业政策的重要战略指引。

2015 年 11 月 10 日,习近平主持召开中央财经领导小组第十一次会议,在这次会议上,习近平提出经济结构性改革"要牢固树立和贯彻落实创新、协调、绿色、开放、共享的发展理念,适应经济发展新常态"。强调产业政策要准,要准确定位经济结构性改革方向,发展实体经济,坚持创新驱动发展,激活存量增长动力,着力补齐短板,加快绿色发展,积极利用外资,积极稳妥扩大对外投资。

在 2017 年中国共产党第十九次全国代表大会上,习近平指出,"我国经济已由高速增

---

① 列昂惕夫. 投入产出经济学. 北京:商务印书馆,1980.
② 库兹涅茨. 各国经济增长. 北京:商务印书馆,1985;库兹涅茨. 现代经济增长. 北京:北京经济学院出版社,1989.

长阶段转向高质量发展阶段,正处在转变发展方式、优化经济结构、转换增长动力的攻关期"。2019年两会期间,习近平强调,要使我国经济发展提高质量、增加效益、增强后劲,要使我国形成经济全球化条件下参与国际经济合作竞争新优势,就必须锲而不舍,坚持不懈地抓产业结构调整,直到抓出成效,抓出名堂,形成气候。为此,要深化产业结构调整,构建现代产业发展新体系,使我国经济发展提高质量、增加效益、增强后劲。

2020年党的十九届五中全会把产业基础高级化水平明显提高作为"十四五"时期经济社会发展主要目标和任务之一。习近平指出,要深刻把握发展的阶段性新特征新要求,坚持把做实做强做优实体经济作为主攻方向,一手抓传统产业转型升级,一手抓战略性新兴产业发展壮大,推动制造业加速向数字化、网络化、智能化发展,提高产业链供应链稳定性和现代化水平。

2020年10月29日,习近平在中共十九届五中全会第二次全体会议上指出,构建以国内大循环为主体、国内国际双循环相互促进的新发展格局,是根据我国发展阶段、环境、条件变化,特别是基于我国比较优势变化,审时度势作出的重大决策,是事关全局的系统性、深层次变革,是立足当前、着眼长远的战略谋划。要加快培育完整内需体系,加快科技自立自强,推动产业链供应链优化升级,推进农业农村现代化,提高人民生活品质,牢牢守住安全发展这条底线。

第四节 产业经济学的研究方法

根据产业经济学的研究对象、学科性质和研究内容的复杂性,研究产业经济学有多种方法可供选择,主要包括下面几种。

一、产业经济学的总体研究方法

(一) 实证研究与规范研究相结合的方法

研究产业经济学可采取实证研究与规范研究相结合,而以实证研究为主的方法。其理由是:①产业组织理论是现代经济学中用以分析和解决现实经济问题的新兴应用经济理论。其研究内容的"应用性"决定了研究方法更应重视实证性。②理论界的一个通病是偏重规范研究方法而忽视实证研究方法,以致在理论与现实之间往往存在很大的差距,表现为理论上所描述的是一回事,现实经济中则是另一回事。因此,许多从规范研究中得出的理论观点难以被实际部门所采纳。正像乔安·罗宾逊形容的那样:"实践家叫苦说,他要的是面包,而经济学家给他的是一块石头,他的叫苦是十分自然的。"[①] 理论是为实践服务的,一种理论如果远离实践,无论其逻辑性多强,内容多丰富,都不能解决实践问题,许多现实问题都需要理论工作者积极探索解决途径,这就更要求理论工作者重视对现实经济问题进行实证研究,为政府部门制定经济政策提供思路。当然,重视实证性研究并不等于轻视规范性研究,因为规范性研究能从相对独立的价值判断出发,寻找经济运行的

---

① 乔安·罗宾逊. 不完全竞争经济学. 北京:商务印书馆,1961:1.

理想标准，从而为实证性研究提供"航标"和理论依据。

（二）静态研究与动态研究相结合的方法

静态研究是在某一时间或较短时期内，对研究对象的"横截面"所做的研究。而动态研究是对研究对象的历史和发展规律的研究。对产业经济学的静态研究主要是对特定产业内部和产业间关系的现状所做的研究，以谋求解决现实经济问题的途径。而对产业经济学的动态研究则是对特定产业和产业间关系的过去、现状和未来发展趋势所做的研究，以期找出产业变化的运动规律。可见，对产业经济学的静态研究是动态研究的基础，而动态研究是对静态研究的延伸，甚至从某种意义上讲，动态研究包含静态研究，因此，对产业经济学的动态研究是一种更为重要的研究方法。

（三）定性研究与定量研究相结合的方法

产业经济学研究内容的广泛性和复杂性，加上许多新兴事物难以采用定量研究的方法，这就决定了定性研究在产业经济学的研究中具有特别重要的作用。即使对一些经济现象要进行定量研究，也首先需要通过定性研究以选择定量研究的主要考虑因素。因此，定性研究又是定量研究的基础和前提。但是，对于复杂的数量关系，定性研究往往难以解决问题，需要通过建立数学模型，以找出事物之间的数量关系，发现产业发展变化的规律性。如在产业组织理论中，就需要通过数学模型以测定适度规模经济、市场集中度和进入壁垒的高度等。事实上，在产业经济学的研究中，许多经济问题都需要通过定性研究与定量研究相结合才能得到解决的方案。

二、产业经济学的具体研究方法

（一）案例研究方法

案例研究是产业经济学的主要研究方法，在产业组织理论和产业结构理论中都是最为有效的观察产业经济现实并提炼和创新产业经济学理论的重要方法。产业经济学的理论家之所以乐于采用案例研究方法，是因为丰富的案例研究可能更容易再现产业的因素和行为，从而创新发展产业组织理论框架，使产业组织理论更好地符合经济现实。在产业组织理论研究中，重大的反垄断案件往往成为推动产业组织理论创新的重要推动力量。在中国产业结构理论研究中，中国丰富的产业政策实践提供了众多的具体行业发展和产业政策的案例样本，深入分析研究这些案例有助于深化产业结构理论研究，完善产业结构政策，创新发展中国的产业经济学理论。

（二）经济计量方法

经济计量方法是以一定的经济理论和经济数据为基础，运用数学、统计学方法与计算机技术，以建立经济计量模型为主要手段，定量分析研究具有随机性特性的经济变量关系。产业经济学的经济计量分析是在产业经济学理论的指导下，以大量的企业、市场或行业统计数据为依据，用经济计量方法探索实证产业经济发展规律。经济计量学方法始终是产业经济学对产业经济问题进行宏观观察和检验各种理论假说最主要的方法。在哈佛学派时期，产业经济学家就主要采用大样本的行业数据进行多元统计回归分析来检验市场结构与经济绩效的关系。后芝加哥学派的新经验产业组织理论则更多地采用微观企业层面的数据来对企业行为的经济影响进行检验和模拟。在产业结构理论研究中,产业经济学家主要是基于经济增长理论,检验和测算分析产业结构调整、产业结构升级、战略性产业发展对整个宏观经济增长绩效的影响。

(三) 博弈论方法

博弈论方法主要是产业组织理论中分析揭示不完全竞争市场寡头企业策略互动、产业结构理论中揭示国家之间策略性产业政策、产业政策实施中中央与地方层级关系中行为激励的有效研究方法。自纽曼和摩根斯坦于 1944 年出版《博弈论与经济行为》的开创性著作以来,博弈论方法便开始应用到经济学研究中。20 世纪 70 年代以后,产业经济学重点针对不完全竞争市场的企业行为研究,博弈论尤其是非合作博弈理论为分析寡头企业的策略性行为问题提供了最佳的方法,因而获得了前所未有的推崇和广泛的运用。博弈论方法的应用使产业经济学成为 20 世纪 80 年代以来经济学中最激动人心并且最富生机的领域之一。博弈论提供了一种策略性思考的方法,可以使我们以一个清晰和逻辑一致的方式来分析寡头企业之间的策略互动,是一个不可或缺的产业组织理论分析工具。

本章小结

- 产业的一般性定义是:生产经营具有密切替代关系的产品或劳务(即同一类产品或劳务)的企业所组成的集合。这些企业往往具有类似的生产经营技术、工艺和经营管理等基本特性。
- 根据不同的方法,可以把产业分为许多类型,常见的产业分类方法有三次产业分类法、国际标准产业分类法、生产结构产业分类法、生产要素产业分类法、生命周期产业分类法等。
- 产业经济学是以产业为研究对象的应用经济学。产业经济学的理论框架主要包括产业组织理论、产业结构理论、产业政策理论、反垄断与管制理论。
- 产业经济学的不同研究领域都有其独特的理论渊源和发展历程,这些理论的发展,对完善和丰富产业经济学的学科体系和研究内容,以及指导现实中的产业经济问题具有重要的理论价值。
- 根据产业经济学的研究对象、学科性质和研究内容的复杂性,研究产业经济学有多种方法可供选择,主要包括实证研究与规范研究相结合的方法、静态研究与动态研究相结合的方法、定性研究与定量研究相结合的方法等总体研究方法。此外,研究产业经济学还可采取案例研究方法、经济计量方法、博弈论方法等较为具体的研究方法。

关键词

产业(industry);产业经济学(industrial economics);部门(sector);哈佛学派(Harvard School);芝加哥学派(Chicago School);后芝加哥学派(Post-Chicago School);新产业组织理论(new industrial organization);市场结构(market structure);市场行为(market behavior);市场绩效(market performance)

自测自评

复习思考题

1. 产业经济学的研究对象是什么？
2. 如何理解产业的概念？有哪些常用的产业分类法？它们各有什么特点？
3. 结合一个事例，说明学习与研究产业经济学的意义。
4. 简述产业经济学理论体系的主要内容。
5. 简述产业组织和产业结构的理论渊源及其形成与发展过程。
6. 产业经济学有哪些主要研究方法？

延伸阅读

1. 黄纯纯．网络产业组织理论的历史、发展和局限．经济研究，2011（4）．
2. 刘志彪．产业链现代化的产业经济学分析．经济学家，2019（12）．
3. 王俊豪．管制经济学学科建设的若干理论问题——对这一新兴学科的基本诠释．中国行政管理，2007（8）．
4. 吴汉洪．西方产业组织理论在中国的引进及相关评论．政治经济学评论，2019（1）．
5. 于立．产业经济学研究的十一个误区（纲要）——兼谈博士学位论文选题．财经问题研究，2005（4）．
6. 臧旭恒．从哈佛学派、芝加哥学派到后芝加哥学派——反托拉斯与竞争政策的产业经济学理论基础的发展与展望．东岳论丛，2007（1）．

第一篇 产业组织▶

第二章 规模经济与范围经济

> **本章提要**
>
> 规模经济与范围经济理论是产业组织理论的核心内容。本章将讨论有关规模经济与范围经济的若干重要概念,分析规模经济与范围经济的基本成因,着重讨论企业适度规模理论,企业的多元化战略与范围经济的关系。

第一节 基本概念

本节主要讨论规模内部经济与规模外部经济、规模经济与规模不经济、规模经济的层次和范围经济等基本概念。

一、规模内部经济与规模外部经济

规模经济(economies of scale)是指当生产或经销单一产品的单一经营单位因规模扩大而减少了生产或经销的单位成本时而导致的经济。[①] 在产业经济理论中,规模经济有规模内部经济和规模外部经济之分。规模内部经济是指随着生产规模的扩大,使单位产品成本下降,收益上升。规模内部经济中的"规模"是指工厂和企业在一定条件下的生产能力或产量。规模外部经济是指实现规模内部经济性所需的外部条件,如市场规模扩大、资源供给充足、运输和融资便利等。但通常意义上的规模经济主要是指规模内部经济,因此,在本书中把规模经济等同于规模内部经济,而把规模外部经济视作规模经济的实现条件,作为企业的外部环境来讨论。

二、规模经济与规模不经济

一般以边际成本(marginal cost)和平均成本(average cost)的关系来区分规模经济和规模不经济(diseconomies of scale)。[②] 如果边际成本小于平均成本,则存在规模经济;反之,若边际成本大于平均成本,则存在规模不经济。可用图 2-1 加以说明。

在图 2-1 中,当产出量小于 Q_1 时,边际成本曲线(MC)在平均成本曲线(AC)的下方,这意味着增加一个单位产出量所发生的成本小于单位产出的平均成本,从而,随着

[①] 小艾尔弗雷德·D. 钱德勒. 企业规模经济与范围经济. 北京:中国社会科学出版社,1999:19.
[②] Stephen Martin, *Industrial Economics: Economic Analysis and Public Policy*, New York: Macmillan Publishing Company, 1988:23-24.

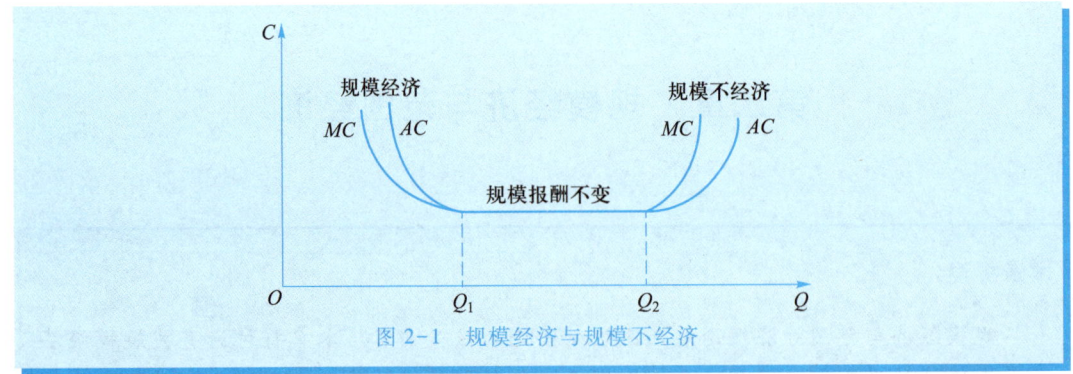

图 2-1 规模经济与规模不经济

产出量的增加，平均成本曲线向右下方倾斜，即单位产品成本呈下降趋势，这表明存在生产的规模经济性。而当产出量大于 Q_2 时，边际成本曲线在平均成本曲线的上方，每增加一个单位的产出所发生的成本大于平均成本，从而导致平均成本曲线向右上方上升，这意味着存在生产的规模不经济性。当产出量大于 Q_1 但小于 Q_2 时，规模报酬不变（constant returns to scale），这时，平均成本正好等于边际成本。据此，我们也可以用平均成本和边际成本的判定系数 FC（function coefficient）来描述规模经济性，这一判定系数可表示为：

$$FC = \frac{AC}{MC}$$

当 $FC>1$ 时，平均成本大于边际成本，则存在规模经济，即随着产出量的增加，平均成本曲线下降；当 $FC<1$ 时，平均成本小于边际成本，则存在规模不经济，即随着产出量的增加，平均成本曲线上升；如果 $FC=1$，平均成本等于边际成本，规模收益不变，在产出量的一定范围内，平均成本曲线呈水平线。

三、规模经济的层次

规模经济可分为产品规模经济、工厂规模经济和企业规模经济三个层次。产品规模经济是指产品生产专业化的经济性，由于产品生产的分工和专业化，可以提高每个生产者操作效率，减少单位产品生产要素的消耗，提高经济效益。它是最基本的规模经济形态。工厂规模经济是由生产技术，特别是由关键设备和关键生产线的规模所带来的经济效益。企业规模经济则是指若干个生产同类产品的工厂或处于生产工艺过程不同层次的若干工厂，通过水平或垂直联合成一个企业，产生比分散经营更高的经济效益。显然，这三个层次的规模经济存在从属关系，产品规模经济是"细胞"，而工厂规模是企业规模的最低限，一定规模的企业是实现工厂规模经济的组织保证。由于多工厂企业是现代企业组织的一个普遍特征。因此，研究企业规模经济更具有综合性，也更贴近现实经济。在没有特别说明的情况下，本书中的规模经济即指企业规模经济。

此外，有的学者还认为，存在产业规模经济，[①] 是由于产业规模的扩大而引起产业内

---

① 夏大慰．产业组织学．上海：复旦大学出版社，1994：131-133．

分工协作关系的加强和专业化水平的提高，从而提高了经济效率，产生了较大的经济效益。由于本书将企业规模经济作为研究重点，因此，我们将产业规模经济视作实现企业规模经济的外部条件，即规模外部经济。

四、范围经济

范围经济（economies of scope）是指利用单一经营单位内原有的生产或销售过程来生产或销售一种以上产品而产生的经济性。[①] 规模经济和范围经济都是有效使用社会资源，提高经济效率的重要手段与途径。如前所述，如果企业增加产量能降低单位产品的成本，则存在规模经济；如果企业增加产品品种或种类能节约成本，则范围经济存在。规模经济通常是按照不断下降的平均成本函数来定义的，而范围经济通常是以一个企业生产多种产品和多个企业分别生产一种或少数几种产品的相对总成本来定义的。[②] 令 $TC(Q_x, Q_y)$ 表示一个企业生产 Q_x 单位的产品 X 和 Q_y 单位的产品 Y 所发生的总成本，则存在范围经济的条件可用下式表示：

$$TC(Q_x, Q_y) < TC(Q_x, 0) + TC(0, Q_y)$$

即由一个企业同时生产产品 X 和产品 Y 比一个企业生产产品 X、另一个企业生产产品 Y 所花费的成本小。在古典经济学中经常提到的羊毛和羊肉联合生产的例子中，范围经济是指利用一群绵羊同时生产羊毛和羊肉的成本，往往低于用一群羊只生产羊毛与用另一群羊只生产羊肉的成本之和。

第二节 规模经济与范围经济的基本成因

规模经济和范围经济的成因是多方面的，了解这些成因是有效利用规模经济与范围经济的基本前提。

一、规模经济中的主要成因

规模经济的主要成因有以下几方面。

（一）专业化分工和协作的经济性

企业规模的扩大，为企业内部发展专业化分工和协作提供了条件。许多经济学家对专业化分工和协作的经济性曾有精辟论述，如亚当·斯密关于扣针制造业通过劳动分工提高生产效率的著名例子，一直为后来者广为引用。在这个例子中，在分工协作生产前，每人每天制针的数量至多 20 枚，而实行分工协作后，平均每人每天能制针 4 800 枚，生产效率至少是原来的 240 倍。[③] 斯密还分析了通过分工协作提高效率的经济原因："有了分工，同数劳动者就能完成比过去多得多的工作量。其原因有三：第一，劳动者的技巧因业专而

[①] 小艾尔弗雷德·D. 钱德勒. 企业规模经济与范围经济. 北京：中国社会科学出版社，1999：19.
[②] David J. Teece. Economies of Scope and the Scope of the Enterprise. *Journal of Economic Behavior and Organization*, 1980（1）：223-247.
[③] 亚当·斯密. 国民财富的性质和原因的研究（上卷）. 北京：商务印书馆，1974：6.

日进；第二，由一种工作转到另一种工作，通常须损失不少时间，有了分工，就可以免除这种损失；第三，许多简化劳动和缩减劳动的机械发明，使一个人能够做许多人的工作。"① 事实上，分工和协作是规模经济的基础。

（二）采用大型、高效的专用设备的经济性

企业规模大，就能得益于采用大型、高效的专用设备。因为从经济的角度而言，任何生产设备都在加工对象达到相当数量时才有可能进行，不能想象几千立方米容积的高炉仅为生产几吨钢铁而开动。大型、高效的专用设备进行大批量运作的结果无疑会降低平均成本。一个浅显的例子是，石油的储藏成本大体上与建造储油罐使用的钢材成本相关，由几何学可知，钢材用量的增加幅度总是小于储油罐体积的增加幅度。这种经济性在石油、化工、钢铁、水泥等装置型产业表现得特别明显。

（三）标准化和简单化操作的经济性

大规模企业所采用的大批量生产方式有利于实行标准化和简单化操作，从而有利于增加产量，提高产品质量，降低成本。同时，这也使企业采用大型、专用机械设备和高效率的流水作业方式成为可能。这些都能提高经济效率。

（四）大批量采购和销售的经济性

大企业一次性大批量购进原材料、零部件等生产资料，可以比多次小批量进货节省交易费用，还可以享受较大的批量折扣。而大规模的产品销售则有利于提高广告等促销活动的经济效益，降低单位产品的促销费用。同时，只有大规模的产品销售，才可能在各地设立企业的销售服务中心，以提高产品销售效率，更好地满足顾客需要。

（五）大批量运输的经济性

企业的市场范围扩大，有利于降低单位运输成本，若设 R 为企业的市场半径，πR^2 这一圆形区域就是企业的市场范围，圆心到圆周的运输距离为 R，则在市场范围扩大 4 倍时，运输距离只扩大 2 倍。此外，大批量运输还有利于取得整车运输的经济性。

（六）大规模管理的经济性

企业规模的扩大，为经营管理人员和技术人员专业化创造了条件，他们通过合理分工，各司其职，使其特长得到充分发挥，从而有利于提高企业经营管理的整体水平。同时，企业规模的扩大也有利于使用现代办公自动化设备，增强信息处理能力，从而提高企业管理效率。

在以上分析的规模经济成因中，既有生产技术方面的因素（前三条），它们有利于降低生产成本；也有交易方面的因素（后三条），它们有利于降低交易成本。可见，规模经济利用的结果是从生产和交易两条途径降低企业总成本，从而提高企业经济效益。

二、范围经济的主要成因

上述规模经济的一些成因，如大批量采购和销售的经济性、大批量运输的经济性和大规模管理的经济性，也是范围经济的成因。此外，产生范围经济的主要原因还包括以下

---

① 亚当·斯密. 国民财富的性质和原因的研究（上卷）. 北京：商务印书馆，1974：8.

几方面。

（一）生产技术设备具有多种功能

在科学技术快速发展的过程中，许多生产技术设备具有标准化、通用化特性，这些具有通用性的生产技术设备，可用来生产不同产品，从而提高生产技术设备的利用率。

（二）零部件或中间产品具有多种组装性能

许多零部件或中间产品具有多种组装性能，可以用来生产不同的产品，因而可以增加零部件或中间产品的生产批量，取得因规模经济而引起的范围经济。

（三）研究与开发的扩散效应

企业一项研究开发技术的成果往往可以用于多种产品的生产，从而有利于扩散研究开发成果，大大降低单位产品所分摊的研究开发成本。

（四）企业无形资产的充分利用

企业的经营管理知识和技术等无形资产在生产经营多种产品时同样可以使用，不会增加多少额外费用。又如，由于企业的声誉能转化为产品的声誉，企业良好的声誉能支持企业生产经营多种产品。

第三节 企业适度规模的确定

一、企业规模与效率

从规模经济的成因分析中，人们自然会想到这样一个问题，即企业规模是否越大越经济，效率越高？对此，施蒂格勒认为："规模收益会由于大企业管理困难而出现减少。企业越大，为了给中央决策提供必要的信息和执行这些决策所必需的批准手续，它的行政机构就必定越大越正规。庞大的机构必定较不灵活——政策不能经常变化，还要细心加以控制。"[①] 更具体地说，如果企业规模过大，就会因管理层次的增加和管理幅度的拉大而使信息在纵向、横向传递过程中发生"过滤"现象，容易造成信息失真，从而导致决策失误；企业规模过大也可能使企业内部人际关系复杂化，扩大人与人之间的隔阂和摩擦，从而降低工作效率。法国管理专家格兰丘纳斯（V. A. Graicunas）认为：随着企业领导的下属人数和单位的增加，企业内部交互关系数量会更快增长，他甚至提出了一个用以计算交互关系数量的公式。[②]

$$n(2^n/2+n-1)$$

或

$$n(2^{n-1}+n-1)$$

式中，n 为下属人数或单位数。

该公式表明，下属人数和单位数的增加，会引起上下级和平级之间的交互关系数量非

---

① 乔治·J. 施蒂格勒. 价格理论. 北京：商务印书馆，1992：153-154.
② 哈罗德·孔茨，西里尔·奥唐奈. 管理学. 贵阳：贵州人民出版社，1982：330.

线性增大。例如，当 $n=2$ 时，交互关系数为6；当 $n=4$ 时，交互关系数为44；当 $n=10$ 时，相应的交互关系数则为5 210。这些交互关系具体表现为上下级之间的指令与请示以及平级之间的产品或服务的转移，即企业内部的交易活动。这些交易活动的非线性增长意味着企业内部交易费用也随着下属人数或单位数的增加而非线性地快速增长。可见，企业规模扩大会增加有效管理的难度，增加企业内部交易成本，因此，企业规模扩大使收益和成本同时增加。当企业规模超过一定程度后就会由"经济"变为"不经济"，这就产生了确定企业适度规模的问题。

二、企业适度规模的衡量器——平均成本曲线

在有关规模经济和企业适度规模的论著中，一般以平均成本曲线描述规模经济，并通常从短期和长期两个角度进行考察，因而，与此相应有短期平均成本曲线和长期平均成本曲线之分。其中，短期平均成本曲线反映一定时期内生产能力不变时平均成本（即单位产品成本）的变化规律，如图2-2所示。

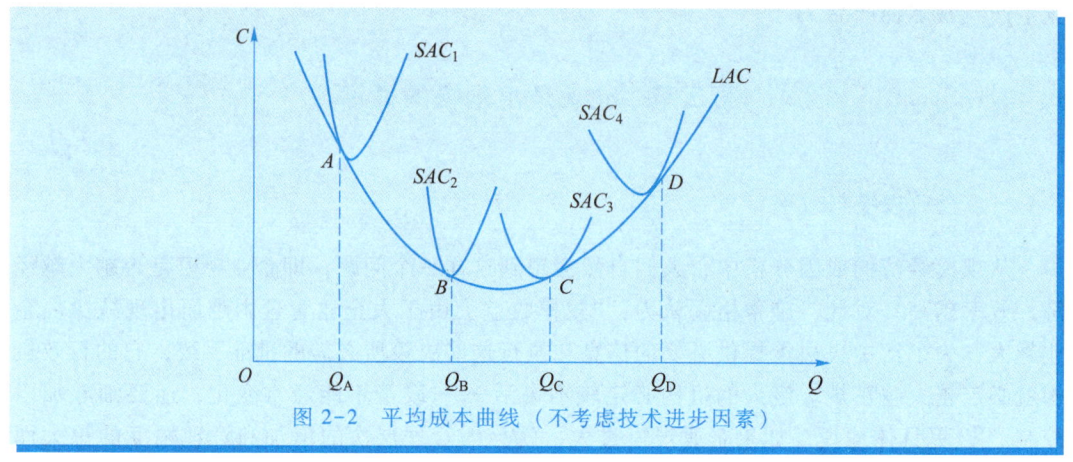

图2-2 平均成本曲线（不考虑技术进步因素）

在图2-2中，SAC_1、SAC_2、SAC_3 和 SAC_4 分别表示不同规模的短期平均成本曲线，平均成本随着产量增加而下降，超过一定限度又随产量增加而上升；长期平均成本曲线（LAC）反映生产能力扩大过程中平均成本的变化规律，它是短期平均成本曲线的包络线，曲线向下倾斜表明规模经济。长期平均成本下降到 B 点为止，在 BC 之间处于最低水平，C 点以上则上升，因此，BC 可称为"最佳规模区间"，B 点所在的规模称为"最小最佳规模"（minimum efficient scale），C 点所在的规模称为"最大最佳规模"（maximum efficient scale）。企业规模处于该"区间"内的任何一点都是适度的。

显然，在描述长期成本曲线时，实际上隐含着这样一个假设条件，即生产能力扩大和技术进步没有联系。然而，在现实经济中，生产能力的扩大通常是以技术进步为推动力的，企业在扩大生产能力时总是要采用效率更高的新技术。因此，这一假设条件是经不起实践检验的。若放宽这个假设条件，即承认生产能力扩大和技术进步相伴发生，在一般情况下，以技术进步为推动力的长期平均成本曲线将是不断下降的，只是

下降的幅度呈越来越小的趋势。因此应该对图2-2中的长期平均成本曲线做相应调整，如图2-3所示。

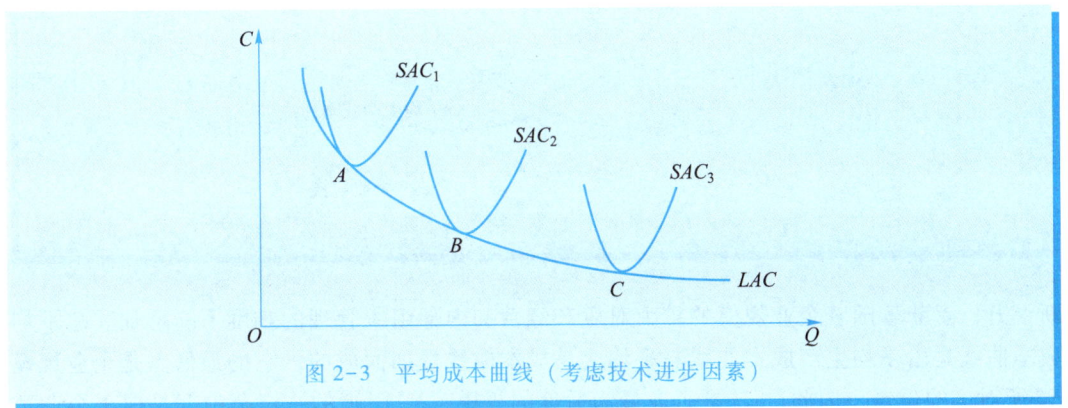

图2-3 平均成本曲线（考虑技术进步因素）

在图2-3中，长期平均成本曲线呈持续下降态势，但到了C点后下降的幅度越来越小。在这种情况下，可通过以下方法确定最小经济规模：先设定一个平均成本下降率判定系数（如0.5%），若到C点所在的生产规模后，再增加产量，其平均成本下降率小于判定系数，C点即为"最小经济规模"（minimum economic scale，MES）。此时，显然不存在最小最佳规模或最大最佳规模。企业适度规模的最低限就取决于最小经济规模，而最高限则取决于一定时期内的技术、经济因素。

此外，在企业适度规模理论中，还有一个非常值得注意的问题是：在许多有关规模经济的文献中，平均成本实际上是指平均生产成本，因此，其平均成本曲线主要适用于描述生产成本在总成本中占绝大比重、而交易成本很小的产品规模经济和工厂规模经济。而产品是工厂的生产内容，工厂又只是企业的组成部分，特别是对多工厂的现代大企业来说，要合理分配各工厂甚至各产品的资源投入和产出比例，要有效地销售企业产品，采购原材料，科学地进行信息收集、加工和处理等交易活动，必然会发生大量的交易成本。因此，如果说决定工厂规模经济的主要因素是生产成本，那么，决定企业规模的主要因素应该是由生产成本和交易成本构成的总成本。在西方新制度学派看来，交易成本和生产成本共同决定企业适度规模。如科斯（Coase）认为："企业将倾向于扩张直到在企业内部组织一笔额外交易的成本，等于通过在公开市场上完成同一笔交易的成本或在另一个企业中组织同样交易的成本为止。"[①] 也就是说，企业适度规模是由企业与市场之间的边际交易成本决定的。因此，在适度规模理论中，平均成本应该是由平均生产成本和平均交易成本叠加而成的总平均成本，这样才能全面、准确地反映企业规模经济，才能正确界定企业适度规模。这种叠加的情况如图2-4所示。

在图2-4中，假定在技术进步的条件下，随着企业规模的扩大，平均生产成本曲线持续下降，而包括企业内部组织协调成本在内的平均交易成本曲线则从原来的下降变为不

---

① 罗纳德·哈里·科斯. 论生产的制度结构. 上海：上海三联书店，1994：10.

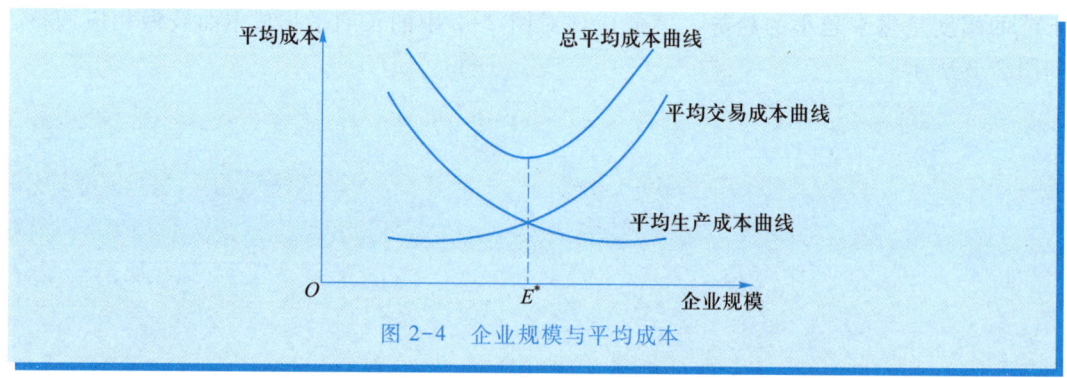

图 2-4 企业规模与平均成本

断上升，意味着随着企业规模的扩大对生产经营和内部组织管理的难度不断增加。总平均成本曲线是由平均生产成本曲线与平均交易成本曲线叠加而成的，它的最低点是企业规模 E^* 所对应的位置。因此，E^* 是企业最为适度的规模，E^* 附近的一定范围都是属于企业适度规模范围。至于这个"范围"的大小，则具有相当的主观性。

三、企业适度规模的两个决定因素——技术与市场

某个产业的企业规模经济（适度规模）主要取决于技术与市场这两个因素。对此，美国著名企业史学家钱德勒（Chandler）通过对美国、英国和德国许多产业和大量企业的规模经济与范围经济的历史考察，得出的一个重要观点是："不同的生产技术有不同的规模经济或范围经济。在某些生产工艺中，相同产量下的成本，其增加和减少的幅度比另一些工艺更大。在诸如石油、钢铁和铝的一些工业中，成本曲线斜率（用经济学家的术语来讲）是陡峭的，以低于最低效率规模进行生产所受的惩罚是严重的。而在其他一些工业，诸如肥皂、谷物和类似的有商标的包装产品中，成本曲线斜率是不大陡峭的，以低于最低效率规模进行生产所受的惩罚是较不严重的。因此，利用范围经济的潜力在各工业之间也很不相同。"同时，"在某一工业中，在一给定时间的某一点，能以最低效率规模经营的工厂数目，是受市场需要该工业产品的规模限制的。使用一种现有技术并按最低效率规模标准建立起来的工厂，能生产超过市场可吸收的产量，该厂的单位成本就高于一个其产量更加紧密地按照市场需求测定的较小的工厂的单位成本。在这种情况下，最佳的工厂规模将是小于按照技术的最低效率规模建造的工厂规模。"因此，"由于生产和经销技术的差异以及市场规模和地点的差异，造成规模经济和范围经济在不同的工业、不同的国家和不同的时期的差异"。[1]

著名新制度经济学家戴维斯和诺斯（Davis and North）也持与钱德勒相似的观点："企业的最有效规模和在行业中的企业数当然是技术和相应的市场规模的函数。"[2] 因为新技术往往要求企业进行巨额投资，这是许多小企业无法承受的，更为重要的是，采用大型

---

[1] 小艾尔费雷德·D. 钱德勒. 企业规模经济与范围经济. 北京：中国社会科学出版社，1999（19）：30-31.
[2] 戴维斯，诺斯. 制度变迁的理论：概念与原因. 载：R. 科斯，A. 阿尔钦，D. 诺斯. 财产权利与制度变迁. 上海：上海三联书店，1991：278.

技术设备能大大降低生产成本，实现规模经济。这在诸如石油、钢铁等装置型产业中十分明显。而市场规模的扩大则为企业大批量生产和销售提供了必要的前提。因此，技术与市场从企业内部和外部条件上决定了产业的规模经济，从而决定了特定产业中企业的适度规模，即技术创新要求高、技术装备大而复杂，而且拥有广阔市场的产业，其规模经济就十分显著，企业适度规模就较大；反之，对于那些技术进步缓慢、技术装备小且市场范围不大的产业，其企业规模就适宜于小型化。

四、企业适度规模的确定方法

根据有关文献资料，确定企业适度规模的主要方法有量本利比较法、工程分析法和适者生存法。现对这几种方法作简要的评价。

（一）量本利比较法

量本利比较法是一种通过比较分析不同规模企业的产量、成本和利润状况，以单位产品的成本和利润的多少为基准确定企业适度规模的方法。其基本假设是，当企业处于适度规模时，单位产品的成本较低，利润率较高。这一方法的主要优点是，由于单位产品成本和利润率是一种综合性指标，能综合反映企业的规模经济性，当样本企业足够多时，具有相当的可靠性。其主要缺点是，其规模是以产量为衡量标准的，因而相应的成本主要是生产成本，没有考虑企业的交易成本。而事实上交易成本在企业总成本中占有相当大的比重。因此，它比较适合确定工厂的适度规模。

（二）工程分析法

工程分析法又叫技术定额法，它是一种在假设不同产量的基础上，根据基本的设备参数、工艺参数以及标准的技术费用定额等工程技术，以确定平均成本曲线，然后通过比较不同产量的平均成本曲线，以确定适度规模的方法。这一方法的优点是按照工程技术计算平均成本具有客观性和科学性，但由于它只考虑生产成本，因此，这种方法也只是适用于确定工厂适度规模。

（三）适者生存法

适者生存法（the survival technique）由美国著名经济学家施蒂格勒首创，其基本假设是，不同规模企业的竞争会筛选出效率较高的企业，所以，这是一种根据优胜劣汰规律，通过纵向对比确定企业适度规模的方法。运用生存技术来测定最佳企业规模的过程如下：先把某产业内的企业按规模分类，然后计算各时期各规模等级的企业在产业产出中所占比重。如果某一等级企业所占的生产份额下降了，说明该规模效率较低。一般地说，效率越低，则份额下降越快。换言之，生产份额上升，则说明该规模的效率较高，可作为企业的适度规模。施蒂格勒还强调："只有当所有厂商拥有完全相同的资源时，一个产业才会只有一个厂商最佳规模。既然各厂商使用种类不同、质量不同的资源，最佳厂商规模必有多个，呈现某种频率分布。生存技术使我们能对这一分布做出估计，在以下的应用中我们仅限于估计最佳规模的范围。"[①] 施蒂格勒还以美国的钢铁业为例说明适者生存法的实际应用（见表2-1）。

---

① 乔治·J. 施蒂格勒. 产业组织和政府管制. 上海：上海三联书店，1989：41-42.

表 2-1　钢锭生产能力分布：企业相对规模

企业规模 （占产业生产能力的比重）	企业数目			占产业生产能力的比重/%		
	1930 年	1938 年	1951 年	1930 年	1938 年	1951 年
0.5%以下	39	29	22	7.16	6.11	4.65
0.5%~1%	9	7	7	5.94	5.08	5.37
1%~2.5%	9	6	6	13.17	8.30	9.07
2.5%~5%	3	4	5	10.64	16.59	22.21
5%~10%	2	2	1	11.18	14.03	8.12
10%~25%	1	1	1	13.24	13.09	16.10
25%及以上	1	1	1	38.67	35.91	34.50

在表 2-1 中，由于各企业并不公布其产量，企业规模只能用生产能力来衡量，为消除产业和企业规模长期增长的影响，各企业的生产能力只是一个相对数，即指占产业全部生产能力的百分比。这样，由表 2-1 可见，在时间跨度达 20 年之久的时期中，生产能力比重小于 0.5%的企业加总起来所占的产业生产能力比重持续大幅度下降，由此可以推知，这一规模是很不经济的。生产能力比重在 0.5%~2.5%的企业的产业份额略有下降，说明这一规模不太经济。生产能力比重在 25%及以上的只有一家企业，它的产业份额有所下降，说明这一规模也不经济。而中等规模，即生产能力比重在 2.5%~25%的规模企业，比重上升或不变，所以这是最佳规模范围。① 在施蒂格勒的例子中，不足的是最佳规模的范围似乎太大，这就在相当程度上失去了确定企业适度规模的意义。同时，在该例子中，企业规模也仅是生产能力，而没有考虑企业的交易能力。尽管如此，与量本利分析法和工程分析法相比较，适者生存法更符合市场经济对企业适度规模的要求。但值得注意的是，运用适者生存法要求产业内所有企业拥有基本相同的竞争条件，否则就不能客观比较企业的生存能力。

第四节　企业的多元化战略与范围经济

企业的一体化与多元化战略既有联系又有区别，企业实行多元化战略具有多种动机，但多元化战略具有合理边界，受范围经济的制约。

一、一体化与多元化战略

对于规模较小的企业来说，实现企业规模经济和范围经济的首要任务是要扩大企业规模。借鉴经济发达国家大型企业的发展历史，可采取水平一体化、垂直一体化和混合一体化这三种战略以形成大型企业。②

---

① 乔治·J. 施蒂格勒. 产业组织和政府管制. 上海：上海三联书店，1989：43-44.
② 本书第六章将对实现这三种一体化战略的企业兼并行为作较为详细的讨论。这里着重从规模经济与范围经济的角度作简要讨论。

水平一体化（horizontal integration）是企业在原有生产经营范围内，通过联合、兼并同类企业或投资兴建新的生产经营单位，形成多工厂企业，以扩大企业规模。其经济效率主要来自"多工厂经济性"（multiplant economies），通过扩大生产批量，降低生产成本，实现规模经济。

垂直一体化（vertical integration）是企业在供、产、销方面实行纵向渗透和扩张。其实质就是把原来由不同企业承担的供、产、销职能不断集中于单个企业的过程，也就是把供、产、销活动由原来的市场协调转化为企业内部管理协调的过程。其经济效率在于它能减少交易成本，实现规模经济与范围经济。

混合一体化（conglomerate integration）是指企业通过一定的方式控制多个产业中的若干生产经营单位，实行跨产业经营。通过充分利用共同资源，降低单位产出的成本，以实现范围经济。可见，混合一体化就是企业经营多元化（diversification）。

以上三种战略不仅存在各自的经济性，而且具有层次性。作为大型企业的发展战略，水平一体化是垂直一体化的基础。通常，企业规模的扩张往往是从水平一体化开始的，由于企业可利用现有技术和管理经验，在原来的业务范围内扩大其规模，因此成功的可能性较大。但企业通过水平一体化达到一定规模后，要进一步发展成为大型企业，往往需要实行垂直一体化战略。对此，钱德勒曾指出："横向联合并不是一种在市场上常见而可行的长期策略。开始时以合并方式而变大的公司之所以能够维护利润，只是因为它们在合并之后接着又采取了纵向结合的策略。"要形成一个大型企业，"最后的步骤就是对销售实现向前的结合，对原材料和半成品的采购和控制实现向后的结合，到了这个时候，管理上的有形的手就取代了市场力量的无形的手而协调自原材料供应商直到最终消费者的流程"。[①] 如美国，大型企业形成的历史就是把大量生产过程和大量流通过程结合于单一企业中的历史，到 1917 年，在资产额为 2 000 万美元以上的美国企业中，将近 90% 的企业是经由垂直一体化而形成的。而在经济波动幅度和频率日益增加的今天，企业要保持原有的市场地位并持续发展成为大型企业，就要求企业努力分散经营风险，稳定企业收入流量，这就迫使企业重视混合一体化战略。在经济全球化发展的今天，要求有实行跨产业经营的大型企业作为物质载体，这无疑也刺激企业采取混合一体化战略，以最终形成经济实力雄厚的国际化大型企业。值得一提的是，企业制定一体化战略还受其生命周期阶段的影响（lifecycle effects），国外学者的实证研究表明，企业从事一体化的"热情"因企业的年龄不同而存在差异。[②] 作为一个新生企业，由于它尚未建立企业声誉，要以较高的成本才能筹措到资本，这使它难以取得大量的资本以支持一体化战略；同时，任何扩张和发展活动必然要分散企业稀缺的管理资源，新生企业除了采取一体化战略外，还有许多通过内部挖潜而实现内涵扩张的机会，这也减弱了新生企业实行一体化战略的"热情"。而对于已处于成熟阶段的企业，由于它已取得一定的市场地位，不仅具有大量的自有资本，而且能以较低的代价筹措到所需资本，同时，它已充分利用了内部扩张的机会。因此，它要进一步

[①] 小艾尔弗雷德·D. 钱德勒. 看得见的手——美国企业的管理革命. 北京：商务印书馆，1987：365-366.
[②] D. C. Mueller, A Life-Cycle Theory of the Firm, *Journal of Industrial Economics*, 1972（21）：199-219.

发展，只有采取一体化战略。可用图2-5总结构建大型企业的战略步骤。

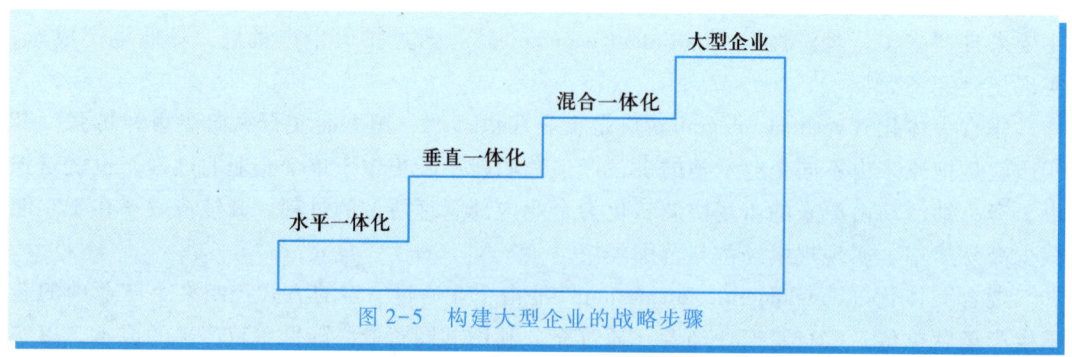

图2-5 构建大型企业的战略步骤

由以上讨论可见，一体化是企业扩大规模、形成大型企业的发展战略，企业的多元化属于一体化战略。在三种一体化战略中，企业的水平一体化和垂直一体化战略主要是为了充分实现规模经济，而企业的混合一体化或多元化战略主要是为了充分实现范围经济。同时，混合一体化或多元化战略是企业一体化战略的较高形式，通常要求企业在完成水平一体化和垂直一体化战略的基础上，才能实行混合一体化或多元化战略。

二、企业实行多元化战略的动机

企业实行的多元化战略可概括为两种基本形式：一是关联性多元化，指企业新发展的业务与原有的业务具有战略上的关联性和适应性，它们在技术、市场、产品等方面具有共同的或是相近的特点，即企业利用核心竞争力跨产业拓展自己的经营领域。二是无关联多元化，指企业新发展的业务与原有业务之间没有战略上的关联性和适应性。无关联多元化往往是出于财务方面的考虑，如进入高投资报酬的新产业、保障现金流、避税、防止恶意兼并等。企业实施多元化战略可能出于以下几种动机。

（一）分散风险

多元化战略有利于"分散风险"（risk spreading），提高经营安全性。因为任何产业市场都具有波动性，一些年份景气，另一些年份则比较萧条，特别是汽车制造业之类的产业深受宏观经济波动和政策的影响，企业无法控制，这使得只在单一产业市场上经营的企业的业绩在很大程度上取决于市场状况，其生产经营的稳定性较差。如果企业同时在几个产业经营，就有利于熨平企业收入的波动。对"多元化可以分散风险"这一命题的理论依据是投资组合理论，即通过不同业务种类之间不同业务周期的差别来分散风险，投资组合中互为负相关的投资种类越多，每项投资在总投资量中所占的比重越小，组合降低风险的效果就越好。而高度相关的业务组合不利于分散风险。

（二）避免反垄断法规的制裁

许多国家通常以某一产业的市场集中度来界定垄断企业。显然，横向一体化和纵向一体化都会明显提高企业的市场集中度，而多元化是企业在不同产业的业务分布，它对在特定产业中的市场集中度没有直接影响。因此，企业实行多元化能避免受反垄断法规的制裁。

(三) 发挥企业的优势和潜能

一个企业经过多年的经营和成长，形成了一定的技术、市场营销、产品开发及经营管理的优势。通过多元化实行跨产业经营，有利于充分发挥这些资源优势，拓宽业务空间及领域，给企业带来新的成长机遇和利润增长点。

三、范围经济对企业多元化战略的制约

虽然企业有多种动机刺激其实行多元化战略，但这一战略意味着企业跨越了原有的生产经营范围，需要投入新技术、新市场和新的管理知识等。企业多元化战略的实质是取得范围经济性，这也决定了多元化的边界应受范围经济性的制约。因此，从范围经济的成因看，企业实行多元化战略受以下条件的制约。

(一) 企业应具有进入新产业的技术和管理知识

企业实行多元化战略进入新的产业领域，要求有新技术、新工艺开发新产品，以符合新市场的需要。同时，在原有产业中积累的管理经验在新产业中未必全部适用，这要求企业掌握与新产业特征相适应的新的管理知识。

(二) 企业应具有协调不同产业的业务的能力

企业实行多元化战略后，由于新产业的业务与原有产业的业务存在较大差别，这会增加新老业务间协调的难度，如企业在原有产业的集中管理政策可能会抑制新产业业务的发展潜力。这要求企业培养协调多产业业务的能力，在新的经营格局下协调好各种业务关系。

(三) 实行多元化战略取得的长期收益应大于由此产生的各种成本

企业实行多元化战略的长期目标是实现收益最大化，但企业进入新产业的潜在收益有短期收益和长期收益之分，两者经常存在不一致，特别是当企业进入新兴产业时，这种不一致就会更加明显。而企业的跨产业经营必然会减少在原有产业的资源配置，削弱在其原有产业的竞争力和盈利能力。这要求企业在制定多元化战略时，应从长期的角度对多元化战略取得的长期收益和由此产生的各种成本进行权衡，以取得较好的长期经济效益。

综上所述，企业要成功地实行多元化战略，应以充分利用范围经济为原则，把握跨产业经营的范围和程度，优先考虑选择与原有经营产业相关联的新产业领域，防止过度追求多元化的倾向，否则，反而会使企业蒙受损失。

从国际经验看，20世纪90年代以来，发达国家的混合兼并急剧减少，兼并的重心开始转向与原有产业相关的产业。一部分企业从不具竞争优势的产业退出，回归核心业务。

中国企业在实行多元化战略中也不乏成功的例子。如格力集团的多元化经营战略是：通过自主创新，在技术相关多元化基础上形成业态相关多元化。1991年，格力作为一个年产量不到20 000台的空调小厂，通过增加科研投入自主创新，逐步在压缩机、电机、控制器等关键零部件上实现产业链纵向一体化的深度布局，发展了凌达压缩机、新元电子、格力电工和凯邦电机四家子公司。格力的核心竞争力不断提升，市场营销也与其他品牌拉开差距，成为名副其实的全球空调行业领军者。除此之外，格力在智能家居、工业制品、智能装备等领域走出一条"相关多元化"之路，已经成长为产业多元化的精工制造

企业。另一方面，也有不少多元化经营失败的案例，如巨人集团总裁史玉柱反省其失败的四大失误之一就是盲目多元化经营。巨人集团涉足的计算机业、房地产业、保健品业等行业跨度过大，新进入的领域并非其优势所在，主业还未做得足够强大，却急于铺摊子，资金周转失灵，导致财务危机，拖垮了整个公司。

案例

我国航空业的规模经济[①]

  航空业是典型的寡头垄断行业，具有显著的规模经济性。民航业改革发展是和我国市场经济体制改革相伴随的，国务院于1980年首先决定民航脱离军队建制，从隶属于空军改为国务院直属机构。为鼓励有效经营，促进航空业快速发展，我国于1987年到1991年间分别组建了中国国际航空公司、中国东方航空公司、中国南方航空公司、中国西南航空公司、中国西北航空公司、中国北方航空公司6家大型国家级航空公司。随后，以地方政府为投资主体的地方航空公司，如上海航空、四川航空、深圳航空等陆续组建。2001年底我国加入世界贸易组织后，民航业也迎来了重大体制改革。2002年3月，国务院批准了《民航体制改革方案》，其主要内容包括重组航空公司、机场实行属地管理、改革空中交通管制体制、改组民航服务保障企业、改革民航行政管理体制、改革民航公安体制等。按《民航体制改革方案》的要求，民航总局不再履行下属航空公司和机场的国有资产所有者职能，主要承担民用航空的安全管理、市场管理、空中交通管理、宏观调控及对外关系等方面的职能。2002年10月，中国航空集团公司、中国东方航空集团公司、中国南方航空集团公司、中国民航信息集团公司、中国航空油料集团公司、中国航空器材进出口集团公司6家集团公司重组后宣布成立。紧接着，地方航空公司的龙头企业海南航空集团公司也在与其他地方航空公司进行兼并后形成新海航集团。此外，各航空公司间通过相互持股，建立了千丝万缕的联系。例如，目前南方航空持有厦门航空51%的股份，中国国际航空则持有深圳航空51%的股份。在这期间，中国民航业的规模迅速扩张。2002年民航的旅客周转量和货物周转量分别是68.7亿人公里和51.55亿吨公里，2019年民航旅客周转量和货物周转量分别达到11 705.30亿人公里和263.20亿吨公里。2020年受到疫情影响，民航旅客周转量为6 311.20亿人公里，货物周转量达到240.20亿吨公里。从图2-6可见，2011年到2020年民航业一直呈快速增长态势。

  我国航空运输业在经历了几次大的重组和并购之后，形成了大小航空企业并存的局面。如表2-2所示，从我国航空运输服务市场的总体情况看，其市场结构呈现典型的寡头垄断特点，但不同公司间的竞争依然是存在的。在国内干线市场上，参与运营的公司平均为3家，同时存在6~7家竞争的热门干线。航空公司间通过价格、运力投入、服务质量等不断提高生产与经营效率，从而获得竞争优势。

[①] 本案例主要参考于嘉. 中国民航业市场结构、竞争行为和绩效研究——结合网络经济特征的理论和实证分析. 山东大学，博士论文. 2014；本案例数据主要根据Wind数据库数据整理计算。

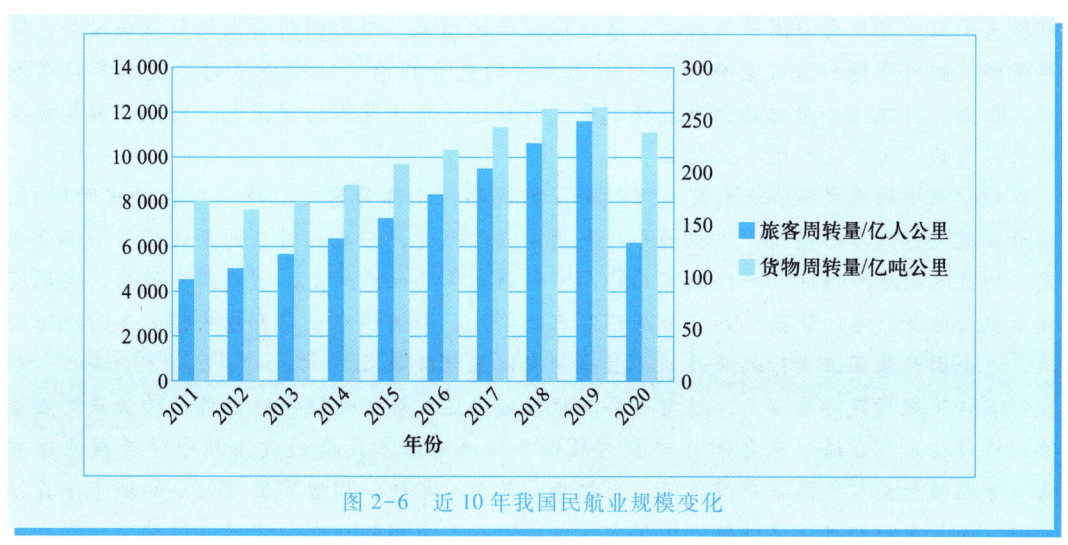

图 2-6　近 10 年我国民航业规模变化

表 2-2　2018 年各航空公司运输统计量

指标名称	飞行班次/次	飞行小时/h	运输总周转量/万吨公里
南方航空	644 837	1 795 392	2 196 423
中国国航	447 407	1 394 599	1 818 458.4
东方航空	462 969	1 216 013	1 317 456.7
海南航空	223 067	635 963	796 216.5
深圳航空	249 259	595 455	480 567.3
厦门航空	226 327	540 373	510 359.9
四川航空	203 583	488 747	472 068.7
山东航空	205 835	434 205	353 802.3
春秋航空	125 403	316 444	301 621.1
上海航空	129 472	306 547	235 851.4
首都航空	101 876	255 216	266 585.9
吉祥航空	109 904	254 507	213 354.1

与其他运输服务业一样，航空业也存在着规模经济，并且主要通过运输工具的运载能力经济、机队规模等来实现。在技术水平与机队规模结构一定的情况下，航空公司规模经济主要是通过"提高旅客和货物的运输量、周转量"来实现。航线网络的发展演变过程，也是航空公司追求运输网络规模经济的过程。运输工具的运载能力经济，指的是在运载率有保障的条件下，大型飞机的每座成本通常低于小型飞机。大型飞机往往在动力系统等技术装置方面较小型飞机更为先进，所以大型飞机飞行同等距离所消耗的燃料并不一定比小飞机多；再加上大型飞机也无须额外飞行员，维修费较少，飞机也不需要按比例等量增加等原因，使得使用大型飞机较小飞机更"合算"。机队规模对航空公司规模经济的实现也

有较大影响。在较大空间范围内，随着通航城市的增加，对运输的需求总量也会增加，这样航线、航班的增加使航空公司的运输能力得到充分利用，航空公司的总成本呈现弱增性。但是，当航空公司脱离自身规模水平，盲目追求市场范围的扩张时，因组织客货源及运营能力的不足，这种经济性就会丧失。

航空业中的规模经济还表现为飞行密度的提高，又称为密度经济，即在一定时间内，随着往返飞行频率的提高，飞机的平均利用率显著上升，与之相对应的则是公司一部分固定运力成本被逐渐摊薄，平均成本曲线向下倾斜。需要注意的是，密度经济效应的实现有赖于机场运营效率的提高。如果机场不能有效调度，即使航空公司有意安排更多的航班架次，也会因无法保证飞行起降时间，最终削弱以上经济效果。

在传统规模经济基础上，航空公司的规模经济还扩展为航线网络经济。传统点对点航线网络结构是指在通航点之间开辟直达航线，网络中基本没有通过枢纽中转连接的通航点。中枢辐射式航线网络是指选择适当机场作为中心枢纽，周边客流量较小的城市不直接通航，而是在枢纽机场通过航班衔接方式加以连接。中枢辐射式航线网络结构为航空公司提供了一种用有限的机队资源覆盖最大市场范围的可能。中枢辐射航线网络特点是航班在枢纽机场紧密衔接，旅客在不同航班之间进行中转衔接。每个进港航班都为同一航班集群中的其他航班输送旅客，每个出港航班都为同一航班集群中的其他航班分流旅客。从为旅客提供的航线产品数量来看，中枢辐射式航线网络为旅客提供了更多的市场选择。在点对点航线网络模式下，如果城市之间的运输需求比较单薄，航空公司从效益角度考虑，在该城市不会提供航空运输服务。但如果采用中枢辐射式航线网络结构，由于增加了在枢纽机场的中转换乘环节，航空公司可以把不同目的地的旅客集中在一个航班上，使得为原来运输需求比较单薄的市场提供航空运输服务成为可能。通过这种方式，航空公司可以覆盖更多的市场，旅客也得到了更多选择航空运输服务产品的机会。在实际运营中，中枢辐射式的航线网络结构对机场基础设施布局与建设、资源利用也都提出了较高要求。而且该种网络模式运营的复杂性对航空公司运营能力也是个极大的挑战。随着实践的不断推进，以国际业务为主的航空枢纽与以国内业务为主的航空枢纽，航班波也表现出了不同的特征，这是由旅客的不同需求特征所决定的。

在航线网络规划设计的创新方面，虽然目前全球大多数国际航空枢纽都采用了中枢辐射式航线网络模式，但在我国民航的实际运用也并非简单照搬。一是我国人口分布特征与其他国家不同；二是高铁中长铁路网建设在全球是史无前例；三是城市群经济结构与发展布局的特殊性；四是生产性稀缺资源的配置结构等因素决定了我国在航线网规划设计方面的特殊性。但是中枢辐射式网络结构，为航空公司在资源有限的情况下提供了可以最大化实现规模经济与范围经济的可能性。因此，我国民航发展既能借鉴现阶段发展较成熟的枢纽运营模式经验，又能结合我国航空业发展特色，进行航线网络设计与优化，突破空域瓶颈制约，提高航班时刻资源的配置与使用效率，加强基础设施建设，提升机场便捷中转服务能力，提高航空公司航线网络设计与优化能力，加强地面集疏运体系建设等。

结合本案例，请讨论下列问题：
1. 根据民航业特征，说明民航业规模经济的来源。
2. 简述民航业网络经济的成因。
3. 试述提高我国民航业规模经济的主要思路和政策措施。

本章小结

- 规模经济是指当生产或经销单一产品的单一经营单位因规模扩大而减少了生产或经销的单位成本时而导致的经济。规模经济可分为规模内部经济和规模外部经济，规模经济和规模不经济。规模经济还可分为产品规模经济、工厂规模经济和企业规模经济这三个主要层次。

- 范围经济是指利用单一经营单位内原有的生产或销售过程来生产或销售多于一种产品而产生的经济。如果企业增加产品品种或种类能节约成本，则存在范围经济。范围经济通常是以一个企业生产多种产品和多个企业分别生产一种或少数几种产品的相对总成本来定义的。

- 规模经济的主要来源是：专业化分工和协作的经济性，采用大型、高效的专用设备的经济性，标准化和简单化的经济性，大批量采购和销售的经济性，大批量运输的经济性，大规模管理的经济性。而范围经济的主要来源是：生产技术设备具有多种功能，零部件或中间产品具有多种组装性能，研究与开发的扩散效应，企业无形资产的充分利用。

- 企业规模与效率并不一定存在正相关关系，当企业规模超过一定程度后就会由"经济"变为"不经济"。一般以平均成本曲线描述规模经济，在适度规模理论中，平均成本应该是由平均生产成本和平均交易成本叠加而成的总平均成本，这样才能全面、准确地反映企业规模经济，才能正确界定企业适度规模。

- 某个产业的企业规模经济（适度规模）主要取决于技术与市场这两个因素。技术与市场从企业内部和外部条件上决定了产业的规模经济，从而决定了特定产业中企业的适度规模，即技术创新要求高、技术装备大而复杂，而且拥有广阔市场的产业，其规模经济就十分显著，企业规模就应该较大；反之，对于那些技术进步缓慢、技术装备小型且市场范围不大的产业，其企业规模就适宜于小型化。确定企业适度规模的主要方法有量本利比较法、工程分析法和适者生存法。

- 一体化是企业扩大规模、形成大型企业的发展战略，企业的多元化属于一体化战略。在三种一体化战略中，水平一体化和垂直一体化主要是为了充分实现规模经济，而混合一体化或多元化战略主要是为了充分实现范围经济。同时，混合一体化或多元化战略是企业一体化战略的较高形式，通常要求企业在完成水平一体化和垂直一体化战略的基础上，才能实行混合一体化或多元化战略。

- 企业实施多元化战略可能出于分散风险、避免反垄断法规的制裁和充分发挥企业的优势和潜能等多种动机。由于多元化的实质主要是取得范围经济性，这决定了多元化的边界应受范围经济性的制约。其主要制约因素包括：企业应具有进入新产业的技术和管理知识，具有协调不同产业的业务的能力，实行多元化战略取得的长期收益应大于由此产生的各种成本。

- 企业要成功地实行多元化战略，应以充分利用范围经济为原则，把握跨产业经营的范围和程度，优先考虑选择与原有经营产业相关联的新产业领域，防止过分追求多元化的倾向，否则，由于企业过度分散资源，反而会使企业蒙受损失。

关键词

规模经济（economies of scale）；规模不经济（diseconomies of scale）；范围经济（economies of scope）；最小最佳规模（minimum efficient scale）；最大最佳规模（maximum efficient scale）；最小经济规模（minimum economic scale）；适者生存法（the survival technique）；水平一体化（horizontal integration）；垂直一体化（vertical integration）；混合一体化（conglomerate integration）；多元化（diversification）

自测自评

复习思考题

1. 简述规模经济与范围经济的区别与联系。
2. 如何判别规模经济和规模不经济？
3. 如何理解和度量范围经济？请指出范围经济的一个实例。
4. 规模经济与范围经济的主要来源是什么？
5. 简述影响企业适度规模的主要因素和确定企业适度规模的主要方法。
6. 简述一体化和多元化的关系以及多元化在一体化中的地位。
7. 范围经济对多元化存在什么制约关系？

延伸阅读

1. 陈林，刘小玄．产业规制中的规模经济测度．统计研究，2015（1）．
2. 刘伟，凌唱．厂网分离改革对热电联产企业规模经济与范围经济影响分析．财经论丛，2015（1）．
3. 徐斌．规模经济、范围经济与企业一体化选择——基于新古典经济学的解释．云南财经大学学报，2010（2）．
4. 许庆，尹荣梁，章辉．规模经济、规模报酬与农业适度规模经营——基于我国粮食生产的实证研究．经济研究，2011（3）．
5. 孙蓉，韩文龙，王向楠．中国农业保险公司的规模经济和范围经济研究．保险研究，2013（12）．
6. 许绍双．市场结构、效率与证券业绩效——基于动态面板数据模型的分析．安徽农业大学学报（社会科学版），2016（3）．
7. 姜奇平．网络经济学的均衡结构分析．东北财经大学学报，2019（1）．

第三章 市场集中

> **本章提要**
>
> 市场集中度综合反映了市场的结构性特征，一定程度上显示了市场的竞争程度，是反垄断司法实践的重要前置指标。本章在区分一般集中与市场集中两种现象的基础上，重点讨论测量市场集中度的一些主要方法，分析影响市场集中的主要因素等问题。

第一节 一般集中与市场集中

集中与分散相对，指把分散的个体集聚起来的过程或者个体集中分布的非均匀状态。在经济领域，集中是指国民经济和部分产业中少数大型经济组织占有了较大比例资源的现象，通常可以分为一般集中和市场集中。

一、一般集中

一般集中度表示在整个国民经济或全部企业的经济活动中，最大若干个企业所占的比重。例如，最大的 50 家企业职工人数占全部制造业职工人数的比重，最大的 100 家企业占全部工业企业资产或销售额的比重等。从已有数据看，一般集中度的变化趋势并不十分明确，不同的时间区间、不同的资源种类、不同的企业范围、不同的企业数量计算出来的变动趋势存在较大差异。根据中国企业联合会、中国企业家协会公布的历年《中国 500 强企业发展报告》，表 3-1 为中国 500 强企业营业收入（万亿元）占同年中国国内生产总值（万亿元）的比重（%）。

表 3-1 中国 500 强企业营业收入占同年中国国内生产总值的比重

年份	2013	2014	2015	2016	2017	2018	2019
营业收入/万亿元	56.58	59.5	59.5	59.5	64	71.17	79.1
GDP/万亿元	58.80	63.61	68.55	74.06	82.08	90.03	99.09
比重/%	96.2	93.5	86.80	80.34	77.97	79.05	79.83

资料来源：《2020 年中国 500 强企业发展报告》。

一般集中意味着少数大企业的部分高级管理者对整个社会经济事务拥有较高的影响力。这种影响力可能引起两方面的忧虑：一是经济上对市场结构的影响，引发社会对市场有效性的忧虑。需要指出的是，一般集中度并不必然与特定产业的市场集中度相关，也就是说较高的一般集中度并不意味着市场竞争性的缺失。二是这种状况可能与民主政治的理念相冲突。名义上实行一人一票的普选制度，实际上通过资助竞选、游说立法、俘获管制，每个人的政治影响力可能与个人财富以及个人控制的财富有关。因此即使没有经济上的理由，政治上可能也需要降低一般集中度，减少寡头政治的危险。扩迈拉（Comanor）就认为一般集中度反映了人们对个人权利集中本能的恐惧，主要是社会学、政治学研究的问题。[①]

二、市场集中

经典理论往往用企业数量来刻画市场结构。行业中只有一家企业可能意味着垄断，少数几家企业可能意味着寡头，许多企业接近于完全竞争。实际上，企业数量并不是一个令人满意的度量竞争状态的指标。包含几百个企业的产业可能被少数几个企业操纵，相对于只有几个势均力敌企业的产业，这个产业可能具有更强的垄断性。如果假设企业规模分布信息较好地反映了企业在市场中的地位或者势力，那么综合反映企业数量及其规模分布信息的集中度数据就能够描述市场竞争的激烈程度或者操纵程度。

市场集中度描述特定市场的规模结构，衡量特定市场的集中程度，以反映特定市场受到大型经济组织控制的状况。市场是由买卖双方组成的，相应的市场集中度包括买方集中度和卖方集中度（又称为产业集中度、行业集中度）。例如在汽车制造业中，销售规模处于前几名的最大汽车生产企业的市场占有率，某种市场占有率内企业的数目等。

由于买方集中仅限于某些特殊产业，因此产业组织理论对市场集中度的研究主要集中于卖方集中度，一些经济学家也就通用"市场集中度"和"产业集中度"两个概念。

市场集中度直接对市场的竞争状态产生作用，而一般集中度则以市场集中度为媒介间接地对市场的竞争状态产生作用。因此早期产业组织理论更重视市场集中度的研究。不过后来者发现，即使市场集中度不变，企业多元化、一体化经营提高一般集中度时，往往会对市场竞争状态产生影响。例如，当企业通过一体化来控制原料、流通渠道时，或企业通过多种经营进行搭配销售和排他性的互惠交易时，都会间接地对该市场的竞争环境产生不利影响。一般集中度的这种间接的、累积的影响是不能忽视的。因此，当代产业组织理论也开始重视一般集中度的研究。

第二节 市场集中度的测定指标

在不同产业或者不同时期、不同国家的同一产业内部，企业数量以及企业的相对规模并不相同。集中度概念假设企业数量以及企业的相对规模信息能够反映市场力量的集中程度，因而试图以一种简单的形式综合这两种信息。

一、市场集中度指标

在产业经济学中，市场集中程度与企业数量、资源份额（包括产量、产值、员工数

[①] 转引自：Asch P., *Industrial Organization and Antitrust Policy*, New York: John Wiley & Sons Inc., 1983: 179.

量、资本量、销售额、增加值、控制的技术等）的非均等程度两个基本因素密切相关。这些因素都被看作决定竞争的主要因素。学者们基于不同目的和条件，设计了许多反映市场竞争程度的市场集中度指标。

（一）综合反映企业数量和资源份额非均等性的指标

（1）绝对集中度指标。最基本的市场集中度指标是绝对集中度，通常用在规模上处于前几位企业的生产、销售、资产或职工的累计数量（或数额）占整个市场的生产、销售、资产、职工总量的比重来表示，又称为领先企业累计份额。其计算公式为：

$$CR_n = \frac{\sum_{i=1}^{n} X_i}{\sum_{i=1}^{N} X_i}$$

式中，CR_n 表示市场上规模最大的前 n 位企业的市场集中度（一般来说，n 在 4~8 之间，最常见的是 CR_4，即测量市场或产业中最大的四个企业的资源份额）；X_i 为按照资源份额大小排列的第 i 位企业的生产额或销售额、资产额、职工人数；N 为市场上卖方企业数目（计量买方集中度时指买方的数目）；$\sum_{i=1}^{n} X_i$ 表示前 n 位企业的生产额、销售额、资产额或职工人数之和。

CR_n 接近于 0 意味着最大的 n 个企业仅供应了市场很小的部分；相反地，CR_n 接近于 1 意味着非常高的集中程度。

实际操作中测量绝对集中度比较容易，而且这一指标又能较好地反映产业内生产集中的状况，显示市场的垄断和竞争的程度，因此绝对集中度作为市场集中度指标使用得非常广泛。但是，绝对集中度指标仅仅反映了产业中规模最大的前几位企业的市场集中程度，单凭这一指标还难以把握产业内全部企业的规模分布状况。例如，两个产业的 CR_4 都是 0.9，各自四个企业的市场份额如表 3-2 所示。产业 A 和产业 B 具有相同的 CR_4，意味着集中度相同。实际上，产业 A 中存在一个主导企业，其市场份额达到 0.8，而产业 B 中各企业规模相当。CR_4 没有揭示最大四个企业中是否有一个或几个企业主导了整个产业。通过提供更多其他的 CR_n，如 CR_1、CR_2，可以弥补这个缺陷。不过这个办法只是解决了部分问题，最理想的还是用一个指标来表示集中程度。

表 3-2 两个产业中最大四个企业的市场份额

产业	企业 1	企业 2	企业 3	企业 4
产业 A	0.80	0.05	0.03	0.02
产业 B	0.25	0.23	0.22	0.20

最早运用绝对集中度指标对产业的垄断和竞争程度进行分类研究的是贝恩。他将集中类型分成六个等级，并依据这种分类对当时美国产业的集中程度进行了测定，见表 3-3。

表 3-3　贝恩对产业垄断和竞争类型的划分及实例（美国）

类型		CR_4	CR_8	该产业的企业总数	列入该类型的产业
Ⅰ．极高寡占型	A	>75%		20 家以内	轿车、电解铜、氧化铝
	B	>75%		20~40 家	卷烟、电灯、石膏制品、平板玻璃
Ⅱ．高集中寡占型		65%~75%	>85%	20~200 家	轮胎、洋酒、变压器、洗衣机
Ⅲ．中（上）集中寡占型		50%~65%	75%~85%	较多	粗钢、钢琴、轴承
Ⅳ．中（下）集中寡占型		35%~50%	45%~75%	很多	使用肉类制品、壁纸、杀虫剂
Ⅴ．低集中寡占型		30%~35%	40%~45%	很多	面粉、男式鞋、女式鞋、水果和蔬菜罐头、涂料
Ⅵ．原子型		<30%		极多，不存在集中	妇女服装、纺织、木制品中的大多数

对产业集中程度的测定与把握，是政府制定有关公共政策，维护和健全市场秩序的基础。由于具体国情不同，各国政府有关部门和学者对本国产业的垄断和竞争类型划分的具体标准也不尽相同。例如，日本著名产业组织论学者越后和典教授，根据贝恩的分类方法和日本产业分类的实际情况，将日本产业的垄断和竞争类型分成五类[①]，分类标准如下：

　　A 型（极高寡占产业）：CR_1>70%

　　B 型（高寡占产业）：CR_3>80%，CR_5=100%

　　　　其中，B_a 型：CR_1>50%

　　　　　　B_b 型：B_a 型以外的情况

　　C 型（中寡占产业）：CR_{10}≥80%

　　　　其中，C_a 型：CR_1≥35%

　　　　　　C_b 型：C_a 型以外的情况

　　D 型（准中寡占产业）：CR_{10}>50%

　　E 型（低集中产业）：CR_{10}<50%

他根据上述分类标准对日本 17 个部门 156 个产业的垄断和竞争程度进行了分类。156 个产业包括了日本工业中的大部分主要产业。其中，属于 E 型的仅 21 个产业，加上 D 型也不过 57 个产业，可见日本工业中的绝大多数产业属于寡占产业。集中度高的产业最多的部门是化学工业，而集中度低的产业最多的部门是纤维制品和木材、木制品工业。

（2）赫芬达尔—赫希曼指数（O. C. Herfindahl-A. O. Hirschman Index）或赫芬达尔指数，又称为 H 指数或 HHI。赫希曼使用该指数平方根形式，赫芬达尔在此基础上使用了本形式，后来者就用他们的名字共同指称该指标。其计算公式为：

[①] 转引自：杨公朴，夏大慰. 产业经济学教程. 上海：上海财经大学出版社，1998：137.

$$HHI = \sum_{i=1}^{n}\left(\frac{X_i}{X}\right)^2 = \sum_{i=1}^{n} S_i^2$$

式中，X 代表市场总规模；X_i 代表 i 企业的规模；$S_i = X_i/X$ 表示第 i 个企业的市场占有率；n 为该产业内的企业数。实际应用中，人们常用 10 000 乘以份额平方和来便利地表达 H 指数。

当市场由一家企业独占，即 $X_1 = X$ 时，$HHI = 1$。当所有的企业规模相同，即 $X_1 = X_2 = X_3 = \cdots = X_n = X/n$ 时，$HHI = 1/n$。产业内企业的规模越是接近，且企业数越多，H 指数就越接近于零。而且，H 指数对规模较大的前几家企业（通常称为上位企业）市场份额的变化特别敏感。因此，在市场集中度的研究中，H 指数作为一个能综合反映产业内企业规模分布的指标而被广泛应用。例如美国司法部（DOJ）和美国联邦贸易委员会（FTC）联合发布的《横向兼并指南》，从 1982 年版开始，就用 HHI 代替了 CR_4。1997 年修订版规定，兼并后市场的 HHI 低于 1 000，市场仍处于非集中状态，兼并不太可能有削弱竞争的效果，通常无须进一步进行反垄断审查；兼并后市场 HHI 介于 1 000 和 1 800 之间，则认为处于中等集中状态，HHI 提高 100 的兼并才会引起反垄断部门的注意；兼并后市场 HHI 超过 1 800，处于重度集中状态，HHI 提高 50 的兼并就会引起进一步的审查。尽管实际应用中放宽了 HHI 门槛，2010 年版还是重申了 HHI 标准。

（二）单纯反映市场份额非均等性指标

相对集中度是反映产业内企业的规模分布状况的市场集中度指标，常用洛伦茨曲线和基尼系数表示。

洛伦茨曲线表示的是市场占有率与市场中由小企业到大企业的累计百分比之间的关系，见图 3-1。在图中横轴表示的是从最小企业开始的企业累计百分比，纵轴表示这些企

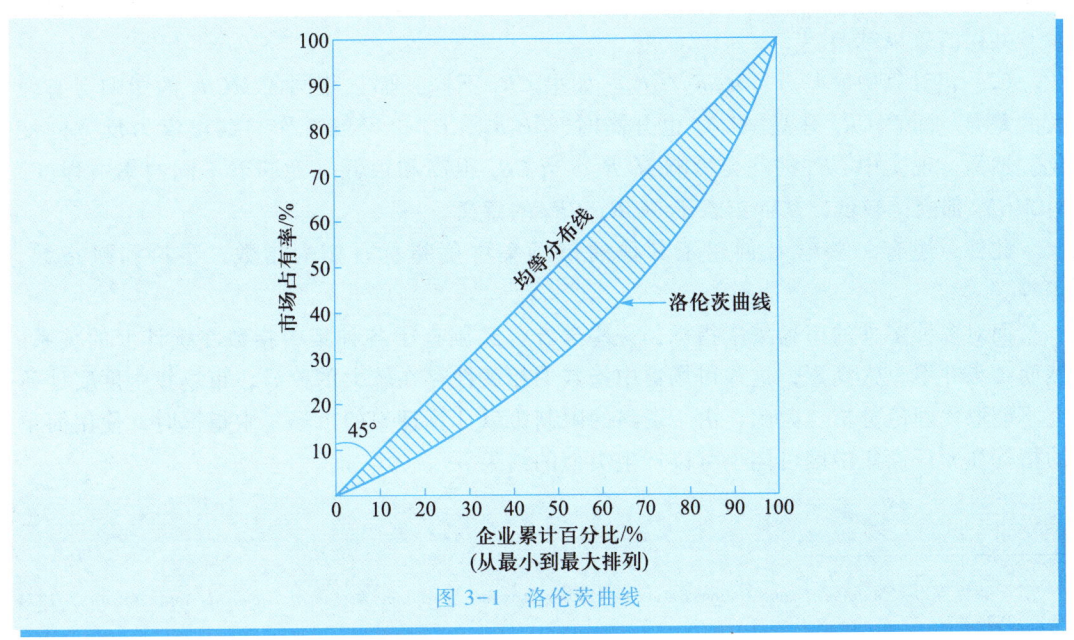

图 3-1 洛伦茨曲线

业的销售额占市场销售总额的百分比,即市场占有率。洛伦茨曲线反映产业内全部企业的市场规模分布情况。当某一特定的市场上所有企业的规模完全相同时,洛伦茨曲线与图中的均等分布线重合。当企业的规模不完全相同时,洛伦茨曲线是均等分布线下方的一条曲线。曲线越偏离均等分布线,企业规模分布的不均匀度越大。

基尼系数是建立在洛伦茨曲线基础上的一个相对集中度指标。基尼系数等于均等分布线和洛伦茨曲线之间的面积(图 3-1 中的阴影部分),与以均等分布线为斜边、以横轴为直角边构成的三角形面积之比,即:

$$基尼系数 = \frac{均等分布线与洛伦茨曲线之间的面积}{均等分布线以下的三角形面积}$$

基尼系数在 0~1 之间变动。当基尼系数等于 0 时,即意味着所有企业规模完全相等;反之,当基尼系数越大时,意味着阴影部分的面积越大,企业规模分布越不均匀。

用洛伦茨曲线和基尼系数表示的相对集中度指标,可以反映某一特定市场上所有企业的规模分布状况。但是,这种相对集中度指标也有其局限性。当两条不同形状的洛伦茨曲线所围的面积大小相等时,基尼系数相同。因此,基尼系数并不代表其特定市场中唯一的企业规模分布。此外还要注意,洛伦茨曲线以及相应的基尼系数作为相对集中度的指标,所反映的是特定市场中企业规模分布的不均匀程度,是相对集中度的量度而不是绝对集中度的量度。例如,2 家各自拥有 50% 市场占有率企业组成的市场,与 100 家各自拥有 1% 市场占有率企业组成的市场具有同样的洛伦茨曲线(与均等分布线重合),它们的基尼系数都为 0。然而,这两种情况下的市场结构显然是不同的。

(三)其他指标

(1)绝对集中度差分:MCR_8。米勒(Miller)等提出边际卖方集中度或者边际集中度概念,代表第五到第八大企业的累积份额。隐藏的假设是,MCR_8 越大,共谋发生的机会少,共谋的效果越差。[①]

(2)相对集中度差分:MCR_8/CR_4。如果 CR_4 不同,那么相同的 MCR_8 的影响会有较大的差异。随着 CR_4 升高 MCR_8 也升高时,MCR_8/CR_4 也可以看作与共谋潜力反方向变化。然而,现实中 CR_4 往往会影响 MCR_8:当 CR_4 很高和很低(意味着不同的集中程度)时 MCR_8 都会比较低,从而损害了 MCR_8/CR_4 的意义。

此外,还有一些学者创建了其他的市场集中度指标,如熵指数、罕拉和凯指数,等等。

面对多种多样的市场集中指标,一些学者曾经调查了各种集中指数在统计上的关系。然而结果并不令人满意,这些市场集中指数的相关性存在较大的差异,市场集中度实证研究不能取代理论分析。因此,由于资料的限制难以计算理想的市场集中指标时,使用简单的指标如 n 厂商集中度可能也可以产生类似的结果。

---

① R. A. Miller. Marginal Concentration Ratios as Market Structure Variables. *Review of Economics and Statistics*,1971(8):289-293.

二、选择市场集中度指标的标准

只有恰当反映市场力量的集中度指标才是良好的集中度指标。经济分析史上人们曾经提出、使用了许多方法测量市场集中程度。讨论集中指标数学性质的文献至今没有找到理想的市场集中指标。从经济角度看,这没什么好奇怪的。只有当集中影响到企业行为时市场集中才是重要的,因此最好的集中指标要与企业行为息息相关。而商业活动如此复杂,不可能有一个集中指标在任何情况下都优于其他指标。

有些学者提出了集中度衡量指标的基本特性,如豪和泰德曼(Hall and Tideman)提出了六个判断标准:第一,一维指标;第二,独立于产业规模;第三,符合转移原则(较小企业的市场份额向较大企业转移,将提高集中程度);第四,如果所有企业都被分成 k 个大小相同的部分则集中指标将降低 $1/k$;第五,如果市场有 n 个大小相同的企业则集中指数是 n 的减函数;第六,集中指数在 0 和 1 之间。[1] 罕拉和凯(Hannah and Kay)则提出了七个标准:第一,提高 i 个最大企业的总份额将提高集中程度;第二,转移原则成立;第三,低于某些规模的新企业进入将降低集中程度;第四,兼并会提高集中程度;第五,消费者随机地更换品牌将降低集中程度;第六,新企业的规模越小,其对集中程度的影响也将变小;第七,企业成长中的随机因素将提高集中程度。[2]

当然,经济学家对这些标准的必要性以及正确性存在一定的分歧。具体采用哪种测定集中度的统计方法,应根据实际研究的需要来确定。由于各种衡量市场集中指标的性质特点各不相同,因此应尽可能综合地运用集中度测量指标进行测定,以正确反映产业集中的状况。

最后还要注意,大多数市场集中度指标记录了某个时点上企业规模分布的特征,在这个意义上它们都是静态指标。一些批评者认为,如果高集中的产业中主导企业随时间不断发生变化,那么静态的高集中程度并不意味着缺乏竞争。好在一些学者的实证研究表明,企业的份额与排序高度相关,从总体上不能拒绝静态集中指标。例如格诺萨奇(I. M. Grossack)发现,无论在理论上还是统计上,企业排序的变化程度都与 H 指数高度相关。[3]

三、测量市场集中度的程序

在测量市场集中度时,除了选择恰当的市场集中度指标,还需要确定市场范围、代表性资源变量和数据来源。

(一) 限定市场(或产业)的范围

首先是产品的定义。在理论上,一般将需求交叉弹性高的产品群定义为同一市场或产

---

[1] M. Hall and N. Tideman. Measures of Concentration. *Journal of the American Statistical Association*, 1967.62: 162-168.

[2] L. Hannah and J. A. Kay, The Concentration of Mergers to Concentration Growth: a Reply to Professor Hart. *Journal of Industrial Economics*, 1981.29: 305-313.

[3] I. M. Grossack. Towards an Integration of Static and Dynamic Measures of Industrial Concentration. *Review of Economics of Statistics*, 1975.37: 301-308.

业。从需求方的视角看，生产相近产品（并不必然要求相同，只要交叉弹性足够大）的一群企业就是一个市场。困难在于构建基于交叉弹性的集中指标。即使知道了交叉弹性，还是没有简单的标准去划分产品替代链条上的一个市场。国民统计一般按照供给特性来进行产业归属，即产业为采用相同技术流程或者相同原材料的一群企业。采用相同技术流程和相同原材料的企业，可以容易地生产其他企业的产品，进而影响其他企业的行为和绩效，因此这种方法具有一定的合理性。供给方法划分的产业与需求方法划分的产业可能存在很大的差异。例如，在消费者眼中一些金属制品和塑料制品都是相近的替代品，然而它们的技术流程和原材料显著不同。这些困难使得布朗拉（Brunner）等建议采用其他办法去界定市场和产业。[1] 布朗拉主张保留产业和市场的区别，供给方法应用于前者，需求方法应用于后者。尽管这样并没有解决原有的问题，不过避免了使用产业数据得出有关市场势力的结论。总之，如果市场和产业的差异较大，使用未经调整的、国民统计提供的集中指标可能严重误导市场关系。具体操作过程中可能需要根据研究目的对国民经济统计数据进行调整。

其次要考虑市场的地理范围，即市场是全国的，还是区域性的或者地方性的市场。还要考虑是否包括进出口因素，即是否考虑包括进入本国市场的外国企业的产品等。区域市场很重要时国内销售数据可能高估企业规模，进口很多时可能低估企业规模。开放经济体中基于国内的集中度指标可能夸大了实际的集中程度。例如，假设在 A 国，某个企业占据了国内总产量的 90%，其他 $n-1$ 个企业分享剩余的 10% 产量。前述任何集中度指标都显示该国该产业的高集中度，如 CR_4 可能接近于 1。然而，如果考虑国际贸易因素，假设该国这 n 个企业主要从事出口生产，国内消费主要来自进口，那么该国该市场实际的集中度将急剧下降。主导企业的国内市场份额可能远低于 90%，外国企业可能是该国市场上的实际支配者。为了充分考虑开放市场，可以使用经过贸易修正的集中度，例如：

$$C_n = \frac{Q_n - X_n}{Q + (X - M)}$$

式中，C_n 是最大的 n 个企业经过贸易修正的集中度；Q_n 是最大的 n 个企业的营业收入；X_n 是这 n 个企业的出口额；Q、X、M 分别是该产业国内总营业收入、国内总出口、国内总进口。

此外，还要考虑产品与企业的关系。市场集中指标通常隐含着这样的假设：企业与市场之间存在着清晰的对应关系，并且企业在它们各自的国家边界内营运。实际上，这两个条件都不满足。例如多工厂和多产品企业就难以准确地归属到某个市场。产业与市场并不必然是一致的，公开的资料没有详细地报告企业各个部门的生产情况，各个部门可能生产不同的产品。因此，集中度指标就难以揭示隐藏在集团公司中的支配地位。

（二）确定具体的资源变量

企业和市场的规模是衡量集中度的基础。企业规模有多种不同的计量基础，例如销售收入、总资产、员工数量等。尽管不同的计量基础测量出来的集中指标可能高度相关，不

---

[1] E. Brunner, *Studies in Pricing*, London: Macmillan Press, 1975: 10.

同的计量基础仍然可能测量出不同的产业集中序列。因此选择良好的计量基础仍然是值得注意的问题。

（1）销售收入。计算集中度时常提到销售收入。缺点是忽略了企业内部的交易活动。在某些情况下尤其对于纵向一体化企业，单纯的销售收入数据可能低估企业对市场的真实影响，降低了集中度的可靠性。目前还没有合适的办法根据纵向一体化修正销售收入。不过可以肯定，在纵向一体化差异很大的产业，销售收入不能准确地反映企业在市场中的地位。

（2）员工人数。员工人数也比较常用。企业规模可能与劳动密集程度有关，大企业倾向于资本密集，小企业倾向于劳动密集，因此员工人数可能引起更大的偏差：低估大企业高估小企业从而系统性地低估了集中程度。不同产业大小企业间劳动密集程度的变化并不相同，不存在各产业通用的办法修正这种偏差。

（3）资产。资产也是常用的计量基础。除了与员工数量类似的缺点以外，资产的衡量还依赖于会计规则。

（4）增加值。一些学者建议使用增加值作为计量基础。增加值等于销售收入与外购成本之差。企业的利润率以及原材料价值可能会影响增加值。

（三）确定基础数据来源

市场集中度基于某市场上单个卖方的投入产出数量，或者单个买方的购买量，计算市场集中度必须拥有真实可靠的、全面翔实的微观数据。如果要进行纵向历史比较，或者横向跨行业比较，还需要更大范围的数据以便把所有微观个体归入可比口径的不同市场。

研究者除了自己直接收集第一手基础数据以外，常常借用相关统计数据。在我国，计算市场集中度的统计数据来源主要有：第一，经济普查数据和工业普查数据，数据全面翔实，可靠性高，但时间间隔长，缺乏连续性，期间行业分类可能发生了相对大的变化，不利于纵向比较和判断集中度变化的趋势。第二，各类年鉴如《中国统计年鉴》《中国工业经济统计年鉴》《中国大型工业企业年鉴》《中国市场年鉴》，以及年度报告如《中国企业发展报告》等，数据时间跨度较长，但是口径可能比较模糊，数据种类比较单一。第三，研究机构、协会尤其是行业协会发布的行业研究报告和数据库如"中国工业企业数据库"，数据细致明确，但是连续性可能不满足要求。

第三节 影响市场集中的主要因素

市场集中度具有一定稳定性，但也不是完全外生的，受到国内外多方面因素的影响。

一、法规政策因素

在一些政府干预较多的市场上，法规政策因素可能是决定某产业市场集中度的首要因素，包括反垄断法、专利法、执照、关税、配额、并购政策、产业政策、管制政策等。

有些法规政策因素有利于促进市场集中，有些则会限制市场集中。例如反托拉斯法是一部竞争法规，在某种程度上是限制垄断和集中的一种因素。保护中小企业合法权益的中小企业法，也在一定程度上限制过度集中。与此相反，各种产业合理化政策往往有利于市场集中。专利法是维护技术垄断的法律，专利法有利于巩固在位企业的原有优势，促成技术上的进入壁垒。关税和非关税保护政策及限制外资的法规限制了外国竞争者，削弱了外国竞争者对国内市场的争夺。此外，政府的订货、税制等方面的优惠政策以及生产许可证制度等也会成为促进集中的因素。

二、产业技术经济特征

规模经济是决定市场集中度最重要因素之一。大量实证研究发现，多种最小经济规模指标都与市场集中度正相关。任何企业在竞争的强制作用下，都力求把自己的企业规模扩展到单位产品的生产成本和销售费用达到最小的水平。然而市场容量是有限的。有限的市场容量和每个企业竞相追求规模经济的动机结合在一起，就会形成一定程度的生产集中状况。如果一个产业的市场容量较小，而产业的最小最优规模水平却比较大，那么在这个产业中就容易形成垄断或寡占。长期固定成本、开设成本、专业化资源和专业化的劳动分工、大规模销售、大规模采购都会带来不同层次的规模经济，增强大企业的成本优势，提高市场集中度。

进入壁垒是维持市场集中程度的主要因素。与在位企业相比，潜在进入者可能处于不利的竞争地位，从而使得在位企业长期获取超额利润。若某产业的固定资产投资大、专用性强、沉没成本高、技术复杂，老企业拥有较大的竞争优势，则新企业难以进入，市场集中度可以维持在较高水平。反之，若进入壁垒低，新企业易于进入，则会导致集中度下降。

产品款式变化、产品差异化和广告支出三个相互关联指标也可能有助于解释市场集中程度。韦斯（Weiss）发现，区分了产品的耐用程度和产品差异之后，主要依靠款式竞争和产品差异化竞争的产业，集中程度提高的可能性最大。①

产品或原材料的运输成本和储藏条件可能会限制市场范围，在一定程度上决定市场容量，从而影响该地域市场的集中度。

三、市场需求特点

市场容量对市场集中度产生较大影响。一个产业市场集中程度的高低，是由该产业的市场容量和企业规模的相对关系决定的。所有影响市场容量和企业规模变化的动因，是决定市场集中度的主要因素。在企业规模不变的前提条件下，市场容量的变化与企业数量同方向变动，与市场集中度反方向变动。运输成本较低、市场规模较大的经济体或者开放经济体往往容纳更多的竞争企业，市场集中度较低，企业竞争更加激烈。

市场容量的变化也会对市场集中度产生较大影响。一种流行的观点是，市场扩大会降低市场集中度。② 这是因为伴随着经济成长的市场扩大，可能抵消了企业合并和大企业规

---

① J. F. Weiss. Factors in Changing Concentration. *Review of Economics and Statistics*, Vol. 45, 1963: 70-77.

② 日本学者马场正雄提出，产业增长（停滞）将使集中度下降（上升），产业停滞的影响强于产业增长，只有强劲的产业增长才可能成为降低集中度的决定因素。转引自：杨治. 产业经济学导论. 北京：中国人民大学出版社，1985：148.

模膨胀而形成的集中趋势，同时又为中小企业的成长和新企业的进入提供了机会，最终可能降低了市场集中程度。与此相反，当市场增长停滞或市场规模下降时，市场集中度往往容易提高。一些低效率的、抗风险能力较弱的企业尤其是中小企业，很容易在激烈的竞争中被挤垮或者缩减生产规模，而大企业常常在市场停滞时加强对中小企业的兼并活动。

不同的产业发展阶段可能形成不同的市场集中度。不过一般来说，并不存在适合所有产业的市场集中演变趋势。成熟产业的集中度比较稳定，而新兴产业的集中度变化较大。一种较为常见的产业集中变动趋势表现为，在产业成长阶段，产业基础技术、主导盈利模式尚不清晰，存在大量、多样化的竞争性企业，产业集中度较低；在产业成熟阶段早期，产业集中度迅速提高，形成少数一些主导企业；随后产业集中度稳定在较高的水平上。

四、企业策略

企业力图通过减少竞争对手、扩大和巩固本企业在市场上的占有份额、限制产业内的竞争等行为，以获得、增加超额利润。具体做法包括兼并、掠夺性定价、品牌扩散、限制性的交易协议、默契的共谋、控股等手段。这样，为了强化垄断地位以获取超额利润，只要企业规模的扩大，不会带来单位生产成本的上升从而产生规模的不经济性，企业就会充分运用上述各种手段，把企业规模扩大到最小最佳规模以上。而且，有时即使企业规模过大会导致规模的不经济性，但只要能强化垄断地位从而带来超额利润，企业也会通过合并和其他手段，来进一步扩大自身的规模。

企业还可以采取一些策略性手段来设置进入壁垒，对企业规模的扩大和市场集中产生影响。例如企业的广告、宣传活动以及对流通过程的控制、专利和技术垄断、资源垄断、进入阻止价格的设定以及与金融界的稳固关系等。这些人为的策略性行为，不仅可以配合市场集中的自然力量，还可以单独发挥作用，形成高度集中的市场结构。

此外，稀缺资源、消费者偏好的多样性、期初市场集中度、随机性因素等也会影响市场集中程度。

现实中，某个产业的市场集中程度，往往是由以上多种因素综合造成的。促进市场集中的因素越多，市场集中度越高；反之，市场集中度可能较低。

五、其他因素

经济全球化背景下，国际因素成为影响一国市场集中度的常见因素。进出口的影响是多方面的，不仅改变了国内企业的市场需求规模和增长速度，还会改变市场竞争程度、竞争方式等，使国内市场集中度发生明显变化。外国直接投资的方式和战略目标，对国内市场集中度也会产生多种影响。

在转型经济国家，公有企业更多集中在缺乏竞争的产业，民间资本和外资更多投向逐步放开管制的领域。相应地，所有制结构与市场集中度产生复杂的联系。

此外，稀缺资源、消费者偏好的多样性程度、期初的市场集中度、随机性因素等也可能显著影响市场集中度。

现实中，某个产业的市场集中程度，往往是多种因素共同作用的结果，促进市场集中的因素越多、作用越强，市场集中度越高；反之，市场集中度可能就较低。

案例

我国证券行业的市场集中度[①]

证券行业是随着我国资本市场的发展而蓬勃发展的。深圳特区证券公司作为我国首个专业性证券公司在1987年成立。随后，上海证券交易所和深圳证券交易所分别在1990年12月19日和1991年7月3日相继成立，我国证券市场开始迅速发展，券商数量急剧增加，资产规模也迅速上升。1998年《证券法》的颁布实施，明确了我国证券业的行业性质、经营范围等条件，证券行业又迎来新一轮发展。到"国九条"[②]的颁布和股权分置改革完成后，证券行业进入稳步健康发展阶段。

经过40多年的发展以及实践，我国的证券市场已经获得了快速发展。证券公司的营业收入主要来自券商牌照和资金业务收入两部分，其中券商牌照收入包括经纪业务和股票承销收入，也是证券行业的传统业务。截至2020年，我国证券行业总资产已达89 000亿元，同比增长22.59%，营业收入3 604.83亿元，同比增长35.37%；分业务来看，经纪业务和证券承销业务均有上升，分别为787.63亿元和77.44亿元，同比分别变动26.34%、46.03%。如图3-2所示，从行业净利润来看，证券行业的总体利润水平在不断增长。

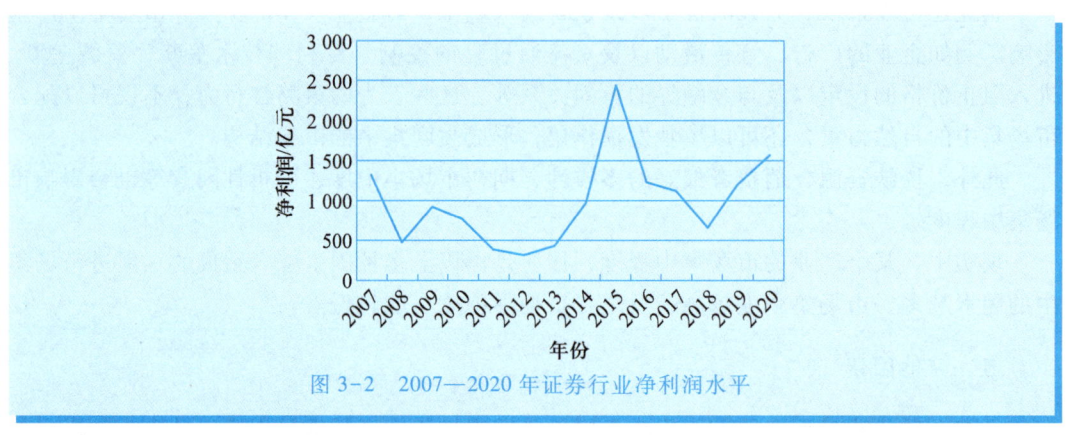

图3-2 2007—2020年证券行业净利润水平

近些年来，很多券商提出打造综合性证券公司的战略目标，导致同质化竞争严重。虽然我国证券业集中度呈现逐步上升趋势，但是不同业务的集中度变动趋势存在差异。

---

① 本案例素材主要参考丁文韬. 证券：结构主动优化龙头集中度提升. 股市动态分析，2018（04）：38-39；张响. 我国证券业集中度及业务差异性研究. 安徽大学硕士论文，2019；本案例数据主要根据Wind数据库数据的整理计算。

② "国九条"是指国务院发布的《关于进一步加强资本市场中小投资者合法权益保护工作的意见》（后文简称《意见》）。《意见》共九个部分，内容包括健全投资者适当性制度、保障中小投资者知情权、健全中小投资者投票机制、建立多元化纠纷解决机制、健全中小投资者赔偿机制等九条意见。2013年12月27日，《意见》发布，是我国资本市场发展历程中一个重要的"里程碑"。

(一) 我国证券业总资产集中度分析

从总资产来看，券商近10年市场集中度呈现出上升的趋势。从表3-4中可以看出，2012年开始，我国证券行业资产集中度呈上升趋势，但是CR_5小于50%，我国证券业总资产处于低集中度状态。证券行业受国内外宏观经济环境影响很大，从证券行业总资产的数据来看，2013年以后证券公司快速发展，从2013年的20 800亿元增加到2020年的89 000亿元。而排名前5的证券公司由于自身实力较强，开展的业务多，受到经济波动的影响相对会较小，所以资产增幅较大。

表3-4　2012—2019证券行业总资产集中度　　　　　　　　　　　单位:%

年份	2012	2013	2014	2015	2016	2017	2018	2019
CR_5	28.70	31.52	38.70	39.05	39.53	37.95	39.26	40.54

资料来源：wind数据库。

(二) 证券承销业务市场集中度分析

我国证券承销业务集中度相对较高。根据表3-5数据可见，CR_{10}基本都超过50%，可认为是准中寡占市场，证券承销业务的集中度还是比较高的。而且在2013年到2017年，证券承销市场的集中度总体呈上升趋势，但是在2018年和2019年，集中度下降。

表3-5　2013—2019年证券公司证券承销业务收入集中度　　　　　　单位:%

年份	2013	2014	2015	2016	2017	2018	2019
CR_1	6.47	7.97	9.33	11.22	12.17	8.80	8.03
CR_5	29.97	35.16	34.27	34.54	40.97	32.43	30.49
CR_{10}	53.62	55.16	50.16	49.71	60.45	50.64	47.50

资料来源：wind数据库。

我国证券业承销业务集中度较高的主要原因之一是我国证券市场实行核准进入制度。由于我国资本市场尚不成熟，为了维护公共利益和经济安全，核准制对企业的财务状况等条件都有了明确的指标，但是同时也提高了企业上市的难度。同时，随着我国资本市场的日益规范，监管部门不断加强对证券市场的监管力度，导致证券公司在从事证券承销业务时承担更大的责任及风险。首先是面临更大的不确定性，其次是项目的周期拉长，这些因素都要求有更好的资源才能完成一个完整的承销业务，这也让那些实力比较强劲的头部券商在股票承销业务中占据较大的优势，就是相对于其他业务，承销业务集中度比较高。

相对于小券商来说，大的券商还具有更强的风险承受能力和人力资源。相比于其他业务，证券承销受政策影响更大。根据2019年数据，排名第一的中信证券承销业务收入为302 992万元，排名第十的广发证券为119 771万元，说明证券公司的规模越大，其证券承销能力越强，也足以看出承销业务存在着比较大的风险和难度，大券商在这一业务上优势比较明显。不论是在发行时的经验还是在承担风险的能力上，大券商都有小券商不可比的优势。由于承销业务与其他传统业务相比难度更大,对于从业人员的要求也会更严格。相对于小券商而言,大券商较高的薪水、更多的业务锻炼、更好的发展前景对于人才都有更大的竞争力。实力强劲的证券公司吸引到人才之后,自然也能在承销业务市场有更加优秀的表现,所以承销业务集中度高也是合情合理的。

(三) 券商经纪业务集中度

从我国券商 2013 年到 2019 年的经纪业务收入集中度数据(表 3-6)可以看出,我国证券行业经纪业务集中度处于较低水平。

表 3-6 证券市场经纪业务集中度　　　　　　　　　　　　　　单位:%

年份	2013	2014	2015	2016	2017	2018	2019
CR_1	6.64	7.59	6.28	6.12	6.08	7.04	6.46
CR_5	26.64	28.22	28.72	27.40	26.65	28.00	27.46
CR_{10}	46.71	48.18	50.21	48.58	47.17	49.31	48.33

资料来源:wind 数据库。

我国证券行业经纪业务集中度以 2015 年为分界点,呈现一个先升后降的趋势。2013 年到 2015 年处于一个上升的趋势,这是因为国际金融危机之后,中国股市也迎来熊市,2011 年基本探底,一直到 2015 年迎来牛市,经纪业务交易量也呈现上升趋势,同时也能看到,这期间 CR_3、CR_5 以及 CR_{10} 都是一个上升的过程。究其原因,大量的客户、高效的平台、对于信息的把控让大券商拥有无法比拟的优势。2015 年之后券商经纪业务收入集中度又呈现下降的趋势。我国证券业经纪业务集中度较低的主要原因是同质化竞争和互联网的影响。

我国资本市场总量很大,是世界第二大股票市场。但是由于我国资本市场建设时间短,市场规范程度有待进一步提高,投资者不理性,整体市场还不成熟。很多证券公司仍然集中于比较传统的业务,如经纪业务等,这也导致券商营业收入来源比较单一,传统业务市场竞争激励,甚至是出现恶意竞争,从而导致我国券商经纪业务集中度水平较低。

近几年,人工智能、大数据和互联网的发展在一定程度上改变了传统的经纪业务交易模式,这有利于降低佣金费率和券商成本,同时也降低了经纪业务的行业壁垒,让竞争更加激烈。互联网的发展和手机应用的产生让客户有了更多的选择,可以选择合适的券商来进行交易。数字化能够提高证券交易的效率、客户与企业之间的信息对称度,也有利于企业获得新客户。综上所述,这些都让大券商的优势随之减少,行业竞争更加激烈。这也是导致经纪业务集中度不断降低的原因。在当前金融供给侧结构性改革的大背景下,享有持续政策利好的大券商的系统重要性将不断提升,相比于中小券商,大券商具备强劲的综合实力,资本金实力、专业能力、定价能力、销售能力、资源禀赋、创新业务与海外业务先发优势明显,尤其是在行业同质化现象严重的情况下,大券商更容易脱颖而出,抢占行业改革创新的先机。

无论从既有业务的规模、质量、多元化程度方面，还是从享有的创新业务、海外业务的政策红利与壁垒方面，中小券商在各条业务线都难以和大型券商正面竞争。因此，中小券商应当从现有存量业务与创新业务两方面进行差异化发展，提升细分领域的专业能力，补充大型券商的功能缺失，填补市场需求的空白区域。

结合本案例，请讨论下列问题：
1. 我国证券市场集中度比较低的主要原因有哪些？
2. 证券公司的集中度在经纪业务和证券承销业务上存在差异，原因是什么？
3. 中小证券公司如何提高市场竞争力和增加利润？

本章小结

- 从经济学的角度看，要素和产出向大企业转移的现象称为集中。按照比较的基准，可以把集中分为一般集中和市场集中。前者以整个国民经济作为比较的基准，后者以某个特定的产业作为基准。
- 市场集中既是过去一段时间企业行为、市场绩效的结果和反映，也是当前企业实施战略行为的背景和基础，在一定程度上影响着当前的市场绩效。分析市场集中现象，有助于理解企业竞争战略、制定竞争政策。
- 理论上提出了很多测量产业集中程度的指标，但是迄今为止没有找到一个理想的集中度指标，最常用的市场集中度指标主要有绝对集中度指标和 H 指数。实践中最好使用多个集中度指标，以适应不同的情况。
- 影响市场集中度的因素有很多，包括技术上、经济上、社会上以及统计上的诸多因素。从历史数据观察，一般集中度和市场集中度的变动趋势并不是一贯的、连续的。各国不同产业、不同时期存在一定的差异。
- 市场集中度与企业行为、市场绩效存在着广泛的联系。统计上市场集中度与利润率存在一定的相关性。但是经济学家对因果关系的解释存在巨大差异，由此也带来了公共政策上的模糊和摇摆。

关键词

一般集中（overall concentration）；市场集中（market concentration）；产业集中（industrial concentration）；市场范围（market scope）；绝对集中度指标（CR_n）；H 指数（HHI）；市场势力（market power）；集中度—利润率假说（concentration rate-profit rate hypothesis）

自测自评

复习思考题

1. 简述一般集中与市场集中的区别和联系。

2. 辨析市场集中度与产业集中度的区别和联系。
3. 试使用多种集中度指标计算某产业集中度。
4. 试列举一些高集中度产业、中等集中度产业和低集中度产业。
5. 列举在不同国家具有不同市场集中度的某一产业,说明产生这种差异的主要原因。
6. 以某一产业为例,分析改革开放以后我国产业集中度的变动趋势及主要原因。

延伸阅读

1. L. W. Weiss. Factors in Changing Concentration. *Review of Economics and Statistics*,1963(45).
2. J. S. Bain. *Industrial Organization*. New York:John Wiley & Sons Inc,1968. Ch. 4.
3. J. S. Bain. *Industrial Organization*. New York:John Wiley & Sons Inc,1968. Ch. 5.
4. 纪玉山,李兵. 对产业集中度决定因素的一项文献归类与总结. 产经评论,2012(1).
5. 郭树龙,李启航. 中国制造业市场集中度动态变化及其影响因素研究. 经济学家,2014(5).
6. 宿伟建,鹏波,周宗安. 银行业结构竞争、金融监管政策与城市全要素生产率. 改革,2020(11).
7. 杨立勋,向燕妮. 中国钢铁业集中度与产能利用率关系研究. 统计与决策,2020(10).

第四章 进入与退出壁垒

> **本章提要**
>
> 进入与退出壁垒是产业组织理论的核心问题之一,对于寡头市场进入与退出壁垒的研究构成了产业组织最具特色的理论。本章将分析结构性进入壁垒、策略性进入壁垒以及退出壁垒,并对进入壁垒和退出壁垒的福利效应进行分析。

第一节 进入与退出壁垒的含义

进入壁垒和退出壁垒是衡量一个产业竞争程度的重要指标,只有当某一产业可以自由进入和退出时,它才是一个可竞争产业。

一、进入壁垒的含义

所谓进入是指在某个产业内出现了新的卖者(企业)。这个新的卖者既可以是新设立的企业,也可以是原来其他产业的企业进入新的产业领域。某一产业存在的经济利润(超额利润)为新企业提供了进入这一产业的经济激励,对于潜在进入者,它们更关注在进入某一有利可图的产业时所遇到的困难和障碍,即进入壁垒,如果进入壁垒很高,新企业就可能无法进入。由于新企业的进入一般会造成产品价格的下降,从而降低在位企业的盈利能力[①],因此在位企业会尽可能地利用自己的在位优势,通过自己的主动行为来排挤和限制新企业的进入,实施有效的进入阻挠,保护自己的垄断地位和利润。

梅森和贝恩等提出了在产业经济学研究领域长期占据主导地位的 SCP 分析范式,而进入壁垒是反映市场结构的一个重要因素,从长期来看,它也是影响市场结构的决定性因素。因此,贝恩把进入壁垒作为 SCP 范式的重要内容,对其进行了系统的研究,并第一次给出了进入壁垒的定义[②]:一个产业的进入壁垒是指在该产业中在位企业拥有的相对于潜在进入企业的优势,从而使在位企业可以持续地把价格提高到最小平均生产和销售成本以上,而又没有引起新企业进入这个产业。

进入壁垒被认为是在位企业运用市场权力的一个必要条件:"有效的进入壁垒正是垄断和寡占不可缺少的必要条件……当不存在进入壁垒时,卖者几乎没有力量决定价格,即

[①] 在位企业是相对于潜在进入企业而言的。
[②] J. S. Bain. *Industrial Organization*, New York: John Wiley & Sons Inc., 1968: 252.

使有也不会持久。"① 贝恩把进入壁垒的来源归结为三类：规模经济性、产品差异化和在位企业的绝对成本优势。

施蒂格勒则认为，进入壁垒是新企业寻求进入某一产业时必须承担的、高于已有企业的生产成本。② 这一定义强调产业内在位企业相对于寻求进入的企业享有成本上的优势，这也是在位企业长期获得经济利润的基础。依此判断，如果新进入企业与在位企业具有相同的成本曲线，那么规模经济就不构成进入壁垒，因为在位企业在生产成本上不存在优势。

从20世纪70年代开始，运用博弈论对寡占市场和策略性行为进行分析成为产业经济学的主流方向，进入壁垒的研究重点也从分析消费者的需求偏好和生产技术特点等外生因素，转向分析在位企业为了减少未来的竞争通过自己的策略性行为影响市场结构而形成的内生性壁垒。色罗普（Salop）认为如果在位企业采取某项行动的目的是想把潜在的竞争对手排挤在市场之外，从而使自己免受进入者的进入威胁，那么由此形成的进入壁垒就是"策略性的"（strategic）进入壁垒。③ 策略性进入壁垒是一种典型的影响市场结构的行为，随着产业经济理论的发展，策略性进入壁垒已成为进入壁垒理论研究的重点。

为了体现理论发展的历史过程，同时也有利于识别现实中存在的进入壁垒，我们在此将进入壁垒定义为：使进入者难以成功地进入一个产业，而使在位企业能够持续地获得超额利润，并能使整个产业保持高集中度的因素。这一定义把超额利润和高集中度作为进入壁垒的判断标准，主要基于以下原因：

第一，超额利润的存在是市场经济条件下吸引新企业进入某一产业的唯一经济因素。如果一个产业不存在超额利润，那就不可能有新企业进入这一产业，讨论这一产业的进入壁垒问题就没有多少实际意义。

第二，如果一个产业中企业数量很多、集中度很低，这意味着几乎不存在限制企业进入的结构性因素。同时由于产业中企业之间的竞争以及大量企业的存在，使得单个企业很难通过策略性行为来阻止新企业的进入。但是如果一个产业中长期存在高集中度和高利润，那么这个产业必然存在进入壁垒。

在进入壁垒理论的发展过程中，不同学者按各自的标准把进入壁垒划分为不同的类型。在现代产业组织理论中，有很多学者把策略性进入壁垒视为进入阻挠，作为企业市场行为的一部分单独分离出来。这主要是考虑到在传统的产业组织理论中，进入壁垒是市场结构的一个重要变量，而策略性的进入壁垒是阻止市场进入的一种行为，为了保持进入壁垒的传统含义，把它分离出来也是合理的。我们把策略性进入壁垒和进入阻挠视为同义语，因为进入壁垒和进入阻挠尽管在其成因上有所差别，进入壁垒的含义更偏重限制进入的外生性因素，而进入阻挠更多地强调在位企业的主动性及其内生的特性，但进入壁垒和进入阻挠的最终结果都是使进入者处于不利的竞争地位从而减缓甚至完全阻止其进入。因

---

① F. M. Scherer. *Industrial Market Structure and Economic Performance*, Chicago：Rand McNally, 1982：10.
② 施蒂格勒. 产业组织和政府管制. 上海：上海人民出版社、上海三联书店，1996：69.
③ Steven C. Salop. Strategic Entry Deterrence. *The American Economic Review*, 1979.69（2）：335-338.

此，我们把进入壁垒划分为两类：一类是结构性进入壁垒，另一类是策略性进入壁垒。

二、退出壁垒的含义

退出是和进入相对而言的，有进入就有退出。所谓"退出"是指一个企业从原来的业务领域中撤出来，即放弃生产或提供某一特定市场上的产品或服务。在市场经济条件下，企业的退出是市场机制发挥调节作用的自然结果，是市场对资源配置发挥基础性作用的正常反应。企业进入的反面是企业退出，但是并不是所有进入壁垒的反面都形成退出壁垒。退出有积极退出和被迫退出。积极退出是指有关企业发现了盈利更高的机会，而主动转移到其他产业或市场；被迫退出是指企业破产或被兼并收购后转产。一般而言，某一企业在市场竞争中被其他企业击败，就应该退出该产业或市场，但由于受到种种限制和制约，很难从该产业或市场中退出，这些妨碍企业退出的限制因素，就称为退出壁垒。退出壁垒是限制退出的各种因素，即当某一产业的在位企业不能赚取到正常利润（亏损）决定退出时所负担的成本，或者说在位企业被迫在亏损状态下继续经营所造成的社会福利的损失。形成退出壁垒的因素多种多样，如经济的、政治的、法律的等。构成退出壁垒的结构性因素主要是资产的专用性，即沉淀成本。沉淀成本的存在增加了在位企业对已占领市场的依赖性，也是努力阻击其他企业进入的重要原因。构成退出壁垒的行为性因素主要是管理者的行为。在所有权与经营权分离的前提下，管理者及经营者的效用函数会对企业所有者的退出决策施加重要的、有时甚至是决定性的影响。

第二节 结构性进入壁垒

结构性进入壁垒是传统产业组织理论研究的重点，构成进入壁垒的结构性因素主要有规模经济、绝对成本优势、必要资本量、网络效应、产品差异化和法规政策等。

一、规模经济壁垒

图 4-1 中 $LRAC$ 是某产业中企业的长期平均成本曲线，OB 是最小经济规模（MES），OM 是在现有市场需求条件下的最大市场容量。如果 MES 相对于市场容量来说较大，而在位企业已经在 MES 上进行生产，那么新企业在进入这一产业时面临着两难选择：如果新企业以低于 MES 的产量进入，则新进入企业的成本必然高于在位企业，在竞争中处于劣势，将导致自身的进入失败。如果新企业以 MES 进入，那么新企业进入后市场的总产量可能会超过最大市场容量，引起市场价格下降到平均成本以下，从而进入会导致新企业亏损。

因此，在产业的市场需求有限，同时存在规模经济的前提下，一个或少数几个企业在最小有效规模进行生产并获得经济利润，如果再有新企业以同样的产量进入，则所有企业都可能会亏损。[①] 这时新企业无法通过进入这一产业获利，规模经济成为进入壁垒。

---

① B. Nahata and D. O. Olson. On the Definition of Barriers to Entry. *Southern Economic Journal*, 1989, 56: 236-239.

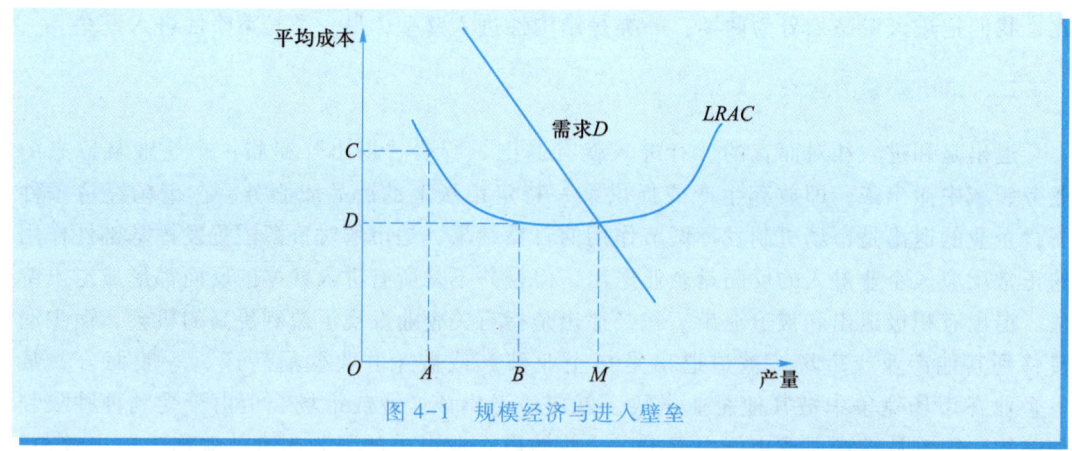

图 4-1 规模经济与进入壁垒

规模经济壁垒的高低主要取决于：①市场容量 OM 的大小；②最小经济规模 OB 相对于 OM 的大小；③产量小于 OB 时平均成本曲线斜率的大小。一个产业的 MES 越大，且在 OM 中所占份额越大，则该产业客观上只能容纳少数企业存在，从而进入壁垒较高。产量小于 OB 时平均成本曲线斜率的绝对值越大，表明产量小于 MES 的企业的生产成本劣势越大，进入壁垒也就越高。

从动态来看，一个特定产业的市场容量较大而且在不断扩大时，进入壁垒就比较低。一般经济发展所带来的收入增加和人口增加会导致国内市场的扩大，同时特定产业的市场容量，也会因该产业在国内所处的生命周期的不同阶段而发生变化。因此在经济增长率较高时期，或是在该产业的初创期和高速成长期，进入壁垒就会比较低，新企业进入相对比较容易。

二、绝对成本优势壁垒

绝对成本优势是指在位企业在任一产量水平下的平均成本都低于潜在进入者。如图 4-2 所示，进入者的最低平均成本为 P_2，在位企业的最低平均成本为 P_1，市场需求曲线

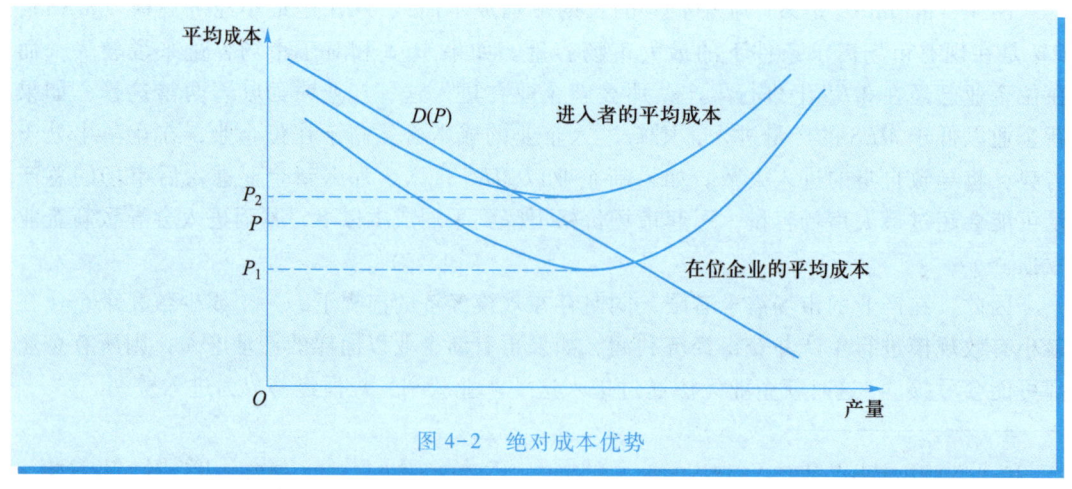

图 4-2 绝对成本优势

为 $D(P)$，如果在位企业把价格定在 P_1 和 P_2 之间并满足市场需求，则在位企业在获得经济利润的同时阻止了潜在进入者的进入，在位企业的绝对成本优势构成了进入壁垒。

在位企业的绝对成本优势可能源于以下因素：①在位企业通过专利或技术秘诀控制了最新的生产工艺。②在位企业可能控制了高质量或低成本投入物的供应渠道。③在位企业可能控制了产品的销售渠道。④在位企业拥有具有特殊经营能力和其他技术专长的人才。⑤进入企业在筹集进入资金时可能需要支付更高的资金成本。绝对费用壁垒致使新企业在进入市场时的生产成本总是高于在位企业。

在分析绝对成本优势时，应考虑到在位企业所拥有的优质资源的机会成本。如果被在位企业独占的优质资源能通过市场进行交易，那么在位企业可能无法获得经济利润，因此对资源的独占并不构成进入壁垒。德姆塞茨（1982）以城市中出租汽车牌照为例说明了拥有稀缺资源并不能给在位企业带来绝对成本优势。出租车牌照的供给数量是固定的，而且是经营出租车服务必需的。牌照的限量供给阻碍了资源向该产业的流动，但由于牌照可以按市场确定的价格进行买卖，因此不能为它的拥有者带来绝对成本优势和经济利润。即使牌照的所有者是通过免费方式获得的，但它的机会成本仍然是它的市场价格或者是它为所有者带来的经济租金，考虑到这一机会成本，一个经营出租车服务的企业并不具备把价格确定在平均成本之上的能力，因而也就不存在进入壁垒。德姆塞茨认为，在出租车服务产业中真正阻碍进入的不是在位企业的绝对成本优势，而是政府管理当局核发牌照的行政权力。如果在位企业拥有的某项专利有准确反映该专利市场价值的价格，而进入企业除没有专利授权外与在位企业别无差异，在这种情况下，也不存在绝对成本优势。在现实中，在位企业往往形成了围绕核心优质资源的竞争优势，即使进入企业获得同样的优质资源，在位企业的成本仍然比进入企业低，这时在位企业就享有绝对成本优势，因此可以获得经济利润并阻止新企业的进入。

三、必要资本量壁垒

必要资本量是指新企业进入市场必须投入的资本。在不同的产业，必要资本量随技术、生产、销售的不同特性而表现出很大的差异。生产过程的资本密集程度越高，必要资本量越大，新企业筹措资金越困难，其资本费用就比在位企业高，因此新企业进入市场的难度也就越大，这就是必要资本量壁垒。

为什么新企业很难筹集到大量资本或者新企业的融资成本比在位企业高？这主要有三个方面的原因：金融市场的不完全性、信息不对称和风险。根据阿克洛夫（Akerlof）的柠檬市场理论对金融市场所做的研究表明，[①] 由于信息不对称和金融市场的不完全性，造成金融市场系统性地缺乏鉴别失败进入者和成功进入者的能力。而在位企业的声誉可使金融市场估计出它们发生破产的概率，如果进入者破产的概率大于在位企业，为补偿进入者容易破产可能造成资金无法收回的风险，金融市场向进入者收取的资本成本将高于在位企

---

① G. A. Akerlof. The Market of "Lemons": Quality Uncertainty and The Market Mechanism. *Quarterly Journal of Economics*, 1970. 84（3）：488-500.

业,在位企业因此获得融资成本的优势。已有的经验研究也证明了新企业进入后的失败率确实比在位企业的失败率高,因此进入者就比在位企业面临一个系统性的更高的资本成本,两者在融资成本上存在的不对称性成为新企业的进入壁垒。

在中国的很多产业中,民营企业都处于进入者的角色,进入者与在位企业在融资成本上的不对称性,使得民营企业的融资难度大大高于其他性质的企业,民营企业作为进入者面临较高的必要资本量壁垒,这也是长期以来中国民间投资不足的一个重要原因。

四、网络效应壁垒

网络效应或网络外部性(network externality)是指在网络性产业中消费的外部性,[①]即购买某种商品的消费者数量的增加将提高消费者的效用水平,从而增加了消费者对该商品的需求。卡茨和夏皮罗(Katz and Shapiro)将网络效应分为两种:一种是"直接的网络效应"——"通过消费相同产品的市场主体的数量增加所导致的直接物理效果而产生的外部性"。具体地说,由于消费某一产品的用户数量增加而直接导致的网络价值的增大就属于"直接的网络外部性",有的学者也把这种效应称为消费方的规模经济。通信网络,诸如电话、传真机、在线服务、Email等,都是体现直接网络效应的典型例子。另一种是"间接的网络效应"——"随着某一产品使用者数量的增加,该产品的互补品数量增多、价格降低而产生的价值",这种网络效应主要是由基础产品与辅助产品技术上的互补性所形成的。卡茨和夏皮罗把这种基础产品与辅助产品的关系称为硬件/软件范式,基础产品称为硬件,辅助产品称为软件。间接效应的例子包括作为互补商品的计算机软、硬件。当某种特定类型的计算机用户数量提高时,就会有更多的厂家生产该种计算机所使用的软件,这将导致这种计算机的用户可得到的相关软件数量增加、质量提高、价格下降,消费者因此获得了额外的利益。

用户从一种网络产品(或是直接的网络,或是间接的硬件/软件系统网络)所获得的效用依赖于未来长时期的实际网络规模的增长和与硬件产品配套的软件产品的数量、质量和价格。实际网络规模增长得越快,可获得的软件数量越多、质量越好、价格水平越低,则用户所获得的效用越大。因此,一个理性的用户在选择加入哪种网络或选择哪种硬件产品时,必须对未来的网络规模的增长和辅助软件产品的可获得性、价格水平与质量形成一定的预期,而这种预期是以该网络产品的用户基数(installed base)为基础的。某个网络的用户基数越大,越能吸引新的用户加入,而新用户的加入又使原有用户在不用增加付费的情况下增加了可连接性,用户基数的扩大增加了网络对新老用户的价值。在硬件/软件系统中,一种硬件的用户基数越大,就意味着与这种硬件产品相兼容的软件产品的需求越大,因而会吸引软件产品生产商来生产兼容软件,软件产品的种类和数量就会增加。软件产品的生产具有生产上的规模经济和边际生产成本递减的规律。软件产品的产量越大,软

---

① 也有学者强调网络效应和网络外部性的区别。美国经济学家 Liebowitz 和 Margolis 认为,网络所具有的随着用户数量增多而其价值提高的特性只能叫做网络效应,因为当产品的市场价格已经充分反映了与外部性相关的成本和利润时,外部性已经完全内在化,也就不存在"外部性"了。因此,只有当这些网络效应没有被内在化的时候,才能把它们叫做网络外部性。

件产品的价格水平可能越低,这又会吸引大量的用户购买这种硬件产品,从而使这种硬件产品的网络规模不断扩大,而这又促使大量的软件开发商为这种硬件产品提供配套软件,这就是网络产品的"正反馈效应"或"滚雪球效应"。

在具有网络效应的产品市场上,由于在位企业先进入市场,因此在用户基数上相对于潜在进入者往往具有明显的优势,正反馈效应的作用机制使潜在进入者处于十分不利的地位。对于潜在进入者,在存在直接网络效应的产品市场上,在业已存在一个拥有一定用户基数的在位企业的情况下,可能很难获得消费者和用户的支持,因此,用户基数的不对称就成为网络市场上的进入壁垒。潜在进入者要想成功进入,关键要使新网络和旧网络实现互联互通,使产品在技术上相互兼容,以共享用户基数。

在间接网络效应中,在位企业的硬件产品可能已经拥有大量的配套软件产品,在正反馈效应的作用下,在位企业与进入企业在辅助软件产品上的数量差异会迅速扩大,市场竞争的结果会进一步强化在位企业的主导地位,排斥进入企业。由于软件产品的开发与生产具有很高的固定和沉淀成本以及生产上的规模经济,新进入企业需要在辅助软件的开发和生产上投入大量的资本,进入企业的辅助软件的生产成本也可能比在位企业的高,这又增加了进入企业的生存难度。另外,在存在间接网络效应的市场上,消费者转换到新产品上往往会产生很高的转换成本。消费者可能在以前的网络系统中投资了大量的软件产品,同时付出了很高的培训和学习成本。如果消费者转移到新产品上,由于这些投资是沉淀成本,无法收回,而且还需要花时间学习如何使用这些新产品以及作相应的投资,这大大增加了消费者转移到新产品的成本。这些因素的综合作用使在位企业相对于进入者处于明显的优势,建立在用户基数之上的辅助软件数量上的不对称成为存在间接网络效应市场上的主要进入壁垒。

五、产品差异化壁垒

产品差异是指同一产业内不同企业生产的同类产品,由于在质量、款式、性能、售后服务、信息提供和消费者偏好等方面存在着差别,因而导致产品间替代的不完全性的状况。产品差异主要来源于市场中的消费者对有关企业的产品在长期中所形成的消费者偏好的差别,而且还会因企业的广告宣传活动以及商标法、知识产权法、专利法等法律的支持而得到加强。产品差异化壁垒的核心是指在位企业在市场中拥有进入企业所没有的消费者偏好优势。这种偏好优势是时间的增函数,存在累积效应,这就使先进入市场的在位企业享有一定的优势。而对新进入企业,由于还没有得到消费者的认同,所以消费者不可能对它的产品形成特殊的偏好,进入企业获取或转移消费者偏好就需花费一定的成本。因此,同一产业内不同企业所生产的产品就减少了可替代性,从而带来市场竞争的不完全性,形成寡占或垄断市场。这种可替代性的减少程度通常用需求交叉弹性来衡量。需求交叉弹性就是某一种产品的需求量变化率对另一种产品的价格变化率之比,其计算公式为

$$\theta_{ij} = \frac{\mathrm{d}q_i/q_i}{\mathrm{d}p_j/p_j}$$

式中，θ_{ij} 为 i 产品需求量对 j 产品价格的交叉弹性；q_i 和 dq_i 分别为 i 产品的需求量和需求变化量，dq_i/q_i 为 i 产品的需求变化率；p_j 和 dp_j 分别为 j 产品的价格和价格变化量，dp_j/p_j 为 j 产品的价格变化率。

对于同一产业内的 i 产品和 j 产品而言，当 j 产品的价格变化而 i 产品的价格不变时，如果 i 产品的需求量有较大的变化，则说明 i 产品与 j 产品有较高的可替代性；反之，则说明 i 产品和 j 产品的可替代性相对不完全。将同一产业内不同企业的产品的需求交叉弹性进行比较，就可反映产品差异化的程度。

一般来说，在位企业的产品差别优势主要反映在以下几个方面：

第一，在位企业以专利或技术秘诀形式拥有在优良产品设计方面的有效控制权，使消费者把控制权与优良的产品等同化，企业成了高品质产品的象征，增加了消费者对该企业产品的偏好度。

第二，在位企业在长期经营过程中在定价和销售服务等方面所树立的良好声誉，增加了消费者对该企业产品的偏好度。

第三，在位企业通过以往的广告宣传而建立的消费者忠诚以及对销售渠道的控制，使得新进入企业在销售成本上处于劣势。

第四，由于消费者对在位企业和新进入企业的产品质量的信息不对称而引起的进入壁垒。

正是由于这些优势，在位企业在获得经济利润的同时又不会引起新企业的进入。进入企业要想进入，就必须向消费者提供更高的销售折扣率或比在位企业支付更高的单位营销费用，产品差异使在位企业在生产和营销成本上处于优势，从而限制了新企业的进入。

六、法规政策壁垒

如果政府认为一个产业中只适合少数几个企业生存，为避免过多企业进入引起的过度竞争，政府就会实行许可证制度来限制新企业的进入。为保护发明者的利益，促进技术创新而实施的专利和知识产权保护制度也成为新企业进入某一产业领域的进入壁垒。政府的差别性税收政策以及政府的其他管制性政策也会成为新企业的进入壁垒。由于政府的政策和法规一般来说都是企业无法控制的外生变量，所以由此导致的进入壁垒是结构性进入壁垒。

中国现阶段的某些产业中存在着以行政力量保护既得利益者的行政性进入壁垒。政府利用对资源的控制对不同性质的企业给予有差别的待遇，从而人为地造成企业之间在某些方面的不对称性，来排斥和限制企业的进入。一些地方政府利用行政措施限制外地产品的进入，优先销售本地产品，以垄断市场。这些行政性进入壁垒的存在，严重制约了市场竞争机制的有效运行，妨碍了公平竞争，是对市场秩序的最大威胁。只有通过不断完善市场机制，限制政府对经济活动的过分干预，打破这些人为设置的进入障碍，优胜劣汰的竞争规律才能真正发挥作用，经济运行的效率才会从根本上得到改善。

第三节　策略性进入壁垒

策略性行为是指寡占市场中企业通过对影响竞争对手选择的资源进行投资从而改变竞争环境的行为。随着市场集中程度的不断提高，寡占型市场日益成为主导的市场结构。寡头企业可以利用自身的力量影响市场环境，使之发生有利于己的变化。许多以前企业无法控制的被看作是结构性变量的因素现在变成了可以控制的内生变量，如企业可以利用雄厚的经济实力游说政府改变法规和政策，可以利用强大的研发能力改变产业的技术特点，通过大规模的广告改变消费者的偏好等。因此，随着市场结构的演变，策略性进入壁垒日益成为主导形式。

策略性进入壁垒或**进入阻挠**是在位企业通过其策略性行为设置的进入壁垒，对策略性进入壁垒的分析建立在非合作博弈理论和信息经济学的基础之上，进入和进入阻挠被看成是一个在位企业和潜在进入企业的博弈过程。由于在位企业拥有首先行动和信息上的优势，它可以通过进行不可逆的投资或通过自己的行动向潜在进入企业传递对自己有利的信息，使潜在进入者预期进入后无法获得经济利润，从而主动放弃进入。如果发生进入，则市场结构变成了寡占市场，进入者的利润水平取决于寡占市场的均衡结果。而寡占市场的均衡结果又受到一系列因素的影响，如进入后的市场需求曲线、企业的成本函数等。在一定的条件下，在位企业通过对能影响潜在进入者选择的资源进行投资而实现了进入阻挠。在位企业要成功进行进入阻挠，除了投资成本满足必需的条件之外，这种策略性投资必须具有承诺价值，在位企业的这种投资能否成功阻止进入取决于三个基本条件：①这种策略性投资必须发生在进入者的进入决策之前，而且能被进入者观察到。②这种投资能通过改变在位企业的策略空间和支付函数或通过向进入者传递有关市场信息而改变进入者对进入后利润的预期，从而影响进入者的进入决策。③这种投资必须是不可回收或不可逆的。

在位企业的策略性行为必须发生一种不可逆的投资，投资的结果产生了沉淀成本，使企业受制于此，只能孤注一掷，继续实施这种策略性行为。因此，沉淀成本在策略性行为中具有重要的作用，其关键之处就在于它的不可逆性及由此产生的承诺价值。如果在位企业在新企业进入之前做出了具有资产专用性的生产能力的投资，这些不可收回的专用性投资就成了在位企业留在该产业中的抵押品，由此构成其将在产业中继续生存的可置信承诺，形成了实施斗争威胁的自我约束激励。由于资产的专用性，它不可能将这些资产转作他用，这些生产能力将继续留在市场上，如果进入者贸然进入，就将面临激烈的竞争。正是沉淀成本传达出的"誓不回头，决一死战"的信心，使在位企业的不可逆投资具有了策略性行为的含义，而不仅仅是企业内部成本最小化的问题。竞争对手可能把在位企业的这种投资看作是关于市场盈利性的一个坏消息，它也许会降低进入规模或根本不进入市场，在位企业的沉淀成本的比例越大，进入者进入的动力越弱。

根据在位企业的策略性行为影响未来收入预期的方式，可以把进入阻挠分为影响未来成本结构的进入阻挠、影响未来需求结构的进入阻挠和影响潜在进入者信念的进入阻挠。

一、影响未来成本结构的进入阻挠

在位企业通过策略性行为对进入后的企业的相对成本结构产生影响,使进入者在寡占市场结构中处于成本劣势,利用这种成本上的不对称,在位企业发动的价格战很容易使进入者遭受亏损,当进入者预期到在位企业的价格战是可信威胁时,就不会进入。

(一)过剩生产能力投资

在很多产业中,企业调整产量是要花费成本的。为提高产出,企业可能需要增加新的设备,投入必要的劳动力和原材料。在位企业可在潜在进入者进入前进行过度生产能力投资,这些生产能力在进入发生之前是闲置的。一旦进入者进入,在位企业可利用已投资的闲置生产能力迅速扩大产量,实施斗争策略,使进入者蒙受损失。潜在进入者在观察到在位企业所作的过度生产能力投资后,理性预期到自己进入后将招致在位企业激烈的价格战,自己无法从进入中获利,因此会放弃进入。

为什么在位企业进行过度生产能力投资后,实施斗争策略是在位企业的理性选择?其原因在于进入者对生产能力进行的投资是一种策略性投资,具有很强的专用性,这些投资往往是沉淀成本,因此一旦发生进入,在位企业利用过度生产能力扩大产出时,其边际成本为新增单位产量所增加的劳动力等可变要素的成本(w)。而进入者增加产出时必然同时产生资本设备成本(r)和劳动力等可变要素成本,其边际成本为$w+r$。如图4-3所示,在位企业在进入发生之前的产量为q_1,它的生产能力为q_2,产出q_2-q_1是维持的过度生产能力。在位企业在达到最大生产能力q_2之前,边际成本为w,当其产量超过q_2后,它扩大产量也必须进行新的资本设备投入,其边际成本增大到$w+r$,而进入者的边际成本为$w+r$。正是在位企业在边际成本上的优势使在位企业在进入发生时,利用闲置生产能力扩大产出、进行价格战所获得的利润比默许进入者进入来分享市场时的利润更高,斗争策略成为可置信威胁,从而可有效地阻止潜在进入者的进入。

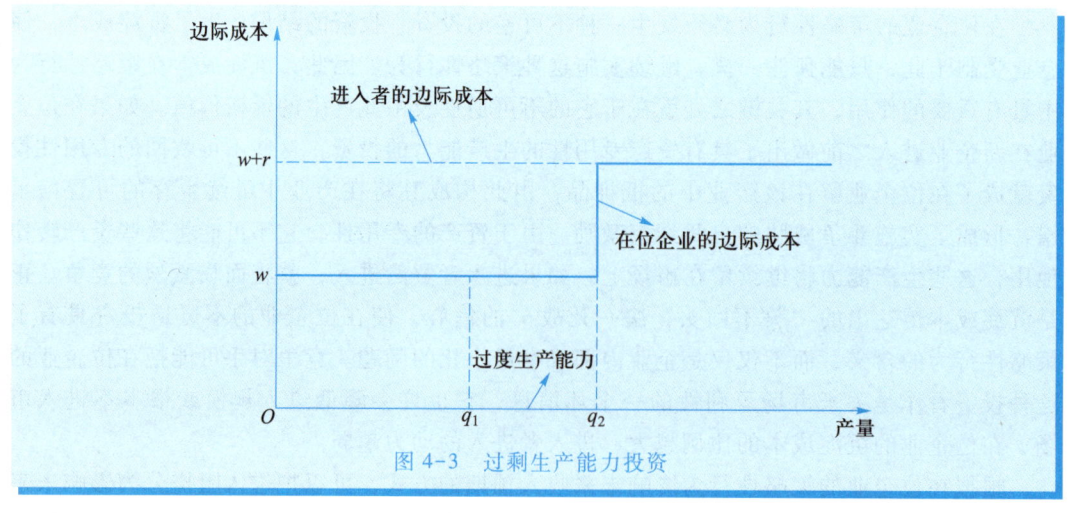

图4-3 过剩生产能力投资

(二) 干中学

干中学 (learning by doing)（或学习效应）是指随着企业所生产的累计产量的增加，由于在生产过程中生产经验的积累使企业生产的效率不断提高，生产的平均成本下降，如图 4-4 所示。研究发现，在许多生产技术复杂的产业（如半导体、飞机、计算机制造等）中，都存在这种学习效应，而且生产过程越复杂，学习效应越明显。在位企业先进入市场，因此在学习效应上具有天然的优势，相对于进入企业拥有更多生产经验，从而在市场竞争中就会享有成本优势。在位企业为达到阻止潜在进入者的进入，会充分利用干中学这一技术性因素进行策略性投资。① 可以用一个简单的两阶段分析来说明这一点。在第一阶段，市场上只有在位企业；在第二阶段，进入者可能进入市场。在位企业通过第一阶段的干中学，就会降低它在第二阶段的成本，从而使它获得了相对于进入者的成本优势。为了获得更多的生产经验和学习效应，第一阶段在位企业降低产品的价格以增加销量，它在第二阶段的成本将随着第一阶段累计产量的大幅增加而明显降低。第一阶段降低价格所损失的利润就是在位企业为阻止进入所进行的策略性投资，这项投资具有承诺价值，使在位企业获得了生产成本上的优势。如果干中学形成的成本优势足够大，潜在进入者可能选择放弃进入，而在位企业在以后阶段将获得较高的利润。

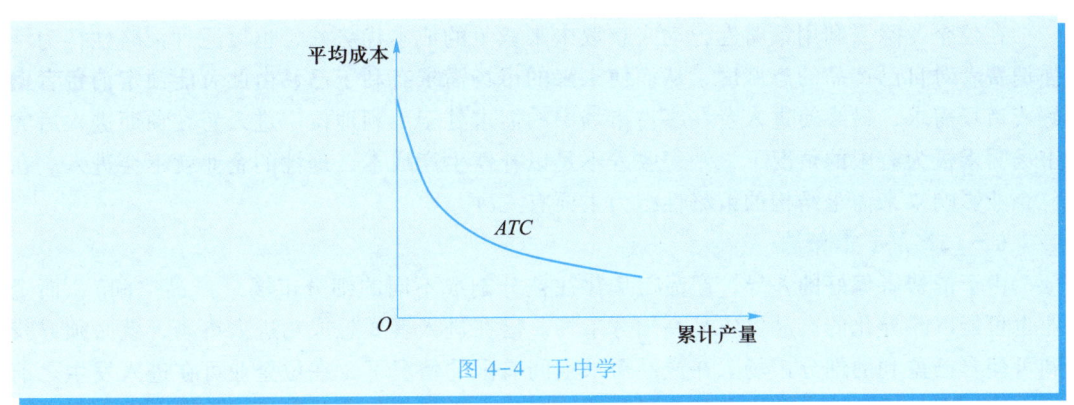

图 4-4　干中学

干中学能使在位企业获得多少优势取决于两点：①在位企业通过干中学能比新进入企业降低多少成本；②学习需要花费的时间。如果学习周期很短或很长，在位企业所能获取的优势都不会很大。学习周期很短时，新进入企业会较容易赶上在位企业。学习周期很长时，在位企业只能稍稍领先，不会有太大的优势。当学习周期趋中时，干中学的策略效应比较明显，在位企业能通过在干中学上的策略性投资阻止进入，并获取较高的利润。

(三) 提高竞争对手的成本

在位企业通过策略性行为提高竞争对手的成本使自己处于成本优势，同样可以达到阻止进入的目的。提高竞争对手成本的方法很多，主要有以下几类。

(1) 垂直一体化。在位企业通过垂直一体化的方式，进入后向的原材料生产阶段，

---

① 干春晖. 产业经济学：教程与案例. 北京：机械工业出版社，2006：49.

或是进入前向的销售领域,使自己的市场控制力向前或向后延伸,从而提高竞争对手的生产和进入成本。比如,在位企业利用其对上游产品的控制力对最终产品市场上的竞争对手采取歧视性手段,提高向对手供应原材料的价格,或采取排他性供应的方式拒绝向竞争对手提供原材料,从而提高对手的成本。

(2)利用政府管制。在位企业可以凭借自身的在位优势,利用政府管制增加进入企业的生产和进入成本。比如,在位企业可以游说政府对新进入企业执行更严格的环保要求,同时利用"老企业"的身份要求对自己执行相对宽松的特殊政策,从而增加新企业的进入难度。

(3)利用产品的互补性和配件生产。在位企业可以利用自己的产品在市场上的优势,采取拒绝与竞争对手产品相兼容的方法,提高竞争对手的成本。

(4)提高工资和其他投入品的价格。当潜在进入者想进入市场时,在位企业利用自己在市场上的主导地位,影响行业的投入品的价格,使进入企业处于不利地位。比如,如果在位企业所采用技术的资本密集程度比竞争对手更高,那么它可以通过支付更高的工资来提高行业的工资水平,使竞争对手承担更高的成本,处于成本劣势的地位。[1]

二、影响未来需求结构的进入阻挠

在位企业除了利用策略性行动来获取未来竞争的成本优势外,也可通过策略性行为增强消费者对自己产品的忠诚度,从而使未来的市场需求有利于己,由此可能锁定消费者偏好或市场需求,最终使进入者在寡占市场中的需求处于不利地位。进入者在预期进入后的市场需求极为有限的情况下,销售收入不足以补偿生产成本,理性的企业就不会进入。在位企业影响未来需求结构的策略性行为主要有三种。

(一)产品扩散策略

由于消费者偏好的差异,产品市场往往被分割成不同的细分市场(产品空间),而企业也可能以差异化的产品供应某一细分市场。潜在进入者要想成功进入市场,就必须寻找到可使自己盈利的细分市场。在产品需求空间有限的情况下,在位企业可在进入发生之前推出多种产品或品牌,利用产品多样化的策略先占满相关的细分市场,使潜在进入者难以找到可以获利的产品空间,因而放弃进入。

(二)提高转换成本

转换成本是指消费者或用户因为从在位企业处购买产品转向从新企业处购买产品时而面临的一次性成本。[2] 转换成本主要包括学习成本、优惠折扣损失、心理成本、交易成本等。学习成本是指针对某特定品牌产品的使用而付出的学习费用,这种投入具有不可传递性,不能随着品牌的转换而转换,它只能在使用原品牌时才具有价值。例如,一个熟悉Windows操作系统的消费者如果转向其他的操作系统就需要付出新的学习成本,消费者对Windows操作系统使用的时间越长,这种成本就会越高。优惠折扣损失所产生的转换成本

---

[1] O. E. Williamson. Wage Rates as A Barrier to Entry: The Pennington Case. *Quarterly Journal of Economics*,1968. 82(1):85-116.

[2] 干春晖. 企业策略性行为研究. 北京:经济管理出版社,2005:107.

主要是预期收益（折扣利益）的损失。比如航空公司为激发重复消费推出的"常客"计划，零售商根据消费累积额对消费者提供不同的交易价格，商店向顾客赠送下一次消费时可使用的折扣券等。心理成本是情感因素导致的成本感受，改变习惯与偏好本身可以被视为一种成本。消费者对风险的态度、对未知产品质量的预期等都属于心理成本。交易成本是指寻找新的交易者以及进行新交易所需付出的成本。它包括寻找新对象所付出的时间、精力、金钱，与新交易对象打交道过程中的谈判成本以及保证交易落实的种种费用等，总之包括所有寻找新交易者的相关费用。

转换成本的存在锁定了用户的需求，限制了其转换的可能，阻碍了新企业的进入。转换成本使用户的后期选择发生了变化，在初始选择时，用户虽然没有与任何企业建立特定关系，但是随着交易的发生，相应的成本因素也就产生了，转换成本的出现将影响到顾客的再次选择。例如，当航空公司给予消费者在第二期才能使用的常客折扣时，会导致第二期的价格竞争是微弱的价格竞争，也就是说第一期存在竞争而第二期存在事后垄断。

转换成本的存在降低了用户的需求弹性，限制了用户的转移，从而导致新企业必须付出更高的成本才能吸引用户的转移。在位企业可以采取提高用户转换成本的策略把用户锁定在自己的产品上，使进入者难以获得足够的市场需求，从而放弃进入。在位企业提高转换成本的方式很多，如对消费者进行培训和个性化服务、在系统产品中使自己的产品与对手的产品不兼容、根据消费者的累积购买量进行优惠折扣等。

（三）利用长期契约锁定产品需求

在位企业可以通过同用户签订长期契约的方式来锁定未来需求，当用户转向新的供应者时必须支付一定的违约金。用户由于不能确定进入者的产品质量和价格，为减少供应中的风险，也愿意与在位企业签订合理的长期契约。对进入者来讲，要想吸引用户转向自己的产品，其索取的价格要比在位企业低，使用户从低价格中的获益能补偿其必须支付的违约金。在成本条件相同的情况下，进入企业很难在这一低价格下获利，甚至成本比在位企业略低的潜在进入者也被排斥在市场之外。

三、影响潜在进入者信念的进入阻挠

在寡占市场上，总是存在企业难以准确观察或预测的变量，如竞争对手的成本信息、市场的需求函数、未来的价格水平等。而这些信息在在位企业和潜在进入企业之间的分布存在着明显的不对称，因为在位企业已经在市场上积累了丰富的经验，对于市场信息相对比较了解，也就是说，在位企业存在信息优势。潜在进入者为了实现进入，可以从在位企业的行动中获取和估计信息，进而对进入后市场竞争的态势、进入后的利润做出预期，以决定是否进入市场。

在进入的动态博弈中，在位企业认识到自己的信息优势和自己的行动所起的传递相关市场信息的作用，就会利用先动优势力图操纵传递给进入者的信息，以影响进入者的信息推断。这种策略性行为即使不影响竞争对手所面临的成本和需求条件，但由于它能影响进入者事前对未来事件估计的信念，因此也会影响竞争者或进入者对未来收入的预期。这样，对于处于信息优势地位的在位企业来说，它们就会采取策略性行为，向处于信息劣势

的潜在进入者传递不真实的信息，设法使进入者相信那些由自己传递出的虚假信息，从而使潜在进入者的决策结果有利于在位企业。因此，在在位企业存在信息优势和先动优势的情况下，在位企业可以利用信息不对称进行有效的进入阻挠。

第四节 退 出 壁 垒

产业市场结构直接约束了企业进入产业市场与退出产业市场的行为，同时产业市场结构也是企业竞争关系与行为的反映。按照理论上的分析，完全竞争市场结构对企业的退出行为约束不大，处于自由进退无障碍的状态下，市场退出的决定因素是企业利润分析中市场价格与企业生产成本的权衡结果。如果市场价格恰好等于平均可变成本的最低点，企业的收益也仅够弥补可变成本，与停产无异，因此常常把等于短期平均可变成本或长期平均成本最低点的价格称为"停产点"。当市场价格低于"停产点"时，企业连可变成本也不能收回，宁可停产歇业退出市场。由于现实的市场结构往往是介于完全自由竞争和垄断之间的"中间状态"，产业内企业的数量越少，企业的规模越大，企业越易偏离自由退出状态，退出行为受多种因素制约，并不能单纯地以成本收益分析为依据，而需要面对以下几种退出壁垒。

一、资产的专用性

企业的固定资产中有通用性资产、半通用性资产和专用性资产。与之相应，企业员工的技能也有类似的性质。因此当企业决定转产时，必须面对半通用性资产和专用性资产处置和变现的损失。对于规模经济来自产业专用的固定资产（如煤矿用地、油气管道等）的产业，有相当数量的投资一旦进入该产业就成为沉淀成本，即那些即使完全停止生产也无法消除的成本。例如，当企业退出时，企业所持有的生产设备等专用性资产，由于无法在二手资产市场上出售或出售价格远低于其机会成本的部分，难以回收而只能作废处理的有形资产的未折旧部分，以及用于研究开发、广告、员工教育培训等无形资产的支出中，由于专用性而难以回收的部分。沉淀成本一经发生，必然产生一种实际净损失。它的大小一般与资产专用性成正比，如果市场上对某资产需求比较低，资产的专用性越强，沉淀成本就越大。较大的沉淀成本，致使资产清算价值下降，转移成本上升，企业主动退出产业的动机也就越弱。

企业的退出决策也影响着企业的进入决策，企业退出越是困难，企业的进入决策就越谨慎。当进入一个市场需要支付高昂的沉淀成本时，两方面的原因可能限制潜在进入者的进入。

第一，由于在位企业已经支付了沉淀成本，这些沉淀成本具有承诺价值，从而增加了在位企业利用策略性行为阻止潜在进入者进入的能力，同时也向进入者传达出在位企业将继续留在产业中的决心，如果发生进入，可能会面临激烈的竞争。

第二，对潜在进入者来说，巨额的沉淀成本使其意识到，如果进入后经营失败，企业将会遭受重大的损失，因此在对产业的长期盈利能力和进入后的竞争性质缺乏准确判断的情况下，企业不会轻易进入，即使在位企业赚取了超额的经济利润。

二、退出的固定成本

企业中的某些投资形成了专用性资产，而专用性很强的固定资产难以进行出售，因此当企业退出某一产业时，不得不放弃一部分资产从而形成沉淀成本，它是企业退出某一产业时必须承担的损失。企业退出现处产业时通常要支付给律师、会计师、资产评估师等专业人员高额费用。要向职工支付安置费用，有时为了让工人改行，还需要支付培训费用和行政费用。如果企业退出某一产业，单方撕毁原先签订的购买原材料及推销产品的长期合同将会被罚款。企业要承担宣布退出决定后客户退货、供应商取消优惠、职工生产率下降等损失。

三、战略性退出壁垒

实行多元化战略的企业要退出某一特定业务，可能会导致企业总体战略的损失。这一特定业务可能是企业标志和形象的中心，可能会损害企业与主要分销商的关系，可能会削弱企业总体购买能力，可能会妨碍企业销售其他产品，可能会动摇资本市场对企业的信心从而引发市价的大跌，可能会影响企业纵向整合的其他环节等。

四、政府和社会壁垒

政府为了一定的目的，往往通过制定政策和法规来限制生产某些产品的企业从产业内退出。比如大量的企业退出某一产业对工人而言意味着失业，对政府意味着地方经济的衰退、财政收入的减少和财政支出的增加以及社会矛盾的加剧。例如在电力、邮电、煤气等提供公共产品的产业中，各国政府都制定相应的政策和法规来限制企业的退出。因此，政府和社会（尤其是产业结构单一的地区）会设法阻止企业退出所处产业。

案例

云计算行业具有较高的进入壁垒吗？[①]

2006年亚马逊最早推出了云计算服务。经过十多年的发展，云计算已从概念阶段走向实践阶段。根据美国国家标准与技术研究院（NIST）的定义，云计算是一种按使用量付费的模式，该模式可使用户通过与云计算服务商的少量交互，快速、便捷地进入可配置的计算资源共享池，并按用户需求调取计算、存储、网络等各类资源。根据中国信息通信研究院云计算发展调查报告可知，2019年我国有66.1%的企业应用云计算，比2018年上升了7.5%。其中，公有云企业占比41.6%，同比提高了5.2%；私有云企业占比14.7%，同比小幅提升；混合云企业占比9.8%，同比提高了1.7%。

[①] 根据前瞻产业研究院《2020年中国云计算行业市场现状及发展前景分析》，未来智库《云计算行业深度报告：全产业链持续高景气》，多智时代《云计算的行业壁垒、产业链及竞争格局》等报告整理而成。

云计算按服务模式分为基础设施类服务、平台类服务及软件类服务：①基础设施类服务主要由云服务商向用户交付计算、网络、存储以及其他基础资源。用户无需自购服务器、存储设备及网络宽带等设备设施，也不用对底层的云基础架构进行控制和管理，通过购买租用基础设施类服务的服务商提供的基础资源来运行操作系统和发布应用程序。基础设施类服务的服务商一方面为用户节省了机房租赁、设备硬件购置、管理维护等方面的成本支出，另一方面，交付的基础资源服务可以在任何时点被用户提取使用。②平台类服务要向用户提供的是运行在云基础设施之上的软件开发和运行平台，平台类服务向下通过基础设施类服务层调用硬件基础资源，构建应用部署基础和集成平台，向上为软件类服务层提供开发语言和工具，为用户创造更加容易运营和部署的软件开发环境。③软件类服务则主要向用户交付完整且可以直接使用的软件应用，这些应用程序运行在云基础设施之上，可以通过各种各样的客户端设备访问。软件类服务代表性产品包括 OA、CRM、ERP、云邮箱等通用型产品服务。软件类服务软件可以在平台类服务层部署的平台环境中进一步开发，也可以在基础设施类服务层使用基础资源独立研发。

云计算运营厂商竞争壁垒主要包括资源壁垒（数据中心分布）、技术壁垒（网络连接能力、海量服务器运营能力、网络安全能力）、客户壁垒（客户获取能力）。较高的竞争壁垒将提升行业集中度、盈利能力、规模效应，云计算运营厂商议价权也将逐步增强。按照云计算是公有还是私有分为公有云和私有云。

公有云竞争壁垒分为技术壁垒、资金实力-先发优势壁垒、互联网数据中心资源优势壁垒、客户优势-规模效应壁垒。其中，从技术壁垒来看，公有云需要提供大量的计算资源，面对多点、全实时、资源分配的请求，不允许出现宕机的情况，因此对于虚拟化、资源管理软件的要求非常高，只有拥有全面技术储备的公司才能提供稳定高效的公有云服务。从资金实力-先发优势、互联网数据中心资源优势壁垒来看，公有云最终是一个规模效应市场，前期基础投资很大，后期增加成本非常小，积聚一定的客户资源之后才能产生盈利效应，公有云是一场"资金消耗"大战，拥有大量资金实力的厂商会成为行业的绝对垄断者。以资本投入形成先发优势，以性价比打开获客渠道，以增值服务提升盈利能力。从客户优势-规模效应壁垒来看，公有云面对的客户群体大多数为中小企业主，节约成本、方便快捷是其考虑的最主要因素，因此公有云在中小企业端具有巨大客户优势，能够从零售端转移到云计算市场的企业能够在公有云的市场上占据先机。例如亚马逊作为全球最大的公有云企业，客户多来自在其网站上销售产品的小企业，国内公有云巨头阿里云也是依靠阿里巴巴的企业客户占据公有云龙头地位。

私有云竞争壁垒分为技术壁垒、安全壁垒、政府端资源优势壁垒。其中，从技术壁垒来看，私有云的技术实力体现在系统集成能力、数据整合能力、大数据处理问题、数据抓取分析能力，实施云计算的企业通常会覆盖从基础设施采购到最终提供软件的全流程服务，因此对于厂商的技术实力要求非常高。从安全壁垒来看，自主可控是现阶段中国企业考虑的首要因素，能否提供数据存储的可靠保证，是否能做到冗余备份、出现故障的及时反应速度、公司是否具有国有背景、企业寿命都是安全考虑的因素。从政府端资源优势壁垒来看，私有云的保密性高。

以 IBM、思科、华为等为代表的传统 IT 设备巨头作为数据中心的设备供应商，具有雄厚的企业客户资源，并理解客户需求，在公有云体系中缺少比较优势，成为私有云的强力开拓者。国内大型 IT 集成厂商在党政军及大型企业客户中具有优势，以私有云为切入点。由于商业模式上的根本差异，私有云相对于公有云的产业链格局更加分散。

> 结合本案例，请讨论下列问题：
> 1. 构成进入壁垒的结构性因素主要有哪些？云计算行业中的在位企业会利用哪些结构性进入壁垒来排除限制竞争者？
> 2. 构成进入壁垒的策略性因素主要有哪些？小型云计算企业面临的策略性壁垒是什么？
> 3. 比较结构性进入壁垒和策略性进入壁垒，说明二者之间的关系。

本章小结

- 进入壁垒是指相对于产业内已有企业，新企业在进入该产业时所遇到的不利因素和障碍，反映的是在位企业与准备进入的企业之间的竞争关系，也是在位企业排斥竞争、获取长期经济利润的决定性因素。进入壁垒按其成因的不同可分为结构性进入壁垒和策略性进入壁垒或进入阻挠。
- 结构性进入壁垒是指不受企业支配的、外生的，由产品技术特点、社会法律制度、政府政策及消费者偏好所形成的壁垒。构成进入壁垒的结构性因素主要包括规模经济、绝对成本优势、必要资本量、网络效应、产品差异化和政策法规。
- 策略性进入壁垒或进入阻挠是在位企业通过其策略性行为设置的进入壁垒。策略性投资必须有承诺价值，而沉淀成本在进入阻挠的分析中具有关键性作用。根据在位企业的策略性行为影响未来收入预期的方式，可以把进入阻挠分为影响未来成本结构的进入阻挠、影响未来需求结构的进入阻挠和影响潜在进入者信念的进入阻挠。
- 退出壁垒是限制退出的各种因素，即当某一产业的在位企业不能赚取到正常利润决定退出时所负担的成本，或者说在位企业被迫在亏损状态下继续经营所造成的社会福利的损失。形成退出壁垒的因素多种多样，如经济因素、政治因素、法律因素等。
- 进入壁垒的存在可能会造成社会福利的损失，但绝对的自由进入也可能导致过度进入，因此进入壁垒的福利效应是复杂的。企业的进入和退出是市场经济的重要特征之一。市场效率的提高，一方面来自企业内部配置效率的改进；另一方面也来自对低效企业的淘汰。如果退出壁垒过高，则会使市场机制配置资源的作用弱化，产业内企业不能够通过兼并、重组来实现规模经济和有效竞争。

关键词

进入壁垒（barriers to entry）；退出壁垒（barriers to exit）；结构性进入壁垒（structural barriers to entry）；策略性进入壁垒（strategic barriers to entry）；网络外部性（network externality）；转换成本（switching cost）；必要资本量壁垒（barriers of requisite capital）；产品差异化（product differentiation）；规模经济（scale economy）；干中学（learning by doing）；进入阻挠（entry deterrence）；沉淀成本（sunk cost）；不可逆的投资（irreversible investment）；提高竞争对手的成本（raising the cost of rivals）；过剩生产能力投资（excessive investment）；产品扩散（product proliferation）

自测自评

复习思考题

1. 简述进入壁垒的含义和分类。
2. 为什么在位企业赚取经济利润是衡量进入壁垒的前提条件?
3. 在位企业如何能够有效地阻止潜在进入者的进入?
4. 退出壁垒的种类有哪些?
5. 比较结构性进入壁垒和策略性进入壁垒,并说明两者之间的关系。
6. 如何看待进入壁垒的福利效应?
7. 进入壁垒和退出壁垒之间存在怎样的联系?

延伸阅读

1. 刘小玄,张蕊. 可竞争市场上的进入壁垒——非经济垄断的理论和实证分析. 中国工业经济,2014(4).
2. 夏纪军,王磊. 中国制造业进入壁垒、市场结构与生产率. 世界经济文汇,2015(2).
3. 余东华,邱璞. 产能过剩、进入壁垒与民营企业行为波及. 改革,2016(10).
4. 张欣,曲创. 纵向分离、进入壁垒与电信行业改革. 经济与管理研究,2017(1).
5. 戚聿东,李峰. 垄断行业放松规制的进程测度及其驱动因素分解——国际比较与中国实践,管理世界,2016(10).

第五章　企业策略性行为

> **本章提要**
>
> 　　本章在介绍博弈论及产业组织理论中的三个经典博弈模型的基础上，讨论企业策略性行为的主要理论问题，包括合作策略性行为和非合作策略性行为。其中，在合作策略性行为部分，主要探讨了触发策略、转售价格维持、价格领导和胡萝卜加大棒策略；在非合作策略性行为部分主要探讨掠夺性定价。

第一节　博弈论与策略性行为

一、博弈论概述

　　博弈论是研究企业策略性行为的重要工具。"博弈"（game）二字的字面含义是下棋，下棋的典型特征是棋手的互动决策。如今，博弈的用法被引申，可以表示各种"对抗、较量"等互动决策含义。在"博弈"或互动决策中，蕴含着决策者的许多策略性行为。传统微观经济学的一个基本假设是完全竞争市场假说，对于市场中任何单独的买者或卖者，价格是给定的，个人并不能够影响市场价格，因此各人之间的决策是互不相关独立决策的，是各自在自身约束条件下对决策变量的最优化。然而，实际上我们找不到一个完全竞争市场。在真实的市场中，某个行为人的决策总会或多或少地影响其他行为人的决策；而反过来，他的决策又往往或多或少地受到其他人的决策的制约。因此，当某一个行为人做出他的决策时，他一般都会对其他行为人的决策作一估计，也即决策主体是互动的：双方的决策彼此进入对方的约束条件中。这种互动决策的均衡问题，就是博弈论研究的核心问题。

　　博弈论也称作对策论，是使用严谨的数学模型研究冲突对抗条件下个体互动决策问题的理论，也是研究竞争的逻辑和规律的数学分支。在经济学中，对具有博弈性质的问题的研究可以追溯到19世纪甚至更早。1838年古诺（Cournot）的简单双寡头产量博弈；1883年伯川德（Bertrand）和1897年埃奇沃斯（Edgeworth）研究的两个寡头的价格博弈；2 000多年前中国著名军事家孙武的后代孙膑利用博弈论方法帮助田忌赛马取胜等，这些都属于早期博弈论的萌芽。现代博弈理论的创立源于匈牙利数学家冯·诺伊曼（Von Neumann）于1944年与经济学家奥斯卡·摩根斯坦恩（Oskar Morgenstern）合作出版的巨著《博弈论与经济行为》，这标志着现代系统博弈理论的初步形成。

　　博弈论分为合作博弈与非合作博弈。合作博弈在20世纪50年代发展到鼎盛时期，代表人物是纳什和夏普里。像我们熟知的卡特尔、托拉斯等垄断组织都是合作博弈的例子。

与此同时，非合作博弈开始创立。纳什（Nash）在1950年和1951年发表了两篇关于非合作博弈的重要文章，塔克尔（Tucker）于1950年定义了"囚徒困境"。这些著作奠定了现代非合作博弈的基石。到20世纪60年代，出现了一些重要人物，泽尔滕（Selten）将纳什均衡的概念引入动态分析提出了"精炼纳什均衡"的概念；海萨尼（Harsanyi）把不完全信息引入博弈论研究。80年代，克瑞普斯（Kreps）和威尔逊（Wilson）合作发表了关于动态不完全信息博弈的文章。由于卡特尔和托拉斯等组织已经成了反垄断法打击的对象，所以现在经济学家研究的博弈论，一般都指非合作博弈。博弈论在经济学中的绝大多数应用模型都是在70年代中期以后发展起来的。从80年代开始，博弈论逐渐成为主流经济学的一部分。正如泰勒尔所说：正如理性预期使得宏观经济学发生革命一样，博弈论广泛而深远地改变了经济学家的思维方式。

二、博弈的构成要素

博弈的构成要素有博弈的参与人、行动、信息、策略、支付、结果和均衡。

（1）参与人。参与人是指在一个博弈中的决策主体，他的目标是通过选择行动或策略最大化自己的支付（效用）水平。博弈的参与人可以是自然人、法人或国家及国家集团。除了一般意义上的参与人外，为了分析方便，在博弈分析中，常把自然人作为虚拟参与人来处理。

（2）行动。行动是参与人在博弈的某个时点的决策变量，是参与人在进行决策时可供选择的方法、做法和经济活动中的变量。参与人的行动可能是离散的，也可能是连续的。行动顺序对博弈结果很重要。同样的参与人，同样的行为组合，由于行动顺序不同，导致每个参与人的最优选择不同，将得到不同的博弈结果。

（3）信息。信息是参与人拥有的有关博弈的知识，特别是有关"自然"的选择、其他参与人的特征和行动的知识和信息。在囚徒博弈中，每个囚徒所掌握的信息包括：每个囚徒能够选择的行动和在每一行动组合下每个人的刑期是几年，等等。信息集是描述参与人信息特征的一个基本概念，可以理解为参与人在特定时刻有关变量值的知识。

（4）策略。策略也叫战略，是参与人在给定信息集的情况下的行动规则，它规定参与人在什么时候和在什么情况下应选择什么行动。因为信息集包含了某个参与人关于其他参与人之前行动的知识，战略告诉该参与人如何对其他参与人的行动做出反应，因而战略又叫做参与人的"相机行动方案"。

毛泽东常讲的一句话："人不犯我，我不犯人；人若犯我，我必犯人。"这是一个策略。用博弈论的语言来描述是：这是一个双人博弈，有两个参与人："人"和"我"。"人"先行动，"我"在观察到"人"的行动后选择行动。这时"人"有两个策略，即 $S_人 = \{犯，不犯\}$，"我"有两个策略，即 $S_我 = \{犯，不犯\}$，这里的策略 $\{犯，不犯\}$ 中的第一个元素是对应"人"选择"犯"时"我"的行动，第二个元素是对应"人"选择"不犯"时"我"的行动。因此，策略和行动是两个不同的概念，策略是一个行动规则而不是行动本身。而在完全信息静态博弈中，战略和行动是等同的。策略作为一种规则，它根据所得到的其他参与人特征和行动的信息来决定该参与人应如何行动。

(5) 支付。支付是指在一个指定的战略组合下参与人得到的确定效用水平，或者是参与人得到的期望效用水平。它是参与人真正关心的东西，并且是所有参与人战略或行动的函数。

(6) 结果。结果是博弈分析者所要揭示的东西，是分析者感兴趣的要素的集合，如均衡战略组合、均衡行动组合、均衡支付组合等。

(7) 均衡。均衡是所有参与人的最优战略组合或行动组合。一个博弈中可能出现多个均衡。

三、博弈的类型

博弈的类型划分可以从两个角度来进行。第一个角度是参与人行动的先后顺序。从这个角度，博弈可以分为静态与动态两种。静态博弈是指在博弈中，参与人同时选择行动或虽非同时但后行动者并不知道先行动者采取了什么具体行动；动态博弈是指参与人行动有先后顺序，且后行动者能观察到先行动者选择的行动。划分博弈的第二个角度是信息，即参与人对有关其他参与人（对手）的特征、战略空间及支付函数的知识。从这个角度，博弈可分为完全信息博弈和不完全信息博弈。完全信息指的是每一个参与人对所有其他参与人（竞争对手）的特征、战略空间及支付函数有准确的知识；否则，就是不完全信息。将上述两种划分结合起来，就能得到四种不同类型的博弈，即完全信息静态博弈、完全信息动态博弈、不完全信息静态博弈以及不完全信息动态博弈。与上述四种博弈对应的是四个均衡概念，即纳什均衡、子博弈精炼纳什均衡、贝叶斯纳什均衡以及精炼贝叶斯纳什均衡。具体见表5-1。

表5-1　博弈的分类及均衡概念

信息＼行动顺序	静态	动态
完全信息	完全信息静态博弈； 纳什均衡； 纳什（1950, 1951）	完全信息动态博弈； 子博弈精炼纳什均衡； 泽尔腾（1965）
不完全信息	不完全信息静态博弈； 贝叶斯纳什均衡； 海萨尼（1967—1968）	不完全信息动态博弈； 精炼贝叶斯纳什均衡； 泽尔腾（1975） 克瑞普斯和威尔逊（1982） 弗德伯格和泰勒尔（1991）

四、产业组织理论中的经典博弈模型

（一）古诺模型

古诺模型是由法国经济学家古诺（Cournot）于1838年提出的，旨在探讨同质产品双寡头厂商产量竞争的行为特征及其均衡结果。古诺模型是一个完全信息静态博弈，两个厂商同时行动，只作1次博弈，其假设条件是：两个厂商生产同质产品；厂商进行产量竞

争,价格由市场供求决定;厂商生产成本都为0。

在古诺竞争情形下,每个厂商的任务就是给定对对手产量的预期,寻求一个自己利润最大化的产量。因此,每个厂商的最优产量都与对手的产量有关,都随着对手产量的变化而变化。这种产量的互动(博弈)特征,可用图5-1直观展现。假定最初厂商2的预期产量是 q_2^1,在给定对手即厂商2的预期产量 q_2^1 不变的条件下,厂商1选择自己的利润最大化产量,记为 q_1^1。这一过程表明,厂商1的最优产量取决于厂商2的预期产量,这在图5-1中形成一个 "$q_1^1 \leftarrow q_2^1$" 对应。但是,反过来,当厂商1选择其最优产量 q_1^1 时,厂商2的最优产量通常将发生变化,不再是 q_2^1,而是另外一个产量,记为 q_2^2。这在图5-1中形成一个新的 "$q_1^1 \rightarrow q_2^2$" 对应。这表明,厂商2的最优产量取决于厂商1的产量。进一步地,当厂商2的最优产量为 q_2^2 时,厂商1的最优产量又会进一步发生变化,不再是 q_1^1,而是 q_1^2,这形成又一个 "$q_1^2 \leftarrow q_2^2$" 对应。此过程继续下去,直到出现一个互为最优的产量对应 "$q_1^* \rightleftarrows q_2^*$",使得当假定厂商2的产量是 q_2^* 时,厂商1的最优产量是 q_1^*,反之,当假定厂商1的产量是 q_1^* 时,厂商2的最优产量是 q_2^*,从而形成古诺竞争均衡。

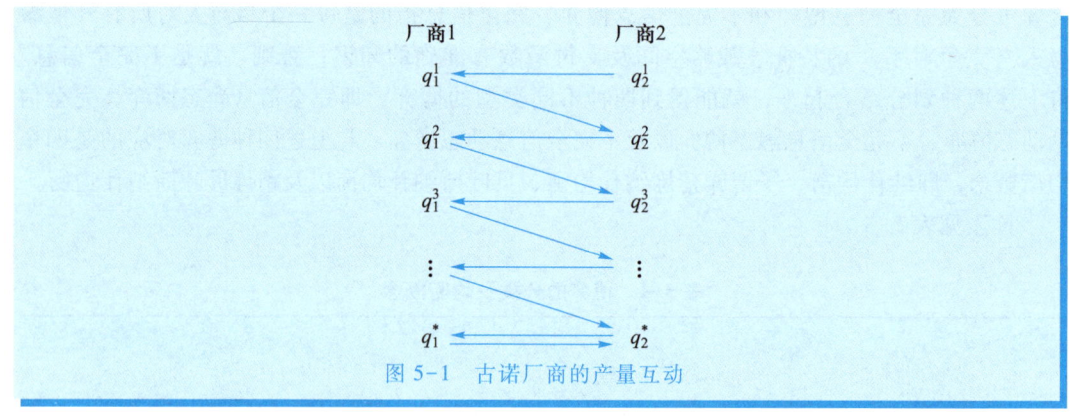

图 5-1 古诺厂商的产量互动

古诺模型可作如下代数推导。假定市场需求为线性,即市场逆需求函数为 $p = a - bq$,且厂商生产成本都为零。厂商1面临的决策问题是,给定它所预期的厂商2的产量 q_2,决策自己的最优产量 q_1,即

$$\max_{q_1} \pi_1 = pq_1 = [a - b(q_1 + q_2)]q_1$$
$$\text{s.t.} \quad q_2 = q_2 \tag{5-1}$$

最优化的一阶条件是

$$q_1 = (a - bq_2)/2b \tag{5-2}$$

上式就是厂商1关于厂商2的预期产量的反应函数,它给出了给定厂商2的预期产量 q_2 时,厂商1的最优产量选择。由上式,很容易发现,厂商1的最优产量随着其对厂商2的预期产量不同而变化。

类似地,厂商2的决策问题是,给定它所预期的厂商1的产量 q_1,决策自己的最优产量 q_2。其数学表述是

$$\max_{q_2} \pi_2 = pq_2 = [a-b(q_1+q_2)]q_2$$
$$\text{s. t.} \quad q_1 = q_1 \tag{5-3}$$

最优化的一阶条件是

$$q_2 = (a-bq_1)/2b \tag{5-4}$$

上式就是厂商 2 关于厂商 1 的预期产量的反应函数,它给出了给定厂商 1 的预期产量 q_1 时,厂商 2 的最优产量选择。由上式可见,厂商 2 的最优产量随着其对厂商 1 的预期产量不同而变化。

显然,厂商 1 和厂商 2 互为最优的产量组合 (q_1^*, q_2^*) 满足

$$\begin{cases} q_1 = (a-bq_2)/2b \\ q_2 = (a-bq_1)/2b \end{cases} \tag{5-5}$$

此最优产量组合,就是古诺均衡(静态博弈的纳什均衡)。求解之,得

$$\begin{cases} q_1^* = a/3b \\ q_2^* = a/3b \end{cases} \tag{5-6}$$

结果表明,古诺竞争中,厂商的博弈均衡产量是市场容量 (a/b) 的 1/3。古诺均衡可用反应曲线的交点来直观表示(图 5-2),图中展示了产量对应点向均衡点收敛的过程。

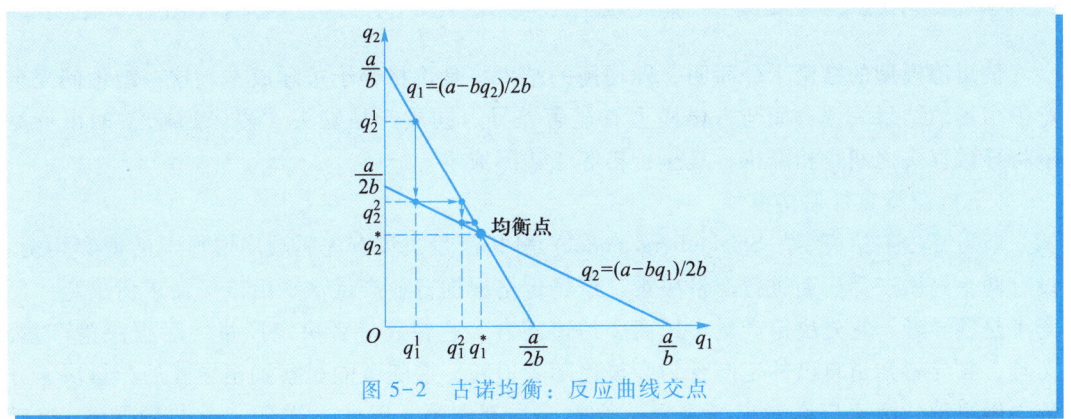

图 5-2 古诺均衡:反应曲线交点

(二)伯川德模型

伯川德模型是由法国经济学家伯川德(Bertrand)于 1883 年建立的,旨在探讨同质产品双寡头价格竞争的经济机制及其均衡结果。伯川德认为,古诺模型无法明白解释价格决定的机制,因此用价格代替产量作为厂商决策变量做分析更有意义。伯川德模型是一个完全信息静态博弈,即两个厂商各自在猜测对方定价的基础上进行价格决策。模型的假设是:两个厂商生产同质产品;厂商进行价格竞争;产量(需求)由价格决定,即低价厂商占领整个市场,若价格相同则两个厂商均分市场;两个厂商的边际成本相同,都为 mc。

虽然伯川德模型是一个静态博弈,但其价格决策体现了厂商之间竞相降价的某种策略性互动。如图 5-3,假设厂商 1 意欲定价 p_1 于①所标示的箭头处,并且厂商 2 猜测到厂商 1 的这一定价,那么,厂商 2 的最优定价 p_2 将是边际成本 mc 之上略低于厂商 1 意欲定价

的价格,即在图中(1)所标示的箭头处。这样,厂商2将独占市场。但是,厂商1如果猜测到厂商2的上述定价策略,它将对自己的价格作相应调整:定价调整为略低于厂商2的定价,即调整为②所标示的箭头处。这样,厂商1将独占市场。反过来,厂商2意识到厂商1的上述调整,又要做相应地定价调整,即价格向下调整为(2)所标示的箭头处。而随后,又是厂商1做调整应对,此过程继续下去,会形成如图5-3所示的竞相压价,直至最终价格下降到边际成本水平为止。因此,伯川德竞争的均衡是 $p_1^* = p_2^* = mc$。

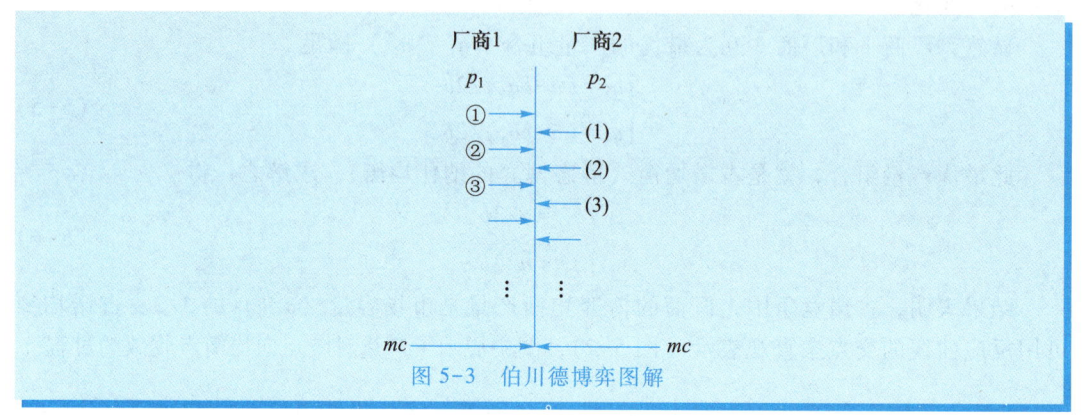

图5-3 伯川德博弈图解

伯川德模型的结论十分简明,即均衡的结果将是价格等于边际成本。这一结论同完全竞争市场的结果一致,而与古诺模型有显著差异。同质产品寡头"赢家通吃"的市场竞争将导致寡头之间竞相降价,直至价格等于边际成本。

(三)斯坦克尔伯格模型

斯坦克尔伯格模型(Stackelberg model)分析产量决策有先后顺序情形下的博弈均衡。设有两个同质产品厂商进行产量决策,市场价格根据行业产量水平由市场需求所决定。厂商1是领导者,它先决定产量。厂商2是追随者,它在领导者决定产量之后再决策产量。而且,领导者知道自己的定产行为会被追随者追随,追随者能观察到领导者的产量决策并依之做决策。两家厂商对市场需求、彼此成本都知悉。因此,这是一个"领导者-追随者"之间的1次2阶段完全信息动态博弈。

假设市场逆需求为 $p = a - bq$,厂商成本为0。根据动态博弈求解的逆向归纳法,我们先分析阶段二的追随者决策行为,再分析阶段一的领导者决策行为。

1. 阶段二的追随者决策

追随者面临的决策问题是给定领导者的已决策产量 q_1,确定自己的利润最大化产量 q_2,即

$$\max_{q_2} \pi_2 = [a - b(q_1 + q_2)]q_2$$
$$\text{s.t.} \quad q_1 = q_1 \tag{5-7}$$

追随者利润最大化的一阶条件是 $\dfrac{d\pi_2}{dq_2} = a - bq_1 - 2bq_2 = 0$,解之得

$$q_2 = (a-bq_1)/2b \tag{5-8}$$

这就是追随者利润最大化产量所应满足的条件,称为"追随规则"。该规则表明了这样一种经济逻辑:追随者的最优产量与领导者的已决策产量有关,因为给定市场容量,后者影响追随者的剩余市场需求,从而影响追随者的边际收益状况。

2. 阶段一的领导者决策

领导者知道追随者的上述追随规则,并利用这一优势决策自己的最优产量为已谋利。此处,对领导者而言,先行动是一种优势,但被追随也构成一种约束。故而领导者决策的问题是

$$\max_{q_1} \pi_1 = [a-b(q_1+q_2)]q_1$$
$$\text{s.t.} \quad q_2 = (a-bq_1)/2b \tag{5-9}$$

将约束条件代入目标式变成无约束最优化问题,其一阶条件为 $\dfrac{d\pi_1}{dq_1} = a-2bq_1 = 0$,解之得

$$q_1^* = a/2b \tag{5-10}$$

代入 $q_2 = (a-bq_1)/2b$ 得

$$q_2^* = a/4b \tag{5-11}$$

上述产量组合 (q_1^*, q_2^*) 就是斯坦克尔伯格均衡(动态博弈的子博弈精炼纳什均衡)。

3. 斯坦克尔伯格均衡的几何直观

领导者的目标是自身利润最大化,故存在领导者的一簇等利润线(其方程是 $\pi_1 = a-q_1q_2-bq_1^2$)。领导者决策的约束线就是追随者的追随规则线(其方程是5-8式)。从几何上看,领导的决策问题就是要在约束线(即追随者的追随规则线)上寻找一个点,使之相切于更低位置的等利润线(位置低的等利润线代表更高利润),从而实现利润最大化。当领导者最优产量最终确定时,追随者的最终产量也便随之确定。如图5-4中的斯坦克尔伯格均衡。

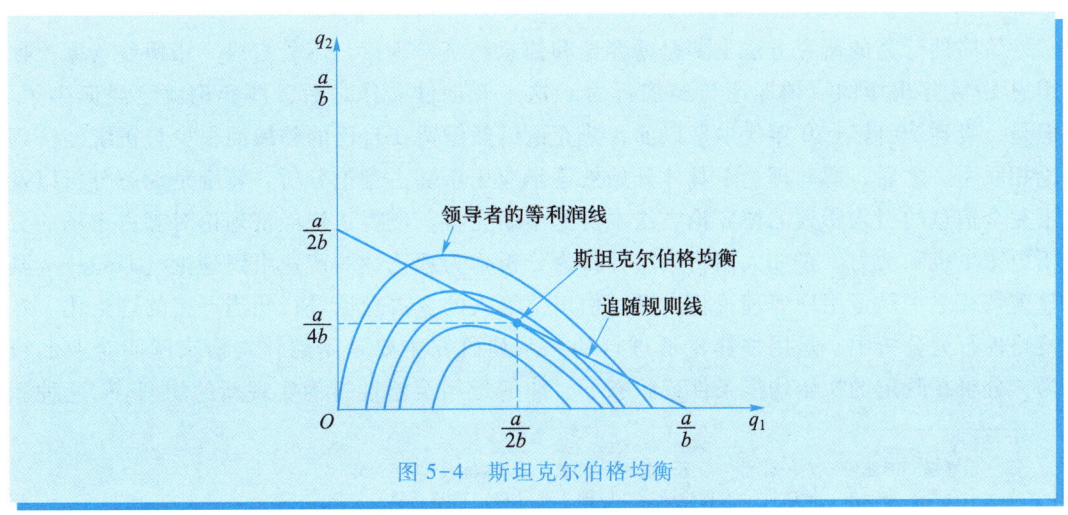

图 5-4 斯坦克尔伯格均衡

五、策略性行为概述

(一) 策略性行为的含义

对策略性行为的定义,最早来自谢林(Schelling)在其经典著作《战略冲突》中的描述,他认为策略性行为是指一个企业旨在通过影响竞争对手对该企业行动的预期,使竞争对手在预期的基础上做出对该企业有利的决策行为,这种影响竞争对手预期的行为就称为策略性行为。一个企业的策略性行为对竞争对手预期的影响,实质上是通过影响它们共同的市场环境所实现的,这些市场环境包括市场中现有的和潜在的竞争对手数量、行业的生产技术和竞争对手进入该行业的成本和速度、市场的需求偏好等。也就是说,市场环境不再是外生给定的,企业可以通过策略性行为改变市场环境,而市场环境是竞争对手决策时必须考虑的重要因素,从而主导企业通过操纵市场环境影响竞争对手的预期,为自己在市场竞争中立于不败之地、获取超额利润创造条件。因此,可以认为,策略性行为是指一家企业为了提高其利润所采取的旨在影响市场环境的行为的总称。市场环境包括顾客、对手的信念,现存和潜在竞争对手的数目等因素。

(二) 策略性行为的市场基础

策略性行为的市场基础是寡占或垄断市场。策略性行为的产生取决于企业在市场决策方面存在的互动关系。这种互动关系在寡占市场上最为普遍,而在垄断市场上,垄断者的市场行为会对潜在进入者的行为产生影响,这两种市场构成了策略性行为分析的市场基础。在现实中,古诺模型、伯川德模型、斯坦克尔伯格模型等寡占模型是最常用的理论分析模型。这些经典经济分析模型的运用也反映了新、旧产业组织理论的显著区别。这是因为,后者的分析依据大多是简单或松散的理论,有些甚至强调经验性的产业研究。当然,传统的产业组织理论并未否认各种寡占模型分析的合理性,这是因为它们也采用了价格理论,而且用于多种市场结构的划分。但是,传统产业组织理论在逻辑上并不能将企业之间的策略性相互作用纳入分析框架,因此,基于寡占模型的企业行为分析无疑成了其固有的一大缺陷。[1]

(三) 策略性行为的研究方法

策略性行为的研究方法主要是博弈论和信息经济学理论。尽管自冯·诺伊曼与摩根斯坦恩1944年出版的《博弈论与经济行为》这一开创性著作之后,博弈论就已经诞生了。但是,直到20世纪70年代中期以前,博弈论仍然停留在自己的领域而很少与正统经济理论相联系。之后,博弈理论工具才开始被逐步应用于寡占理论分析,特别是动态分析以及不完全信息的引入所致的博弈论方法本身的不断完善,使得正统经济理论对寡占市场的分析更富生机和活力。正如人们将策略性行为分析称为理论性的产业组织理论(Tirole),其显著特征之一是运用博弈理论将古诺、伯川德等人的寡占理论进行相当严密的理论化。在策略性行为分析中,运用博弈论所进行的一系列研究主要是用纳什均衡来阐明企业的行为,分析在既定的初始均衡条件或状态下,如何运用策略性行为实现新的均衡。[2] 这种新

---

[1] 干春晖. 产业经济学:教程与案例. 北京:机械工业出版社,2006:59.
[2] 干春晖,姚瑜琳. 策略性行为理论研究. 中国工业经济,2005 (11).

的研究方法在寡占或垄断市场下现有企业间的竞争、在位企业与潜在进入企业间的策略行为、企业的进入—退出行为、价格竞争与价格共谋、广告、产品差异化等方面的动态分析取得了显著成效，使人们对复杂交易现象的动机和福利效果的理解达到了新的高度，其在理论上更具有说服力和严谨性。

（四）策略性行为的研究应用

策略性行为研究的应用主要是为现实的市场现象提供理论解释，并为反垄断分析提供理论依据。在现实生活中，企业之间的策略性相互作用构成了许多市场现象的基础，如合谋、掠夺性定价、垂直限制、排他性交易、价格歧视、研究与开发等，这些市场现象往往是在不完全信息和动态竞争环境中进行，因而要想明确地判断其对消费者或社会的福利影响是相当困难的。采用策略性行为研究的模型和方法，能够在很大程度上为这些现象提供更加具体和复杂的理论解释，并且贴近于市场现实，从而为反托拉斯政策导向提供更加合理的理论依据。例如，传统的芝加哥学派认为，垂直限制是对市场不完善如外部性、搭便车、不确定性等所做出的反应，不论是排他性交易，还是捆绑销售都具有增进效率的作用。在这种观点的影响下，垂直限制很少受到干预。但是，策略性行为理论却对芝加哥学派的观点提出了质疑，认为后者拒绝考虑垂直限制和策略性目标存在联系的可能性，得出的观点过于片面。虽然垂直限制可以提高企业自身的效率，但是其总的福利效果则不能一概而论，尤其是在生产同质产品的市场中，拥有实际或潜在市场能力的企业可以借助垂直限制来提高进入壁垒的能力或者巩固市场能力。因此必须针对不同激励构造多种模型，才能将有利于消费者的垂直限制和以牺牲其他经济主体的利益为代价来增进自身效率的垂直限制区分开来。

第二节　合作策略性行为

合作策略性行为是指企业旨在协调本行业各家企业行动和限制竞争而采取的一些行为。对于合作策略性行为的研究源于卡特尔合谋（collusion）理论。博弈论的引入使合作策略性行为的研究达到了一个新的层次。

一、合作策略性行为概述

寡头垄断行业的企业之间是相互依赖的（interdependence）。这种相互依赖性可以从寡头企业利润最大化的一阶条件中看出来。

$$\frac{\mathrm{d}\pi_1}{\mathrm{d}x_1} = \frac{\partial \pi_1}{\partial x_1} + \frac{\partial \pi_1}{\partial x_2} \frac{\partial x_2}{\partial x_1} = 0$$

式中，x_1，x_2 代表一个寡头垄断行业中企业 1 与企业 2 的行为；$\frac{\partial \pi_1}{\partial x_1}$ 代表了企业 1 自身行为对自身利润函数的直接影响。$\frac{\partial \pi_1}{\partial x_2} \frac{\partial x_2}{\partial x_1}$ 是间接影响，它来源于企业 2 的反应。一般而言

我们不能将 $\frac{\partial \pi_1}{\partial x_2} \frac{\partial x_2}{\partial x_1}$ 项忽略不计，因为在一个寡头垄断行业中，企业数目较少，其他企业的反应对一企业的决策结果影响是很大的。

这种相互依赖性导致了寡头企业之间不同程度的竞争与合作，从而导致了合作策略性行为的发生。

合作策略性行为的研究源于卡特尔合谋（collusion）理论。亚当·斯密（Adam Smith）就曾指出"同行的商人即使为了娱乐或消遣也很少聚集在一起，但是当他们会面时，不是在进行反对公共利益的共谋，就是在筹划哄抬物价。"张伯伦（Chamberlin，1929）也推测"由于任何一方的削价结果都不可避免地减少他自己的利润，没有人会削价，尽管销售者是完全独立的，均衡的结果就像他们签订了垄断协议一样"，这可以看作是对默契合作策略性行为的一种描述。传统的研究一般是在静态的框架下进行的，从行业集中度的高低、产品差异化的大小、成本的对称性等行业特征方面分析合作策略性行为的存在性与不稳定性。

博弈论的引入使合作策略性行为的研究达到了一个新的层次。一些学者用博弈论的方法在动态的框架下研究合作策略性行为。克瑞普斯（Kreps）等认为在重复的囚徒困境博弈中，合作的结果是可能发生的。在大量的超级博弈文献中，一些学者如弗里得曼（Friedman）、阿布鲁（Abreu）的论文具有开创性。他们分别证明了在一定的限制性条件满足的情况下"冷酷到底"策略和"胡萝卜加大棒"策略下企业合作均衡的存在性。但是有趣的是，超级博弈也许在解释默契合作策略性行为方面过于成功，因为存在均衡太多的问题而陷入了"富有的窘境"（embarrassment of riches）。所以后来的研究集中于将这些均衡结果进一步精炼，寻找聚点均衡。

二、合作策略性行为的形式

（一）触发策略

触发策略（trigger strategy）是一种典型的合作策略性行为，又称冷酷策略（grim strategy）。它是指在重复博弈中，只要所有的参与人都采取合作的策略，那么就一直合作下去，如果有一方背叛了合作，比如提高产量，那么合作就永远终止，所有的参与人对此行为加以惩罚，大家都提高产量。一个寡头企业背叛是一个触发点，在此之后，寡头企业间都是不合作的，所以触发策略又称"扳机策略"。

触发策略的核心思想是对任何参与人的一次性不合作将触发永远的不合作，从而保障参与人的合作积极性。博弈论已经证明，触发策略是无限次重复博弈中对参与方都有利的有效合作战略。设有 A、B 两家企业，假设企业 A 一开始采取合作态度，直至对方即企业 B 背叛，而且只要企业 B 背叛一次，企业 A 就不再合作即采取触发策略。那么，如果企业 B 选择背叛，其短期所获收益会比合作多，但背叛的长期收益可能会低于合作的长期收益（只要是合作博弈下双方合作的未来收益很大），这样企业 B 就不会选择背叛。同样的分析也适合企业 B 采取触发策略时企业 A 的决策。因此，无限次重复博弈下两家企业都将维持合作。

(二) 转售价格维持

转售价格维持 (Resale Price Maintenance, RPM) 通常是指供应商与零售商之间的上下游价格控制关系。如果零售商不按供应商的建议价格销售商品, 供应商就拒绝供货。理论界关于转售价格维持到底是一种制造商共谋还是零售商合作行为一直存在争议。

其中一派的观点是转售价格维持是便利上游制造商合谋的商业惯例。在制造商合谋的过程中会出现这样一个问题: 零售商的成本是不同的, 那么市场上零售价格波动是由于制造商定价不同造成的还是由于销售商成本变化或零加成额变化而造成的呢? 这一般难以辨别。即使制造商制定了统一价格, 背叛行为根本无从判别, 因为一个企业可以矢口否认这是零售环节造成的, 完全不是他的过失, 但暗中却偷偷降价。转售价格维持通过消除价格波动使背叛行为易于察觉, 因为它要求销售价格不得低于一个底线。还有一方的观点是转售价格维持是下游销售商之间的合作行为。这时上游供应商成为实际上的监督人, 一旦发现零售商有任何超越价格底线的情形就停止供货, 给予惩罚。

(三) 价格领导

价格领导 (price leadership) 是指行业的价格变化总是由一企业率先做出的。然后这个变化立即被其他企业所采纳。价格领导解决了选择合谋结果的问题。领导者的价格就是合谋的价格。

很多行业都表现出这种模式: 一家或少数几家企业正式决定价格, 其他企业则跟随, 通常有几天的时间延滞。由领导企业发起的价格变动有很大的凝聚力, 并且不存在阻碍作用或者不同意见的企业时, 就存在着有效的价格领导。行业中企业的数量越少, 价格领导就越有效。我们这里讨论两种主要的价格领导方式: 支配式价格领导和晴雨表式价格领导。

在支配式价格领导的情况下, 一家企业因为自己的规模较大, 顾客忠诚度相对于其他竞争者高、成本较低而把自己定为一个价格领导者, 随后这个领导企业的行动就如同在它的细分市场中的垄断者一样, 把价格定在利润最大化的水平上。这时就存在一个问题: 领导企业采取这个策略, 是什么推动跟随企业接受已确定的价格呢? 在某些情况下跟随企业是由于害怕低成本企业的激烈报复。支配型价格领导模型价格—产量结果如图5-5所示。

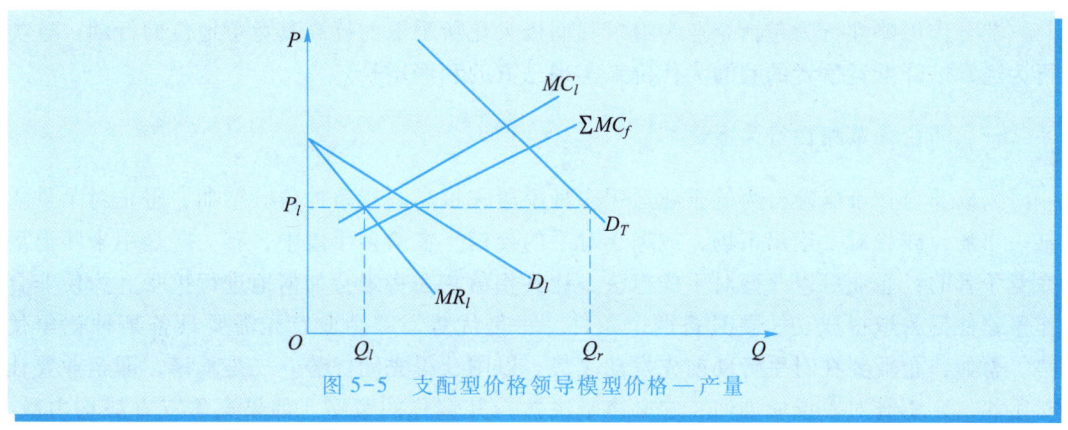

图5-5 支配型价格领导模型价格—产量

领导企业生产产量为 Q_l，总产量为 Q_t，跟随企业则一共生产 Q_t-Q_l 的产量。

在晴雨表式的价格领导中，一家企业宣布价格变动，并希望被其他企业所接受，这个价格领导企业不必是行业中的最大公司。它只是正确地首先对变化的需求和成本条件做出反应，从而使提出的价格变动能够被接受并且具有刚性。

罗腾伯格等（Rotemberg）证明了在寡头行业中价格领导是在需求不对称的情况下超级博弈的一个均衡结果。他们认为价格领导是拥有较多信息的企业首先设定价格，跟随企业随后跟进的均衡，在这个博弈中，领导企业威胁跟随企业不跟进就将给以价格战的惩罚。

（四）胡萝卜加大棒策略

在前述的触发或冷酷策略中，合作是通过一个严酷的冷酷到底的威胁来维系的，即如果任何一个参与人从合作的路径上偏离而采用背叛的策略的话，所有的参与人都用不再合作来惩罚背叛者。而胡萝卜加大棒策略则是一个较为温和的策略。开始所有的垄断企业都生产一个合作的低产量，相应地利润也比较高，但是一旦有某个企业背离了这个策略生产高产量时，所有的企业都调整为高产量去惩罚它。如果任何一家企业在惩罚期不惩罚（对于不执行惩罚策略的人给予惩罚是给予惩罚者的一个胡萝卜），惩罚期重新开始。如果没有企业在惩罚期不惩罚，合作期又重新开始。

在美国、加拿大和欧盟，明确地限制竞争的协议都是违法的。任何企业预谋或正式缔结的协议都会作为其犯罪事实认定的充分证据，而不管这一协定是否最终导致了市场势力。这些协议被认为明显严重损害了竞争。而另外一些合谋行为则需要调查进行权衡，看看这些行为是否出于正当的商业原因，如果协定比较合理并且效率提高抵消了对竞争损害的影响就不认为其是非法的。一旦价格相同并伴随着另外一些证据出现就可被视为非法合谋。比如说企业如果没有共谋就不可能出现在萧条时期统一提价，在密封投标时价格惊人的一致。另一个是企业有聚会或者任何其他性质的直接沟通。即使这样的行为并没有导致垄断的市场势力，这一方面的证据也足以引起一项指控。

第三节　非合作策略性行为

非合作策略性行为包括企业为追求利润极大化所采取的提高其竞争地位的行动。这类行为通常以降低竞争者的利润为代价来实现己方的利润增长。

一、非合作策略性行为概述

采取非合作策略性行为的企业运用多种手段来提高其竞争地位。譬如，阻止对手进入某一市场，或将对手逐出市场，或缩小对手的规模。在诸多手段中，有一些是用来吓退潜在竞争者的：企业可以改变对手的想法，让其相信它在将来会如何地进行扩张。为使非合作策略性行为取得成功，要具备两个条件。一是优势，即企业首先需要具备某种竞争优势，譬如，企业要在对手行动前先发动攻势，以图获得先动优势。二是承诺，即企业要让对手相信，不管对手反应如何，它必将坚决执行其宣称的策略。如果竞争双方势均力敌，则每一方都有同样的力量来威胁对方。为使策略奏效，一家企业必须获取一定的竞争优势，使其能在对手采取报复行动前先伤害对方。当两家企业力量不对称时，实力强大的一家向其对手做出威胁后，它的对手往往会信以为真，也即优势企业的威胁是可置信的（credible）。[①] 非合作策略性行为主要包括限制性定价和掠夺性定价，其中又以掠夺性定价最为典型。

二、掠夺性定价概述

掠夺性定价（predatory pricing）是指企业（通常是原在位企业，也可以是新进入企业）将价格削减至对手平均成本之下，以便将对手驱逐出市场，即使遭受短期损失。一旦对手离开市场，在位企业就会提高价格以补偿掠夺期损失（Schmalensee；Rosenbaum；Romano and Berg）。它与限制性定价策略的显著区别在于：首先，掠夺性定价强调企业在短期内是亏损的，其亏损在未来会得到补偿；其次，限制性定价策略主要针对潜在进入者而言，通常不是针对已进入者或在位竞争对手。

掠夺性定价理论主要包括认为掠夺性定价非理性、不符合企业的长期利润最大化目标的芝加哥学派[②]理论，以及通过引入信息不对称、认为掠夺性定价是企业理性行为的后芝加哥学派理论。二者之所以得出截然相反的结论，是由于关于信息的假定不一致。信息在掠夺性定价理论的发展中起了至关重要的作用。因为掠夺性定价是企业的一种策略性行为，策略性行为就涉及企业之间的互动，互动就需要了解对手，猜测对方。因而不同的信息假定得出不同的结论就不足为怪了。

三、有限次重复进入：连锁店悖论[③]

在有限次重复博弈中，掠夺性定价将不是一个可置信（credible）的威胁，这就是连锁店悖论。我们前面讨论的动态博弈基本上都有一个特征，即参与人仅对抗一次，因此，同样的子博弈只会出现一次。如果由相同的参与人反复地进行博弈，那么情形就会有所不同。在这种情况下，每个参与人面前都会出现新策略的可能性。如果另一个参与人在这次做出背叛的选择，那么你就可以在下一次选择"背叛"以示报复。在一个重复对策中，每一个参与人都有机会树立合作的信誉，并以此鼓励对方也树立起合作的信誉。影响均衡结果的主要因素是博弈的次数及信息的完备性。如果博弈只进行一次，参与人只会关心一次性支付；但如果博弈重复多次，参与人可能会为长期利益暂时牺牲眼前利益从而选择不同的策略。在如表5-2所示的一次博弈中，如果企业B先行动，这个博弈唯一的子博弈精炼纳什均衡结果是：（进入，高价）。现在假定同样的市场有20个（可以理解为企业A有20个连锁店），企业B每次进入一个市场（连锁店），博弈就变成了20次重复博弈。假定企业B进入第1个市场，企业A应如何反应呢？在这个博弈中，在位者选择斗争的

[①] 干春晖. 企业非合作策略性行为的产业组织研究. 经济学动态，2001（11）.
[②] Stephen Martin, *Industrial Economics*: *Economic Analysis and Public Policy*. New York：Macmillan Publishing Company，1988.
[③] Selten, R., The Chain Store Paradox. *Theory and Decision*，1978.9（2）：127-159.

唯一原因是市场斗争（低价）起到威慑作用，使企业 B 不敢进入。然而，在有限次重复博弈中，斗争并不是一个可置信威胁。设想前 19 个市场已被企业 B 进入，企业 B 现在进入第 20 个市场。因为这是最后一个市场，对企业 A 来说，这与一次博弈没有区别，选择高价才是最优策略，企业 B 自然选择进入。现在考虑第 19 个市场。因为不论企业 A 选择什么策略，第 20 个市场上的均衡结果均不会改变（因为企业 B 知道第 20 个市场上企业 A 会选择不斗争），在位者的最优选择仍然是默许。如此类推，我们得到这个博弈的唯一子博弈精炼均衡是企业 A 在每个市场（连锁店）都选择高价，企业 B 在每个市场都选择进入。这就是所谓的"连锁店悖论"。当然，这个博弈还有其他均衡，如（斗争，不进入）等，但它们都不是子博弈精炼均衡。"囚徒困境"博弈也有类型情况。假如说双方对局十次，那么对于第十局来说，这是最后一局，与一次性对策一样，（坦白，坦白）是双方的最优选择。再看第九局，既然最后一局每个囚徒都会采取背叛，他们为什么要在第九局合作呢？如果你采取合作的话，另一个囚徒仍然可以采取背叛你的策略，并利用你的善良本性而获利。双方都这么考虑，因而都会把（坦白，坦白）作为自己的最优选择。同理类推，其余各局博弈均衡都是（坦白，坦白）。可以说，只要博弈重复的次数是有限的，则博弈的结果就将与一次性博弈（指对局一次）的结果相同。

表 5-2 市场进入阻挠博弈

		A	
		高价	低价
B	进入	40, 50	-10, 0
	不进入	0, 300	0, 300

四、不完全信息下的有限次重复进入：克瑞普斯和威尔逊模型

克瑞普斯（Kreps）和威尔逊（Wilson）通过引入不完全信息来求解连锁店悖论。[①]他们表明，如果在位企业打击（即掠夺）比容纳收益大，而且进入者对在位企业的收益具有不完全信息，那么掠夺就成为均衡战略。

克瑞普斯和威尔逊模型的在位企业有两种类型：弱小或强硬。对于弱小在位企业，通过假设各自在不同情况下的收益函数，可以得出容纳优于掠夺。对于强硬在位企业，掠夺优于容纳。如果进入者知道在位企业类型，那么根据逆向归纳法，对于弱小在位企业，容纳是其均衡战略，而进入是进入者的均衡战略。对于强硬在位企业，掠夺是其均衡战略，而不进入是进入者的均衡战略。但关键是进入者不知道实际面对的究竟是弱小在位企业还是强硬在位企业。

克瑞普斯和威尔逊得出的结论是：博弈早期，弱小在位企业会打击进入，以使进入者相信它是强硬的。鉴于此，潜在进入者早期不进入。博弈后期，弱小在位企业还会打击进

[①] Kreps D. and Wilson R. Reputation and Imperfect Information. *Journal of Economic Theory*, 1982. 27 (2): 253-279.

入（如果它以前一直打击）。只有最后的进入者"试水"，弱小在位企业才会随机选择打击或容纳。沿着均衡路径，即使面对弱小在位企业，进入者也不会进入。

五、米尔格罗姆和罗伯茨模型

米尔格罗姆和罗伯茨[1]则将在位企业列为三种可能类型：一般、疯狂或弱小。无论何种类型在位企业，当进入者不进入时，在位企业收益都没有变化。当进入发生时，对于一般在位企业，会选择打击或容纳；对于疯狂在位企业，会总是打击；对于弱小在位企业，总是容纳。

米尔格罗姆和罗伯茨模型包括一个在位企业和 N 个潜在进入者。在位企业打击进入的收益为负值，在位企业知道其具体数值，而进入者不知道。进入者 n 不进入的收益可正可负，但决不会和在位企业容纳进入时进入者的收益一样大。当进入者不进入时，进入者知道他的具体收益，而在位企业不知道，即米尔格罗姆和罗伯茨模型属于对手收益的双边不确定情形。博弈开始时，进入者仅知道在位企业属于何种类型的概率。

米尔格罗姆和罗伯茨得出的结论是：潜在进入者由于不能确定在位企业的类型，故选择不进入。只要在位企业打击的概率存在，进入者就会推迟进入，直到博弈将近结束。

案例

360 杀毒软件的掠夺性定价[2]

当前我国杀毒软件市场上，市场份额最大的三家软件企业分别为奇虎360、瑞星和金山。而360杀毒软件从2009年10月进入杀毒软件市场到占据国内一半以上市场份额，仅仅用了11个月的时间。360的免费，导致了中国杀毒软件市场的定价机制和格局发生了根本性的变化。

在360进入杀毒软件市场以后，市场的前主导者瑞星杀毒的用户数量发生了巨大变化：2009年9月瑞星三款安全产品瑞星杀毒、卡卡和个人防火墙的用户覆盖数量分别约为9 387万、9 688万和3 507万。到了2011年9月，这三款产品的用户覆盖数量就下降到约5 531万、4 165万和153万。而360则成功进入杀毒软件市场并成为新的市场主导者。

一、360进入之前的杀毒软件市场

2001年至2009年，瑞星杀毒连续8年占据市场份额第一的宝座。2007年瑞星公司的全年营收达到7亿元，2008年瑞星杀毒软件占据国内60%的市场份额，拥有8 000万名付费正版个人用户，10余万家企业级用户，在京部委级别以上的单位中，有70多家使用瑞星产品，其中包括国务院、中组部、中联部、国税总局、北京市政府等重量级单位。而当时市场份额第二的金山杀毒，根据金山公司2008年财报显示，金山毒霸在2008年的营业

---

[1] Milgrom, P. and Roberts, J. Predation. Reputation and Entry Deterrence. *Journal of Economics Theory*, 1982.27（2）：280-312.

[2] 参见钟宏．我国杀毒软件企业掠夺性定价策略研究．长沙：长沙理工大学，2011：32-38，略有调整和补充。

收入为 2.014 亿人民币，净利润接近 1 亿元，净利润率高达 50%，几乎是软件行业平均利润率的 10 倍。

瑞星杀毒之所以能够长期占据高市场份额，一方面在于其强大的研发团队，2009 年瑞星公司的研发团队达到 200 多人，是国内实力最强的反病毒和网络安全研发团队；同时瑞星构建了覆盖全国的庞大的销售和市场体系，包括 20 多家分公司以及办事处，数千家代理商。瑞星杀毒软件个人版的建议零售价格 2004 年为 198 元，2008 年为 398 元，而 2004 年瑞星将产品销售给一级代理商的价格约为 90 元，其中的差额价格提高了代理商的销售激励，达到排挤竞争对手的目的。从 2004 年到 2008 年，中国杀毒软件的提价都是由瑞星发起的，也就是说瑞星是杀毒软件市场的价格制定者。

值得注意的是，此时的杀毒软件市场仍然采取的是网络下载免费试用→收费使用，以及分销商经销的销售模式。而免费试用会形成一定程度上的使用倾向锁定，达到锁定消费者，占据市场份额，排挤潜在进入者的目的。

二、360 进入杀毒软件市场初期的掠夺性定价策略

奇虎 360 并没有在第一阶段进入杀毒软件市场，主要原因在于三个方面：技术研发力量不足、资金支持力量弱、在消费者中的声誉度低。所以，360 选择了第一阶段进入互联网安全软件市场，即在 2006 年 7 月推出了完全免费的 360 安全卫士，在刚推出时，基于其 3721 的特殊背景，在消费者声誉度较低，但由于其完全免费的产品策略以及贴近计算机用户的多种功能，逐渐占据了较大的市场份额，360 安全卫士用户覆盖数从 2006 年 7 月的 272 万增长到 2007 年 6 月的 3 157 万，一年内用户数量增长了 10 倍。免费版 360 安全卫士为 360 公司积累了可观的消费者规模和在消费者中建立起来的声誉，成为一个新产品推广的优良平台，而此时杀毒软件市场的在位企业瑞星公司尚未有同类型或者说同等功能的互联网安全软件产品，其当时的产品较为单一，主要是通过杀毒软件一个产品来盈利。

同时，360 包括前期融资在内的资金实力也日益雄厚。360 公司的前期融资包括：2006 年 11 月，由高原资本领投、红点参与的规模为 2 500 万美元的 B 轮融资，以及 2008 年 3 月将 360 安全卫士正式从奇虎公司剥离出来进行单独运作，新公司由奇虎原有股东共同投资 3.6 亿元。另一方面，360 公司 2008 年到 2010 年的财务数据显示，互联网业务收入从 2008 年度的 579.5 万美元增长到了 2009 年度的 5 379 万美元，增长超过 8 倍，这为 360 杀毒成功实施掠夺性定价奠定了充裕的资金基础。

为进入杀毒软件市场，360 从一开始就采取完全免费的定价策略，这在当时的国内杀毒软件市场是个创举，且在其推出的初期，并未引起瑞星和金山的重视，因为完全免费的商业模式下，企业的盈利得不到保障，而一个企业在没有收入来源的情况下，是不可能长久发展的。而 360 杀毒凭借其完全免费的策略，并且利用 360 安全卫士这一捆绑销售平台，在极短的时间内就超越瑞星，占据了一半以上的市场份额。在 360 杀毒宣布完全免费时，在位的瑞星和金山公司所采取的策略只是消极应对，如瑞星推出的免费 1 年版。金山毒霸和瑞星杀毒宣布完全免费的时间分别为 2010 年 11 月和 2011 年 3 月，比 360 推出正式版的免费杀毒软件整整晚了一年以上。

三、360在市场巩固和拓展阶段的掠夺性策略

360在成功进入杀毒软件市场后,为了进一步巩固和扩大市场,提高盈利能力,驱逐竞争对手,阻止进入者的进入,运用掠夺性定价手段从自身实力增强和对于竞争对手的策略两个方面制定了企业策略。在自身实力提高方面,360杀毒主要是通过产品多元化、盈利途径和融资渠道的拓展两个方面来实现,而对于竞争对手和潜在进入者,则主要通过捆绑销售、产品不兼容等手段。在产品多元化以及融资途径拓展方面,360杀毒的策略表现在以下四个方面。

(一)产品多元化

360杀毒通过捆绑销售的策略,在360安全卫士软件平台上集成了多种应用软件,包括其主要利润来源的360浏览器。另一方面,也积极拓展特色化的收费服务,如人工杀毒、计算机人工提速。同时也向着社区化服务发展,如积极发展网游业务,在2009年12月就代理了火石软件——玩酷农场,为进入网游业务奠定了基础,同时也预示着360杀毒软件增值业务发展的另一大举动。360所拥有的巨大使用者人群,为其与网游企业进行游戏推广提供了顾客平台,网游广告业务、网游业务等也将成为360的新的利润增长点。360杀毒目前只是360公司的基础性支柱业务,而围绕安全软件的产业链拓展,打造多元化的综合型产品平台,无疑是360公司现在和将来的发展策略。

在杀毒软件行业全面进入"免费时代"以后,完全免费的掠夺性定价策略已经不再是360的独特优势所在,但是其凭借免费策略所吸引的3亿消费者群体仍然存在,现在的360公司,已经不再是个纯粹的杀毒软件企业,而更像是一个强大的工具类客户端软件供应商,它以360安全卫士为基础,构建了一个丰富的、彼此支撑的客户端产品链。而360杀毒的存在,更好地为360增加了"安全厂商"的合法性。当前360的三大业务板块分别是:360安全卫士、360杀毒和360安全浏览器。

(二)盈利途径的拓展

360杀毒的市场份额从2010年1月的31.76%到2010年9月的62.36%,仅仅花了8个月的时间,在如此短的时间内达到市场份额的主导者,原因也是多方面的,并且也并没有因为杀毒业务的完全免费,而失去企业利润来源。2010年收入约3亿元人民币,其中95%以上来自360浏览器,具体是:通过浏览器把流量分发给第三方网站,如网络游戏和购物网站,以此赚取分账。

(三)融资途径拓展

在瑞星、金山等都宣布完全免费以后,奇虎360公司的市场策略也发生变化。2011年3月30日,奇虎360公司通过IPO(首次公开募股)在纽约证交所上市,首日的收盘价格为34美元,较14.50美元的发行价格上涨135%。IPO的成功,为企业提供了融资途径,同时也对企业的市场竞争策略提出了更高的要求。核心研发能力的提高、差异化的特色服务、更多盈利来源的拓展等都将是360可持续发展所必须解决的问题。

(四)对竞争对手和新进入者、潜在进入者的策略

360杀毒作为市场强势的在位者,面对市场新进入者,往往会进行打击。这在360杀毒面对可牛和腾讯的策略上表现得很突出。前者是属于新的市场进入者,后者则在杀毒软

件市场上属于潜在进入者。

可牛杀毒在 2010 年 5 月 25 日发布测试版，标志着其正式进入杀毒软件市场，而在发布后仅仅 5 分钟，就收到了用户反馈 360 安全卫士对可牛杀毒软件进行拦截的消息。360 杀毒作为在位企业，在面对新进入者时，往往会在第一时间采取打击策略，以达到阻止进入的目的。

而腾讯从 2010 年 5 月推出 QQ 电脑管家之后，明显有进入安全软件市场的意图。并且由于 QQ 的巨大用户群体以及互联网用户的可转移性，使其可以更快地将消费者群体拓展到新兴的软件产品市场。对此，意识到威胁的 360 于当年 9 月推出了"隐私保护器"，称 QQ 侵犯用户隐私，由此引发 360 和腾讯之间持续四年之久的"三 Q"大战。①

结合本案例，请讨论下列问题：
1. 360 成功实施掠夺性定价策略进入杀毒软件市场的主要条件有哪些？
2. 如果你是瑞星公司的经营者，会如何应对 360 的掠夺性定价？
3. 请你谈谈 360 掠夺性定价对我国杀毒软件行业的影响及政府宜采取的政策导向。

本章小结

- 博弈论是企业策略性行为的重要分析工具。
- 策略性行为是指一个企业旨在通过影响竞争对手对该企业行动的预期，使竞争对手在预期的基础上做出对该企业有利的决策行为。
- 合作策略性行为是指企业旨在协调本行业各家企业行动和限制竞争而采取的一些行为。对于合作策略性行为的研究源于卡特尔合谋（collusion）理论。
- 掠夺性定价是指在位企业将价格削减至对手平均成本之下，即使自己遭受短期损失，也要将对手驱逐出市场或者遏制进入。一旦对手离开市场，原有企业就会提高价格以补偿掠夺期损失。

关键词

博弈论（game theory）；策略性行为（strategic behavior）；古诺模型（Cournot Model）；伯川德模型（Bertrand Model）；斯坦克尔伯格模型（Stackelberg Model）；掠夺性定价（predatory pricing）；非合作策略性行为（non-cooperative strategic behaviour）；合谋（collusion）；合作策略性行为（cooperative strategic behaviour）；触发策略（trigger strategy）；胡萝卜加大棒策略（carrot and stick strategy）

自测自评

---

① "腾讯 QQ 和 360 之争"之"QQ 和 360 大战之全程回顾"，搜狐网。

复习思考题

1. 简述博弈的构成要素及其含义。
2. 简述产业组织理论三个经典博弈模型中企业行为的策略性特征。
3. 策略性行为的含义,以及其研究的市场基础与方法分别是什么?
4. 什么是掠夺性定价?
5. 简述克瑞普斯和威尔逊模型的基本思想。

延伸阅读

1. 艾里克·拉斯缪森. 博弈与信息:博弈论概论(第二版),第 1-4 章. 王辉,等,译. 北京:北京大学出版社,2003.
2. 理查德·施马兰西,罗伯·D. 威利格. 产业组织经济学手册(第一卷),第 5 章,第 9 章. 李文溥. 等,译. 北京:经济科学出版社,2009.
3. McGee J. S. Predatory Pricing Cutting: The Standard Oil Case. *Journal of Law and Economics*,1958,1(1): 137-169.
4. Yamey B. S. Predatory Price Cutting: Notes and Comments. *Journal of Law and Economics*,1972,15(1): 129-142.
5. Ying Zhang. The problem of Predatory pricing: The Air Canada Case. Ottawa: *Department of Economics of the University of Ottawa*. 2003.
6. Boudreaux D J. Predatory Pricing in the Retail Trade: The Wal-Mart Case. In Coate M. B. et al (eds.). *The Economics of the Antitrust Process*. Kluwer Academic Publishers,1996,chapter 10: 195-215.

第六章 企业并购行为

> **本章提要**
>
> 企业并购是现代市场经济中实施资产重组和优化资源配置的有效手段,有助于实现企业规模的迅速扩张,推动产业结构的不断升级。产业经济学研究的企业并购行为主要包括并购的动因与效应。本章主要从产业组织角度讨论了横向并购、纵向并购和混合并购三种不同的并购形式。

第一节 企业并购概述

一、并购的概念

所谓兼并（merger），含有吞并、吸收、合并之意。通常从狭义和广义两个角度来理解兼并的意思。狭义的兼并是指在市场机制作用下,企业通过产权交易获得其他企业的产权,使这些企业法人资格丧失,并获得其控制权的经济行为。简单地说,有 A、B 两个企业,如果 A 企业兼并 B 企业,那么 B 企业就不存在,而成为 A 企业的一部分了。广义的兼并是指在市场机制作用下,企业通过产权交易获得其他企业产权,并企图获得其控制权的经济行为。仍以 A、B 企业为例,在广义兼并的情况下,如果 A 企业兼并 B 企业,出现的结果可能会有如下几种:一是 B 企业被兼并后不存在,而成为 A 企业的一部分;二是 A 企业兼并 B 企业后,A、B 企业都解散而成立一个新的 C 企业;三是 A 企业兼并 B 企业后,A、B 企业都存在,但是 A 企业控制了 B 企业。

所谓收购（acquisition），是指对企业的资产和股份的购买行为。收购涵盖的内容比较广,A 企业收购 B 企业,结果或者是 A 企业吞并了 B 企业,或者是 A 企业获得 B 企业较多的股权而控制了 B 企业,或者是 A 企业只购买了 B 企业很少的股份,从而成为 B 企业的一个股东。

收购通常和广义的兼并作为同义词使用,尤其是当兼并和收购同时使用时。虽然兼并与收购存在差别,有时候在特定场合下它们的区别甚至很重要,但是由于兼并与收购都以企业产权为对象,获得企业控制权与产权转移是两者共同的主要特征。因此,并购泛指在市场机制作用下,企业为获得其他企业的控制权而进行的产权交易活动。

通常,我们把主兼并或主收购公司称为兼并公司、收购公司、进攻公司、出价公司、标购公司或接管公司等,把被兼并或被收购的公司称为被兼并公司、被收购公司、目标公司、标的公司、被标购公司、被出价公司或被接管公司等。

二、并购的类型

从不同的角度看并购可以有多种不同的分类方式,按照并购双方的产业特征可以将并购划分为横向并购、纵向并购和混合并购。

横向并购又称水平并购,是企业扩张的一种基本形式,指并购双方处于同一行业的并购活动,换言之,横向并购是一种竞争者之间的并购。并购企业与目标企业生产相同的产品或提供相同的服务,并且在其他生产经营、销售环节具有相似性或互补性。企业间通过实施横向并购,能够充分利用并购后企业的规模经济效应来扩大市场竞争力,达到在市场竞争中取胜的目的。

纵向并购也称垂直并购,是指处于生产同一(或相似)产品不同生产阶段的企业之间的并购。企业间通过实施纵向并购可以在获得被并购企业的同时得到所需的资源,也可以通过纵向并购达到进入某一行业的目的,完成企业的产业扩张。从纵向并购方向来看,有前向并购(前向一体化)和后向并购(后向一体化)之分。前者指生产原材料的企业通过并购进而向经营第二次加工阶段的业务扩展,或者一般制造企业通过并购向经营流通领域等业务扩展;后者指装配或制造企业通过并购向零件或者原材料生产等业务扩展。

混合并购是指既非竞争对手又非现实中或潜在的客户或供应商的企业之间的并购。混合并购有三种形态:在相关产品市场上企业间的产品扩张型并购;对尚未渗透的地区生产同类产品的企业进行市场扩张型并购;生产和经营彼此间毫无相关产品或服务的企业间的纯粹的混合并购。企业进行混合并购的主要目的是追求组合效应,降低经营风险。

三、世界企业并购的五次浪潮

从 19 世纪末 20 世纪初发展至今,全球企业并购经历了五次浪潮。

(一)第一次并购浪潮

第一次企业并购浪潮发生在 19 世纪末至 20 世纪初,其高峰时期为 1898—1903 年。这一阶段的并购浪潮被认为是历次并购浪潮中非常重要的一次,不仅是由于企业垄断现象在这个阶段首次出现,而且这一次并购浪潮使得西方国家的工业逐渐形成了现代工业结构,对整个世界经济的发展产生了十分重要的影响。

横向并购是第一次并购浪潮的重要特征。优势企业通过对同行业劣势企业的兼并,集中了同行业的资本,在市场上获得了一定的市场势力。这一方面有利于优势企业达到最佳的生产规模,采用新技术,取得规模经济效益;另一方面降低了市场竞争的程度,垄断者可以凭借其垄断地位获得超额的垄断利润。所以,追求垄断地位、追求规模经济是本次并购浪潮的主要动因。

以美国的矿业和制造业为例,在 1898—1903 年的 6 年间,发生了 2 795 起并购,其中 1899 年就发生了 1 208 起。这次并购使美国经济集中度大大提高,到 1909 年,产值在 100 万美元以上的大企业已增加到 3 000 多个,占企业总数的 1.1%,而它们所占有的产值和雇员数分别为 43.8% 和 30.5%,其中 100 家最大的公司控制了全美近 40% 的工业资本。这次并购浪潮产生了一些后来对美国经济结构影响深远的垄断组织,如美国烟草公司

(American Tobacco)、美国钢铁公司（U. S. Steel）、杜邦公司（Dupont）、美国橡胶公司（U. S. Rubber）等一大批现代化的大型托拉斯组织。这些大公司是通过并购了 5 000 多个公司而形成的。

（二）第二次并购浪潮

第二次并购浪潮发生在两次世界大战之间的 20 世纪 20 年代。在这个时期，科学的发展、新技术的应用以及产业合理化政策的实行产生了新的工业技术，导致了一系列新行业的产生，如汽车工业、化学工业、电气工业等。这些新兴的资本密集型行业和产业合理化都需要大量的资本，在这种经济环境下，第二次并购浪潮蓬勃兴起。

第二次并购浪潮中出现了多种并购形式，其中以纵向并购居多。这种并购有助于生产的连续性，并能减少商品流转的中间环节，节约销售费用；不过，这种并购也加强了垄断，有利于获得更多的垄断利润。另外，工业资本与银行资本开始相互兼并、渗透，成为这一阶段并购的另一特征。如洛克菲勒公司控制了美国花旗银行，摩根银行则创办了美国钢铁公司。

第二次并购浪潮涉及许多新兴行业，并产生了许多著名的大公司，如电机制造业的三大企业：英国电器、通用电器和电器行业联合体就是在这个时期通过并购形成的。其中最为壮观的一次并购发生在 1926 年，四家经过同业并购已在各自行业中占重要地位的大公司：诺贝尔公司、布鱼诺姆德公司、不列颠染料公司、联合碱制品公司合并组成了 ICI（帝国化学工业有限公司）。

（三）第三次并购浪潮

第三次并购浪潮发生在第二次世界大战结束后，20 世纪 50 年代和 60 年代的资本主义经济"繁荣"时期，并在 60 年代后期形成高潮。

这段时期并购的主要形式是混合并购，即并购企业与被并购的企业分别属于不同的产业部门，且这些部门之间没有特别的生产技术联系，进行这种并购的主要目的是谋求生产经营多样化，降低经营风险。1948—1964 年美国发生 647 起企业并购，其中混合并购 406 起，占 63%。

（四）第四次并购浪潮

第四次并购浪潮发生在 20 世纪 70 年代中期至 80 年代末，并在 80 年代形成高潮。这次并购浪潮的形式呈多样化倾向，横向并购、纵向并购和混合并购多种形式并存，没有哪一种并购形式占主导地位。

这次并购浪潮出现了小企业并购大企业的形式，即"小鱼吃大鱼"。同时，这一时期并购与反并购斗争的日益激烈，使并购与反并购活动越来越不择手段。有些公司为了获得某种先进的生产技术，甚至为了得到目标公司的某个人才，竟不惜将整个公司买下。

在这一时期，跨国并购进一步发展。到 1988 年，外国公司以并购形式在美国的投资占投资总额的 92.3%，并且呈上升势头。到 1991 年，外国公司并购美国公司的金额达到 197 亿美元。

（五）第五次并购浪潮

20 世纪 90 年代以来，信息革命和国际市场的融合，推动第五次兼并浪潮的出现，这次并购主要有如下的特点：

（1）强强联合为主体。第五次并购浪潮的一个显著特点表现为参与的企业规模巨大，本身都是优秀的大公司，不仅久负盛名，而且业绩优良，它们之间的并购也常常以自愿合作的方式进行。合并后形成的往往是"巨无霸"型的大企业。在强强联合方面，最典型的案例是波音和麦道两家公司的合并，合并后的波音公司拥有 500 亿美元的资产和 20 万名员工，成为占世界民用客机 75% 销售量的最大的飞机制造企业。

（2）跨国并购占很大比重。由于这次兼并浪潮已不受国界的限制，跨国公司得到很大的发展。据联合国贸发会议《2000 年世界投资报告》统计，到 20 世纪末，全球跨国公司已达 63 459 家，其国外分支机构达 689 520 家。跨国公司年生产总值已占世界国内生产总值的 25%，占工业国家总产值的 40%，并且控制着 60% 的世界贸易、80% 以上的对外直接投资、90% 以上的民用科技开发与转让，在国际贸易、金融、投资和生产领域中占有越来越强的垄断地位。20 世纪末，随着跨国公司经营的全球分散度的提高，它们与母国的经济连带关系和政治依从关系有所减弱，从而出现了"无国籍化趋势"。在跨国公司基础上出现的全球公司，更是一种"国籍不明的"、脱离了母国身份并超越了国与国界限的超国家垄断组织。

（3）银行业并购活动异常活跃。全球金融资本市场的开放，为银行业并购提供了巨大的契机。据美国银行家协会报告，1994 年全美有 550 家银行合并，1995 年到 8 月底合并银行已达 600 家。银行业兼并使世界银行界的巨型航空母舰不断出现。最典型的例子是 1995 年 3 月 8 日，名列日本第六的三菱银行和名列第十的东京银行合并，成立东京三菱银行，一跃成为世界第一大银行。欧洲大商业银行的兼并有：荷兰的 ING（荷兰国际集团）银行兼并了破产的英国巴林银行，瑞士银行收购塞朗银行等。

（4）信息技术产业并购方兴未艾。第五次并购很多都发生在以信息技术为核心的高科技领域。1998 年 1 月 26 日，康柏宣布以 96 亿美元兼并计算机行业巨头 DEC 公司（Digital Equipment Corp.），这使康柏在世界计算机行业的排名一下由第五位升至第二位。按 1997 年的统计，康柏与 DEC 的营销额共计 376 亿美元，仅次于 IBM，而原来一直居第二位的惠普则成了第三位。

四、中国企业的海外并购

改革开放以来，随着市场化改革和中国经济的国际化发展，中国企业的并购日益活跃，这不仅包括跨国公司对中国企业的并购，也包括国内不同所有制企业之间的并购，如民营企业并购国有企业、国有企业之间的并购。其中中国企业的海外并购数量的增长尤其迅速，2008 年以来，中国企业的海外并购成为世界企业并购的重要力量，也是推动中国企业国际化经营的重要途径。

（一）中国企业海外并购基本情况

中国企业海外并购始于 20 世纪 80 年代初期，2002 年以后，伴随着中国经济的快速发展，中国企业海外并购行为越来越频繁，2004 年以后进入快速发展时期，2005 年和 2006 年分别达到 36.5 亿美元和 120.9 亿美元，到 2013 年上升为 384.95 亿美元。金融危机后,虽然世界经济增长速度放缓,但中国企业跨国并购总体呈现持续的增长趋势。

1. 并购领域主要集中在资源、技术、制造类行业并逐步转向多元化

中国企业海外并购主要涉及资源、技术、制造类行业。在当前稳定的经济和政治环境下,在资源丰富的国家进行跨国投资,开发和生产国内紧缺资源,弥补国内资源的不足,有利于促进我国经济的发展,对我国具有十分重要的意义。如2012年吉恩镍业以6.3亿元人民币收购加拿大GBK公司100%股权;2012年2月2日,国家电网公司宣布与葡萄牙国家电网达成协议,出资3.87亿欧元获得其25%的股份;2009年,中石化以75.6亿美元的价格收购Addax。这是至当时为止中国企业海外资产收购最大的一笔成功交易。

技术类企业的海外并购在我国企业跨国投资中起着重要的作用。2004年年底,联想以12.5亿美元购入IBM的个人计算机业务,从此,位于全球计算机市场排名第9位的联想上升至第三位,这次并购从技术、品牌、管理、产品、战略联盟和运营等各方面对于联想本身都有巨大的提升。其他技术类企业开展的跨国投资如盛大并购Actoz约29%的股份;TOM在线并购印度Indiagames公司80.6%的股份;2009年DSI面临破产,吉利汽车抓住机会宣布对其进行收购,最后成功获得了DSI 100%的股权,迅速提升了它在国际上的竞争力;2010年3月28日,吉利汽车又与福特公司进行联合,最后成功达成对沃尔沃收购方案。

近几年来,海外并购不再是资源和技术行业一枝独秀,而是向消费品和工业品领域转移。伴随着国内经济的转型,国际大宗商品价格的大幅下跌以及受国企改革等诸多因素的影响,中国资源企业的跨国并购活动明显减少,而制造业、服务业等领域的企业海外并购却表现得越来越积极,海外并购的覆盖面显示出十分广泛的多元化格局。到2013年,中国企业的投资领域则更加多元化,开始进入金融、电信、消费品及服务业。

2. 并购主体由大型国有企业为主向国有企业与民营企业并行转变

国有企业是中国企业海外并购的主力军,并购金额在海外并购中占据重要地位,其并购能力较强。在2001—2011年,中国制造业的海外并购共93个跨国并购案例中,国有企业占76个,民营企业占17个;从交易金额上来看,总交易额中民营企业仅占有不到2%的比重,而国有企业却占据着98%之多,因此,中国企业海外并购的国有主体特征十分明显。随着民营企业不断发展,民营企业海外并购的步伐不断加快,虽然并购金额总量相对较低,但并购数量已经占据半壁江山。据路透中国数据显示,2014年国企海外并购数量78家,并购金额达到了279亿美元;民营企业海外并购数量145家,并购金额为143亿美元。

3. 欧美是中国企业海外并购的重点地区

近年来,中国在美国和欧洲的并购不仅在规模上增长,而且交易数量也在迅速增加,这反映了发达国家在中国对外直接投资中的重要地位,也体现出中国企业对外直接投资能力在整体上的提高。在2007—2014年间,中国对美国的直接投资达到720亿美元。另外根据美国经济分析局的报告,在2012—2013年间,中国在美国的外国直接投资排行榜上从第20位迅速上升到第12位,投资额也增加近65%。

4. 2016 年以来受多种因素影响中国企业海外并购持续下降

自 2016 年以来,中国海外并购交易额连续五年急剧下滑,2020 年中国海外并购交易总额与 2016 年峰值相比预计减少 80% 以上(见图 6-1)。造成中国企业海外并购数量下降有如下几个主要原因:一是国内监管部门对海外投资加强监管和指导;二是由于贸易保护主义的兴起和中美贸易战的影响,美国、欧盟等目的地市场对外商直接投资的审批日趋收紧,特别是美欧强化安全审查严重限制了中国企业的海外并购;三是 2020 年以来新冠疫情危机和随之而来的旅行限制,与地缘政治风险升级的叠加,进一步减弱了中国对外投资的势头。四是跨国并购后的整合工作高度复杂,需要解决经营理念差异和文化冲突等深层次障碍,这使中国企业海外并购变得更谨慎和更理性。

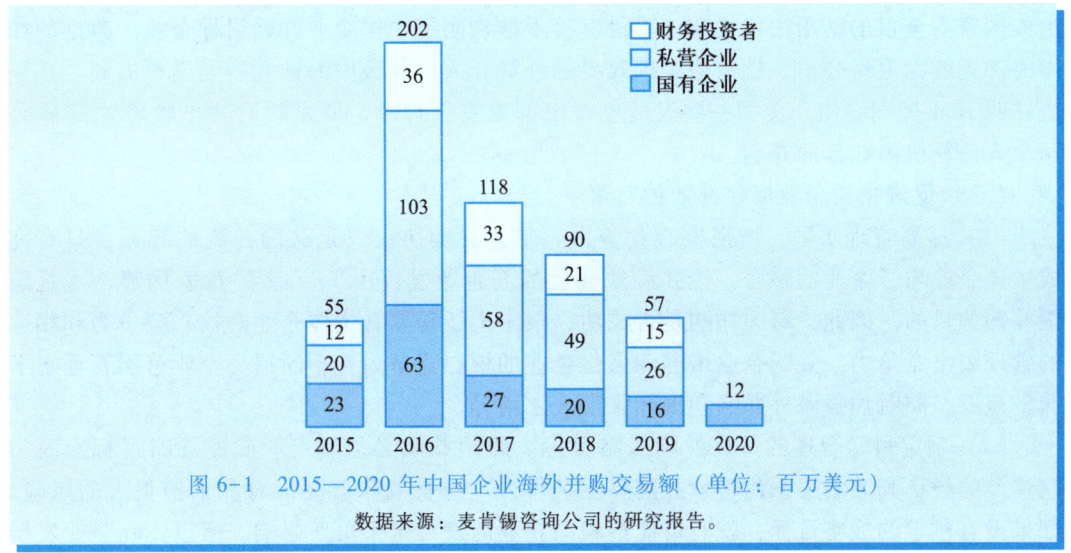

图 6-1　2015—2020 年中国企业海外并购交易额(单位:百万美元)

数据来源:麦肯锡咨询公司的研究报告。

(二)中国企业海外并购的低成功率及影响因素

中国企业海外并购的发展速度较快,由于受到了诸多因素的共同影响,中国企业海外并购的成功率较低。据国际知名金融数据提供商 Dealogic 的数据显示,2009 年、2010 年我国企业海外并购的失败率分别达 12%、11%,居全球首位,而同期美国、英国公司并购失败率分别仅为 2% 和 1%。

造成中国企业海外并购低成功率的原因主要有以下几点:

(1)企业缺乏合理的并购战略目标。中国企业海外并购的主要目的是获取资源和市场,以此来提升企业国际竞争力。但是大多数企业在海外并购前并没有制定一个合理的战略,没有充分考虑到行业的发展前景目标和目标市场存在的风险,盲目地进行海外并购,导致了并购之后持续亏损,给企业带来了严重的包袱。如 TCL 并购法国汤姆逊公司和法国阿尔卡特公司前没有对市场进行评估,导致了并购后一直处于亏损状态。

(2)企业缺乏专业的海外并购经验和并购能力。海外并购是资本的转移,具有较强的专业特点。这要求我国企业并购活动参与者要有较强的专业素养和经验支撑。但是目前中国企业海外并购企业严重缺乏跨国并购相关的高素质人才。中国企业海外并购经验和能力还严重不足，制约着海外并购的有效发展。A. T. 科尔尼公司通过调查发现74%的成功并购企业都雇佣了专业的管理层，专业的海外能力包括收购过程中的运营、法律、财务等方面的能力。

（3）海外并购实施后企业的并购整合能力不足。不同国家之间经济、政治和文化都存在一定的差异，跨国并购的整合相对困难，不能仅仅按照在国内的经营模式来整合运营。整合是跨国并购最困难和最具风险的一个环节，决定着并购的成败。最典型的例子是上汽集团并购韩国双龙公司，因并购不利导致了双方冲突矛盾不断，导致了双龙工会的"玉碎罢工"事件，损失达30亿元人民币，最后导致上汽集团并购韩国双龙失败。

（4）政治法律壁垒。企业跨国并购面临的政治风险，主要体现在东道国政府出于政治或国家安全目的动用法律或政策手段直接干涉和阻挠中国企业并购目标企业。典型的如中海油竞购尤尼科公司，就遭遇美国政界的强势介入，导致中海油竞购尤尼科失利。在联想并购IBM公司案中，美国一些议员也曾以国家安全理由，要求政府禁止联想对IBM公司个人计算机事业部的并购。

（三）促进中国企业海外并购的对策

（1）提高管理水平，增强核心竞争力。签订并购协议只是跨国并购的起点，只有完成主体企业与子企业的整合，让并购整合后的新企业发挥出1+1>2的竞争优势，才是跨国并购的目的。因此，跨国并购是否成功，根本上还是要看主体企业的核心竞争力和相应的管理溢出竞争力。并购企业培养和强化企业的核心竞争力，不断提高企业跨国管理水平非常重要。同时加强海外并购和国际管理人才培养。

（2）制定科学合理的海外并购战略目标。跨国并购必须制定明确的战略目标，因为它涉及的经济和政治关系比一般并购要复杂得多，这就意味着要面对和承担更大的风险。如果没有科学的战略目标，就有可能给我国企业的发展带来负面影响。所以，在企业发展规划制定时，要将跨国并购发展战略置入企业规划的重要位置；企业在实施跨国并购时，要按照科学合理的跨国并购战略目标逐一落实，以期在总体规划及并购战略的导向下，有计划、分步骤、有目标地实施跨国并购行为。

（3）高度重视并购后的整合。企业收购国外企业之后，要考虑自身的管理模式、经营理念和企业文化是否有助于目标企业今后的发展。如果目标企业具有较好的管理模式、经营理念和企业文化，不妨保留其原有的管理制度，而将主要精力放在管理控制方面，大胆启用目标企业原有的管理人员，维持人员的相对稳定。文化整合是并购整合的重点，应尊重目标企业的文化，寻求双方的文化共同点，并渐进推进共同的文化认同和建设新的文化共同观。

（4）合理应对跨国并购的各种政治经济风险。加强并购前期的市场调研和分析工作，将并购后的整合风险降低到最低程度。并购之前一定要对并购对象进行详尽的调查分析，全面掌握其在竞争环境中所处的位置及发展潜力，对并购双方资源的适配性进行分析，寻求双方企业在资源上的契合点，避免购入差异性过大、难以统一运营和管理。此外，还要对目标企业所处的政治、经济、法律、文化和社会习俗以及相应的政策法律环境进行充分调查和研究，避免购入那些深陷诸如养老金短缺、工会斗争、种族纠纷等复杂矛盾的企业。

第二节 横向并购

横向并购是企业扩张的一种基本形式，企业间通过实施横向并购，能够充分利用并购后企业的规模经济效应来扩大市场竞争力，达到在市场竞争中取胜的目的，同时横向并购也会带来合谋和单边市场势力等反竞争效应，因此要权衡这两种效应。

一、横向并购的效率效应

横向并购的效率效应主要体现在两个方面：一是横向并购减少了固定资产的重要投资，提高固定资产的使用效率，实现了规模经济，带来产品价格下降的压力；二是横向并购有利于企业实现更合理的内部资源配置，发挥组织资本的综合利用，实现管理协同效应。

横向并购效率效应主要体现为规模经济效应和管理协同效应。

（一）规模经济效应

获得规模经济的前提条件是该产业中存在较为显著的规模经济且并购之前的运营规模在规模经济之下。通过横向并购扩大生产规模，企业能获得规模经济效应，从而导致成本降低。

（1）企业横向并购会引起工厂规模的扩大，从而产生工厂规模经济。工厂规模出现经济性的根本原因是工厂规模扩大所导致的特定生产要素的重新组合，如使用更加先进的技术或工艺、专业化分工与协作的形成、学习效果的产生以及建设费用的降低等。

（2）企业横向并购会扩大企业规模，形成企业规模经济。企业作为制造销售产品的组织，必须管理和经营与此相关的所有工厂。除了通过扩大工厂规模达到一定程度来降低单位成本以外，企业也可能通过管理和经营多个具有经济规模的工厂来进一步获取经济性。这些经济性不是大工厂的经济性，而应当被描述为多工厂企业的经济性。具体来讲，企业规模经济可以通过管理费用的分摊、营销资源的综合利用、原材料购入的批量采购、融资能力的提高等途径实现。

（二）管理协同效应

所谓管理协同效应就是指当两个管理能力具有差别的企业发生并购之后，合并企业将受到具有强管理能力企业的影响，表现出大于两个单独企业管理能力总和的现象，其本质是一种合理配置管理资源的效应。存在两个管理效率不同的企业时，横向并购有利于提高低效率企业的管理水平。特别是一个企业拥有高效率的管理团队，其管理能力又超过管理原企业的需要，那么并购管理低效的企业，将提高整个经济的运行效率。对于储备有高水平管理能力人才的企业，如能用最简单的方式发挥其能力，就不一定要并购别的企业，而如果管理者只能以团队的形式发挥作用，那么并购将是较好的策略。

要深入了解这种效应的产生机理，还应从组织经验和组织资本谈起。组织经验是"在企业内部通过对经验的学习而获得的雇员技巧和能力的提高"[①]。根据组织经验所适用

---

① 弗雷德·威斯通. 兼并、重组与公司控制. 唐旭，译. 北京：经济科学出版社，1998：80.

的管理领域的不同可将其分为三种：第一种是一般性管理的组织经验，它适用于一般性的管理活动，例如预测、组织、协调、控制以及普遍的财务管理等。一般性管理活动的组织经验不存在明显的产业特征，也就是说，在各种产业中都存在大体相同的一般性管理经验。第二种是产业专属性管理的组织经验，它是与某种特定的产业生产、经营管理特点密切相关联的。换言之，在某一企业中的专属性管理经验，在另一产业企业中可能不再有效了。第三种是非管理性质的组织经验，它适用于非管理性质的劳动投入要素领域，例如，生产工人的技术水平就是伴随着对经验的学习和积累而逐渐提高的。这些组织经验存在于组织中的个体之间，其作用在于提高个体的管理或生产能力。由于它可以随着个体的流动而发生转移，对一个企业而言并不十分重要。然而，"当组织经验与企业专属信息或组织资本结合起来，从而无法通过劳动力市场自由地转移到其他企业时，组织经验就变得相当重要了"[①]。

所谓的组织资本是指企业特有的信息资产，它随时间而积累，用来提高生产率，主要包括：在分配给雇员适当任务和组成雇员小组时使用的信息，以及每位雇员获得的关于其他雇员和该组织的信息。组织资本也可以分为三种：一是体现在员工身上的组织资本。企业的雇员在工作中会对企业的生产特点、工作安排、管理控制机制等不断了解，因而能获得一定的信息。二是雇员与其工作的匹配信息。主要是指通过了解工人的相关信息，而安排工人进行与其特长、能力等相匹配的工作。三是工人与工人的匹配信息。企业由众多个体组成，个体之间存在着各类直接或间接的合作，当一个工人了解了其他工人的信息之后，工人之间的匹配程度就可以得到提高。

当企业组织资本与组织经验相结合之后，就形成了企业的管理能力，在生产、经营中发挥着管理、控制的作用。与组织经验相类似，管理能力按其专属性的不同可以分为：一般管理能力、产业专属管理能力、企业专属非管理人员的能力。此三种管理能力在随兼并而发生转移的属性方面有较大的区别。一般管理能力的专属性最差，可以转移到其他大多数产业或企业中去；产业专属管理能力则只能在本产业内的企业之间进行转移；企业专属非管理人员的能力的可转移性最小，即便是在同产业的企业之间也难以转移。当企业并购发生时，第一种和第二种管理能力就有可能从"密度"较大的企业，转移到"密度"较小的企业中，从而实现人力资源管理能力的最佳配比，提高合并后企业整体的管理水平，这就产生了管理协同效应。

管理能力的转移是协同效应发生的前提条件，但管理能力的转移本身也是有条件的。由于产业专属能力只能在同一产业中转移，所以与此相关的并购应是同产业企业间的并购，即横向并购。对于一般管理能力的转移而言，虽然并购类型不能对其构成任何限制条件，但是若想促成转移发生，也并非轻而易举的事情。因为组织经验一旦与组织资本结合，就不会由于个别人员的工作转移而发生转移。这就是说，管理能力的转移不是个别管理者的转移，必须是整体性的转移。在兼并之后只有令企业的组织资本、组织经验与管理人员同时发生流动，才会使管理能力转移成功，而且产业专属管理能力的转移也是如此。

[①] 弗雷德·威斯通. 兼并、重组与公司控制. 唐旭, 译. 北京：经济科学出版社, 1998：81.

二、横向并购的反竞争效应

横向并购产生的反竞争效应通常表现在两个方面:一是协调效应(coordinated effects),即由于并购减少了产业中企业的数量,这样就提高了相关市场中企业之间达成合谋协议的可能性;二是单边效应(unilateral effects),由于并购企业在并购后市场势力增强,在不与其他企业协调的情况下,就能独自提高其产品的价格或者减少其产量,从而损害消费者的利益福利,造成社会福利的损失。

(一) 合谋促进效应

合谋促进效应理论认为,企业之间的并购会促进企业之间更容易、更稳定和更有效地协调行动,企业之间更可能通过合谋来提高价格。根据合谋理论的分析,成功的合谋不仅需要较容易地达成协议,还需要满足下面的三个条件来实施协议:一是确保协议得到遵守;二是必须有一种迅速有效的发现和惩罚背叛协议的行为;三是没有参加合谋协议的企业不会通过进入来破坏合谋的成果。

张伯伦(1929)提出的寡头相互依赖理论认为,企业之间的并购会提高集中度,形成寡头市场结构。在寡头市场上,由于企业之间认识到彼此的战略相互依赖性,即使没有明确的合谋,企业之间也倾向于采取默契的统一行动。因此,企业之间的横向并购,增加了市场集中度,这便利了企业之间的默契合谋。哈佛学派的观点认为,市场集中是与企业的市场势力呈正相关的。由于并购提高了市场集中度,企业市场势力的增加会导致企业之间的横向合谋,并因此削弱市场竞争,因而带来垄断利润和低的经济效率。

一般来说,在市场集中度较高、产品同质、信息透明、交易频率高和进入障碍高等情况下,合谋的结果容易实现。由于横向企业之间的并购会带来企业数量的减少和集中度的上升,增加市场的透明度,这会产生有利于达成协同性条款的条件,有利于发现和惩罚背离行为,有利于企业之间的合谋。因此,为了防患于未然,需要反垄断机构在事前进行控制,防止导致市场集中度提高和便利企业之间协调的横向并购。

(二) 单边限制竞争效应

单边限制竞争效应理论认为,企业并购可能会使并购企业单方面地行使市场势力和提高价格。并购能通过消除企业之间的竞争而使并购企业的市场势力上升,这种市场势力的上升并不是来源于企业之间协调行动而是并购企业通过并购独享的效应。根据标准的古诺模型的分析,当市场中企业数量增加时,市场中的产品价格会下降,产量会提高;当市场中企业数量减少时,市场中的产品价格会上升,产量会下降。在并购之前,由于市场竞争限制了企业的市场势力,但是在并购之后,由于并购带来市场竞争者的减少,这会导致市场竞争程度的下降,增强了并购企业的市场势力。此时,即使并购后不存在合谋促进效应,并购企业的市场势力也会增强,可能会产生高价格和低产量。

一般说来,影响单边市场势力的因素主要有以下几方面。

(1) 市场集中度。在其他因素不变的情况下,并购后市场中的企业数量越多,企业并购后的市场集中度和市场势力的变化就越小,并购对市场竞争和社会福利造成的伤害就越小。

（2）企业市场份额。并购后一个企业的市场份额越大，该企业的市场势力就越高，企业并购造成的竞争伤害就可能越大，尤其当并购是在实力相当的大企业之间进行时，就更是如此。

（3）消费者转换供应商的能力。企业的市场势力行使很大程度上取决于消费者能否很容易地转向其他供应企业。如果价格提高后消费者不能转向其他供应商，则反竞争伤害就较大。

（4）进入条件。企业市场势力的行使受市场进入条件的影响。在不存在进入障碍的情况下，并购后的企业如果要提高价格必然会吸引新企业进入，这会限制在位企业提高价格的能力。在一个进入非常容易的市场上，并购就不会引起限制竞争问题。

目前，在反垄断执法当中，对单边市场势力效应的检测主要是采用 UPP 测试法。该方法是由 Farrell 和 Shapior 提出的。[①] 比如，两个出售差异性产品的企业并购之后，企业可能单方面地提高产品价格并能保持盈利，这是因为并购一方的产品因涨价而导致的销售损失可能只是转移到并购另一方的产品上，在这种情况下，并购企业产品之间的直接竞争程度就是判断并购后单边效应的关键因素。执法部门可能通过评估"转移率"（diversion ratio）来判断主并购一方销售的第一种产品与被并购一方销售的第二种产品之间的直接竞争程度。这里的转移率是指，因第一种产品价格的一次上涨而导致的转移到第二种产品上的那部分销售比例，即消费者将并购另一方的产品作为替代而产生的销售损失比例。美国 2010 年发布的《横向并购指南》指出，转移率在评估单边价格效应方面能提供非常有价值的信息，更高的转移率可以说明发生单边效应的可能性更大。在可以获得充分信息时，执法部门可能评估转移销售额的价值，将其作为测试对于第一种产品而言源自并购的向上定价压力的一种指示器。美国 2010 年发布的《横向并购指南》指出，基于转移销售额的价值来判断单边价格效应，不需要依赖于传统的市场界定或者对市场份额及市场集中度进行计算。因此，在差异性产品市场的并购案件中，执法部门可能更多地依赖转移销售额的价值来判断单边价格效应，如果转移销售额的价值较小，则产生显著单边价格效应的可能性就不大。

三、横向并购的福利权衡

如上所述，一方面，横向并购扩大了企业生产规模和提高了经营效率，降低了单位产品成本，形成规模经济；另一方面，横向并购提高了并购企业的市场势力，并有可能造成企业之间的合谋，这会导致社会福利损失。威廉姆森福利权衡模型就是通过对比这两个方面的福利影响来分析横向并购的效应的。

威廉姆森的模型应用了新古典经济学的局部均衡理论，并继承了 Harberger 的早期垄断福利损失分析的传统。我们可以借助图 6-2 和图 6-3 来说明其原理。图中 D 是某种商品的需求曲线，C_1 是并购前的平均成本曲线和边际成本曲线，为了便于说明，这里假设

---

① 参见：Joseph Farrell, Carl Shapior. Antitrust Evaluation of Horizontal Mergers: An Economic Alternative to Market Definition. The B. E. Journal of Theoretical Economics, Vol. 10, 2010. 具体的方法应用请参见美国 2010 年发布的《横向并购指南》。

平均成本和边际成本为常数。消费者剩余和生产者剩余之和定义为总社会福利，当价格与边际成本相等时，总社会福利最大化。

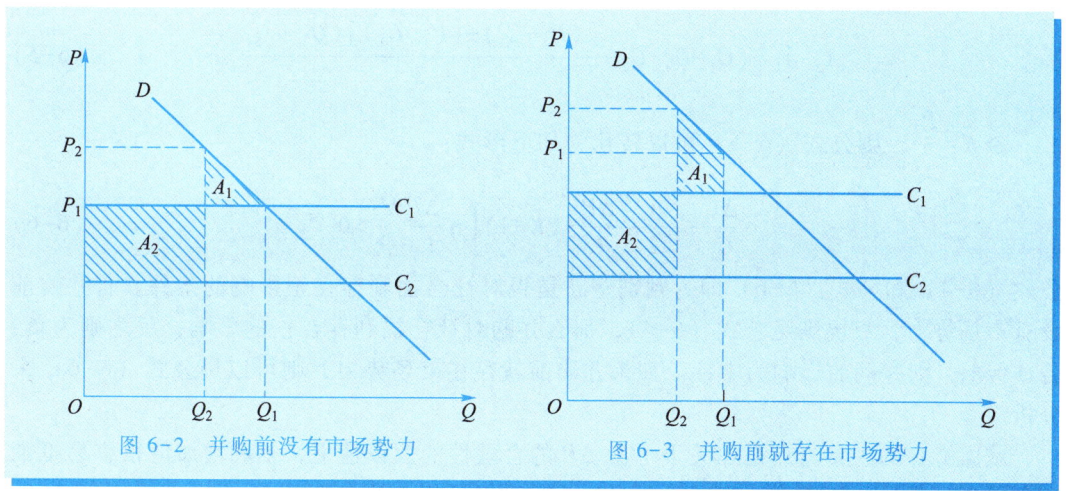

图 6-2　并购前没有市场势力　　　　图 6-3　并购前就存在市场势力

阴影部分 A_1 表示并购导致价格上涨、消费者剩余减少而引起的福利损失，而阴影部分 A_2 表示并购导致的成本节约，即福利收益，所以 A_2-A_1 就是净社会福利收益，从 A_2-A_1 的正负可以得出并购的福利影响是正的还是负的。

威廉姆森同时还导出了计算公式，设需求曲线 D 是直线，则有

$$A_1 = \frac{1}{2}(P_2-P_1)(Q_1-Q_2) = \frac{1}{2}\Delta P \times \Delta Q$$

$$A_2 = (C_1-C_2)Q_2 = \Delta C \times Q_2$$

$$A_2-A_1 = \Delta C \times Q_2 - \frac{1}{2}\Delta P \times \Delta Q \tag{6-1}$$

设需求弹性为

$$\eta = \frac{\dfrac{\Delta Q}{Q_1}}{\dfrac{\Delta P}{P_1}} \tag{6-2}$$

将公式（6-2）代入公式（6-1），当 $A_2 > A_1$，则有

$$\frac{\Delta C}{P_1} - \frac{1}{2}\eta \frac{Q_1}{Q_2}\left(\frac{\Delta P}{P_1}\right)^2 > 0 \tag{6-3}$$

（1）不存在市场势力的时候，$P_1 = C_1$，公式（6-3）变为

$$\frac{\Delta C}{C_1} - \frac{1}{2}\eta \frac{Q_1}{Q_2}\left(\frac{\Delta P}{P_1}\right)^2 > 0 \tag{6-4}$$

（2）并购前就存在市场势力，即 $P_1 > C_1$，则根据图 6-3 有

$$A_1 = \frac{[(P_2-C_1)+(P_1-C_1)](Q_1-Q_2)}{2}$$

$$A_2 = (C_1-C_2)Q_2$$

$$A_2 - A_1 = (C_1-C_2)Q_2 - \frac{[(P_2-C_1)+(P_1-C_1)](Q_1-Q_2)}{2} \quad (6-5)$$

令 $K = \frac{P_1}{C_1}$,则公式 (6-5) 可以转化为如下形式:

$$\frac{\Delta C}{C_1} - \left[\frac{1}{2}K\frac{\Delta P}{P_1}+(K-1)\right]\eta\frac{\Delta P}{P_1}\frac{Q_1}{Q_2} > 0 \quad (6-6)$$

公式（6-4）和公式（6-6）即为判别垄断是否对社会福利存在正影响的条件。若并购前没有市场势力，只要满足公式（6-4），那么并购对社会福利存在正的影响，反之则为负；若 $A_1 = A_2$,则并购的影响为中性。如果并购前就存在市场势力，则可以用公式（6-6）来分析。

威廉姆森的主要论点是在关于 η 和 ΔP 的合理性的假设值下，福利增加值很容易抵消福利损失，所以一般而言，横向并购对社会福利净的影响是正向的。

总体来说，上面的模型分析显示，反垄断机构在审查企业并购时，必须充分考虑并购的效率效应和反竞争效应，进行福利权衡比较，只有在反竞争效应明显大于效率效应时，横向并购才应受到禁止。

第三节 纵向并购

纵向并购是指居于上下游不同生产环节的企业之间的并购。企业间通过实施纵向并购可以在获得被并购企业的同时得到所需的资源，也可以通过纵向并购达到进入某一产业的目的，完成企业的产业扩张。纵向并购的结果是企业实现纵向一体化，纵向并购有多种动因。

一、纵向并购的效率效应

（一）节省交易费用

科斯（1937）的企业理论指出，企业纵向一体化（纵向并购）的根本原因是节省交易成本。交易成本不同于生产成本，因为它和交易过程紧密相关。特别地，通过对中间投入品的一体化实现科层制对市场交易合约的替代，可以减少短期市场交易合约中的交易成本，提高交易效率。威廉姆森（1975，1985）则进一步指出纵向一体化的主要决定因素是纵向两个生产过程中的"资产专用性、机会主义和环境不确定性"。资产专用性意味着一个上游或下游企业已经进行了专用性投资，对各方来说在这两个企业进行交易的事后盈余是最大的。尽管事前是竞争性的，但是专用性投资形成了事后双边垄断。由于不完全合约和机会主义，在双边垄断的结构下，各方都想得到事后的总盈余，由于各方都担心在事后的谈判中被"套牢"，所以各方都不愿意做专用性投资，因此影响了事后有效交易的实现和事前专用性投资的数量。因此，企业为了避免沉淀资本投资的潜在损失，上下游企业之间就会有纵向一体化的激励，促使企业实行纵向并购。

（二）消除纵向价格扭曲

在纵向序列垄断的市场结构下，由于上游生产企业和下游零售企业在决策时只考虑各自的利润最大化决策，而不是纵向结构的利润最大化，各自在边际成本的基础上进行加价，上下游企业之间出现"双重加成"问题，会导致高价格和低产量，并使纵向企业之间的总利润低于纵向一体化的总利润。假设上游企业 U 向下游企业 D 出售某种投入品，上游企业的边际成本为 c，出售给下游企业的批发价格为 w，上游企业的加价为 $w-c$；下游企业的零售价格为 p，其加价为 $p-w$。如果上游企业提高价格 w，下游企业产品价格上升，而需求下降，因此上游企业提高批发价格对下游企业产生负的外部性。并购后企业有动机降低 U 和 D 的价格，以便极大化利润。这里，纵向一体化消除了上下游企业定价时的纵向外部性，避免了双重加成的出现，因而降低了产品零售价格，并购企业利润增加的同时消费者的福利也得以提高。

在上下游产品是互补产品的情况下，互补产品并购会带来价格下降。假设两个垄断企业生产互补产品 A 和 B，当 A 价格上升时，产品 B 的需求减少。因此在并购前，由于各自极大化利润，A 和 B 相互产生负的外部性；并购后，企业有动机将这种外部性内部化。因此提供互补产品的企业并购后一般会带来价格下降。

（三）实现有效的纵向资源配置

当企业通过纵向并购实现一体化以后，生产相同数量的最终产品可能会需要更少的中间投入。纵向一体化不仅用最初投入代替了一些中间投入，而且它也减少了对其他中间投入的需求。这在某种意义上说就是一体化的技术经济性。技术经济性在钢铁、石化等产业中也许是纵向一体化的一个重要决定因素。施蒂格勒（Stigler，1951）认为纵向一体化程度存在着一个生命周期，在新产品或服务生产和分配的早期阶段，上游市场和下游市场都没有很强的竞争性，产业可能依赖于纵向一体化企业。当产业成熟的时候，许多企业可能进入，从而创造了竞争性供给，并且管理上不断增加的成本可能超过纵向一体化的收益，企业会选择纵向分离。

在纵向交易关系中，上下游企业之间的信息往往是不对称的，比如上游企业不了解下游企业的产品的需求状况和下游企业的成本情况，在环境不确定性的情况下，上下游企业之间在中间产品的投资和供应数量上就可能存在着盲目性，造成损失。通过实现纵向一体化，企业实现了全产业链的生产，这样可以更科学地安排生产经营活动，减少盲目性。

二、纵向并购的反竞争效应：市场封锁

纵向并购还会明显出于限制竞争的动机，即产生市场封锁效应。**市场封锁**是指实际或者潜在竞争对手对于供给方或用户的接入受到限制或者排除的情形，由此导致并购主体增加市场支配力，从而提高市场价格，损害消费者。现在考虑这样一种情况，上游两家生产计算机芯片的供应商，下游两家计算机制造商向公众出售计算机。我们假设它们只进行价格竞争，上游两家企业生产相同的芯片。假如一家芯片制造商与一家计算机制造商并购。

一体化的计算机生产商仍然可以以边际成本的价格获得芯片,然而一体化的企业可能不再向下游制造计算机的竞争对手供应芯片。如果剩下的独立计算机制造商仍然可以向剩下的独立芯片生产商购买芯片,那么结果会有什么改变呢?此时在与下游计算机公司的交易中,剩下的芯片制造商处于市场垄断地位。相对的,由于不再受到竞争的约束,这个芯片制造商会提高芯片的批发价格。面对更高的投入成本,独立的下游计算机制造商将被迫提高计算机售价,这进而使得一体化的公司可以提高下游计算机的销售价格并获得更多的利润。显然,这一并购没有带来任何的成本节约,一体化的公司仍然以成本价来购买芯片,然而这一并购改变了独立芯片生产商与独立计算机制造商的关系,并购造成了低效率。上游芯片制造商现在可以制定一个高于边际成本的价格,随后下游计算机制造商在批发价的基础上进行加价,消费者面对比以前更高的价格。此时,纵向并购明显地降低了社会福利。

在现实中,市场封锁可以是彻底的,如拒绝交易,在技术上造成不兼容;也可以是不完全的,如以某种方式偏向某一方,损害其他竞争对手。根据欧盟委员会 2007 年 11 月颁布的《非横向并购指南》,纵向并购引起的封锁效应包括两种情形:一类是并购可能妨碍了竞争对手获得重要的原料(原料封锁),从而提高了下游竞争对手的成本;另一类是并购可能妨碍了竞争对手获得客户(客户封锁),从而对其上游竞争对手产生了封锁效果。

(一) 原材料封锁

如果并购后形成的新实体有可能限制下游竞争对手获得产品或服务,使得后者无法按与并购前相近的价格和条件获得原材料,增加了后者的经营成本,而且这种情形在没有并购的情况下不会发生时,便可以认定存在原料封锁。此时可能使得并购各方得以通过提高其对消费者收取的价格而获取利润,对有效竞争产生重大妨碍。如前所述,要判断原料封锁是否对消费者产生损害时,被并购厂商的竞争对手不一定需要被迫退出市场。衡量的标准应当是:原材料成本的提高是否会导致消费者承担更高的价格。由于并购所产生的效率有可能导致被并购方降低价格,所以并购对消费者造成的总体影响可能是中性甚至良性的。

(二) 客户封锁

当一家供应商与其下游市场上一家重要的客户进行整合时,便可能出现封锁客户的情形。由于进入了下游市场,被并购实体有可能阻止其上游实际或潜在的竞争对手在上游市场(原料市场)上接触到足够数量的客户群,以此来降低对手进行有效竞争的能力和意愿。如果被并购实体这样做,则下游竞争对手便有可能无法再以并购前的价格和条件获得原料供应,其成本就有可能增加。这会使得被并购实体可以通过在下游市场上建立更高的进入门槛,以此来攫取利润。然而,如果并购能改进效率,则被并购实体有可能削减价格,从而避免并购对消费者造成负面影响。同样,要认定并购给消费者造成了损害的话,没必要证明被并购实体被迫撤出市场。真正需要考虑的指标是:原料成本的上升是否推高消费者端的价格升高。

第四节 混合并购

混合并购是彼此没有相关市场或生产过程的公司之间进行的并购行为。它包括两类：一是横向并购与纵向并购相结合的企业并购，二是两个或两个以上相互没有上下游关系和技术经济关系的企业间的并购。

一、混合并购的效率效应

（一）混合并购与资产有效利用

资产利用理论把企业看作是由能够从事一定独立经营活动的有形资产、人和无形资产的资产集合。某些资产具有专用性，只能用于生产特定的商品和服务，而另一些资产则可以通用于生产一定种类的产品和服务。如果这种类型的资产在企业内部没有得到充分利用，或者根据企业的经营现状无法得以充分利用，那么把它用于其他方面就可以获得更多的收益。利用的方式可以是出售或出租这部分资产，也可以通过混合并购自己留用这部分资产，特别是在市场机制失灵的情况下，企业通常认为自己通过内部组织比通过市场利用这部分资产将更有效率，所以，企业更倾向于通过混合并购来利用这部分资产。

这种资产的利用可能包括以下几种：①资产是一种固定的生产要素。如铁路，可以把固定成本分摊到尽可能多的品种的产品或服务上，从而降低成本，提高收益。②对那些具有季节性需求的产品，生产互补性季节产品可以提高工厂的利用率。③对于产品的需求是变化的，生产几种产品可以弥补由需求的变动而引起的设备利用率的下降。④如果面临长期的或周期性的需求下降，企业可以通过混合并购来抵消生产能力的下降。除了有形资产，无形的管理经验同样是一个企业重要的资产。一些企业往往拥有具备特殊组织才能和企业家才能的管理队伍，在这种情况下，扩展经营范围，企业可以更有效地利用它的管理资产。经营管理才能，尤其在高层管理经验上，一般不局限于某种具体的产品，因此，通过混合并购，扩展了企业生产的产品和服务的范围，能充分利用这些管理才能，提高这些资产的利用效率。另一类无形资产是技术知识，它是企业研究与开发的结果，这种技术知识和创新的应用往往超越企业现有的经营范围。企业既可以出售这种技术知识获利，也可以通过多元化来利用这种技术知识。如果企业自己利用这种技术知识的预期收益高于出售这种技术知识的预期收益，企业就可能扩大其经营范围，利用这种技术知识，自己从事生产经营。最后，企业已有的良好信誉、推销专长，或业已建立的经销网络，也可能是混合并购的一个资产利用因素。

（二）混合并购与降低经营风险

降低经营风险的观点经常被用来解释混合并购的动因。当企业通过混合并购把经营领域拓展到原经营领域相关性较小的产业，就意味着整个企业在若干不同的领域内经营，这样，当其中的某个领域或产业经营失败时，可以通过其他领域内的成功经营而得到补偿，从而使整个企业的收益率得到保证。如果企业混合并购了一个与原企业收益率完全负相关的企业，且双方经营规模相当，那么兼并后的企业几乎可以得到一个完全平衡的收益率。

即使不是这种极端的情况，混合并购后的企业的收益率变动程度也大大低于混合并购前的变动程度。因此，即使混合并购不能使企业的期望收益额增加，也能降低收益的变动范围，使企业能更稳定地获得这种收益。同时，当有价证券投资组合的交易成本很低时，混合并购对股东或投资者来说意义可能不大，因为投资者完全可以购买不同产业专业化生产企业的股份，使自己的投资多元化，同样达到降低风险的目的。但是，如果有价证券投资组合的交易成本很高，那么投资混合并购后的企业就显得更具吸引力，因为这样可以以较低的成本，同样达到降低投资风险的目的。

二、混合并购的反竞争效应

（一）潜在竞争理论

在关于混合并购的反垄断法律中，传统上禁止的依据主要是潜在竞争理论。潜在竞争理论认为，如果没有企业之间的并购，参与并购的企业很有可能独立地或者通过购买一个小企业的方式进入市场。该企业的市场进入会增加市场的竞争，降低现有市场集中度；相反，如果该企业是通过购买该市场上的一个大企业而进入市场的，则进入竞争的积极作用就没有了，因为这不仅消灭了一个潜在的竞争者，而且还增强了在位企业的市场势力。

在1964年的EI Paso Natural Gas案和Penn-Olin Co.案中，美国联邦最高法院首次运用了潜在竞争理论。在EI Paso Natural Gas案中，EI Paso Natural Gas公司在加利福尼亚天然气供应市场占有50%左右的市场份额，该公司取得了另一家天然气供应公司的股份和资产，因此该公司是周边各州当时除EI Paso Natural Gas外唯一的天然气供应商。联邦最高法院裁定指出：该项企业并购虽然属于市场扩大型的混合并购，但是由于两个当事人均具有进入对方市场的可能性，因而其事实上已经处于潜在的竞争关系当中，成为彼此的潜在竞争者，该项并购伤害了市场竞争，因而该项企业并购被联邦最高法院认定为非法。

因为潜在竞争理论的应用具有很大的主观性，为此美国联邦最高法院对其适用做出严格的规定。总体来说，现有的理论研究基本不支持混合并购会带来严重伤害市场竞争的结论，因而反垄断机构很少对混合并购提起反垄断诉讼。

（二）市场封锁理论

企业在实施混合并购后，可以向终端用户同时出售相互关联（或者独立）的多种产品，存在利用搭售或捆绑手段将一个市场的市场支配力传递到另一个市场的能力和动机。在很多情况下，企业之所以进行捆绑销售和搭售，往往是为了向顾客提供更好的产品或是提高产品的性能价格比。然而，在某些情况下，这类行为有可能减少实际或潜在竞争者的数量或者降低竞争的动力，这有可能会减轻合并后企业的竞争压力，从而使其可以提高价格。

对混合并购市场封锁的分析主要考虑如下的因素：一是并购企业是否有能力形成显著的市场封锁，条件是其至少在其中一个市场具有显著市场支配力；二是并购企业是否有动机形成市场封锁，实行市场封锁是否会带来更高的利润；三是市场封锁策略是否会对竞争造成显著损害，只有足够多部分受到封锁影响，才需要考虑制衡力量如买者支配力、市场准入等。

案例

商务部对微软收购诺基亚设备和服务业务的反垄断审查决定①

一、案件基本情况

2013年9月2日，微软国际控股有限公司（微软全资子公司）与诺基亚签署《股票及资产购买协议》（以下简称协议）。根据协议，微软将收购诺基亚所有的设备和服务业务，诺基亚保留其所有通信及智能手机相关发明专利。微软将支付诺基亚54.4亿欧元对价（约合458.62亿人民币），其中37.9亿欧元用于购买诺基亚所有的设备和服务业务，16.5亿欧元用于支付专利协议和未来期权。

二、相关市场

相关商品市场。微软和诺基亚在多个市场存在纵向关联。根据集中所涉业务，反垄断审查重点考察了智能手机市场、移动智能终端操作系统市场、与移动智能终端相关的专利许可市场。

相关地域市场。从地域上看，尽管智能手机、移动智能终端操作系统、移动智能终端专利许可具备一定的全球性，进口限制、运输成本和技术要求不构成重大制约因素。但目前中国国内市场上销售的智能手机主要产自中国境内，面向中国消费者，使用的操作系统及应用软件也主要是中文版本和针对中国用户开发的。特别是，考虑到中国智能手机市场、移动智能终端操作系统市场以及移动智能终端相关专利许可市场的特殊性，相关地域市场重点考察集中对中国市场的影响。

三、竞争分析

商务部按照《反垄断法》及配套规定，对此项经营者集中进行了审查，分析了微软的移动智能终端操作系统、移动智能终端相关专利和诺基亚的智能手机业务之间存在的纵向关联。此外，还考察了集中后，诺基亚持有的移动通信标准必要专利可能引发的专利滥用问题对中国智能手机市场的影响。

微软的移动智能终端操作系统与诺基亚的智能手机之间纵向关联难以排除、限制竞争。微软与诺基亚在上游移动智能终端操作系统市场和下游智能手机市场均不具有市场支配地位。微软难以通过拒绝授权或提高移动智能操作系统许可费或歧视性许可进行智能手机操作系统封锁。微软也难以凭借诺基亚品牌智能手机对上游操作系统开发商进行用户封锁。

微软可能会凭借其安卓项目许可排除、限制中国智能手机市场竞争。一是微软在上游专利许可市场的地位和控制力。市场调查显示，安卓手机占中国移动智能手机市场超过80%的市场份额。安卓手机使用的技术包含有微软的标准必要专利和非标准必要专利，微

---

① 资料来源：国家市场监督管理总局网站，发布时间为2014-04-08。

软将这些专利打包作为安卓项目许可。中国市场上的绝大部分安卓手机制造商，出于自身的技术限制，难以通过技术设计避免使用，也难以通过商业上可行的技术方案予以替代。微软具备通过其安卓项目许可限制下游智能手机市场竞争的能力。二是微软有动机在下游智能手机市场排除、限制竞争。本项集中交易前，微软不生产智能手机。集中完成后，微软进入移动终端制造领域，实现操作系统和智能手机生产的一体化整合。为使微软的移动终端获得相对有利的市场地位，微软有动机通过提高其他智能终端制造商的专利使用费来提高竞争对手成本。三是潜在被许可人不具备有效抗衡能力。市场调查显示，中国市场上活跃的大部分智能手机制造商（90%以上）不具备与微软进行交叉许可的基础。这些智能手机制造商对微软提高专利许可费或索取过高专利许可费不具备有效的抗衡能力。四是专利许可是市场进入的主要障碍。调查表明，专利许可对智能手机行业至关重要，特别是，获得通信标准技术、智能手机操作系统及核心应用专利的许可是进入该市场的必要前提。上述重要技术专利持有人如滥用其专利权，拒绝许可、提高专利许可费或进行歧视性许可，将可能会导致智能手机市场进入门槛的大幅提高，甚至造成事实上无法进入该市场。五是微软滥用智能手机相关专利对中国市场的影响。考虑到微软专利对生产安卓手机的重要性，微软的任何拒绝许可行为都将实质性地阻碍竞争者进入相关市场，扭曲市场结构，排除、限制中国智能手机市场竞争。微软提高专利使用费将严重影响企业的研发投入和可持续发展。市场调查显示，中国智能手机生产企业的平均利润率较低，面对微软提高专利许可费，可能选择退出市场或者将该成本全部或者一部分传导至智能手机消费者。前者将危害市场竞争，后者则直接损害消费者利益。

本项集中可能引发的诺基亚专利滥用问题。本项集中后，诺基亚将退出手机生产市场，但诺基亚保留了所有通信及智能手机相关发明专利。集中导致诺基亚有可能会改变原有行为模式和动机，凭借其标准必要专利的许可排除、限制中国智能手机市场竞争。一是诺基亚拥有强大的移动通信标准必要专利。二是本项集中增加了诺基亚依赖专利许可盈利的动机。三是潜在被许可人不具备有效抗衡能力。四是技术专利是市场进入的主要障碍。五是对中国智能手机市场竞争的影响。本项集中完成后，诺基亚可能对其标准必要专利收费策略的不合理改变，将导致中国智能手机市场竞争格局的改变，智能手机制造商知识产权的总体成本将增加，并将最终导致最终的消费者利益的减损。

四、审查决定

经审查，商务部认为微软收购诺基亚设备和服务业务案对中国智能手机市场可能具有排除、限制竞争效果。根据微软、诺基亚向商务部作出的承诺，商务部决定附加限制性条件批准此项经营者集中，微软、诺基亚应按要求履行其承诺并接受商务部依法监督。

微软、诺基亚两家企业做出的主要承诺条件：对于在智能手机中实施的，为行业标准所必要的，同时微软已向标准制定组织（SSOs）作出过承诺会以公平、合理和无歧视（FRAND）条件提供许可的专利。（1）持续遵守其向标准制定组织作出的承诺，在FRAND条件下许可其标准必要专利。（2）就上述标准必要专利，不寻求针对中国境内智能手机制造企业所制造的智能手机的禁令或排除令。对于未向任何行业标准承诺的"项目专利"，向中国境内的智能手机制造企业提供上述非标准必要专利的非排他性许可，并收取公平合理的许可费。微软、诺基亚应在遵守《反垄断法》及相关法律法规的前提下履行上述义务。为履行上述义务，微软和诺基亚应制定详细操作方案提交商务部审查，并在商务部批准后执行。商务部有权通过监督受托人或自行监督检查微软、诺基亚履行上述义务的情况。微软、诺基亚未适当履行上述义务，商务部将根据《反垄断法》相关规定作出处理。

结合本案例，请讨论下列问题：
1. 为何本案例将相关地域市场界定为中国市场而非全球市场？
2. 根据纵向并购的反竞争效应理论，本案例的并购会产生哪种市场封锁效应？
3. 如何评价两家企业做出的许可标准必要专利将遵守 FRAND 原则的承诺对消除并购反竞争效应的作用？

本章小结

- 根据并购企业的产业特征，可以把并购分为横向并购、纵向并购和混合并购三种。
- 横向并购的具体动机包括两方面：一是由于成本节约所致，包括规模经济效应和管理协同效应；二是由于追求市场势力所致。并购也具有潜在的反竞争的效果，因此需要进行福利权衡。
- 机会主义与交易专用性投资的结合是解释决定纵向一体化的主要因素。交易费用理论认为：市场和企业是用以完成一系列相关交易的可供替代选择的工具；一系列交易应该在企业之间（经过市场）进行还是在企业之内完成，这取决于每种方式的相对效率。因此，减少交易费用是企业采取纵向一体化战略的一个重要解释。
- 企业通过混合并购可以充分利用多余的非专用性资产。混合并购还可以使企业降低经营风险。混合并购对竞争的影响可能是多方面的，某些影响可能改善资源配置，而另一些影响可能造成产业垄断、福利损失。

关键词

兼并与收购（merger & acquisition）；横向并购（horizontal merger）；纵向并购（vertical merger）；混合并购（conglomerate merger）；市场封锁（market foreclosure）

自测自评

复习思考题

1. 横向并购、纵向并购、混合并购的区别是什么？
2. 第五次并购浪潮的特点是什么？

3. 举一横向并购的具体案例，并说明促使该并购发生的原因。
4. 横向并购、纵向并购和混合并购的主要动因有哪些？
5. 简述三种并购形式的福利效应。
6. 在横向并购、纵向并购、混合并购中，哪一个最容易导致垄断性市场结构？为什么？

延伸阅读

1. 美国司法部和联邦贸易委员会. 2010 年横向并购指南.

2. 唐要家. 反垄断经济学：理论与政策. 北京：中国社会科学出版社，2008.

3. 尚明. 中国企业并购反垄断审查相关法律制度研究. 北京：北京大学出版社，2008.

4. 黄坤，张昕竹. 可口可乐拟并购汇源案的竞争损害分析. 中国工业经济，2010（12）.

5. 余东华，李铁伦. 横向并购反垄断控制中的 UPP 检验及其应用——以中国冰箱行业为例. 经济与管理研究，2015（5）.

6. 叶光亮，程龙. 纵向并购的反竞争效应. 中国社会科学，2019（8）.

7. 刘青，陶攀，洪俊杰. 中国海外并购的动因研究——基于广延边际与集约边际的视角. 经济研究，2017（1）.

第七章 企业创新行为

> **本章提要**
>
> 创新是企业发展的本质与基础,认识并理解企业创新行为的内在机制无疑具有重要意义。本章首先界定企业创新的定义、基本要素、驱动力、创新过程和创新的测算指标,接着分析市场结构对企业创新行为的影响,最后探讨专利制度及其对企业创新行为的影响。

第一节 企业创新的基本内涵

习近平深刻认识到创新的巨大作用,2013年,他在欧美同学会成立100周年庆祝大会上指出:"创新是一个民族进步的灵魂,是一个国家兴旺发达的不竭动力,也是中华民族最深沉的民族禀赋。在激烈的国际竞争中,惟创新者进,惟创新者强,惟创新者胜。"[①]

2016年,中共中央、国务院发布《国家创新驱动发展战略纲要》,推进创新成为引领发展的第一动力,科技创新与制度创新、管理创新、商业模式创新、业态创新和文化创新相结合,推动发展方式向依靠持续的知识积累、技术进步和劳动力素质提升转变,促进经济向形态更高级、分工更精细、结构更合理的阶段演进。

考察企业创新行为之前,需要厘清企业创新的基本内涵,包括企业创新的定义与分类、基本要素以及企业创新的内在驱动力量等。

一、企业创新的定义与分类

(一) 企业创新的定义

(1) 熊彼特的定义。创新是指把一种从来没有过的关于生产要素和生产条件的"新组合"引入生产体系。这种新组合包括五项内容:①引进新产品;②引进新技术;③开辟新市场;④掌握新的原材料供应来源;⑤实现新的组织形式。熊彼特比较全面地界定了资本主义经济运行中创新的内涵,他认为经济体系中的创新是由生产者主导,通过上述五个途径改进生产方式的行为。其论述主要有两点:其一,创新的主体是作为生产者的企业,尤其是那些具有冒险精神的企业家,即创新不仅仅是科学家、技术人员的任务。其二,创新的实质是将生产要素进行新的组合,不仅仅是反映科学技术的变革的技术创新,还包括企业组织结构、管理模式等方面的创新。

[①] 《习近平谈治国理政》,外文出版社2014年版,第59页。

（2）熊彼特创新含义的延伸。20世纪60年代后，曼斯菲尔德（Mansfield）和乌特巴克（Utterback）等学者对技术创新的内涵进行了界定，认为创新应该包括新思想创造、研发与问题解决、商业应用三个环节，前两个环节属于技术范畴，指产品技术功能上的改进，第三个环节要求技术创新必须与商业应用相结合。

（3）内生增长理论的观点。以罗默（Romer）为代表的内生增长学者将创新与技术进步归结为既有制度框架下，私人追求利润的结果。他们认为技术进步是由经济活动参与者根据市场情况内在决定的，尽管并非所有创新都完全是市场直接推动的，但市场是影响创新的最终或关键性决定力量。

综上所述，企业创新是指企业在一系列外在制度安排框架与约束下，为获取超额利润、提高竞争力，开发新工艺、新产品并投入市场应用的行为集合，包括组织创新、管理创新与技术创新等多个方面。

（二）企业创新的分类

根据创新对象与内容不同，可以将创新分为工艺创新和产品创新。工艺创新也称过程创新，是指生产工艺流程、加工技术、操作方法、生产技术装备等方面的能提高生产效率、降低成本的开发和改进。产品创新主要包括新产品的开发和现有产品的质量改进。

根据创新程度，可将创新分为渐进式创新与激进式创新。渐近式创新是指在原有技术模式下，对生产工艺或产品进行的不断改进，并没有颠覆原有技术范式。激进式创新则是指技术模式或范式发生了根本性变化，相关生产过程的原材料、产品及其生产函数均发生根本改变。

二、企业创新的基本要素

（一）企业家

对企业创新来说，企业家的地位显得至关重要。企业家通常有两类，一类是缔造企业的创业者，指在新建企业的过程中承担风险，进行运作和组织的人。另一类是在已经成型的企业中负责经营和决策的领导人。两种类型的企业家具有的共同点是，在不断变化的市场环境中对企业所能掌握的各种要素进行整合、再造与开拓，提高企业的竞争能力。

作为企业的决策者与领导者，企业家既决定着企业组织创新能力，还深深地影响并决定着企业技术创新的思路及其水平，包括创新方向的决策模式、创新机制的设立、创新能力的培育等。企业家正是实现新组合的决策者与领导者，企业家是企业创新的重要因素，企业家精神一定意义上意味着创新精神。

（二）研发资本

研发资本包括研发实物资本与研发人力资本两方面。研发实物资本指相关的仪器设备等。科学实验是技术研发的主要特征，先进的实验设备、仪器往往是科学研究与技术研发过程必不可少的，仪器与实验设备的先进程度很大程度上决定着创新与研发的水平与效率。这些实物资本的形成既取决于企业的资金投入，还与一个国家或地区的整体创新能力、制造业发展水平密切相关。

研发人力资本指科学家、工程师等技术研发人员，是技术创新中最活跃的要素，研发人力资本的形成与基础教育水平、企业研发资金投入、各级创新体系的制度激励以及企业创新管理等密切相关，研发人力资本黏附有前沿科学技术知识，是企业技术创新能力的重要决定力量。

（三）知识存量

创新是一种特定的知识生产过程。企业在普通生产过程中，尽管也需要投入知识，但投入主体是普通的劳动与资本，知识处于相对次要的地位。对创新来说，情况大不相同，过去积累的知识对于新知识的生产往往非常重要。技术很大程度属于科学范畴，科学知识最大的特点就是表现出可证伪性与累积性。因此，基于自然科学的创新具有典型的累积特征，过去的知识是技术进步的基础准备。

三、企业创新的驱动力

追求利润是企业创新最为根本的动力。创新从两个方面导致企业获得更多利润，一是降低成本，主要途径是工艺创新，即通过不断改进生产工艺与流程，可以节约原材料，从而达到降低生产与运营成本的目的；二是提高产品价值，主要途径是产品创新，包括推出全新产品或包含新功能属性的差异化产品，从而提高产品的市场价值，获得更多利润。

关于创新的驱动力，主要有两种学说，一是"需求拉动说"，二是"供给推动说"。

（一）需求拉动说

"需求拉动创新"学说主张，企业创新的驱动力在于市场需求，市场需求决定着创新的潜在利润，进而决定着创新的投入与产出。其思想的微观基础在于，以利润追求为目标的理性厂商，总是能够发现或者试图发现市场中可能存在的能带来利润的"缝隙"，进而决定将有限的创新力量与资源投入到哪个方向，投入多少，实现最大的创新收益。从行业层面来讲，一个规模与发展前景更好的行业将一方面导致本行业原有企业更大的创新投入，另一方面吸引其他相近行业的企业转而进入该行业，或者更多的潜在利润机会促使具有创新精神与创新能力的创业者的产生。该学说认为，技术创新可能带来的利润取决于创新的需求特征，如企业所在行业需求、行业的市场结构等。

从早期的传统创新经济学代表人物施姆克勒（Schmookler）到内生增长理论的代表人物罗默（Romer）等，都将需求作为影响创新的重要决定性力量。对需求拉动创新最早的阐述可能是希克斯（Hicks），他在1932年提出了引致创新说（induced innovation），认为要素价格的相对变化会引致那些节约高价格要素技术创新的出现。施姆克勒等认为，需求对创新活动的方向与数量特征有决定性影响，以新资本投资衡量的创新需求与资本品创新项投资之间呈线性关系。施姆克勒认为创新需求拉动效应的原因有两个：一是进行创新的能力是广泛分布的，有弹性的，可对利润获取机会作出响应；二是实际或潜在市场规模越大，以该市场为导向的创新活动将会越多，因为市场越大创新可带来的盈利机会越多，而且创新人才面对问题并解决问题的机会越多。施姆克勒一个比较有说服力的发现是，在创新与行业规模变化关系图中，行业规模的变化总是早于创新数量的变化，这在很大程度上表明，一个行业的创新可能与这个行业的繁荣即需求密切相关。

(二) 供给推动说

"供给推动创新"学说主张技术创新的动力来自科学进步的推动，实验室的研究及其发现是企业技术创新的驱动力。以牛顿力学为标志的现代物理学的开创与发展驱动了英国的技术进步，进而催生了产业革命，现代电子技术的发展则推动了信息革命。不同行业由于内在技术特征差异，技术创新的机会与可能性存有很大不同，从而导致技术创新的活跃程度也有很大差异。

谢勒（Scherer，1965）与罗森博格（Rosenberg，1974）提出了著名的技术机会假设，认为不同行业的技术机会差异导致创新能力差距。技术机会是一个反映不同产业技术发展可能性的概念，表示给定产业进行创新的难易程度。技术机会程度取决于技术领域本身的性质、技术发展的路径、技术存在的历史长度，以及与基础科学的接近程度。比如，医药制造、专用设备、电子通信等技术相对密集行业的技术机会要远大于食品加工、纺织服装等非技术密集行业。

四、创新的过程与测算指标

企业的创新过程始于研究开发（研发）而终于市场实现。在了解企业创新过程和测算指标之前，需要界定研发的含义并了解其特征。

(一) 研发的内涵及其特征

研发即研究与试验发展（research & development，简称 R&D），是指在科学技术领域，为增加知识总量以及运用这些知识去创造新的应用进行的系统的创造性的活动，包括基础研究、应用研究、试验发展三类活动。

（1）基础研究。这是指为了获得关于现象和可观察事实的基本原理的新知识（揭示客观事物的本质、运动规律，获得新发现、新学说）而进行的实验性或理论性研究，它不以任何专门或特定的应用或使用为目的。其成果以科学论文和科学著作为主要形式。

（2）应用研究。这是指为了确定基础研究成果可能的用途，或是为达到预定的目标而探索应采取的新方法（原理性）或新途径。其成果形式以科学论文、专著、原理性模型或发明专利为主。

（3）试验发展。这是指利用从基础研究、应用研究和实际经验所获得的现有知识，为产生新的产品、材料和装置，建立新的工艺、系统和服务，以及对已产生和建立的上述各项作实质性的改进而进行的系统性工作。其成果形式主要是专利、专有技术、具有新产品基本特征的产品原型或具有新装置基本特征的原始样机等。在社会科学领域，试验发展是指把通过基础研究、应用研究获得的知识转变成可以实施的计划（包括为进行检验和评估实施示范项目）的过程。

企业研发通常需要投入资金、人力资本和物质资本，通过一定的组织架构与运作机制，将知识转化为新产品和新工艺，并应用到商业开发过程中去。主要有三个特征。

（1）研发的知识溢出效应。从阶段来看，知识溢出包括研发过程中的溢出与研发成果的溢出。研发过程中，企业的研发目标、方案与路径可能会被其竞争对手所了解，促进对手企业进行类似研发。同时，企业研发过程中产生的一系列中间性新知识也可能被其竞争对手所获得。研发工作完成所形成的包含一系列完整新知识及其应用的新产品或新工艺，也会逐渐被其他企业获得并加以模仿。从溢出媒介来看，知识溢出主要有三个渠道：一是人力资本的流动。人力资本是知识的携带者，人力资本在企业之间的流动，如跳槽、自主创业等都会导致部分研发知识在企业间的溢出效应。二是逆向工程。逆向工程是对包含新技术知识的产品进行拆解分析，反向推理新产品的基本原理与技术路径，从而获得新产品的相关技术信息。三是随机与偶然溢出。这种方式主要发生在产业集群内部，由于在比较狭小的地域内存在大量类似的企业，一些知识甚至可以通过"空气"传递，如同行之间在非正式场合的非正式交流都可能在无意之间传递某些知识信息。

（2）研发的长期性与持续性。研发是一个长期的过程，往往需要持续的研发投入。比如，医药行业的研发需要很长的周期，从新产品的研究开发、动物试验、临床试验到获得医药管理部门的生产许可需要经历一个很长的周期。而在电子通信等高新技术领域，企业竞争异常激烈，产品生命周期非常短暂，导致企业必须在一项新产品仍处于市场成长期时继续进行相关研发投入，持续开发新产品，以保住竞争力的可持续性。

（3）研发的不确定性。研发的不确定性主要来自两个方面：一是知识生产过程的不确定性。在进行研发投资时需要预测一定投入下的产出水平，但研发是新知识的生产，其生产函数是未知的，企业甚至无法预测研发产出的概率分布，因此，研发过程充满了不确定性。二是研发收益的不确定性。将研发产出投入到商业应用的过程中，企业无法根据已有工艺和产品去预测新工艺和新产品的市场效果和可能给企业未来带来的收益，而且，由于研发是一个长期的过程，期间市场结构以及其他企业竞争战略可能发生动态变化，加上不同技术研发平台之间的竞争，研发的预期收益充满了不确定性。

（二）创新的部门阶段过程

创新的影响因素纷繁复杂，企业的创新行为变化万端，因此，也许不存在一般化的企业创新过程模式。不过，从企业内部的创新过程来看，企业创新行为可以用图7-1的部门阶段模型来表示。

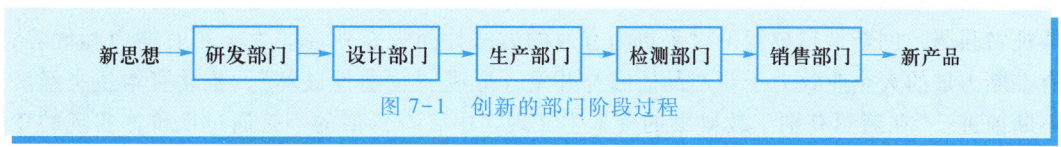

图7-1 创新的部门阶段过程

一般来说，创新过程始于研发人员（依据市场调查结果或者产品市场的发展趋势）产生的一个新思想或者新想法。研发部门根据这个新想法研发出新产品的模型，并且通过不断地测试以完善其功能、外观和体积等，然后将新产品模型交给设计部门。设计部门根据新产品模型和企业的生产设备，设计新产品各个组成部分的生产流程再交给生产部门。生产部门按照标准生产各组成部分，组装好转给检测部门测试新产品的功能和质量，合格的新产品交由销售部门在市场上销售。

(三) 创新的测算指标

创新的效果是企业关心的核心问题，而创新效果的好坏离不开对创新过程的测度。创新过程的测度可以由两个方面组成，一是建立科学合理的创新评价指标体系，二是收集评价指标所需的数据。

从投入产出角度可以很好地刻画创新的过程，创新的效果可以通过投入产出指标之间的比例关系测算出来。从图7-2可以看出，企业创新的投入主要体现在企业投入的研发经费和科研人员的数量等两个指标上。企业创新的产出可以由专利产出数、科技论文数、新产品销售收入、新工艺数和技术市场交易额等指标来反映。根据建立的投入产出指标，企业就可以收集相关的数据对创新的效果进行测算了。

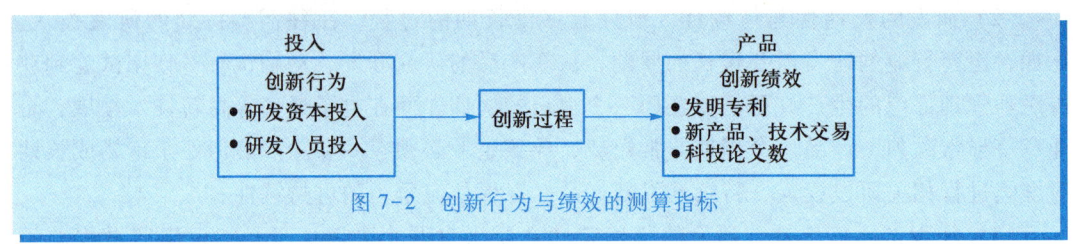

图7-2 创新行为与绩效的测算指标

第二节 市场结构与企业创新

企业创新投入受到诸多因素的影响，一方面是外部因素如法制环境、科技进步机会等，另一方面是内部因素如企业产权性质、财务结构、管理者性格等。其中，熊彼特首创了市场结构影响企业创新的现代研究。市场结构既影响着企业的创新强度和方向，也受到企业创新的影响。

一、熊彼特创新假说

在《经济发展理论》《经济周期》《资本主义、社会主义和民主》等著作中，熊彼特指出，创新是经济发展的本质，是经济周期的驱动力，是资本主义经济体制变革的源泉。熊彼特强调，创新是超越竞争对手更为有效的方法，而大企业在研发上更有能力和优势；有垄断力量的大企业致力于新产品研究与开发，形成"创造性破坏"，推动资本主义经济不断前进。"在迥然有别于教科书的资本主义现实中，有价值的不是通过低价格实现的竞争，而是关于新商品、新技术的竞争。这种竞争冲击的不是现存企业的盈利空间和产出能力，而是它们的基础和生命。这种竞争和其他竞争在效率上的差别，犹如炮击和徒手攻门间的差别""研究那些进步最为明显的单个企业时，我们发现这些企业并不是在相对自由的竞争环境下生存的企业，而是那些大型康采恩。——我们已经接受垄断成为最强大的手段——完全竞争不仅是不可能的，而且也不是最优的，不是一个完美效率的模型——与完全竞争相适应的企业，在许多情况下其内部效率，尤其是技术效率很差……在发展和判断新的可能性时处于不利地位。"①

简言之，熊彼特反对新古典经济学对完全竞争市场有效性的评价。他认为，大企业负担得起研发项目费用，较大且多元化的大企业可以通过大范围的试验来消化创新失败，充分获取创新成果也需要企业具有某种市场垄断力量，因而具有垄断力量的大企业是创新的主要引擎②。这个观点被后来的研究者总结为"熊彼特假说"：①企业规模越大，技术创新就越有效率，也就是说大企业的创新能力更强；②市场竞争程度与创新负相关，在保证技术创新成果方面市场垄断力量是必需的。围绕熊彼特假说，学者们从理论和实证两方面展开了激烈的争论。

大企业具有更强的研发能力，表现在资本实力、人才和技术实力、协调能力等方面。由于研发活动的规模经济性（包括高固定成本、学习效应、范围经济等）和资本市场不完全，自有资本充足率高、现金充沛、财务风险小的企业，承担研发风险的能力更强，从而使企业规模在研发竞赛中成为一种竞争优势。

具有垄断力量的大企业利用创新成果的效率更高，从新增社会福利中占有的份额更高，能够更好地缓解创新活动中的市场失灵。大企业市场份额大，相关产品线丰富，累积创新的历史长，利用创新成果的速度更快、手段更多，创新成果的横向外部性和纵向外部性相对较小。特别是在高集中度的行业中，大企业自有利润多、筹资能力强，更容易克服知识服务市场信息不完全带来的市场失灵，因而具有垄断力量的大企业创新激励更接近社会最优水平。

相比于小企业，具有垄断力量的大企业创新成功后的利润可能更高；但是从机会成本的角度看，相对于创新前的利润，具有垄断力量的大企业创新成功后新增的利润更多吗？理论经济学家和实证经济学家们展开了长期的争论。

二、市场结构对企业创新投入的激励：替代效应

阿罗③（K. Arrow，1962）首次规范分析了市场结构对企业创新的激励，比较了某项新工艺对一个完全竞争厂商和完全垄断厂商的潜在新增利润。

由于创新潜能或市场特性等原因，假设市场上只有一个企业适合开展某项工艺创新以降低成本，该企业相信其他企业不会进行同类的技术革新，包括开发和应用该项工艺。阿罗认为，相比于垄断市场，竞争性的产品市场对该企业提供了更大的创新激励，该企业会更早地投入更多的创新资源推进该项工艺创新。

如图 7-3 所示，市场需求曲线 D，垄断企业的边际收益曲线 MR；创新前单个企业生产的边际成本固定为 mc_0，创新后生产的边际成本下降到 mc_1，其中边际成本节约了 $mc_0 - mc_1 = r$；创新前后垄断企业利润最大化的价格分别是 P_{m0} 和 P_{m1}。

---

① 约瑟夫·熊彼特. 资本主义、社会主义和民主. 北京：电子工业出版社，2013：79-80，98-99.
② 加尔布雷思（J. K. Galbraith）进一步强调，大企业是技术创新最有效的发明者和传播者。
③ 参见 Kenneth J. Arrow, Economics Welfare and the Allocation of Resources for Invention. In: The Rate and Direction on Incentive Activity: Economic and Social Factors, National Bureau of Economic Research, Princeton: Princeton University Press, 1962.

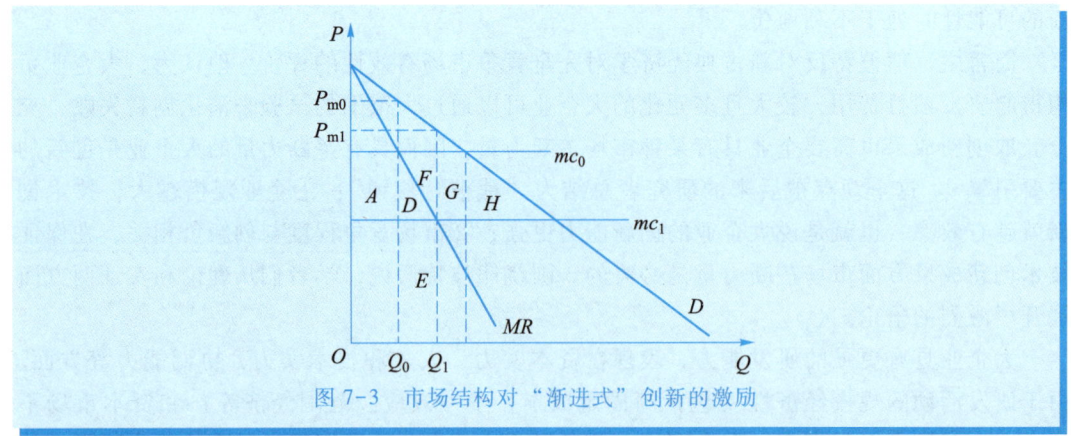

图 7-3 市场结构对"渐进式"创新的激励

忽略固定成本,创新前后垄断企业的生产成本增加了区域 $E-A$。销售收入可以表示为边际收益曲线与产量线围成的面积,创新前后销售收入增加了区域 $D+E$。因此工艺创新给该垄断企业提供的新增利润为 $(D+E)-(E-A)=D+A$。

如果该企业最初处在竞争性市场上,创新成功后,该企业能够以 r 的专利费率授权其他企业生产,从而获得的新增利润不少于区域 $A+D+F+G$,高于垄断企业的新增利润(即 $D+A$)。换句话说,尽管竞争性市场对创新的激励小于新增社会总剩余(即 $A+D+F+G+H$),但是相比垄断市场提供的创新激励要多一些。

阿罗模型中,创新前垄断企业利润越大,创新的惰性可能越大;尤其是"激进式"工艺创新①,创新前垄断企业的利润全部变成了创新的障碍。这就是所谓的"替代效应",垄断者面对创新技术存在着自我替代的问题,因而倾向于"吃老本"。图 7-4 中,垄断企业的创新激励(Π_0^m)等于竞争性市场的创新激励减去创新前垄断企业的利润。

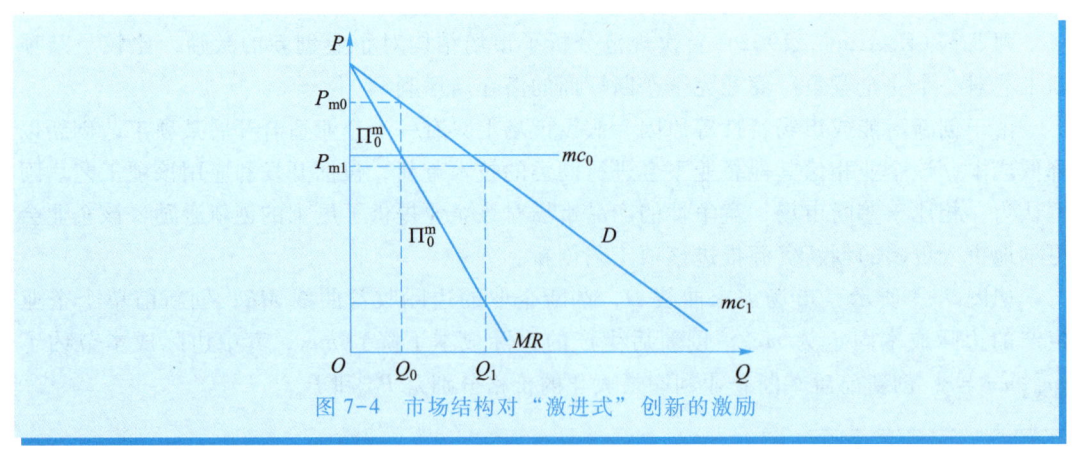

图 7-4 市场结构对"激进式"创新的激励

---

① 如果成本节约足够大,以至于显著改变了竞争性市场的价格,则称该项工艺创新是"激进式";如果成本节约程度不足以显著改变竞争性市场的价格,则称该项工艺创新是"渐进式"。

阿罗模型的现实可靠性依赖其他竞争性企业的模仿能力。如果其他竞争性企业模仿能力强、模仿速度快、再开发能力强，创新企业的技术优势维持时间短暂，那么创新成果的全寿命期间的新增利润就会急剧削弱。一般来说，竞争性市场技术扩散速度较快，竞争性企业的技术优势难以持久，一定程度上削弱了企业的创新激励。

此外，阿罗模型不能简单地推广到寡占市场结构。贝拉弗雷姆等（Belleflamme & Vergari，2010）发现，在同质产品的古诺竞争中，创新规模与企业数量呈正相关；创新规模不大时垄断结构提供最大的利润激励，否则为寡占市场结构。

三、创新对市场结构的影响：效率效应

创新既是超越竞争对手、赢得垄断地位的手段，也是扩大竞争优势、巩固垄断地位的手段。吉尔伯特和纽伯瑞[①]（Gilbert & newbery，1982）更重视面临进入威胁时在位垄断企业的创新激励。

假设创意是共同知识，所有企业都有相同的机会获得创新成果，特别是假设第三方：某家研究与开发实验室刚刚完成了一项工艺创新并申请了专利，计划把专利卖给出价最高的生产企业。在位企业是一个垄断者。该项工艺创新并不能降低在位企业的生产成本，但是能消除在位企业的绝对成本优势，使得潜在进入者成功进入市场，垄断市场变成对称的双寡头市场。问题是在位垄断企业与一个潜在进入者，哪一家企业愿意出价最高呢？尽管两家生产企业都没有直接参与研发，但出价高意味着对创新投入更有积极性。

若在位企业购买了专利、阻挠了潜在进入者，则在位企业维持了垄断地位，获得了利润 Π^m（包含专利费）。若潜在进入者购买了专利，形成双寡头市场时，在位企业和潜在进入者的利润分别是 Π_i^o、Π_p^o。对于该专利，两个企业的最高支付意愿等于是否拥有专利的利润差。具体来说，在位企业的最高支付意愿等于不购买专利的利润损失 $\Pi^m - \Pi_i^o$。潜在进入者进入前的利润为零，其购买专利的最高支付意愿等于购买专利的利润 Π_p^o。因而在位垄断企业出价更高的条件是 $\Pi^m - \Pi_i^o > \Pi_p^o$，即 $\Pi^m > \Pi_i^o + \Pi_p^o$，也就是说，当且仅当垄断市场利润大于双寡头市场利润时，垄断企业就有更大的创新激励。

事实上，对称的双寡头市场上，常见 $\Pi^m > 2\Pi^o$，产业总利润低于垄断利润，这就意味着在位垄断企业具有更高的创新激励，在专利竞买中处于优势，维持住了其垄断地位。即使该项创新对于在位垄断企业的实际生产没有明显作用，甚至应用该专利的生产成本高于原有技术，在位垄断企业仍然可能具有更高的激励去开发、购买并搁置这类创新成果，即所谓的"睡眠专利"。但是，如果非对称的双寡头产业利润超过了垄断利润，潜在进入者就有更大的创新激励[②]，在专利竞买中赢得专利，成功进入产品市场。总之，产业结构会朝着产业利润增加的方向演变，这就是所谓的"效率效应"。

如果创新者不足以完全保密或者被保护，或者存在着多种创新方案，或者考虑创新成

[①] 参见 Richard J. Gilbert and David Newbery, Preemptive Patenting and the Persistence of Monopoly Power, American Economic Review, 1982.
[②] 吉尔伯特和纽伯瑞（1982）研究替代品创新竞争，在位垄断者成功了则保持垄断市场结构，潜在进入者成功了则形成寡头市场结构。

功的不确定性,种种因素无疑会削弱效率效应,在位垄断者的创新激励会下降。

四、实证研究结果

在现实的专利竞赛中,由于不确定性等技术和经济因素,在位企业还是潜在进入者具有更强的创新激励并不明确。一般来说,如果创新是"渐进式"的,例如现有技术改良、周边产品开发等,效率效应占优,均衡中在位企业的创新投入更高;如果创新是"激进式"的,例如下一代革命性技术,替代效应可能占据优势,均衡中潜在进入者创新投入更高。斯旺等[1](Swann & Gill, 1993)发现,连续的、可预见的技术进步进程中,例如智能手机芯片制程不断缩短、桌面操作系统功能不断增强等行业技术创新,技术领先者的领先地位更容易保持;相反地,在基于不同技术基础的产品换代中,例如第一代、第二代、第三代手机,技术领先者容易被取代。

半个多世纪以来,对熊彼特假说的实证检验从未间断,然而研究结论却不尽相同。大量实证研究发现,市场集中度和研发强度是非线性的。早期的证据表明这种非线性呈现倒 U 形,即随着市场集中度提高,研发强度先增加后下降;例如谢勒[2](Scherer, 1984)发现最高的研发强度对应着 4 厂商集中度 50%~55%。进一步的实证研究发现,市场集中度与研发强度的相关关系受到许多因素的干扰,如技术机会、创新种类、内生性等,二者在不同产业不同阶段存在着不同的关系,二者间不存在普遍的、统一的数量关系。简单地使用产业政策等工具,积极干预市场结构促进企业技术创新,最终可能得不偿失,甚至事与愿违。

第三节 专利制度与企业创新

专利制度是企业获得独占性创新收益、补偿研发投入的根本保证,因此专利制度很大程度上影响着企业的创新行为。

一、创新活动中市场失灵与政府干预

企业创新过程中广泛存在着市场失灵现象,世界各国普遍加强了对创新尤其是技术研发的扶持力度。

企业创新活动中主要存在三种形式的市场失灵,导致创新活动主体的私人收益偏离社会收益,扭曲创新主体的创新行为。

首先,知识作为创新的成果,具有一定的公共品属性,特别是消费的非竞争性。知识可以无限次重复使用,并且一个人运用知识不会妨碍其他人运用该知识。更多的人运用知识不仅不会导致知识损耗,还可能增加相关的知识。总之,相比于知识的生产成本,在不考虑知识产权制度的情况下,复制、传播、应用知识的成本可以忽略不计,知识的使用成

---

[1] 参见 P. Swann (ed.), New Technologies and the Firm: Innovation and Competition, London: Routledge, 1993.
[2] 参见 F. M. Scherer, Innovation and Growth: Schumpeterian Perspectives. Cambridge: MIT Press, 1984.

本接近于零。

其次，创新过程和创新成果具有外部性。通过经验交流、产品展示、人员流动、逆向工程、专利信息、商业成功信号等多种方式，一个企业可以在没有市场交易的情况下无偿获取其他企业的创新成果，增加自身的 R&D 资源存量。Bernstein & Nadiri（1988）估计创新的社会收益率高达 61%，而私人收益率只有 18.5%，二者差距巨大。当然，企业创新也可能产生负的外部性，如雷达干扰、计算机病毒等。

再次，创新过程充满不确定性和信息不对称性。企业创新涉及技术创新和市场创新，每个环节开始之前，成功与否存在着巨大的不确定性；成功之后，创新者与应用者之间又面临信息不对称问题。

企业创新活动的市场失灵，为政府干预、扶持企业创新活动提供了理论依据。一方面，政府通过直接资助、税收优惠、奖励、贷款贴息等财政金融手段，提供教育、基础研究等公共物品，弥补私人收益与社会收益的差距，缓解公共品和外部性问题；另一方面，政府还通过知识产权制度、技术标准等制度安排，来降低技术创新风险和不确定性等问题。

二、专利与专利制度

（一）专利的含义

专利是专利权的简称，是对发明人的发明创造经审查合格后，由专利局依据专利法授予发明人和设计人对该项发明创造享有的专有权。有发明、实用新型和外观设计三种类型：

（1）发明是指对产品、方法或者其改进所提出的新的技术方案。例如，苹果公司在中国申请的发明专利有：通过触摸方式进行菜单编辑、界面切换和滑动解锁等方面的发明专利，触摸屏或触摸垫等数字转换器方面的发明专利，还有数字视频编码、传输和图像处理等方面的发明专利。

（2）实用新型是指对产品的形状、构造或者其结合所提出的适于实用的新的技术方案。例如，苹果公司的文件拖拽、旋转和放大功能等方面的专利，苹果公司的用一根手指滚动文档方法的专利，苹果公司的谷歌地图和其他地图应用中点击放大功能的专利，等等。这些专利都是实用新型专利。

（3）外观设计是指对产品的形状、图案、色彩或者其结合所作出的富有美感并适于工业上应用的新设计。例如，苹果公司的 iPhone 手机外观（包括隐藏按键）和网状排列应用图标的设计，耳机、充电装置、连接配件及保护套等以及产品包装盒的设计，计算机外观摒弃传统计算机主机与显示器分离的设计；苹果公司的这些外观设计在中国申请了多项专利。

（二）专利制度及其创新效应

专利制度是企业创新的重要保证，通过赋予专利获得者以法律上的财产与收益独享权，可以使创新企业在一定时期的相关产品领域独占市场，从而获得垄断利润。

专利权具有地域性、独占性与时效性三个特征。专利的地域性是指专利保护仅局限在授予专利的国家或地区；独占性保证专利产品的相关技术不得被其他企业复制，有利于保护创新者的研发预期收益，调动创新积极性；时效性意味着，当专利超出时效以后，将不再具有独占权力，该规定旨在促进科技与文化成果的传播与共享。

专利制度的创新效应主要体现在以下三个方面：

1. 专利制度可有效限制模仿

由于知识具有溢出效应，创新产品包含的新技术知识容易被其他企业所获得，进而进行仿制，由于省去了研发成本，导致产品反而具有竞争优势，不利于创新所有者。这样，每家企业都更愿意进行模仿，而不是进行面临较大风险与不确定性的研发投资。通过专利赋予相应的收益独占权，企业剽窃他人创新产品将会因侵犯专利权而受到法律制裁，面临高额赔偿。如果模仿者设法对新产品进行改进，以规避专利侵犯可能，专利制度也会提高其模仿成本，使其必须支付相应研发支出，并推迟产品进入竞争市场时间。

2. 专利制度能有效保护企业研发积极性

专利制度的实质是给容易产生溢出并具有高度外部性特征的新知识以产权保护，使专利持有者获得一定的垄断力量，赚得垄断利润，这有利于促使企业展开创新竞争与专利竞赛，并进行持续研发，从而持续保持其垄断地位，有效地防止了由于外部性导致企业在研发过程中的"免费搭车"效应。如果没有专利保护，外部性效应将使企业研发投入低于市场最优水平，损害社会福利，甚至影响技术进步。

3. 专利制度促进了新知识的进一步产生

各国专利法都要求相关专利必须披露专利的技术特征与基本内容，证明创新成果的新颖性与创造性，同时确定专利保护的具体内容与界限。这样，专利制度在保护了新知识的同时，也有利于进一步开发新知识，因为其他企业可以从现有专利披露的信息中得到借鉴，在现有研究成果基础上推出更新更完善的技术创新成果。目前的专利数据库及其专利检索功能加快了新知识的生产速度，有利于避免低水平重复研究，提高研发资源配置效率。

三、专利期限

专利权保护的程度包括专利保护范围和期限，简称专利保护宽度和长度。其中，专利保护范围，是指专利权效力所涵盖的发明创造的技术特征和技术幅度；专利期限，即专利保护的时间长度。

（一）最优专利期限

在保护期限内，创新成果受到专利制度的严格保护；超出专利保护期限后，专利失效并成为公共品。一般而言，期限越长，企业获得的垄断利润将越多，企业的创新激励越大，但是消费者剩余损失也越大；反之，期限越短，企业的创新激励显然越小，但是社会福利损失将越小。这个基本的权衡问题，带来了专利制度研究上最根本的问题，也即最优专利期限的设计。

专利最优期限的影响因素主要包括两方面。一是产品需求价格弹性。需求价格弹性越大，最优专利期限越短。原因在于，需求价格弹性越大，需求曲线越平坦，相对于垄断利润租金而言，福利损失更大，专利导致的垄断福利损失更多，从而导致最优专利期限变短。二是创新容易程度。创新越容易,均衡条件下一定研发支出增加导致的成本下降程度越高,最优专利期限越短。此外,企业之间的专利竞赛(企业围绕创新与专利申请存在持续的博弈过程)也会影响到专利最优期限。

(二)各国专利的有效期限

依据最优专利期限的理论模型,结合本国的实际情况,不同的国家制定的专利保护期限会存在着差异。从表7-1可以看出,中国与世界主要发达国家在发明、实用新型和外观设计三种类型专利的保护期限方面不相同。发明专利的保护期限大多数国家均为20年,但是各个国家的实用新型和外观设计保护期限差别很大。法国的外观设计保护期限最长,达50年。日本的实用新型专利保护期限最长,为15年,而法国仅6年。

表7-1 主要国家专利的保护期限 单位:年

国家	发明专利	实用新型	外观设计	有效时间
中国	20	10	15	申请日起
美国	17(可延长5年)	—	14	授权日起
日本	20	15	10	申请日起
法国	20	6	50	申请日起
德国	20	10	20	申请日起
英国	20		25	申请日起
韩国	20(可延长5年)	10	15	申请日起

数据来源:中国知识产权局网站。

四、中国专利保护制度与实践

1950年8月,我国颁布了《保障发明权与专利权暂行条例》。改革开放以来,中国越来越重视对专利的保护,通过完善相关法律,成立专门管理机构,已经构建起了一套比较完善的专利管理体制,推动了企业等相关机构进行创新并申请专利的积极性。

(一)完善立法,成立专门管理机构

1984年3月12日,第六届全国人民代表大会常务委员会第四次会议通过了《中华人民共和国专利法》(以下简称《专利法》)。1985年1月19日,国务院批准了《中华人民共和国专利法实施细则》,专利保护真正被提上议事日程。1986年,全国人大通过了《中华人民共和国民法通则》,知识产权保护被确定为公民和法人的民事权利,专利保护提供了进一步的法律保障。此后,分别于1992年、2000年、2009年对《专利法》进行了三次修正,初步确立了与社会主义市场经济体制相一致,与国际贸易相关要求相适应的专利保护法律框架,加强了对专利权的保护,有利于中国进一步推动创新型国家建设。

与此同时,知识产权管理体制也逐渐理顺。1980年,经国务院批准成立了中华人民共和国专利局,1998年国务院机构改革,中国专利局更名为国家知识产权局,目前为副部级国务院直属机构。其主要职能是,负责组织协调全国保护知识产权工作,推动知识产

权保护工作体系建设；会同有关部门建立知识产权执法协作机制，开展相关的行政执法工作；承担规范专利管理基本秩序的责任，拟订专利知识产权法律法规草案，拟订和实施专利管理工作的政策和制度，拟订规范专利技术交易的政策措施，等等。

在完善专利法的过程中，发生了以下重大事件。

1984年3月12日，《中华人民共和国专利法》颁布，并于1985年4月1日正式实施，这是中国经济体制改革和科技体制改革的一项重要成果。专利法实施，从法律上承认了发明创造可以作为一种无形财产受到保护，推进了中国经济体制改革和科技体制改革进一步向前迈进，显示了中国改革开放、走向世界的决心和信心。

1992年，中国对《专利法》进行了第一次修订，扩大了专利保护的范围，延长了专利权的期限，增加了专利产品进口的保护，规定了对方法专利保护延及依该方法直接获得的产品，重新规定了实施专利强制许可的条件等，标志着中国专利保护水平达到了一个新的高度，与国际发展趋势日趋协调。1993年1月1日开始实施修订后的《专利法》。

2000年8月25日，九届全国人大常务委员会第十七次会议通过了《关于修改〈中华人民共和国专利法〉的决定》。这是继1992年9月《专利法》第一次修订之后的第二次修订。这是中国专利事业发展史上的又一个重要里程碑，是中国实施科教兴国战略的一个非常重要的举措，充分体现了党中央、国务院对专利工作的高度重视，也为进一步做好专利工作，提高中国专利保护的能力和水平，创造了一个非常有利的条件。2001年7月1日，第二次修订后的《专利法》开始实施。

2003年10月1日，专利申请号由8位数升至12位数。自1985年4月1日实施《专利法》起，已经使用了18年的8位数专利申请号成为历史。专利申请号的升位，预示着中国发明创造、技术创新的产出将达到新的规模，中国市场的开放和国际化程度将进入新的水平，一个继往开来、快速发展的专利事业的新时期已经到来。

2004年3月12日，在《专利法》颁布20周年纪念日里，中国"电子专利申请系统"正式开通，首件中国电子专利申请诞生，在中国专利史上书写下浓墨重彩的一笔。中国实现了专利申请电子化，标志着国家知识产权局在应用现代技术手段为社会公众提供服务方面上了一个新台阶，同时为中国参与知识产权领域的国际交流和国际竞争提供了坚实的技术支撑。

2004年3月17日，在《专利法》颁布20周年纪念日后的第5天，中国专利申请总量突破200万件大关，真正实现了专利申请的跨越式发展。从中国《专利法》实施到2000年年初，我们用了15年的时间使中国的专利申请总量达到第一个100万件。此后，仅仅过了4年多的时间，中国专利申请总量突破了第二个100万件。

2008年12月27日，《专利法》第三次修订由中华人民共和国第十一届全国人民代表大会常务委员会第六次会议通过。修订后的《专利法》包括：总则、授予专利权的条件、专利的申请、专利申请的审查和批准、专利权的期限和无效、专利实施的强制许可、专利权的保护和附则共八个部分。修订后的《专利法》自2009年10月1日起施行。

中华人民共和国第十三届全国人民代表大会常务委员会第二十二次会议于2020年10月17日通过了《全国人民代表大会常务委员会关于修改〈中华人民共和国专利法〉的决

定》，自 2021 年 6 月 1 日起施行。这是《专利法》第四次修订，重点修订了专利申请、专利实施与许可以及专利保护等几个方面，增加了单位对职务发明的处置和奖励、外观设计国内优先权、开放许可制度等内容。

（二）制定专利保护战略

国务院于 2008 年 6 月 5 日颁布了《国家知识产权战略纲要》（以下简称《纲要》），规定到 2020 年，把我国建设成为知识产权创造、运用、保护和管理水平较高的国家。具体包括，知识产权法治环境进一步完善，市场主体创造、运用、保护和管理知识产权的能力显著增强，知识产权意识深入人心，自主知识产权的水平和拥有量能够有效支撑创新型国家建设，知识产权制度对经济发展、文化繁荣和社会建设的促进作用充分显现。《纲要》提出新时期知识产权保护的战略重点包括完善知识产权制度、促进知识产权创造和运用、加强知识产权保护、防止知识产权滥用、培育知识产权文化等方面。

为了更好地推动我国实施知识产权保护战略，尤其是保护专利创新，2008 年 10 月 9 日，国务院建立了国家知识产权战略实施工作部际联席会议制度，成员包括多个部委。联席会议负责统筹协调国家知识产权战略实施工作，统筹协调国家知识产权战略实施工作；研究制定国家知识产权战略实施计划；指导、督促、检查有关政策措施的落实；协调解决国家知识产权战略实施过程中的重大问题；研究制定国家知识产权战略实施的重大政策措施，向国务院提出建议；研究协调与国家知识产权战略实施工作有关的其他重要事项。

《纲要》实施 6 年后，第一阶段目标任务已基本实现。截至 2013 年，中国发明专利申请量连续 3 年居世界首位，商标注册申请量连续 12 年居世界第一位，作品和软件著作权登记量等均创历史新高。但总体看，中国知识产权总体质量和运用效益不高，企业运用知识产权能力还不强，侵权现象时有发生，政府知识产权管理和服务水平也需加快提升。

随着《国家知识产权战略纲要》第一阶段五年目标基本完成，为进一步贯彻落实《国家知识产权战略纲要》，全面提升知识产权综合能力，实现创新驱动发展，推动经济提质增效升级，2014 年国务院发布了《深入实施国家知识产权战略行动计划（2014—2020 年）》。

全球新一轮科技革命和产业变革蓄势待发，知识产权制度激励创新的基本保障作用更加突出。为了解决我国知识产权大而不强、多而不优、保护不够严格、侵权易发多发、影响创新创业热情等问题，深入实施创新驱动发展战略，深化知识产权领域改革，加快知识产权强国建设，2015 年国务院印发了《关于新形势下加快知识产权强国建设的若干意见》。

2020 年底，我国已完成面向 2035 年国家知识产权强国战略纲要初稿制定工作，从加强顶层设计、强化产权保护、推进审查质量提质增效等方面推进知识产权强国建设。

（三）专利管理

专利是知识产权保护的重要部分，我国不同类型专利的保护期限与申请流程也不相同。发明专利的技术含量最高，保护期也最长，为 20 年。实用新型与外观设计专利的技术含量略低，保护期限也稍短，均为 10 年。

国际知识产权局专利局负责受理专利申请，并按有关程序进行审查并授予专利权。实用新型、外观设计的审批程序与发明专利的审批程序不同。实用新型与外观设计相对简单,专利申请在审批中不进行早期公布和实质审查,只有受理、初审和授权三个阶段。由申请人提出申请,受理单位初审合格即可授予专利权,并颁发专利证书,若需要修改,则经由申请人补正,若合格便可授予专利权,否则驳回。实用新型与外观设计专利申请相对容易获得批准,一般只需要通过最初的审查,材料完整、真实即可,专利申请周期一般只要 6 个月。发明专利的审批程序则要复杂得多。依据专利法,发明专利申请的审批程序包括受理、初审、公布、实审以及授权五个阶段。由申请人提出申请,受理单位初审合格后,申请人还需要提出实质审查请求,缴纳一定费用,由申请人自申请日起 3 年内书面提出,实质审查合格方可授予专利权。发明专利实质审查一般考察新颖性、创造性与可应用性三个方面。由于实质审查申请时间有一定范围,因此发明专利从申请到批准的时间有很大弹性,最多可达数年,一般至少需要经历一年到一年半的时间。

(四) 专利保护的成效

随着我国知识产权强国建设稳步推进,我国知识产权总体发展水平不断提升,创新主体充分认可国家知识产权战略实施取得的成效。

专利保护的社会环境正在形成。随着知识产权保护政策法规以及工作体系的不断完善,我国知识产权保护水平大幅提升,法律威慑作用开始显现,专利侵权违法成本明显提升,"自行与侵权方协商解决"成为占比最高的维权措施。严格保护效果得到专利权人的逐步认可。

专利申请量不断创出历史新高。2011 年以来,中国国家知识产权局受理的专利申请数量连续位居世界第一,2019 年接近全球总量的一半。2020 年,我国发明专利授权 53.0 万件;截至 2020 年底,我国发明专利有效量为 305.8 万件,其中国内(不含港澳台)发明专利有效量 221.3 万件,每万人口发明专利拥有量达到 15.8 件。2020 年,我国实用新型专利授权 237.7 万件;截至 2020 年底,实用新型专利有效量为 694.8 万件。2020 年,我国外观设计专利授权 73.2 万件;截至 2020 年底,外观设计专利有效量为 218.7 万件。

专利实施状况整体向好,专利布局意识整体良好。2017 年至 2019 年,有效专利实施率从 50.3% 逐步上升到 55.4%,专利实施状况稳中有升。企业普遍增加了技术储备的专利申请。

专利价值得到社会认可。2018 年专利、商标质押融资总额达到 1 224 亿元,同比增长 12.3%。2019 年中国在《专利合作条约》(PCT)框架下的国际专利申请量 58 990 件,超越美国跃居世界第一。

案例

苹果公司如何创新?

乔布斯有句经典名言:"领袖和跟风者的区别就在于是否创新。"苹果也从最初单一的计算机公司,逐步转型成为高端电子消费品和服务企业,每一次的飞跃发展都是由创新带动。苹果公司的创新主要体现在以下几个方面:

(1) 产品和技术创新。从 iPod、iMac、iPhone 到 iPad,苹果公司不断地推陈出新,更重要的是，在微软 Windows 操作系统和 Intel 处理器独霸市场的时候，苹果依然坚持推出了自己独立开发的系统和处理器。在这些产品中，最重要的是 iPhone 的推出。手机智能化是移动电话市场的发展趋势，苹果正抓住了这一机会，或者说苹果推动了这一趋势的普及。2007 年 1 月，苹果公司首次公布进入 iPhone 领域，正式涉足手机市场。苹果手机在产品、性能和操作系统方面都进行了差异化定位。

（2）营销创新。苹果的"饥饿营销"策略让很多消费者被它牵着鼻子走，同时也为苹果聚集了一大批忠实粉丝。"饥饿营销"是指商品提供者有意调低产量，以期调控供求关系、维持商品较高售价和利润率，也达到维护品牌形象、提高产品附加值的目的。从 2010 年 iPhone4 开始到 iPhone6S，苹果产品全球上市呈现出独特的传播曲线：发布会—上市日期公布—等待—上市新闻报道—通宵排队—正式开卖—全线缺货—黄牛涨价。与此同时，苹果一直采用"捆绑式营销"的方式，带动销售量。如 iTunes 对 iPod、iPhone、iPad 和 iMac 的一系列捆绑，让用户对其产品形成很强的依赖性。

（3）商业模式创新。苹果最初通过"iPod+iTunes"的组合开创了一个新的商业模式，将硬件、软件和服务融为一体。从此以后，战略上开始了从纯粹的消费电子产品生产商向以终端为基础的综合性内容服务提供商的转变。此后，推出 APP Store 是苹果战略转型的重要举措之一。"iPhone+APP Store"的商业模式创新适应了手机用户对个性化软件的需求，让手机软件业务开始进入一个高速发展空间。与此同时，苹果的 APP Store 是对所有开发者开放的，任何有想法的 APP 都可以在 Apple Store 上销售，销售收入与苹果七三分成，除此之外没有任何的费用。这极大地调动了第三方开发者的积极性，同时也丰富了 iPhone 的用户体验。这不断拓展企业的经营领域和整个价值链范围，使得市场中的每个玩家都能获益。

正是公司不断地创新，使得苹果公司已经成为全球第一大手机生产厂商。在过去的十年里苹果公司获得了 1 300 项专利，专利数量达到微软公司的一半，是戴尔公司的 1.5 倍。2015 年第一季度，iPhone 手机的全球市场份额达到 20%，公司利润占智能手机行业（上市公司）的 92%。

> 结合本案例，请讨论下列问题：
> 1. 苹果公司的创新与熊彼特定义的创新有什么不同吗？为什么？
> 2. 苹果公司的创新行为受到专利制度和市场结构的影响吗？为什么？
> 3. 苹果公司的创新对市场绩效和市场结构有着怎样的影响呢？谈谈你的看法。

本章小结

- 企业技术创新是指企业在一系列外在制度安排框架与约束下，为获取超额利润、提高竞争力，开发新工艺、新产品并投入市场应用的行为集合。
- 企业创新基本要素包括企业家精神、研发资本以及企业知识存量等方面，它们共同决定着企业的创新行为与创新能力。
- 追求利润是企业创新最为根本的动力。学术界主要有两个观点，一是创新的需求拉动说；二是创新的供给推动说。"需求拉动说"主张企业创新的驱动力在于市场需求，市场需求决定着创新的潜在利润，进而决定着创新的投入与产出。"供给推动说"主张技术创新的动力来自科学进步的推动，实验室的研究及其发现是企业技术创新的驱动力。

● 市场结构对创新行为存在显著影响。熊彼特及其追随者提出与新古典经济学不同的观点，认为大型垄断企业或高市场集中度反而更有利于企业进行创新。阿罗与德姆塞茨建立理论模型得出互不相同的结论，阿罗的模型支持新古典经济垄断降低福利的观点，发现垄断的确降低了企业创新激励，而德姆塞茨的研究则在剔除垄断导致产量差异的前提下进行分析，支持了熊彼特假说，认为垄断的市场结构更能激励创新。半个多世纪以来，大量学者运用计量分析方法做了大量实证研究，但没有得到统一结论，总体来看，市场结构对企业创新行为有显著的影响效应，但不同行业不同背景下影响效应可能存在差异。

● 研发是指在科学技术领域，为增加知识总量，以及运用这些知识去创造新的应用进行的系统的创造性的活动，包括基础研究、应用研究、试验发展三类活动。研发主要有三个特征：研发的知识溢出效应；研发的长期性与持续性；研发的不确定性。

● 专利是对发明人的发明创造经审查合格后，由专利局依据专利法授予发明人和设计人对该项发明创造享有的专有权。专利包括发明、实用新型和外观设计三种类型。专利制度主要有三个功能：有效限制模仿；有效保护企业研发积极性；促进新知识的进一步产生。

● 综合考虑专利期限提高导致的垄断利润增加及其创新激励增加与专利期限提高导致的福利损失增加，可发现专利存在一个最优期限。产品需求价格弹性越大，专利导致的垄断福利损失更多，最优专利期限越短；创新越容易，均衡条件下一定研发支出增加导致的成本下降程度越高，福利损失相对越大，最优专利期限也越短。

关键词

创新（innovation）；企业家（entrepreneur）；知识存量（knowledge stock）；创新需求拉动说（demand-pulled innovation hypothesis）；创新供给推动说（supply-pushed innovation hypothesis）；技术机会（technology opportunity）；熊彼特假说（Schumpeter hypothesis）；研发（research & development）；专利（patent）；专利期限（patent life）

自测自评

复习思考题

1. 什么是企业创新？
2. 简要评价创新的需求拉动说与供给推动说。
3. 结合图形解释阿罗关于垄断不利于创新激励的思想。
4. 为什么存在最优专利期限？哪些因素可能影响专利最优期限？
5. 企业的创新行为受哪些因素制约？

延伸阅读

1. 陈羽，李小平，白澎. 市场结构如何影响R&D投入. 南开经济研究，2007（1）.

2. 陈仲常，余翔．企业研发投入的外部环境影响因素研究．科研管理，2007（3）．
3. 戴魁早，刘友金．市场化改革对中国高技术产业研发投入的影响．科学学研究，2013（1）．
4. 董雪兵，王争．R&D风险、创新环境与软件最优专利期限研究．经济研究，2007（9）．
5. 傅家骥．技术创新学．北京：清华大学出版社，1998．
6. 吴延兵．企业规模、市场力量与创新：一个文献综述．经济研究，2007（5）．
7. 刘小鲁．知识产权保护、自主研发比重与后发国家的技术进步．管理世界，2011（10）．
8. 张杰，陈志远，杨连星，新夫．中国创新补贴政策的绩效评估：理论与证据．经济研究，2015（10）．
9. 寇宗来，刘学悦．中国企业的专利行为：特征事实以及来自创新政策的影响．经济研究，2020（3）．

第八章 市场绩效

> **本章提要**
>
> 产业组织理论对市场绩效的研究主要从两个方面进行：一是对市场绩效本身进行直接的描述和评价，主要从资源配置效率、产业的规模结构效率、技术进步等几个方面，描述市场绩效的基本情况及评价市场绩效的优劣。二是研究市场结构、市场行为和市场绩效之间的关系，并从中寻找市场绩效的影响因素，以便对导致某种市场绩效的原因做出解释。

第一节 市场绩效的衡量

市场绩效是指在特定市场结构下，通过一定的市场行为使某一产业在价格、成本、产量、利润、产品质量、品种及技术进步等方面达到的最终经济成果。它实质上反映的是在特定的市场结构和市场行为条件下市场运行的效率。这里的市场行为既包括产业内的企业行为（微观经济行为），也包括政府对产业进行组织管理与调节引导的行为（宏观经济管理行为及宏观政策微观化），企业间的价格竞争及非价格竞争行为，政府对产业的规制及各种经济性监控行为等，无不影响产业的绩效。研究市场绩效就是要通过对市场结构及企业行为的分析，来评价市场结构和市场行为的合理性及有效性程度，评价产业政策与经济运行的契合程度，以期通过政策调整求得最佳的产业绩效。

一、市场绩效的综合评价

市场绩效既反映了在特定的市场结构和市场行为的条件下市场运行的实际效果，也表示最终实现经济活动目标的程度。产业组织学研究的经济活动目标，主要不是企业层次上的，而是产业和整个国民经济层次上的。因此，在对市场绩效进行评价之前，我们应首先了解产业和整个国民经济层次上的目标具体是什么。毫无疑问，这个目标本身是多元化的，但从经济学的角度看，社会福利是最主要、最具综合性的目标，而社会福利本身又可分解为许多内容，包括社会经济活动的效率、公平、稳定与安全、进步等多层次和多方位的目标，这也决定了对市场绩效的测量与分析也必然是多层次和多方位的。下面从产业的资源配置效率、产业的规模结构效率、产业技术进步程度等若干方面进行分析。

（一）产业的资源配置效率

1. 资源配置效率的概念与主要内容

资源配置效率是指配置资源的有效性，它是同时从消费者的效用满足程度和生产者的生产效率高低的角度来考察资源的利用状态。它包括以下三方面的内容。

第一，有限的消费品在消费者之间进行分配，使消费者获得的效用满足程度。

第二，有限的生产资源在生产者之间进行分配，使生产者所获得的产出大小程度。

第三，同时考虑生产者和消费者两个方面，即生产者利用有限的生产资源所得到的产出的大小程度和消费者使用这些产出所获得的效用满足程度。[1]

党的十九大强调，使市场在资源配置中起决定性作用，更好发挥政府作用。[2]

现代产业组织理论认为，资源配置效率是反映市场绩效优劣的重要指标，这个指标在实际运用中常常使用收益率标准。一般的价格理论认为，竞争的市场机制能保证稀缺资源的最优配置。因为在完全竞争条件下，价格由自由竞争的市场决定，资源在产业间和企业间的自由流动，使得产业间的利润率趋于平均化，所有的产业和企业都能获得正常利润，不存在垄断利润。所以，可以用产业和企业的收益率作为衡量资源配置效率的指标。

一般情况下，市场竞争越充分，资源配置的效率就越高；与此相反，市场垄断程度越高，资源配置效率越低。福利经济学第一定理表明：完全竞争市场经济的一般均衡是最优的。一般均衡表明整个经济处于效率状态，因此，所有的消费活动都是有效率的，所有的生产活动也都是有效率的，而且消费和生产活动是协调一致的，即对于任何两种资源，所有消费者的边际消费率全部相等，所有生产者的边际技术替代率都相等，且边际消费率与边际技术替代率也相等。虽然这个定理本身也有某些不严密性，受到了某些学者的质疑，但对于完全竞争的市场结构能够实现资源配置的最优状态这一点，绝大部分经济学家是深信不疑的。

与理想的完全竞争相比，垄断市场的供应量比完全竞争市场低，而垄断价格通常比竞争价格高。经济学分析表明，与完全竞争的市场相比，垄断企业通过较高的价格和较低的产量提供商品，攫取了一部分消费者剩余，使消费者剩余减少；与此同时，还导致了一部分消费者剩余的永久性损失，即所谓的社会福利的净损失，或称效率损失。当然，垄断所导致的社会福利的损失不仅仅表现在上述一方面，垄断企业为了谋取和巩固其垄断地位还经常采取一些特殊的手段并为此支付巨额的费用，诸如广告和特殊产品差异化、设置人为的进入壁垒等。经济学家认为，只要是为竞争市场所不必要的手段及其开支，都可以看作是一种社会资源的浪费。

2. 资源配置效率的衡量指标

全要素生产率（Total Factor Productivity，TFP）是衡量资源配置效率的主要指标，是指生产活动在一定时间内的效率，即总产量与全部要素投入量之比。全要素生产率可以分为微观层面的企业全要素生产率和宏观层面的总量全要素生产率。企业全要素生产率常常被视为科技进步的指标，它的来源包括技术进步、组织创新、专业化和生产创新等。假设企业的生产函数是科布-道格拉斯形式 $Y=AK^{\alpha}L^{\beta}$，Y 表示企业的产出水平，K 表示企业的资本要素投入水平，L 表示企业的劳动力要素投入水平，参数 α，β 被称为要素的投入产出弹性系数，例如：$\alpha = \partial \log Y / \partial \log K$，$\beta = \partial \log Y / \partial \log L$。全要素生产率的计算公式如下：

---

[1] 刘家顺，杨洁，孙玉娟. 产业经济学. 北京：中国社会科学出版社，2006：162.
[2] 中共中央宣传部. 习近平新时代中国特色社会主义思想学习问答. 北京：学习出版社，人民出版社，2021：239.

$$TFP \equiv A = \frac{Y}{K^\alpha L^\beta} \tag{8-1}$$

式中定义的 TFP 表示企业的全要素生产率。类似的，可以定义单要素生产率，例如，资本要素生产率和劳动要素生产率，其计算公式分别为：$P_K = \log\left(\frac{Y}{K}\right)$，$P_L = \log\left(\frac{Y}{L}\right)$，这里的 P 表示生产率（Productivity）。

宏观层面的总量全要素生产率是用来衡量生产效率的指标，它有三个来源：一是效率的改善；二是技术进步；三是规模效应。在计算上它是除去劳动、资本等要素投入之后的"余值"，由于"余值"还包括没有识别到的一些带来增长的因素和概念上的差异以及度量上的误差，因此它只能相对衡量效益改善技术进步的程度。20 世纪 50 年代，诺贝尔经济学奖获得者罗伯特·M·索洛（Robert Merton Solow）提出了具有规模报酬不变特性的总量生产函数和增长方程，形成了现在通常所说的生产率（全要素生产率），并认为它是由技术进步产生的。

微观层次的资源配置效率，一般指生产单位的生产效率，通过生产单位内部生产管理和提高生产技术实现。现代经济学认为，市场是资源配置最重要方式，而要素市场在资源的配置中起着极为关键的作用。要素市场的资源配置效率也有两层含义：一是要素市场本身的效率，指要素市场能否高效和低成本的为需要要素的企业和行业及时提供所需要素，这与要素市场的制度环境、技术环境等密切关联；二是各种要素资源通过要素市场流向不同效益水平的行业和企业的情况，反映要素市场将稀缺资源配置到效率最高的企业或产业部门的有效程度。在完全竞争市场中，要素资源应按照边际效率最高的原则在要素市场之间进行配置，因此要素市场资源配置效率的重要衡量标准就是看生产要素是否流向经营效率最高的企业和行业。因此，本书基于企业全要素生产率定义给出资源配置效率的度量指标[①]。假设市场上存在 N 家企业，第 i 个企业的生产率为 ω_i，其拥有的市场份额为 s_i，且满足 $\sum_{i=1}^{N} s_i = 1$。定义整个市场的总量生产率 Ω 为企业全要素生产率与其市场份额的加总，即

$$\Omega = \sum_{i=1}^{N} s_i \omega_i \tag{8-2}$$

通过对式（8-2）进行一些简单的处理，可以进一步得到

$$\begin{aligned}\Omega &= \sum_{i=1}^{N} s_i \omega_i = \sum_{i=1}^{N} (s_i - \bar{s} + \bar{s})(\omega_i - \bar{\omega} + \bar{\omega}) \\ &= \sum_{i=1}^{N} (\Delta s_i + \bar{s})(\Delta \omega_i + \bar{\omega})\end{aligned} \tag{8-3}$$

其中：$\Delta s_i = s_i - \bar{s}$，$\Delta \omega_i = \omega_i - \bar{\omega}$，$\bar{s} = \frac{1}{N}\sum_{i=1}^{N} s_i = \frac{1}{N}$，$\bar{\omega} = \frac{1}{N}\sum_{i=1}^{N} \omega_i$。将式（8-2）展开，可以进一步表示为

---

① 这方面的研究源于 Olley and Pakes（1996）：The Dynamics of Productivity in the Telecommunications Equipment Industry，*Econometrica*，1996，Vol. 64，No. 6，pp. 1263-1297.

$$\Omega = \sum_{i=1}^{N} s_i \omega_i = \bar{\omega} + \sum_{i=1}^{N} \Delta s_i \Delta \omega_i \tag{8-4}$$

市场整体的全要素生产率可以表示为企业平均生产率 $\bar{\omega}$ 和市场份额与全要素生产率的协方差 $\sum_{i=1}^{N} \Delta s_i \Delta \omega_i$ [1]，后一个指标可以度量整个市场的资源配置效率。如果该指标为正，表示全要素生产率水平越高的企业，其占有的市场份额越大，说明要素资源向高效率企业配置。

（二）产业的规模结构效率

产业的规模结构效率，又称产业组织的技术效率，反映产业经济规模和规模效益的实现程度。产业的规模结构效率既与产业内单个企业的规模经济水平密切相关，还反映出产业内企业之间的分工协作水平的程度和效率。衡量某个特定产业的规模结构效率可以从以下三个方面来进行：①用达到或接近经济规模的企业产量占整个产业产量的比例来反映产业内经济规模的实现程度。②用实现垂直一体化的企业的产量占整个流程各阶段产量的比例来反映经济规模的纵向实现程度。③通过考察产业内是否存在企业生产能力的剩余来反映产业内规模能力的利用程度。这有两种情况：一是某些产业特别是集中度低的产业，企业未达到经济规模，但又存在开工不足、利润率低的情况；二是多数企业达到经济规模，但开工不足，能力过剩。

产业内企业规模经济性的状态可以分为以下三种类型。

（1）低效率状态。低效率状态即产业市场上未达到获得规模经济效益所必需的经济规模的企业是市场的主要供应者。这种状态表明该产业未能充分利用规模经济效益，存在着低效率的小规模生产。

（2）过度集中状态。过度集中状态即市场的主要供应者是大大超过经济规模的大企业。由于过度集中，无法使产业的长期平均成本降低，在这种情况下，大企业的市场力量得到了过度的增强，反而不利于提高产业资源配置效率，如我国在改革前的电信、石油、电力等一些国家垄断产业。

（3）理想状态。理想状态即市场的主要供应者是达到和接近经济规模的企业。这表明该产业已经充分利用了规模经济效益，产业的长期平均成本达到最低，产业的资源配置和利用效率达到了最优状态。

在市场经济发达国家，如美国、欧洲和日本，多数产业（如贝恩（1951）对美国产业的研究结果是70%～90%）已经实现了产业规模经济水平的理想状态，即主要生产企业都是达到经济规模的企业，尤其是那些规模经济性显著的产业，如钢铁、石油化工、汽车和家电等。而在另外一部分产业中，存在着超经济规模的过度集中。贝恩发现，许多过度集中的产业中大企业的生产成本比规模较小的企业高，可见，过度集中实际上是降低了产业的规模结构效率。

---

[1] 统计学中 X 与 Y 的协方差可以表示为：$cov(X,Y) = \frac{1}{N}\sum_{i=1}^{N}(X-\bar{X})(Y-\bar{Y})$。

影响产业的规模结构效率的主要因素有两方面：一是产业内的企业规模结构。产业内的企业规模结构是指产业内不同规模企业的构成和数量比例关系，它同时反映了大企业和中小企业所占的比例。根据不同产业的特点，形成大型、中型、小型企业按照一定的比例组合的规模结构，有利于整个产业实现生产的协同效应。在这样的规模结构中，大企业负责开拓市场、设计新产品、使用大型自动化生产线完成产品总装的工作，中小企业则通过专业化为大企业提供零部件等配套产品，通过这样的协作可以从整体上发挥产业的规模经济水平。二是市场结构。市场结构是影响产业规模结构效率的直接因素。大量实证研究表明，市场的过度集中和分散都会降低产业的规模经济水平。

（三）产业技术进步

产业技术进步是指产业内的发明、创新和技术转移（扩散）的过程。技术进步渗透于产业的市场行为和市场结构的方方面面，并且最终通过经济增长表现出来。产业技术进步反映了一种动态的经济效率，它是衡量经济绩效的一个重要指标。

1. 技术进步的三个阶段

美国著名经济学家熊彼特把技术进步分为三个阶段：

第一阶段：发明。发明是指构思对人类生活和生产活动有用的新产品或新的生产方法以解决相关的技术问题。产业技术进步的这个阶段相当于研究开发。

第二阶段：创新。创新是指发明第一次应用并导致一种新产品或新的生产方法的出现。对于产业而言，就是指企业家通过市场调查等可行性研究、筹集资本等方式，将发明成果付诸实施，提供新产品和可应用的新的生产工艺。

第三阶段：扩散。扩散是指新产品或新的生产方法被广泛采用时，所伴随的新技术的模仿和扩散程度。

2. 企业规模与技术进步

不同规模的企业在技术进步过程中的作用和地位，是研究产业组织和技术进行关系的重要内容。对于这个问题，不同的经济学家有不同的看法。熊彼特等人认为，大企业对技术进步的作用最大。谢勒（1980）等人认为，小企业在推动技术进步方面的作用更大。

在一定的规模临界点以内，研究开发投入随企业规模扩大而增长，研究开发成果也随之增加，这种规模临界点因产业而不同。大量研究表明，在研究开发能力方面，大企业确实比小企业强。经济学家所做的部分研究数据表明，大企业在发明和创新的投入占比大于其规模占比，可见在研究开发的实际投入方面大企业的确占据了主导地位。这不仅证明了大企业投入的能力，而且也表明了大企业技术投入的意愿。就实际贡献来说，实证研究表明，大、中、小型企业在发展和创新方面的作用与产业类别、技术进步阶段的特点、专业化分工程度以及政府政策这些因素有着密切的关系，大型企业和中型、小型企业的作用经常是互相补充和联系的，正是小企业的技术发明和创新对处于垄断地位的大企业构成了一定程度的挑战和竞争压力，从而加速了技术进步的进程。因此，我们的结论是：技术进步并不限于某个特定规模的企业，所有规模的企业在技术进步上都可以有所作为。

二、市场绩效的衡量指标

目前,被普遍用来衡量市场绩效的指标有三个,即收益率、价格—成本加成(勒纳指数)和托宾 q。

(一) 收益率

收益率是一种衡量每 1 元投资盈利多少的方法。在产业组织理论中的收益或利润是指经济利润,而不是会计利润。经济利润等于收入减去机会成本,而会计利润则是根据标准的会计原则所计算的利润。

经济利润的计算公式为

$$\pi = R - 劳动力成本 - 原材料成本 - 资本成本 \quad (8-5)$$

式中,R 是收入,资本成本是资本的租金率乘以资本价值。资本价值是 $P_K K$,其中 P_K 是资本价格,而 K 是资本量。如果租金率为收益率 r 加上折旧率 δ,即为 $(r+\delta)$,那么,经济利润的计算公式变为

$$\pi = R - 劳动力成本 - 原材料成本 - (r+\delta) P_K K \quad (8-6)$$

赚得的收益率是使经济利润为零的那个 r。令 $\pi = 0$ 并解式(8-6)中的 r,得

$$r = \frac{R - 劳动力成本 - 原材料成本 - \delta P_K K}{P_K K} \quad (8-7)$$

因此,赚得的收益率是净收入除以资本价值,这里净收入等于收入减去劳动力成本减去原材料成本减去折旧。[①]

微观经济学理论认为,在完全竞争的市场结构中,资源配置实现最优,该市场上所有企业都只能获得正常利润,且不同产业的利润水平趋于一致。也就是说,产业间是否形成了平均利润率是衡量社会资源配置效率是否达到最优的一个最基本的定量指标。这是利用收益率指标来描述市场绩效的理论依据。

用收益率指标来衡量市场绩效的方法是:如果收益率越高,则意味着该产业获取了越多的超额利润,市场就越偏离完全竞争状态,资源配置效率就越低;如果收益接近正常利润,市场也就越接近完全竞争状态,资源配置效率就越高。

以收益率指标来衡量市场绩效,实际上是把超额利润的产生完全归因于市场势力,而市场势力的形成必然会导致偏离完全竞争状态。但是,引起超额利润的因素绝不仅仅是市场势力的形成,至少还包括:①作为风险投资报酬的风险利润;②有不可预期的需求和费用变化形成的预料外的利润;③因成功地开发和引入新技术而实现的创新利润。显然,把超额利润完全归因于市场势力是十分片面的,由此以收益率指标来衡量市场绩效就具有一定的局限性。

此外,收益率的正确计算会遇到诸多困难,主要有:①由于会计定义的使用代替了经济定义的使用,资本经常没有被恰当地估价;②折旧通常没有被适当地衡量;③由于广告及研究和开发的影响是跨时期的,对它们的估价较难准确反映;④通货膨胀的影响;⑤计

---

① 戴伯勋,沈宏达. 现代产业经济学. 北京:经济管理出版社,2001:203-204.

算的收益率可能不恰当地包括了垄断利润；⑥可能计算了税前收益率而不是正确的税后收益率；⑦收益率可能没有经过恰当的风险调整；⑧有一些收益率没有恰当地考虑负债。[①]

（二）价格—成本加成（勒纳指数）

为了避免有关收益率计算的问题，许多经济学家使用一种不同的方法来衡量市场绩效，这就是价格—成本加成，即勒纳指数。勒纳指数的计算方式如下：

$$L = \frac{P-MC}{P} \quad (8-8)$$

式中，L 为勒纳指数；P 为价格；MC 为边际成本。

而边际收益可表示为

$$MR = P\left(1 + \frac{1}{\varepsilon}\right) \quad (8-9)$$

式中，MR 为边际收益；P 为价格；ε 为需求的价格弹性。

企业利润最大化时的条件为边际收益等于边际成本，即 $MR=MC$，则勒纳指数 L 可以表示为

$$L = \frac{P-MC}{P} = \frac{P-MR}{P} = \frac{P-P\left(1+\frac{1}{\varepsilon}\right)}{P} = 1-\left(1+\frac{1}{\varepsilon}\right) = -\frac{1}{\varepsilon} \quad (8-10)$$

微观经济学理论认为，在完全竞争市场中，长期均衡的条件是价格等于边际成本，这时帕累托条件得以满足，资源配置效率最高，社会福利达到最大。也就是说，价格是否等于边际成本也是衡量社会资源配置效率是否达到最优的一个基本的定量指标之一。这是利用勒纳指数来衡量市场绩效的理论依据。

勒纳指数的数值在 0 和 1 之间变动。数值越大，反映价格对边际成本的偏离越大，意味着市场势力越大，市场竞争程度越低，资源配置效率就越低；反之，数值越小，反映价格对边际成本的偏离越小，意味着市场势力越小，市场竞争程度越高，资源配置效率就越高。

必须指出的是，勒纳指数本身反映的是当市场存在支配能力时价格与边际成本的偏离程度，但是却无法反映企业为了谋取垄断地位而采取的限制性定价和掠夺性定价行为（在这两种情况下，勒纳指数为 0，但是却不表明该市场是竞争性的）。另外，在实际计算过程中，由于边际成本的数据常很难获取，常常会使用平均成本来代替边际成本，即用价格—平均成本加权来作为近似方法，但这会导致两者间的较大偏差。

（三）托宾 q

托宾 q 是指一家企业资产的市场价值（通过已经公开发行并售出的股票和债券来衡量）与这家企业资产的重置成本的比率，是衡量市场绩效的一个指标。其计算公式为

$$q = \frac{R_1 + R_2}{Q} \quad (8-11)$$

[①] 丹尼斯·卡尔顿，杰弗里·佩罗夫.现代产业组织（上）.上海：上海三联书店、上海人民出版社，1998：482-487.

式中，q 表示托宾 q；R_1 表示企业的股票市值；R_2 表示企业的债券市值；Q 表示企业资产重置成本。托宾 q 值根据企业资产价值的变化来衡量市场绩效的高低。

托宾 q 的初始用意是使用该指标进行投资决策，分子部分可视为投资所带来的现金流入现值，分母部分可视为投资所需要的现金流出现值，q 值反映的是在同一时点上每单位投资（现金流出现值）所带来的收益（现金流入现值），表达的是利润率或收益率的含义。后来经济学家发现，托宾 q 能够适当地用于市场绩效的估量。

当 $q>1$ 时，说明企业以股票和债券计量的市场价值大于以当前市场价格评估的资产重置成本，意味着企业在市场中能获得垄断利润。q 值越大，企业能获得的垄断利润越大，社会福利损失越大，市场经济绩效越低。

在一个完全竞争市场上，该市场中所有企业的 q 值为 1；在该情况下，企业的市场价值等于该企业所拥有的资产的价值。当 $q>1$，并且市场可以自由进入时，新的企业将有动机进入这个产业，购买与现有企业一样的股本并预期其投资的市场价值会提高。同时，原有的企业会有扩张的动机，因为有更高的投资回报率。如果进入壁垒较低，新进入者（或者扩张者）将会使 q 值降低，这一调整将会随着 q 值趋于 1 而结束。而如果这一比率持续高于 1，则表明存在阻止进入该市场的垄断势力。另外，对一个价格接受企业来说，它赚取经济租金，q 值也可能高于 1，因为它拥有独一无二的、可有效生产的资产。根据德姆塞茨的效率理论，一家企业可以因为它比竞争者更有效率，而不是因为它拥有更多的市场势力而获得超额利润。当托宾的 q 值作为一个企业的获利能力指标时，它并没有揭示产生该获利能力的原因。

很多经济学家对 q 值的宏观变化进行了实证评估。林德伯格和罗斯（1981）[①] 把他们的分析建立在一组涵盖 17 年间 257 家企业的样本上。他们发现样本中的大部分企业的 q 值大于 1。对于那些拥有巨大垄断利润租金或者通过使用可作为进入壁垒的特殊资源（如专利）而拥有租金的企业来说，q 值特别大。对于另一类企业来说，它们的 q 值较低（但是仍然高于 1），这些企业通常使用了产品差异化（谷类和化妆品），并且享有很强的专利保护（摄影器材、药品）。处于下坡路的产业（例如钢铁和初级金属制造业）以及受管制的产业，往往具有较低的 q 值。

林德伯格和罗斯得出的结论还表明，随着研究时间的推进，q 值呈现下降趋势。q 的平均值为 1.5，即企业的平均价值约高出其重置成本的 50%。

第二节 市场结构与市场绩效

市场结构与市场绩效之间的关系，一直是产业经济学研究的重要领域。本节将首先简单回顾市场结构的指标和测定，然后介绍哈佛学派和芝加哥学派的观点，并分析 SCP 关系争论的原因。

---

① Lindenberg, E. and S. Ross "Tobin's q ratio and industrial organization". *Journal of Business*, Vol. 54, January, 1981: 1-32.

一、传统 SCP 范式

产业组织理论哈佛学派构建了现代产业组织的描述性研究范式,即市场结构、市场行为、市场绩效分析框架,简称 SCP 范式。SCP 范式假定,可以对市场绩效进行客观的度量,并认为市场绩效取决于市场行为,而市场行为又取决于市场结构。由于存在这种单向的决定关系,可以用市场结构来解释市场绩效。

根据 SCP 范式,企业产品的价格 P 与其边际成本 MC 的关系以及经济利润的大小取决于市场结构。因此,在垄断产业中,企业具有市场力量,可以将价格提高到边际成本以上,从而获得经济利润,资源配置效率较低,市场绩效也就比较差。企业之间的竞争程度越高,企业的市场势力就越小,价格越接近边际成本,难以获得经济利润,资源配置效率就比较高,市场绩效好。

价格 P 与边际成本 MC 的关系以及经济利润的存在及持续取决于市场结构,如表 8-1 所示。

表 8-1 以市场结构为基础的预期

类型	$P-MC$	πSR	πLR
竞争	0	+或-	0
垄断竞争	+	+或-	0
垄断	+	+或-	+或0
寡占	+	+或-	+或0

说明:P 为价格,MC 为边际成本(短期),πSR 为短期利润,πLR 为长期利润。

在一个由相同厂商组成的能自由进入的竞争产业中,价格等于短期边际成本,短期利润或正或负,长期利润为零。即使厂商是价格的接受者(竞争性),只要每家厂商能平等地获得相同的技术及投入,它们的利润长期看来等于零。如果一些厂商成本低于其他厂商,它们的利润不会被进入者完全侵蚀。自由进入会保证进入的获利最少的厂商(边际厂商)的长期利润为零。

在垄断或寡占中,价格超出边际成本,短期利润或正或负而长期利润或零或正。在垄断竞争中,价格高于边际成本而进入推动长期利润为零。

基于表 8-1 概括的关系可以得出两个重要结论:①检验长期利润是否为零是一个自由进入而非(完全)竞争的检验。自由进入保证长期利润为零,而不是价格等于边际成本。在垄断竞争产业中的厂商可能获得零利润,尽管价格高于边际成本。为了确定价格是否超出边际成本,必须检查价格数据而非利润数据。②短期利润对产业中竞争程度揭示很少。因为在所有的市场结构中,短期利润可以为正也可以为负。

从连续的角度来看,价格偏离边际成本的程度和利润的大小会随着竞争对手的数量以及进入壁垒的大小而发生相应的变化。例如,三家企业的寡占与五家企业的寡占在定价上会有所不同,各企业获得的利润也可能存在差异。

将市场结构与市场绩效联系起来，从实证的角度研究两者之间的相互关系是哈佛学派的主要研究领域。在这方面做出开创性工作的是乔·贝恩，他对产业的利润率和市场结构之间的关系进行了大量的开拓性研究，为后续研究奠定了坚实的基础。贝恩调查了42个产业并将它们分为两组：$CR_8 \geq 70\%$的产业和$CR_8 < 70\%$的产业。与较不集中产业7.5%的收益率相比，较集中产业的收益率为11.8%。在此基础上，贝恩根据对进入壁垒程度的估计将产业作了分类，并提出假说："在高集中率和高进入壁垒产业中，利润应比较高"。

曼恩使用1950—1960年的数据得出与贝恩相似的结论，研究结论见表8-2。他还发现具有极高进入壁垒的产业享受比具有较高进入壁垒的产业高的利润，而具有较高进入壁垒的产业又转过来赚得比具有中低进入壁垒产业高的利润（见表8-3）。他证实了贝恩的预期和发现：具有极高进入壁垒的集中产业的平均利润率高于不具有极高进入壁垒的集中产业。

表8-2 平均利润率（经选择的产业）

$CR_8 \geq 70\%$		$CR_8 < 70\%$	
产业	利润比率/%	产业	利润比率/%
汽车	15.5	鞋类	9.6
烟草	11.6	啤酒	10.9
处方药品	17.9	烟煤	8.8
酒类	9.0	罐装水果和蔬菜	7.7
钢	9.0		
所有被研究产品的平均数	13.3	所有被研究产品的平均数	9.0

资料来源：丹尼斯·卡尔顿，杰弗里·佩罗夫.现代产业组织.上海：上海三联书店，1998：502-503.

表8-3 根据曼恩进入壁垒得出的高集中产业平均利润率（1950—1960年）

产业	利润率/%	产业	利润率/%
极高进入壁垒		肥皂	13.3
汽车	15.5	平均数	11.1
口香糖	17.5	中低进入壁垒	
烟草	11.6	玻璃容器	13.3
平均数	16.4	剃须刀	8.5
较高进入壁垒		平均数	11.9
钢	10.8		

资料来源：同表8-2。

对于价格—成本加成与集中度关系的统计学检验发现，价格—成本加成与集中度间的关系是不稳定的，而且即使存在关系也很微弱，因此，还需要更科学的经济计量学研究做出更有说服力的解释。

关于托宾 q 与市场结构之间的关系，目前的研究还不太成熟。一般认为，如果托宾 q 值大于 1，企业赚取比资产成本能保证的收益率更高的收益率，这样的收益若没有长期壁垒则不能持续。实证分析发现，企业的托宾 q 值在一段时间内是稳定的，而且 q 值高的企业倾向于拥有独特的产品和生产要素，q 值低的企业通常存在于竞争性的或受到严格管制的产业中。

二、关于 SCP 关系的争论及其原因

(一) 关于 SCP 关系的争论

在传统的哈佛学派的 SCP 范式中，市场结构是基本决定因素，不同的市场结构对市场绩效产生不同的影响。但自 20 世纪 60 年代以来，SCP 范式成为理论界和经济界讨论与批评的热点。产生了芝加哥学派、新奥地利学派、可竞争市场理论以及新产业组织理论。

1. 芝加哥学派

哈佛学派的"集中度—利润率"假说是芝加哥学派批判的焦点。他们认为，在高集中度的市场结构中存在的高额利润是源于大企业的高效率，而并非像哈佛学派所说的那样是来自垄断势力，高集中度产业中的高利润率与其说是资源配置非效率的指标，倒不如说是生产效率的结果。德姆塞茨指出，集中度与利润率的正相关很可能并不反映高集中产业内主要企业相互勾结提高价格的行为，倒是更能反映高集中产业内主要大企业的更高效率和更低的成本。因为如果市场集中和大企业利润率的正相关关系是由于协调定价和价格上升的结果，那么按照这种逻辑，产业寡头垄断定价行为能获得利益，即它们的利润率也应该同该产业内的小企业或该产业中不同规模企业的利润率相关。德姆塞茨通过比较不同集中水平、规模的企业，发现最小资产规模的企业利润率并没有随不同产业集中程度的上升而提高，这表明，高度集中导致企业垄断、勾结定价，从而获得垄断利润的假定并不符合实际情况。布罗曾的研究也表明，贝恩 1951 年最初研究的 42 个产业中，高度集中的产业群（$CR_8 > 70\%$）和较不集中的产业群（$CR_8 \leqslant 70\%$）间存在 4.3% 的利润率差异，到 50 年代中期，这一差异已降至 1.1%。因此在芝加哥学派看来，如果高度集中的市场上长期出现高利润率，这只能说明是该市场大企业高效率经营的结果。因为不是建立在高效率经营基础上的高利润水平，都会招致其他企业的大量进入而使利润率很快降至平均水平。例如，在高集中度的市场中，如果企业之间采取秘密卡特尔等共谋或协调行为的话，也许就可以获得高利润率。但是，即便这种由于高集中度形成的市场势力导致垄断弊端的产生，也只能是短期的现象或者说是一时的不均衡。只要没有政府的进入管制，这种高集中度产生的高利润率会因为新企业的大量进入或卡特尔协定的破裂而难以长期为继。因此，按布罗曾的话说，在高集中度的市场上企业获得高利润率是市场处于非均衡状态时的暂时现象，它会随市场趋向均衡而消失。既然高集中部门获得高利润不是长期的稳定现象，也就不存在高额垄断利润和作为其基础的垄断势力。

2. 新奥地利学派

新奥地利学派的代表人物是米瑟斯、哈耶克、罗斯巴德等人。新奥地利学派突破了现代经济学的静态均衡理论，在理解市场时着重过程分析，而不是新古典主义的均衡分析，

强调市场是一个发现的动态过程,而不是像主流学派所认为的只是一种静态的市场结构;并从主观主义立场出发,注重个人行为的逻辑分析,其研究目标是从个人效用和行为到价格的非线性因果传递,而不是为人熟知的新古典主义数学函数的相互决定,把经济学看作是不同于自然科学的所谓的"人类行为科学"的一个领域。新奥地利学派在基础理论上与哈佛学派、芝加哥学派等有着明显的区别,这也是新奥地利学派的最主要特征。

在新奥地利学派看来,市场过程是自然淘汰的过程,产品差异化、广告和规模经济是正常竞争的重要组成部分。只要不是由于政府的行政干预,而是经历了市场激烈竞争而生存下来的垄断企业,就是最有效率的企业。企业通过兼并提高市场集中度,并不构成进入壁垒,只要不存在法律上的市场进入限制,就可以降低成本、提高生产效率。在产业组织结构方面,新奥地利学派对垄断有着比新古典经济学家更为宽容的看法,认为市场基本是竞争性的,利润是这些大企业创新程度和规模经济的报酬。即垄断为创新提供了巨大报酬,这会导致经济进步,而完全竞争不利于引进新的生产工艺、技术和新产品。

3. 可竞争市场理论

可竞争市场理论是美国著名经济学家鲍莫尔、帕恩查、韦利格等人提出来的。在芝加哥学派的基础上,1982年,鲍莫尔、帕恩查和韦利格等人合作出版了《可竞争市场与产业结构理论》一书,该书问世标志着可竞争市场理论的形成。可竞争市场理论是以完全可竞争市场和沉没成本两个基本概念的分析为基础,推导出可持续、有效率的产业组织的基本形态。所谓完全可竞争市场是指当市场内的企业从该市场退出时完全不用负担不可回收的沉没成本,从而能够完全自由地进入和退出的市场。沉没成本是指企业进入市场时所投入的资本,当企业退出该市场时无法收回的部分。沉没成本沉没的程度主要取决于所投入资本向其他市场转移或资产出让回收的可能性,而与所投入固定费用的大小无关。无论固定费用有多大,只要能够回收,就不是沉没成本。例如,专用性的设备,用于研究开发、广告或无形资产的投入等,都属于沉没成本。

可竞争市场理论认为,在近似完全可竞争市场中,自由放任政策比政府管制政策更为有效。政府管制政策与其说是强调合理的市场结构的建立,倒不如说是关注是否存在充分的潜在竞争压力。根据上述分析,只要有潜在竞争压力的存在,现存企业难以获得垄断的超额利润,就会形成有利于社会福利最大化的长期均衡。确保潜在竞争压力存在的关键是降低沉没成本,因此,可竞争市场理论强调,要积极研究能够减少沉没成本的新技术、新工艺,还要排除一切人为的市场进入和退出壁垒。根据可竞争市场理论,若市场是可竞争的或能使市场具有可竞争性,消除了可任意滥用的市场力,则由于潜在竞争威胁的存在就不需要政府干预市场。这种思想使产业组织政策的重点发生了改变,从干预、规范市场行为转向放松市场的竞争环境。自20世纪70年代起,可竞争市场理论对美国航空业管制的放松和英国、瑞典等国的铁路改革产生了重要影响。

4. 新产业组织理论

新产业组织理论沿着SCP范式的方向发展成为"新产业组织学",新产业组织理论不再强调市场结构,而是突出市场行为,将市场的初始条件及企业行为看作是一种外生力量,而市场结构则被看作内生变量,逐渐形成了从重视市场结构的研究转向重视市场行为的研究，即由"结构主义"转向"行为主义"，突破了传统产业组织理论单向、静态的研究框架，建立了双向的、动态的研究框架。因为从长期来看，市场结构是在变化的，而市场结构的变化往往是市场行为变化的结果，有时企业绩效的变化也会直接使市场结构发生变化。例如，企业的技术进步影响产业的成本结构、产品差别和进入条件等方面，导致市场结构的变化；企业兼并行为会提高市场的集中度，企业的价格策略会影响新企业的进入等。因此，市场结构、市场行为和市场绩效之间是相互影响、相互作用的关系。在长期中，市场结构、市场行为和市场绩效之间不是单向的因果关系，而是双向的因果关系。但一般来说，结构对行为、行为对绩效的影响是主要的，而绩效对行为和结构的影响是相对次要的。

（二）SCP 关系争论的原因

对 SCP 关系的许多问题存在争议的原因是不同产业在企业最优规模、企业数量、技术变化率以及制度等很多方面存在差别。国家之间也由于产业和市场规模、制度以及政策和规则的不同而存在显著差别。此外，在具体研究过程中，还有一些原因会导致结论的差异。

1. 研究假定和变量的差异　不同的学者在研究中所使用数据的不完全性以及错设变量，这是产生不一致结果的重要原因。例如，集中度的误用会导致错误和矛盾，相关市场界定的差异也会影响研究结果。

变量误设的部分原因在于它们是用不同的方式界定的。例如，大部分产业研究使用比市场范围宽得多的三位数产业组别。即使在四位数分类中，因为数据并不是与所有的经济现实都一致，在研究中只能够选取部分产业。尽管如马丁（1994）所指出的："使用企业层面的数据的好处在于：可以考察市场份额变化而不是市场集中度对市场绩效的影响。市场份额是市场势力程度的主要结构性决定因素之一"[①]。但是只有小部分研究使用企业层面的数据。

在研究中，变量选取差异同样会导致结果不同。例如，只有少数研究使用了国际贸易的数据，在经济联系日益密切的条件下，这一数据非常重要。国际上的竞争降低了企业在国内市场上的优势，同时，买方集中、垂直一体化、多样化以及公共政策等因素被大量忽略了，如果考虑了这些因素，则最终实证结果会发生很大变化。这些因素可以产生影响，并且它们的影响随着产业的变化而变化；不把它们包含在模型中会导致类似的研究产生不同的结果。

2. 产业特性差异导致研究结论不同　贝恩曾经指出，集中度对生产资料获利能力的影响比其对消费资料产业获利能力的影响小。在某种程度上，这可能和生产资料产业进入壁垒较低有关。产品差异化作为进入壁垒产生的主要原因，相对于个体而言，对于产业购买者的重要性比较小。

很多学者提出，集中度与绩效之间联系的强度取决于所研究的产业的性质。通过对一个涵盖 1963 年 417 个四位数标准产业分类制造业样本的研究，柯林斯和普雷斯顿（Collins and Preston，1969）得到了下述结论：集中度对价格与平均成本差的最重要影响出现在消

[①] Martin, S. *Industrial Economics: Economic Analysis and Public Policy*. Macmillan, New York. 1994.

费资料产业的大企业里面。对于该产业的小企业，市场集中度并没有转化成较大的价格与平均成本差。只有当小企业处于竞争劣势时，市场集中度才提高价格与平均成本差的事实表明：产品差异化本身是竞争优势（劣势）的一个重要来源。[1]

多莫维兹等人（Domowitz et al.）在其研究中重述了产业本质所导致的差异：他们发现 1974—1981 年间，在生产资料产业，获利能力与卖方集中度之间并不存在显著的联系。他们通过使用产出产品来区分生产资料和消费资料：如果一个产业超过 50% 的产出被直接使用而不是用作下一步的生产，那么这种产业就属于消费资料产业。

考林（Cowling）认为，在卖方势力提高的情况下，生产资料和消费资料之间的区别可能就不那么重要了。价格与平均成本差确实一般在批发环节而不是零售环节下测量。需要有消费/生产资料区分方式以外的其他划分方式。考林和沃特森（1976）[2] 的研究重新提及了这种需要。他们在研究中把样本划分为耐用品和非耐用品产业。他们还突出强调了早期研究（特别是柯林斯和普雷斯顿的研究）的主要缺陷，即那些研究没有在区分产业的基础上测量需求的价格弹性。他们的研究结果与其他许多方面的研究结果相反。他们发现在耐用品产业中价格与平均成本差和集中度之间存在显著的联系，而在非耐用品产业中，他们的等式对于价格与平均成本差没有解释力。他们得出的结论是："研究结果与观察结果相一致：相对于非耐用品而言，耐用品通过质量变化而导致的价格弹性较大"。

3. 忽略宏观环境对结构—绩效关系的影响　研究发现，集中度和绩效之间存在不同的关系，这是必然现象，因为这些研究是在商业周期的不同时间点进行的。韦斯（Weiss）认为，在早期的产业跨部门研究中所强调的利润—集中度关系的强度，似乎随着时间的变化而改变。因此需要把商业周期归入关系的研究中。多莫维兹等人（1986）[3] 也曾指出：通过运用一个涵盖 284 个产业的样本，他们发现在 1958—1981 年间，产业平均价格与平均成本差和卖方集中度的关系大幅削弱了。同时，相对于以衰退年代（20 世纪 70 年代中期）为基础的横截面研究结果，在基于相对繁荣年代的横截面研究结果中，获利能力和集中度的联系更强一些。

20 世纪 70 年代，低迷的需求连同上升的成本挤压了集中性产业的利润率。这与以下的观点一致：相对于小企业，大企业有更高的资本—销售比率，在经济衰退期，更易承受来自固定成本的冲击。在经济衰退期，低迷的需求可能引起更为激烈的竞争。但是，即使是将经济周期考虑在内，仍不能够平息争论。我们看到的一种观点是，在经济衰退时期，竞争加剧了。这种观点遭到其他学者的质疑（如罗腾伯格和沙劳纳，1986），他们认为寡头垄断者在经济繁荣时期倾向于采取更具竞争性的行为。

综上所述，现代普遍观点认为，市场结构是决定市场绩效的一个因素，但不一定是最

---

[1] Collins, N. R. and Preston L. E. Price-cost margins and industry structure. *Review of Economics and Statistics*, Vol. 51, August, 1969: 271–286.

[2] Cowling, K. and Waterson M. Price-cost margins and market structure. *Economics*, Vol. 43, August, 1976: 267–274.

[3] Domowitz, I., R. G. Hubbard and Peterson B. C. Business cycles and the relationship between concentration and price-cost margins. *Rand Journal of Economics*, Vol. 17, Spring, 1986: 1–17.

重要的因素。除此之外，潜在进入壁垒、买方集中、经济增长、对外贸易等都会对产业绩效产生影响。这些因素也以不同的方式与集中度及市场结构有相关性，从而使得对结构—绩效之间关系的估计相当复杂。

第三节　市场行为与市场绩效

市场行为是指企业为在市场上赢得更大利润和更高市场占有率所采取的一系列策略性的活动，包括价格行为和产品差异化、广告、研究与开发等非价格行为。本节分析垄断者的定价行为及其福利损失，比较垄断企业与竞争性企业的创新动力和创新能力，剖析垄断企业的广告行为与社会福利目标的偏差，并简要阐述进入威胁与进入壁垒对垄断者市场行为与市场绩效的影响。①

一、价格行为与市场绩效

在竞争性的市场结构中，企业无力左右市场价格，只是价格的被动接受者。因此，价格行为总是与有市场势力的企业联系在一起。

（一）垄断定价与福利损失

产业组织理论给出了垄断定价导致社会福利净损失的形式化证明。垄断者根据边际规则以求利润最大化，但垄断价格引致需求降低，使得消费者剩余与生产者剩余之和下降，社会福利出现净损失。垄断造成社会福利损失的原因，一是消费者支付了较高的价格，但却消费较少的产品数量，造成消费者剩余减少；二是垄断使企业的生产能力未得到充分利用，造成效率损失。

在图 8-1 中，边际成本曲线与边际收益曲线交于 F，垄断价格为 P_m，产量为 Q_m，消

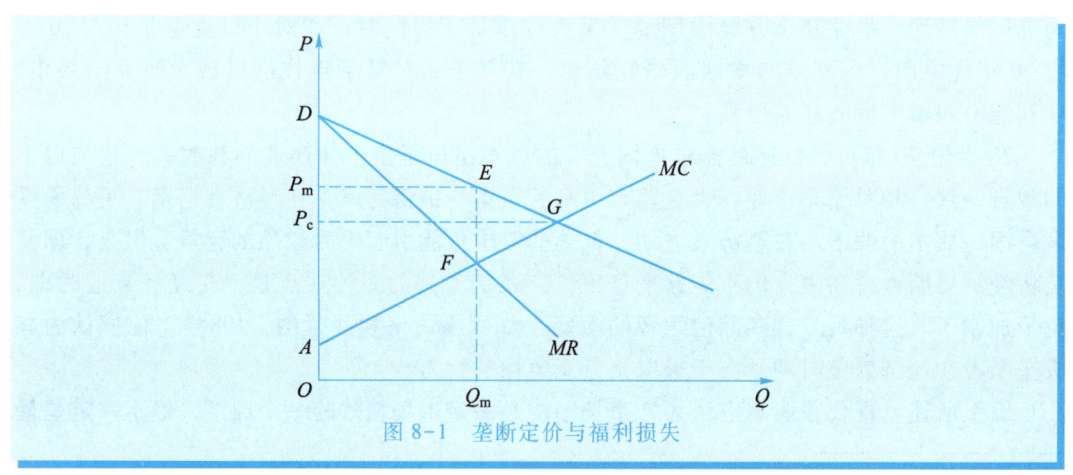

图 8-1　垄断定价与福利损失

---

① 王俊豪. 现代产业经济学. 杭州：浙江人民出版社，2003：144-151；戴伯勋，沈宏达. 现代产业经济学. 北京：经济管理出版社，2001：165-168.

费者剩余与生产者剩余之和为 $AFED$ 的面积。如果垄断者制定竞争性价格 P_c，消费者剩余与生产者剩余之和为三角形 AGD 的面积。三角形 FGE 的面积就是垄断定价下的福利净损失，消费者剩余由竞争性价格下的三角形 P_cGD 的面积变成了垄断定价下的三角形 P_mED 的面积。由此可见，垄断的市场结构导致垄断定价行为，其市场绩效低于竞争性市场结构。

（二）价格歧视侵占消费者剩余

在完全竞争市场中，厂商对产品完全没有价格决定权，所有的厂商都只能接受既定的市场价格。但是，大多数的市场并不是完全竞争的市场，因此，厂商在确定价格上会拥有一定的决策权。如果厂商向不同的消费者出售相同的产品时，收取不同的价格，这样的厂商就是实行了价格歧视。价格歧视是非统一定价的一种，一般对市场绩效有负面影响。

价格歧视可以使厂商获得更多的利润。但是，只有在特定的条件下，厂商才能成功地实行价格歧视并获得期望的效果。①厂商（或厂商的集团）必须拥有一定的市场势力，否则就不可能对消费者收取高于竞争性价格水平的价格。②厂商必须了解或者能够推断消费者的购买意愿，而各个消费者的购买意愿必须是不同的，或者消费者的购买意愿是随购买量而变化的（即个人的需求曲线向下倾斜）。③厂商必须能够阻止或限制转卖行为，即以低价购买再以高价出售给另外的消费者。转卖的可能性对于任何类型的价格歧视都是关键性的因素。

价格歧视的基本类型包括一级价格歧视、二级价格歧视和三级价格歧视。

一级价格歧视，又称完全价格歧视，就是向每个顾客索要其愿意为所买的产品付出的最高价格，因而获得每个消费者的全部消费剩余。由于企业通常不可能知道每一个顾客的保留价格，所以在实践中不可能实行完全的一级价格歧视。垄断厂商按不同的价格出售不同单位的产量，并且这些价格是因人而异的。这是一种极端的情况，现实中很少发生。一级价格歧视如图 8-2 所示，企业按每个顾客愿意支付的最高价格来出售产品，价格沿着需求曲线移动。一级价格歧视的特点是：垄断者能够将价格定在使消费者完全没有消费者剩余的水平上。

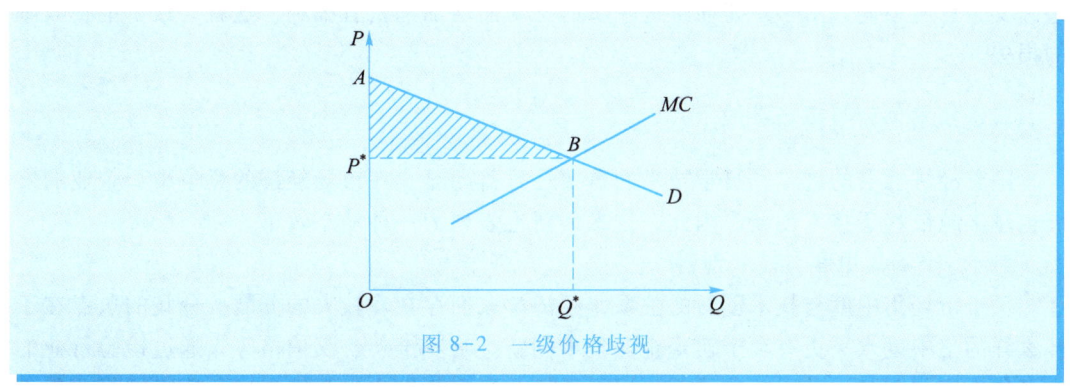

图 8-2 一级价格歧视

二级价格歧视是根据消费量实行的价格歧视，通过对相同货物或服务的不同消费量或区段索取不同价格。在二级价格歧视下，购买相同数量产品的每个人都支付相同的价格，因此，二级价格歧视针对的不是不同人之间的歧视，而是不同产量之间存在的歧视。在日常生活中，二级价格歧视的例子比较普遍，如阶梯水价、阶梯电价和阶梯气价等。二级价格歧视的实质是按照购买量来划分不同市场，只要求对不同的消费数量段规定不同价格。如图8-3所示，假设消费者对城市供水的需求曲线为 D，当消费者使用的水量低于 Q_1 时，供水公司按 P_1 价格向供水公司收费；当消费者使用的水量达到 Q_2 时，增加消费的部分 Q_1Q_2 按 P_2 的价格收费；当消费者使用的水量达到 Q_3 时，对超过 Q_2 部分的 Q_2Q_3 水量按价格 P_3 收费。

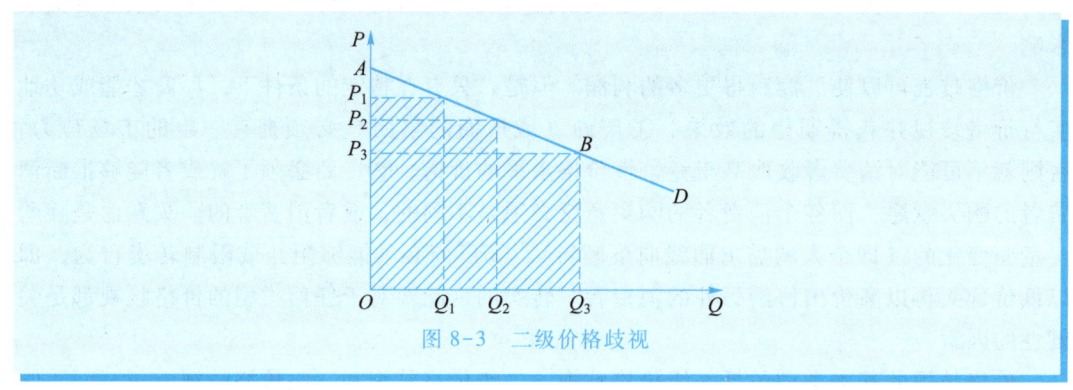

图 8-3　二级价格歧视

三级价格歧视是对于同一商品，完全垄断厂商根据不同市场上的需求价格弹性的不同，实施不同的价格。如电厂对需求价格弹性较大的工业用电实行低价格，而对需求价格弹性较小的家庭用电采用高价格。在三级价格歧视中，垄断厂商对每个群体内部的不同消费者收取相同价格，但不同群体的价格不同。与统一定价相似，在每个群体内部都存在正的社会福利净损失，与完全竞争的市场结构相比降低了社会总福利。三级价格歧视对效率的不利影响有两个方面：①使价格高于边际成本，从而降低产量，即降低产出效率。②对消费效率产生不利影响。因为不同的消费者对同样的产品支付不同的价格，每个消费者的边际支付意愿不同，由于不能通过进一步的交易而增加消费者福利，这就导致了消费效率的损失。

二、技术创新与市场绩效

随着经济社会的进步，科学技术的重要性日益凸显。在市场经济的竞争中，企业的发展也越来越依赖于技术创新。因此，技术创新也表现为一种动态效率。

（一）市场集中度与技术创新

关于市场集中度与技术创新的关系，经济学家们存在着较大的分歧，分歧的焦点在于什么样的集中度水平更有利于实现企业技术创新。哈罗维茨、汉伯格等人通过检验行业的市场集中度与创新活动之间的关系，揭示了行业研究开发支出占销售额的比率同行业集中率之间存在着正相关关系。[①] 1956 年，菲利普斯发现，在 1889—1939 年间，美国 28 个产业中，高集中度行业的企业有更多的技术创新。卡特和威廉姆森在 1957 年对英国 1907—1948 年 12 个产业的统计调查，证实了菲利普斯的结论。[②] 持市场集中度与技术创新成正比观点的经济学家一般认为：集中度高，垄断程度强，企业更有条件实现技术创新带来的超额利润，从而具有更强的技术创新动力；研究开发活动的规模经济性；研究开发活动需要较大的资金支持，只有集中度高的行业中的企业才能具备这样的资金实力，同时才能承受创新失败的风险等。

但是也有学者提出的观点与此相反。他们认为，虽然有资料证明，生产和市场的集中与技术创新正相关，但是并不能够说明生产的集中程度越高技术创新活动就越多，也可能会影响技术创新的动力。另外，经济学家道西（Doci）认为，生产集中度本身并不是独立的可以说明部门之间创新差异的变量。也就是说，市场集中度并不是创新活动上升的解释变量；相反，可能是创新活动的成功导致市场份额的扩大，从而引起生产集中。据此，道西认为，市场结构与企业规模本身是由部门的技术性质和技术进步所决定的内生变量。威廉姆森在 1965 年对 1919—1958 年间某产业四家最大的企业数据进行回归分析，认为市场集中度对四家最大企业的创新具有负面的影响。还有的学者认为，存在一个最佳的集中度区域，在达到这一区域之前，创新活动随着集中度的上升而增加，在此之后，创新活动随着集中度的上升而减少，呈现"倒 U 形"关系。由此可见，在集中度与技术创新的关系方面并没有形成一致的观点。

（二）进入壁垒和技术创新

进入壁垒也是影响企业技术创新的重要因素。格罗斯基在研究 1976—1979 年英国 79 个行业组成的样本时发现，在这个时期全要素生产率提高的过程中，进入因素大约起到 30% 的作用。[③] 对进入壁垒与技术创新关系的分析，一般是从进入壁垒与市场结构的竞争性关系角度进行的。一般认为，竞争性市场有利于促进企业技术创新，提高经营管理效率，降低生产成本，并最终提高市场运作绩效。竞争性市场形成的一个必要条件是市场进入壁垒较低，从而，低进入壁垒有利于促进技术创新。关于进入壁垒与企业技术创新的关系，应该注意以下几点。

进入壁垒对企业技术创新的影响具有两面性。一方面，降低进入壁垒，有利于强化企业技术创新动机；另一方面，一定的进入壁垒还可以成为促进企业进行技术创新的条件。因为技术创新是一种具有风险性的市场行为，需要付出一定的代价，创新者的目的是获得一定的市场回报，在补偿了创新成本后还能够得到额外的收益。如果不能够获得这种收益，创新者就缺乏应有的创新激励。对创新者创新权益的保护可以通过专利法获得。通过专利法，企业可以形成一定的市场进入壁垒，限制其他企业进入，以享有自己的技术创新收益。这种行业进入壁垒有利于促进企业的技术创新。

进入壁垒对技术创新的影响与新技术的模仿难度有关。在低进入壁垒的产业，规模经

---

① F. M. Schere, and Ross, D. *Industrial Market and Economic Performance* (Second Edition), Boston. 1990: 434.
② 王俊豪. 现代产业组织理论与政策. 北京：中国经济出版社，2000：129.
③ Geroski, P. A. Innovation and Productivity Growth. *Review of Economics and Statistics*. 1989. 71: 572-578.

济水平、产品差异化和技术复杂系数都比较低,因而新技术容易被窃取和模仿。与此同时,在低进入壁垒的产业,存在大量规模较小的企业,它们实力较弱,在专利利益维护方面承担不起过大的交易成本,从而导致对专利维护方面的激励不足。另外,由于产业的进入壁垒过低,一旦价格大于平均成本存在超额利润,将引致大量的新企业进入,使市场供给增加,价格下降。在这种情况下,企业很难积累起足够的资金投入到日益昂贵的科研开发活动中去。

进入壁垒对企业创新的影响还与产品的生命周期有关。一般来说,进入在新产品生命周期的早期阶段会在激励创新方面发挥重要的作用。戈特和克莱波(Gort and Klepper)观察到:新产品的一般演化过程可以利用净进入(即进入数-退出数)来进行阶段划分。随着新产品的引进,市场中新企业的数目增加,而且常常以较快的速度增加,这时的净进入为正值。经过一段时间后,新企业的增加速度趋于平缓,随之而来的是效率低下的企业被淘汰,这时的净进入为负值,在净进入又一次为零的新的均衡建立之前,产业中企业的数量往往以40%~50%的速度下降。戈特和克莱波利用净进入值的变化来定义产业的生命周期,发现引入到市场中的主要创新的数量在扩散时期达到了高峰,而较不重要的创新在收缩阶段开始前达到高峰。他们还进一步发现,在产业的演化过程中,绝大多数的产品创新都是由外部企业引入的。① 这就说明了,在技术创新的初期阶段,进入是推动新的产品创新的工具。但是随着市场继续发展和趋于成熟,外部企业对全部创新活动的相对贡献趋于下降。

进入壁垒对技术创新的影响还和进入壁垒的类型有关。只要产业存在高额利润的诱惑,或市场正处于成长率较高的阶段,潜在进入者仍然有可能进入这一产业,并且往往以创新为手段进入市场。与此同时,由于潜在进入者的竞争压力,在位企业也必须通过技术创新维持成本优势,在可能的情况下还可以降低价格,以阻止新企业的进入。现实中,作为高集中度的知识密集型产业,如计算机和芯片产业,尽管存在较高的技术进入壁垒,但是其产品价格却一直在下降。但是如果进入壁垒是由于制度因素,如许可证制度、政府管制等造成的,潜在进入者将难以进入市场。在这种进入壁垒保护下的企业就可能缺乏技术创新的动力,有的甚至将新开发的技术和产品封存,延缓更新换代的周期,以使得前期投入尽可能获得更大的收益。

案例

中国汽车制造业的市场结构与市场绩效②

一、中国制造业市场结构概况

(一)市场集中度:CR_4,CR_8,HHI

我们利用中国工业企业数据库,采用 CR_4,CR_8,HHI 三种市场集中率指标,对

---

① Gort, M. and Klepper, S. Time Paths in the Diffusion of Product Innovation. *Economic Journal*, 1982 (92): 630-653.

② 本部分由浙江财经大学中国政府管制研究院王磊副研究员根据数据测算并提供。

1998—2015年中国汽车制造业的市场集中度变化趋势进行了考察,见图8-4。从总体上看,1998—2015年中国制造业市场集中度呈现出下降趋势。市场集中度CR_4在1998年的指标为31.27%,前四家企业占据约三分之一的市场份额,而在2015年市场集中度CR_4减少到16.63%,样本期内降低了一半。同样,市场集中度CR_8从1998年的45.96%降低到2015年的29.8%,前八家企业在1998年占据近一半的市场份额,到2015年其占据的市场分额不到三分之一。HHI指数从1998年的399.79降低到2015年的195.62,说明中国汽车制造业的市场集中度在不断降低,市场竞争程度在逐渐提高。

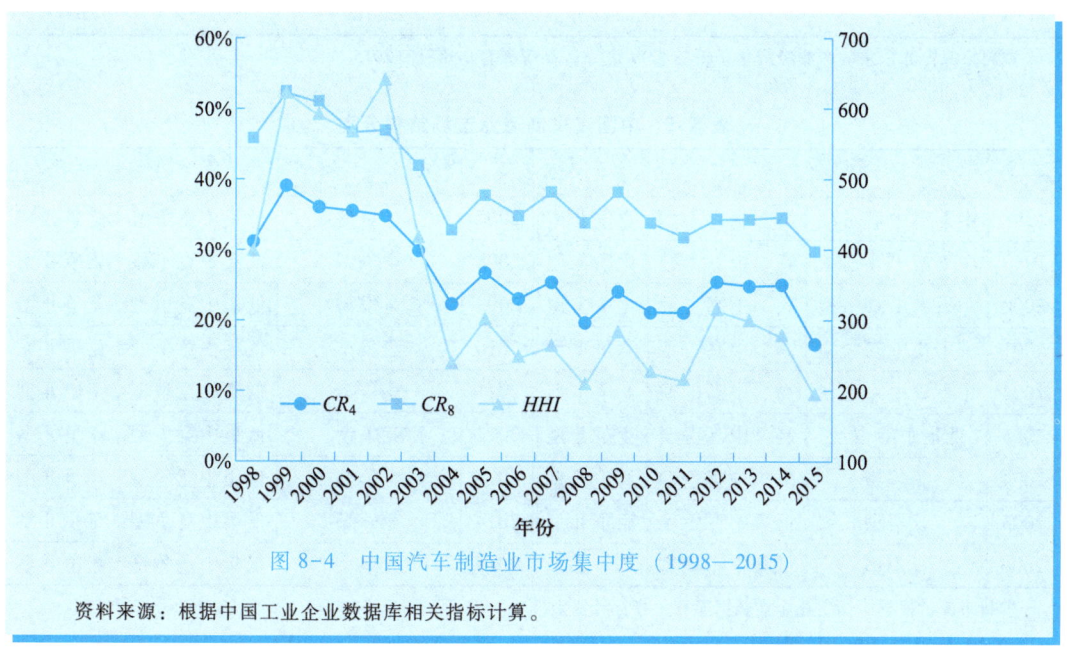

图8-4 中国汽车制造业市场集中度(1998—2015)

资料来源:根据中国工业企业数据库相关指标计算。

(二)市场集中度与市场结构

根据市场集中度CR_4,CR_8以及HHI指数,可以将市场结构分为不同类型。如表8-4所示,贝恩将市场结构划分为寡占型和竞争型,寡占型依据市场集中度CR_8又可以划分为高集中寡占型、中上集中寡占型、中下集中寡占型、低集中寡占型。植草益将寡占型和竞争型各划分为两类:寡占型包括极高寡占型和高、中寡占型,竞争型包括低集中竞争型和分散竞争型。日本公正交易委员会依据HHI指数对市场结构进行划分,具体位置高寡占Ⅰ型和Ⅱ型,低寡占Ⅰ型和Ⅱ型,竞争Ⅰ型和Ⅱ型。本书依据上述分类标准对中国制造业市场结构进行划分,如表8-5所示。根据贝恩的市场结构划分标准,中国汽车制造业1998—2002年属于中下集中寡占型,2003年属于低集中寡占型,2004—2015年属于竞争型。根据植草益的市场结构划分标准,1998—2003年属于高、中寡占型,2004—2015年属于低集中竞争型。根据赫芬达尔指数的划分标准,1999—2002年属于竞争Ⅰ型,1998年、2003—2015年属于竞争Ⅱ型。

表 8-4 市场结构分类

类型	市场结构类型	贝恩 CR_8	植草益 CR_8		日本公正交易委员会 HHI	
寡占型	高集中寡占型	>85%	极高寡占型	70%	高寡占Ⅰ型	>3 000
	中上集中寡占型	75%~85%			高寡占Ⅱ型	1 800~3 000
	中下集中寡占型	45%~75%	高、中寡占型	40%~70%	低寡占Ⅰ型	1 400~1 800
	低集中寡占型	40%~45%			低寡占Ⅱ型	1 000~1 400
竞争型		<40%	低集中竞争型	20%~40%	竞争Ⅰ型	500~1 000
			分散竞争型	<20%	竞争Ⅱ型	<500

资料来源:苏东水.产业经济学(第三版).北京:高等教育出版社,2015。

表 8-5 中国汽车制造业市场结构分类

年份	贝恩	植草益	HHI	年份	贝恩	植草益	HHI
1998	中下集中寡占型	高、中寡占型	竞争Ⅱ型	2007	竞争型	低集中竞争型	竞争Ⅱ型
1999	中下集中寡占型	高、中寡占型	竞争Ⅰ型	2008	竞争型	低集中竞争型	竞争Ⅱ型
2000	中下集中寡占型	高、中寡占型	竞争Ⅰ型	2009	竞争型	低集中竞争型	竞争Ⅱ型
2001	中下集中寡占型	高、中寡占型	竞争Ⅰ型	2010	竞争型	低集中竞争型	竞争Ⅱ型
2002	中下集中寡占型	高、中寡占型	竞争Ⅰ型	2011	竞争型	低集中竞争型	竞争Ⅱ型
2003	低集中寡占型	高、中寡占型	竞争Ⅱ型	2012	竞争型	低集中竞争型	竞争Ⅱ型
2004	竞争型	低集中竞争型	竞争Ⅱ型	2013	竞争型	低集中竞争型	竞争Ⅱ型
2005	竞争型	低集中竞争型	竞争Ⅱ型	2014	竞争型	低集中竞争型	竞争Ⅱ型
2006	竞争型	低集中竞争型	竞争Ⅱ型	2015	竞争型	低集中竞争型	竞争Ⅱ型

资料来源:根据中国工业企业数据库相关指标计算。

二、中国制造业市场绩效分析

(一) 收益率

本书以资产利润率和销售利润率作为收益率的度量指标,资产利润率等于利润总额除以总资产,销售利润率等于利润总额除以销售产值。如图 8-5 所示,中国汽车制造业的资产利润率和销售利润率总体上呈现不断上升的趋势,具有上升与下降的交替演变的特征。资产利润率和销售利润率从 1998 年的 1.06% 和 1.85% 上升到 2015 年的 10.09% 和 7.83%。利润率的变化大致分为四个阶段:一是 1998—2003 年是上升阶段;二是 2004、2005 年是下降阶段;三是 2006—2012 年是上升阶段,资产利润率和销售利润率分别在 2012 年达到最大值 14.25% 和 9.03%;四是 2013—2015 年是下降阶段。1998—2015 年,中国汽车制造业资产利润率和销售利润率的年均增长率分别为 21.3% 和 13.2%。

(二) 市场势力:勒纳指数

本书以勒纳指数衡量中国汽车制造业的市场势力,其数值越大表明价格与边际成本的偏离越大,企业拥有的市场势力越强。根据图 8-6,整体上看,中国汽车制造业的勒纳指数年度均值为 0.696,从 1998 年的 0.549 增加到 2015 年的 0.841,勒纳指数在 2000 年达

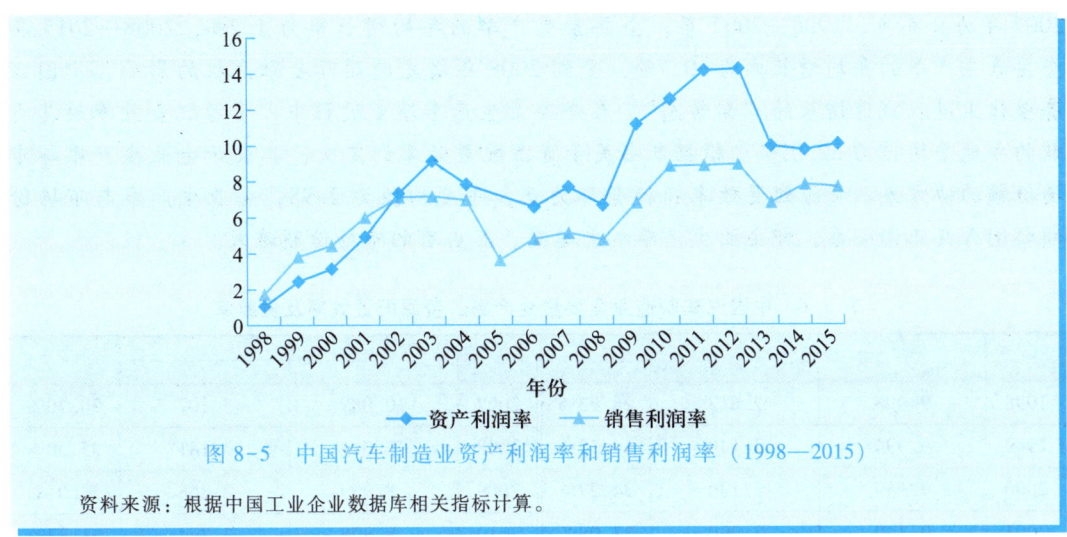

图 8-5 中国汽车制造业资产利润率和销售利润率（1998—2015）

资料来源：根据中国工业企业数据库相关指标计算。

到最小值 0.499，2008 年达到最大值 0.900，表明中国制造业的市场势力在不断增加，企业的垄断定价能力在不断提高。对于中国汽车制造业的企业数量而言，从 1998 年的 327 家增长到 2015 年的 803 家，企业数量增长了近 1.5 倍，说明中国制造业的市场竞争程度在不断提高。市场竞争程度提高与市场势力的增加存在矛盾，表明中国汽车制造业可能存在"马歇尔冲突"，即自由竞争会导致生产规模扩大，形成规模经济，企业规模的提高又不可避免地造成市场垄断，而垄断发展到一定程度又必然阻碍竞争。

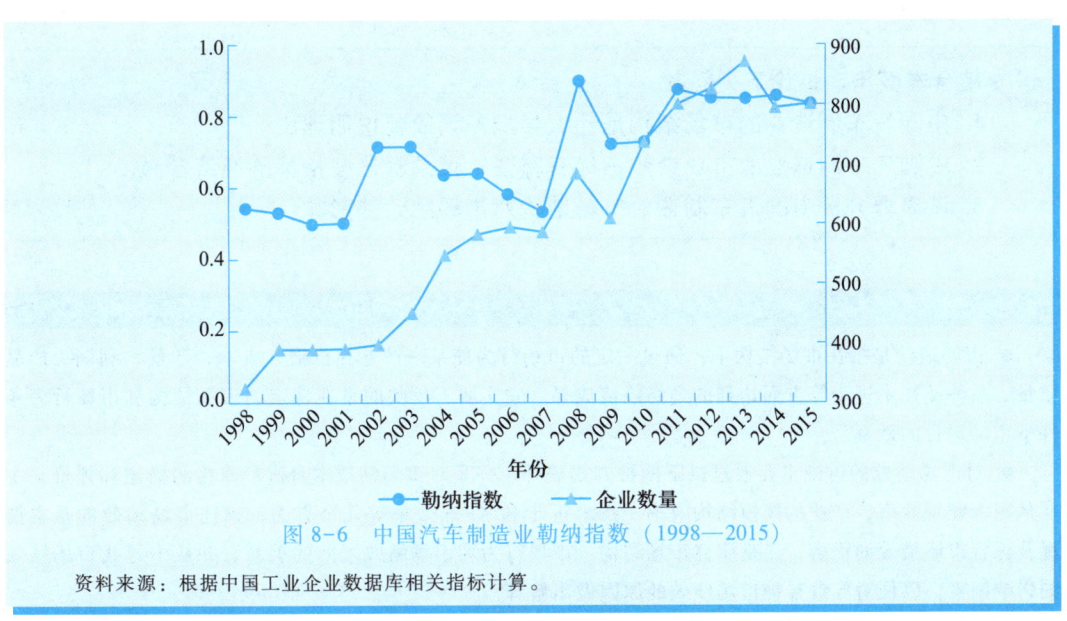

图 8-6 中国汽车制造业勒纳指数（1998—2015）

资料来源：根据中国工业企业数据库相关指标计算。

（三）生产率与资源配置效率

根据表 8-6，中国汽车制造业整体的全要素生产率水平呈现先上升后下降的趋势，以

2007年为分界点，1998—2007年，全要素生产率的年均增长率为1.2%，2008—2015年全要素生产率的年均增长率为-0.7%，受到2008年爆发的国际金融危机的影响，中国经济整体上进入减速增长的"新常态"。在全要素生产率演变过程中，资源配置效率对其贡献的年度平均值为32.07%。根据本书关于资源配置效率的定义，其表示企业生产率与市场份额的协方差。资源配置效率指标全部为正，年度均值为2.98，企业生产率与市场份额之间存在正向关系，即企业生产率水平越高，其占有的市场份额越大。

表8-6 中国汽车制造业全要素生产率、资源配置效率及贡献率

年份	全要素生产率	资源配置效率	贡献率	年份	全要素生产率	资源配置效率	贡献率
1998	9.096	2.613	28.73%	2007	10.089	3.107	30.79%
1999	9.094	3.140	34.53%	2008	9.011	3.181	35.30%
2000	9.159	3.138	34.27%	2009	8.959	2.868	32.01%
2001	9.340	3.090	33.08%	2010	8.908	2.794	31.37%
2002	9.371	3.011	32.13%	2011	8.857	2.724	30.76%
2003	9.569	3.016	31.52%	2012	8.782	2.829	32.21%
2004	9.521	2.702	28.38%	2013	8.826	2.885	32.69%
2005	9.680	3.022	31.22%	2014	9.883	3.215	32.53%
2006	9.832	3.010	30.62%	2015	9.381	3.302	35.20%

资料来源：根据中国工业企业数据库相关指标计算。

结合本案例，讨论下列问题：
1. 中国汽车制造业的市场结构是什么类型？请简要说明理由。
2. 中国汽车制造业的市场绩效指标有哪些？请解释这些指标的经济含义。
3. 请简要分析中国汽车制造业市场结构对市场绩效的影响。

本章小结

● 市场绩效是指在市场结构下，通过一定的市场行为使某一产业在价格、成本、产量、利润、产品质量、品种及技术进步等方面达到的最终经济成果。它实质上反映的是在特定的市场结构和市场行为条件下市场运行的效率。

● 对市场绩效的讨论主要通过以下两种方式展开，一是对市场绩效本身进行直接的描述和评价。主要从资源配置效率、产业的规模结构效率、技术进步和X-非效率等几个方面，描述市场绩效的基本情况及评价市场绩效的优劣；二是研究市场结构、市场行为和市场绩效之间的关系，并从中寻找市场绩效的影响因素，以便对导致某种市场绩效的原因做出解释。

● 衡量市场绩效的微观指标主要有三个，即收益率、价格—成本加成和托宾q；对市场绩效的综合评价则主要考虑产业的资源配置效率、产业的规模结构效率、产业技术进步程度，以及产业组织内部的X-非效率等几个方面。

- 对于市场结构与市场绩效之间的关系,产业组织理论哈佛学派构建了现代产业组织的描述性研究范式,即市场结构、市场行为、市场绩效分析框架,简称 SCP 分析框架。SCP 分析框架假定,可以对市场绩效进行客观的度量,并认为市场绩效取决于市场行为,而市场行为又取决于市场结构。
- 市场行为是指企业为在市场上赢得更大利润和更高市场占有率所采取的一系列策略性的活动,包括价格行为和产品差异化、广告、研究与开发等非价格行为。
- 企业生产率常常被视为科技进步的指标,它的来源包括技术进步、组织创新、专业化和生产创新等,企业生产率与市场份额的协方差可以度量资源配置效率。

关键词

市场绩效的衡量(the measurement of market performance);X-非效率(X-inefficiency);收益率(rate of return);价格—成本加成(price-cost margin);托宾 q(Tobin's q);全要素生产率(total factor productivity)

自测自评

复习思考题

1. 何为市场绩效?
2. 市场绩效的衡量指标有哪些?
3. 企业改善市场绩效的市场行为主要有哪些?试举例说明企业能否通过某种市场行为达到期望中的市场绩效改善。
4. 关于市场绩效决定因素的争论的主要观点有哪些?

延伸阅读

1. 汪涛,贾煜,崔朋朋,吕佳豫. 外交关系如何影响跨国企业海外市场绩效. 中国工业经济,2020(7).
2. 曾贤刚. 我国水务产业市场绩效评价及其影响因素. 中国环境科学,2018(7).
3. 张新鑫,侯文华,申成霖. 价格管制、战略性创新激励与创新药市场绩效. 科研管理,2017(10).
4. 张新鑫,侯文华,申成霖,何强. 集中采购参与意愿、制药企业议价能力与药品市场绩效. 中国管理科学,2017(7).
5. 李唐,李青,陈楚霞. 数据管理能力对企业生产率的影响效应——来自中国企业—劳动力匹配调查的新发现. 中国工业经济,2020(6).
6. 吴超鹏,唐菂. 知识产权保护执法力度、技术创新与企业绩效——来自中国上市公司的证据. 经济研究,2016(11).
7. 盛丹,刘灿雷. 外部监管能够改善国企经营绩效与改制成效吗?经济研究,2016(10).

第二篇 产业结构▶

第九章 产业关联

> **本章提要**
>
> 社会化大生产过程中,各产业间通过要素市场和产品市场存在着广泛的联系。本章简要介绍了产业关联的具体方式,利用投入产出基本原理,重点讨论了在产业体系中特定产业的消耗系数和波及系数的计算方法,定量分析了产业之间的技术经济关联。

第一节 产业关联概述

任何一个社会经济系统都包含许多不同的产业。这些产业不仅具有自身独特的发展规律,而且呈现出某些共同的周期性特征,相互之间存在着直接或间接的影响。社会化大生产使得产业间相互制约、相互促进。一个产业的存在和发展通常需要以其他一些产业的存在和发展为前提,同时该产业的发展也会限制或促进其他产业的发展。

宽泛地说,产业关联是指在经济活动中,产业之间存在广泛的、复杂的和密切的技术经济联系。具体来说,产业关联是指产业之间通过产品市场和要素市场供求关系形成的互相关联、互为存在的内在联系。

产业关联的纽带即产业间发生联系的依托或者基础,主要包括:①产品、劳务联系。一个产业的产出品(除最终消费品的生产之外),为其他产业的生产提供投入品如原材料、能源、设备等;同时,它也需要其他行业的产品作为生产的投入品。在现代社会,脱离其他产业的支持,任何一个产业都不能持久存在,更不可能发展壮大。产品、劳务联系即产业之间的供给和需求关系,是产业间最基本的联系,是产业关联的基础。因此,在某种意义上,产业关联分析也可以称为投入产出分析。②生产技术联系。产业协调发展,不仅要求产业间相互提供的产品和服务在数量上相对均衡,也要求在质量和技术上符合关联产业的需要。因此,各产业间的生产工艺、生产技术状况及其变动有着必然的联系。一个产业的生产,需要其他产业为其提供技术水平层次相当的生产手段,同时它的发展也推动了其他产业的技术进步,从而使整个产业系统的技术水平不断向更高层次推进。③价格联系。市场经济中,产业之间的投入产出联系,主要是通过等价交换来实现,从而使产业间具有价格联系。某产业产出品价格变化,不仅会影响上下游产业以及替代品、互补品产业的市场规模,还会影响某些产业要素组合比例和技术水平。④劳动就业联系。非充分就业状态下,某产业的扩张不仅自身吸纳更多的劳动力,还会通过乘数效应带动国民收入增长和其他产业的扩张。在充分就业状态下,某产业增加劳动力,意味着其他产业减少劳动力，要求社会经济在产业间重新配置人力资源，引发产业结构的全面调整。⑤投资联系。产业协调发展要求所有产业同步发展，保证社会再生产顺利进行。对一个产业进行投资以便扩大生产规模，必然要求同时投资于相关产业。否则经济运行过程中必然出现瓶颈产业，所投资的产业的新增生产能力难以充分利用，投资目的难以实现。因此，总投资需要在全社会所有产业中进行合理分配，各产业的投资需要在量和质两方面协调进行。

按照产业间供给与需求联系，产业之间的关联可以划分为前向关联和后向关联。**前向关联**是指一个产业向其他产业提供产品或服务而发生的关联。**后向关联**是指一个产业需要其他产业的产品或者服务而发生的关联。

按照产业间技术工艺的方向和特点，产业之间的关联可以划分为单向关联、双向关联和多向关联。单向关联是指 A，B，C，D 等一系列产业间，上游产业为下游产业提供产品，以供其生产时直接消耗，但下游产业的产品不再返回上游产业的生产过程。双向关联是指两个产业形成了相互提供投入品和产品市场的关联，例如煤炭产业为电力产业提供燃料，电力产业为煤炭产业提供动力。多向关联是指 A，B，C，D 等产业间，上游产业为下游产业提供产品，作为下游产业的生产性直接消耗，同时下游产业的产品也返回相关的上游产业的生产过程。

按照产业间的依赖程度，产业之间的关联还可以划分为直接关联和间接关联。所谓直接关联，是指两个产业之间存在着直接的产品和技术联系。所谓间接关联，是指两个产业本身不发生直接的生产技术联系，而是通过其他产业间接联系。

产业关联分析不仅分析产业关联的方式和类型，还要具体测量产业关联效应。产业关联效应指的是一个产业的生产、产值、技术等方面的变化对其他产业产生直接和间接的影响。这种影响还具有地域和时间特性。

第二节 投入产出分析原理

投入产出分析由美国经济学家华西里·列昂惕夫（Wassily Leontief）在 20 世纪 30 年代提出，经过不断演进和广泛应用，已经成为产业关联分析的基本方法。投入产出分析就是运用投入产出表从数量上分析产业之间的相互依存关系。其分析结果可以作为一国（或地区）制定经济社会发展战略与政策的重要依据，也可为一个企业服务。

一、投入产出分析法概述

投入产出分析法简称投入产出法，是研究经济系统各个部分（作为生产单位或消费单位的产业、行业、产品等）间表现为投入与产出的相互依存关系的经济数量分析方法。它是经济学和数学相结合的产物。

所谓投入是指产品生产所需原材料、辅助材料、燃料、动力、固定资产折旧和劳动力的投入，它是任何产业从事某种经济活动都必须耗用的物质资料和必须使用的劳动力；所谓产出是指产品生产的总量及其分配使用的方向和数量，如用于生产消费（中间产品）、生活消费、积累和净出口等（后三者总称为最终产品）。它是任何产业从事某种经济活动所得到的成果，即产品或劳务。从国民经济各产业间的联系来看，一个产业的产出就是另一个或一些产业的投入，一个产业的投入就是另一个或一些产业的产出。在市场经济条件下，经济系统各个部分间投入和产出的相互依存关系表现为商品交换关系，即作为商品的相互购买者、作为资源的占用或使用者、作为销售者出售给最终消费者等的相互关系。

投入产出分析法，最初是由研究一国的国民经济各个产业间的联系发展起来的，因此被人们称为产业联系平衡法、产业关联等。但是，实际上它的应用范围目前已很广泛。它既可以应用于分析和计量一个地区（省、市、地、县）的经济活动、一个产业（行业）的经济活动，甚至一个公司或企业的生产经营活动，也可用于研究国际经济关系（包括许多国家的世界模型）。

无论是用于分析宏观、中观，还是微观经济，投入产出分析这种数量分析方法的基本原理是相同的。它主要运用线性代数等数学方法和电子计算机运算求解。某一经济系统的各个部分间的数量依存关系，是通过一个线性方程组来描述的，具体的经济结构的特点则由这些方程中的系数来反映。这些系数是由统计、预测或者其他数学推导方法测定的。

投入产出分析法自诞生之后，得到了广泛应用。迄今为止，已有很大的发展。特别是在实际的应用方面有更大的发展。它的发展表现在三个方面。

（一）投入产出分析原理的发展

早期的投入产出表及其模型比较简单，只是静态的产品投入产出表及其模型。几十年来，经过许多国家经济学家的研究和应用，投入产出分析法的原理已经比较成熟，并且在深度方面又有很大的发展，如外生变量内生化、静态模型向动态模型发展、投入产出的优化模型，等等。另外，投入产出分析法与其他数量经济分析方法的结合和相互渗透是当前发展的一个趋势，如与经济计量方法、经济控制论等的结合。

（二）投入产出模型的扩展

投入产出分析不仅在原理和方法论的深度方面有很大发展，而且在应用范围的广度方面也有所扩大。如反映地区内和地区间投入产出关系的地区投入产出模型的研究，及由此进一步扩展的国际贸易和世界模型[①]；核算劳动力、固定资产、投资等的投入产出模型；产业的时间关联分析；把环境污染及相应的处理污染的劳务纳入投入产出表的核算环境污染投入产出模型，以及应用投入产出的基本原理来研究其他各种特殊领域内的问题的其他投入产出模型等。

（三）投入产出表及其模型的编制方法和手段的改进

在现代计算机技术支持下，投入产出分析中编表和建模的自动化如 UML（unified modeling language），显著减少了计算强度，提高了计算精度和速度。

二、投入产出分析的理论依据

投入产出分析是一种定量分析方法，它的理论基础，列昂惕夫本人说是瓦尔拉斯（Walras）的一般均衡理论，"投入产出法是用新古典学派的一般均衡理论，对各种错综复

---

① 《中国统计年鉴 2020》公布了非竞争型投入产出表，在投入部分增加了进口栏。

杂的经济活动之间在数量上相互依赖关系进行经验研究"[①]。

一般均衡理论认为，国民经济由消费主体——居民户和生产主体——企业所构成。一方面，居民通过市场向企业提供劳动力和资本以获得收入，再用收入从市场上购买企业所生产的消费品；另一方面，企业从市场上购买居民和其他企业提供的各种生产要素，组织生产过程，再把它的产品销售给居民和其他企业。这样，各种消费品和各种生产要素，通过各种市场在居民、企业和各企业之间进行循环。一般均衡理论假定：消费者在一定的预算约束下追求效用最大；生产者追求利润最大（成本最小）。从逻辑上可以证明，经济主体追求最大化的行为可以使所有市场在一组价格的调节下，实现供给和需求的完全相等，即存在一组价格（也称为均衡价格），使所有市场都实现均衡，这就是一般均衡。假如某个市场的供求关系发生了变化，那么必然导致该市场的价格发生变化，从而引起其他市场的供求关系也发生变化，进而引起一系列的价格调整，直至最后形成新的均衡价格，实现新的市场均衡。因此，分析市场供求关系必须把所有市场联系起来进行一般均衡分析。

瓦尔拉斯是用联立方程组来描述一般均衡状态的，方程组的解就是均衡价格体系。但瓦尔拉斯的模型是一种纯粹理论抽象，它无法对实际的经济活动进行实证性分析。列昂惕夫的投入产出分析可以说是通过一些假定而对瓦尔拉斯一般均衡模型所做的简化。简化主要有以下几个方面。

(1) 用产业代替瓦尔拉斯模型中的企业和消费者。假定每个产业只生产一种特定的同质产品。同一产业内的产品在各种用途上是可以相互代替的，因为它们是同质的；而不同部门的产品之间是不能代替的，因为它们是不同质的。这样，产业之间的投入产出关系就由物质技术因素决定。而且，列昂惕夫模型比瓦尔拉斯模型中的方程个数大大减少，从而可以在实际中应用。

(2) 假定生产的规模收益不变。即假定每个产业产品的产出量与对应它的各种投入量成固定比例。这样，投入与产出就成为线性关系，从而列昂惕夫投入产出模型就成为线性联立方程组。

(3) 假定各产业的生产活动互不影响。即每个产业的产出由本产业的生产活动来决定，而不受其他产业生产活动的影响，国民经济的总产出等于每个产业产出之和。如果没有这样的假定，一个产业的产出受到其他产业生产活动的影响，那么该产业的投入和产出的关系就变得不确定，也就无法进行投入产出分析了。

(4) 假定消耗系数在一定时期相对稳定。在投入产出分析中，消耗系数是关键性数据，它们主要决定于各产业之间的生产技术联系。一般地说，在一个不太长的时期内生产技术条件变化不大，可以假定消耗系数具有相对稳定性。这样，投入产出分析就可以运用于经济预测。

(5) 用一个年度的数据来计算消耗系数。在静态投入产出分析中，假定所有投入都是在一年内完成的，所有产出都是在一年内生产的。这样，就使生产时间上的差异问题被简化了。

---

① 列昂惕夫. 投入产出经济学. 北京：商务印书馆，1980：142.

上述各项简化便利了投入产出分析的同时，也局限了其进一步推广应用。

三、投入产出表的结构形态

（一）实物型投入产出表

投入产出表就是全面反映在一定时期（通常为一年）内，国民经济中各产业的投入来源及其产品去向的一种表。按各种产品的实物单位来计量的就是实物型投入产出表。

一般地说，可以假设国民经济是由 n 个生产产品的产业所组成，它们分别被称为第 1 产品产业、第 2 产品产业……第 n 产品产业。任何一个产业在生产过程中都必须要以其他产业的产品和本产业的产品作为投入物，任何一个产业的产品都可以作为其他产业和本产业的投入物，并且还有部分作为满足社会的最终需求，包括消费需求、积累需求以及出口国外。表 9-1 表示了在一定时期内产业间的这种投入产出关系，也就是通常所说的投入产出表。

表 9-1 实物型投入产出表

投入＼产出	中间产品					最终产品				总产品
	产业 1	产业 2	…	产业 n	小计	积累	消费	净出口	小计	
产业 1	X_{11}	X_{12}	…	X_{1n}	$\sum_{i=1}^{n} X_{1i}$				Y_1	X_1
产业 2	X_{21}	X_{22}	…	X_{2n}	$\sum_{i=1}^{n} X_{2i}$				Y_2	X_2
⋮	⋮	⋮	⋮	⋮	⋮				⋮	⋮
产业 n	X_{n1}	X_{n2}	…	X_{nn}	$\sum_{i=1}^{n} X_{ni}$				Y_n	X_n

在表 9-1 中，X_{ij} 表示 j 产业产品在生产过程中对 i 产业产品的消耗量，也称 i 产业产品分配到 j 产业的流量；Y_i 表示 i 产业的最终产品数量；X_i 表示 i 产业的总产品量；n 表示所划分的产业数。

可以把实物型投入产出表分为两部分来理解，左边第一部分中间产品部分是基本部分，也可以称为产业间产品的流量表。这部分的"行"和"列"数目相同，产业分类的名称和顺序也完全一致。这一部分里的数字表示在本期生产的而又在本期生产过程中被消耗了的产品量，故也被称为中间产品。这些消耗量数字实质上反映的是产业间的物质技术联系，数字的大小是由产业的工艺技术结构决定的。右边第二部分是最终产品部分。最终产品是本期生产的而在本期不再加工的，可用于最终使用的产品。最终产品在各个用途上的分配主要是由社会经济因素决定的。

整个投入产出表横向来看，表中每一行的数字表示该产业生产的产品作为中间产品卖给了哪些产业，卖了多少，又有多少产品作为最终产品满足了各项最终需求。对于每一个产业,由于总产品=中间产品+最终产品,故根据表 9-1,可得线性方程组。

$$\begin{cases} X_{11}+X_{12}+\cdots+X_{1n}+Y_1=X_1 \\ X_{21}+X_{22}+\cdots+X_{2n}+Y_2=X_2 \\ \cdots\cdots\cdots\cdots \\ X_{n1}+X_{n2}+\cdots+X_{nn}+Y_n=X_n \end{cases} \quad (9-1)$$

纵向来看,表中每一列的数字表示该产业进行生产所必需的从包括本产业在内的各个产业购进多少中间产品作为投入,以及最终产品的实物构成。在实物型投入产出表中,每一列的各个数字由于计量单位不同,不能直接相加。

实物型投入产出表描述的是产业间的生产技术关系,且计量值不受价格波动的影响。因此,它比较适合于用来研究国民经济中主要产品的生产和使用情况,以及研究产品之间的生产技术联系。但它的每列数字不能加总,故不能得到每种产品生产过程中的物质消耗(投入)总量,加之实物型的统计资料收集较为困难等因素,使它在经济分析中的应用受到了一定的限制。

(二)价值型投入产出表

价值型投入产出表记录了全部用货币计量的中间产品价值、最终产品价值、毛附加价值以及总产值。表 9-2 是价值型投入产出表,它是在实物型投入产出表基础上所做的扩充。

表 9-2 价值型投入产出表

投入	产出	中间产品				最终产品				总产品
		产业1	产业2	⋯	产业n	小计	积累	消费	净出口	小计	
物质消耗	产业 1	X_{11}	X_{12}	⋯	X_{1n}					Y_1	X_1
	产业 2	X_{21}	X_{22}	⋯	X_{2n}					Y_2	X_2
	⋮	⋮	⋮		⋮					⋮	⋮
	产业 n	X_{n1}	X_{n2}	⋯	X_{nn}					Y_n	X_n
毛附加值	折旧	D_1	D_2	⋯	D_n						
	劳动报酬	V_1	V_2	⋯	V_n						
	社会纯收入	M_1	M_2	⋯	M_n						
总产值		X_1	X_2	⋯	X_n						

表 9-2 中,X_{ij} 表示 j 产业生产过程中消耗 i 产业产品的价值量,Y_i 表示 i 产业最终产品的价值量,X_i 表示 i 产业的总产值,D_i 表示 i 产业的固定资产折旧额,V_i 表示 i 产业的劳动报酬,M_i 表示 i 产业向社会提供的纯收入。

表 9-2 中第一、第二部分同实物型投入产出表相对应,只是数字反映的不是实物量而是价值量,增加的左下方第三部分包括折旧和净产值。这一部分从纵向来看,每一列的

数字反映了每个产业的毛附加价值的构成情况；横向来看，每一行的数字反映了毛附加价值每一项是由哪些产业提供的。由于增加了第三部分，且统一用货币计量，故每一列的数字可以加总，这样就可以得到以下线性方程。

（1）横向看，各产业的总产值=各产业提供的中间产品价值+各产业最终产品价值。

$$\begin{cases} X_{11}+X_{12}+\cdots+X_{1n}+Y_1=X_1 \\ X_{21}+X_{22}+\cdots+X_{2n}+Y_2=X_2 \\ \cdots\cdots\cdots \\ X_{n1}+X_{n2}+\cdots+X_{nn}+Y_n=X_n \end{cases}$$

简记为
$$\sum_{j=1}^{n} X_{ij} + Y_i = X_i \quad (i=1, 2, \cdots, n) \tag{9-2}$$

（2）纵向看，各产业的总产值=各产业消耗的中间产品价值+各产业的毛附加价值。

$$\begin{cases} X_{11}+X_{12}+\cdots+X_{1n}+D_1+V_1+M_1=X_1 \\ X_{21}+X_{22}+\cdots+X_{2n}+D_2+V_2+M_2=X_2 \\ \cdots\cdots\cdots \\ X_{n1}+X_{n2}+\cdots+X_{nn}+D_n+V_n+M_n=X_n \end{cases}$$

简记为
$$\sum_{j=1}^{n} X_{ji} + D_i + V_i + M_i = X_i \quad (i=1, 2, \cdots, n) \tag{9-3}$$

（3）把一个产业的横向数字和纵向数字联系起来看，由（9-2）式和（9-3）式，可得

$$\sum_{j=1}^{n} X_{ij} + Y_i = \sum_{j=1}^{n} X_{ji} + D_i + V_i + M_i \quad (i=1, 2, \cdots, n) \tag{9-4}$$

（4）就整个国民经济来说，横向看的总产值和纵向看的总产值必然相等。也就是把方程组（9-4）中的 n 个方程（$i=1, 2, \cdots, n$）连加起来。

$$\sum_{i=1}^{n}\left(\sum_{j=1}^{n} X_{ij} + Y_i\right) = \sum_{i=1}^{n}\left(\sum_{j=1}^{n} X_{ji} + D_i + V_i + M_i\right) (i=1, 2, \cdots, n)$$

即
$$\sum_{i=1}^{n} Y_i = \sum_{i=1}^{n} (D_i + V_i + M_i) \quad (i=1, 2, \cdots, n) \tag{9-5}$$

四、直接消耗系数和完全消耗系数

（一）直接消耗系数

直接消耗系数是指生产单位产品对某一产业产品的直接消耗量。如果用 a_{ij} 表示第 j 产业产品对第 i 产业产品的直接消耗系数，即生产单位 j 产业产品所消耗的 i 产业产品的数量，那么有 $a_{ij}=X_{ij}/X_j$。[①]

由实物型投入产出表可以确定实物直接消耗系数，由价值型投入产出表可以确定价值直接消耗系数。根据表 9-1 和表 9-2 中的数据，可以计算出全部直接消耗系数，它们可

---

① 类似地有分配系数，指第 i 产业单位产出分配给第 j 产业中间使用的数量。

以排列成两个系数矩阵。

$$实物直接消耗系数矩阵\ A = \begin{bmatrix} \bar{a}_{11} & \bar{a}_{12} & \cdots & \bar{a}_{1n} \\ \bar{a}_{21} & \bar{a}_{22} & \cdots & \bar{a}_{2n} \\ \vdots & \vdots & & \vdots \\ \bar{a}_{n1} & \bar{a}_{n2} & \cdots & \bar{a}_{nn} \end{bmatrix}$$

$$价值直接消耗系数矩阵\ A = \begin{bmatrix} a_{11} & a_{12} & \cdots & a_{1n} \\ a_{21} & a_{22} & \cdots & a_{2n} \\ \vdots & \vdots & & \vdots \\ a_{n1} & a_{n2} & \cdots & a_{nn} \end{bmatrix}$$

这样,(9-2)式 $\sum_{j=1}^{n} X_{ij} + Y_i = X_i$ 的矩阵式可写成 $AX+Y=X$,变形为 $(I-A)X=Y$。其中,X 由各产业总产品数量 X_i 作为列向量构成,Y 由各产业最终产品数量 Y_i 作为列向量构成。

运用直接消耗系数计算方法,还可以计算实物表中劳动的直接消耗系数、价值表中资本的直接消耗(折旧)系数、劳动报酬系数、社会纯收入系数、国民收入系数等。

相应地,直接分配系数是一个部门提供给各部门使用的产品数量占该部门总产量的比例。

(二)完全消耗系数

直接消耗系数反映的是两个产业间的产品直接消耗关系。但一种产品对另一种产品的消耗不仅有直接消耗,而且还有间接消耗。例如,生产汽车除了直接消耗电力外,还同时消耗钢铁、轮胎、木材等产品,而生产这些产品也需要消耗电力,这是汽车对电力的第一次间接消耗。进一步分析,在炼钢、制造轮胎、采伐木材的过程中需要消耗生铁、焦炭、橡胶、工具和设备等产品,而生产这些产品也需要消耗电力,这是汽车对电力的第二次间接消耗。这个过程还可以继续推导下去。一般来说,生产一种产品发生多少次间接消耗,根据各产品工艺技术特点的不同而不同。

生产一种产品对某种产品的直接消耗和全部间接消耗的总和被称为完全消耗,相应地,直接消耗系数和全部间接消耗系数的总和就是完全消耗系数,以 b_{ij} 来表示 j 产业产品对 i 产业产品的完全消耗系数。

我们可以以汽车生产(设为 j 产业)对电力(设为 i 产业)的完全消耗为例来计算 b_{ij}。从前面的举例可以看出,汽车生产对电力的消耗有很多次,如果用一次一次计算间接消耗的办法去确定完全消耗系数,需要的工作量太大以至于无法做到。但是,汽车生产对电力的直接消耗系数是容易计算的,如果能找到完全消耗系数与直接消耗系数之间存在的某种相互关系,就能够比较简便地从直接消耗系数来推算出完全消耗系数。

根据这一设想,计算汽车生产对电力的完全消耗系数 b_{ij} 可以分为以下几步。第一步,假定所有产业对电力的完全消耗系数 b_{ik}($k=1,2,\cdots,n$)已知;第二步,计算出汽车生产对所有产业的直接消耗系数 a_{kj}($k=1,2,\cdots,n$),如汽车生产对某个产业没有直接消耗，则汽车生产对该产业的直接消耗系数为零；第三步，计算出汽车生产通过直接消耗每个产业的产品而形成的对电力的全部间接消耗系数 $b_{ik} \cdot a_{kj}$ ($k=1, 2, \cdots, n$)，并把它们加总，$\sum_{k=1}^{n} b_{ik} a_{kj}$ 就是汽车生产对电力的全部间接消耗系数；第四步，计算出汽车生产对电力的完全消耗系数 b_{ij}。

$$b_{ij} = a_{ij} + \sum_{k=1}^{n} b_{ik} a_{kj} \quad (i, j = 1, 2, \cdots, n) \tag{9-6}$$

一般地，(9-6) 式对所有产业都是适用的。

所有产业的完全消耗系数矩阵 B 可以写成 $(I-A)^{-1} - I$，其中 I 是单位矩阵，$(I-A)^{-1}$ 是矩阵 $(I-A)$ 的逆矩阵，又名列昂惕夫逆矩阵[①]，简称逆矩阵。

第三节　投入产出分析应用

一、结构分析

《中国统计年鉴》按时发布基于部门投入产出表的中国直接消耗系数表和完全消耗系数表。截至目前，已公布 1982 年、1987 年、1992 年、1997 年、2002 年、2007 年、2010 年等版本。

基于直接消耗和完全消耗系数，可以分析一个经济体内部的结构关联以及某个外生变量对经济体的结构性影响。

结构分析就是运用投入产出法来研究产业之间关系结构的特征及比例关系。

（一）产出结构——中间需求率

在投入产出表中，从横向来看，每个产业的总产品都由中间产品和最终产品这两部分构成。或者从对产品的需求角度说，对每个产业产品的总需求由所有产业对它的需求（中间需求）和消费、积累以及出口的需要（最终需求）所构成。总需求中中间需求和最终需求的构成比例是反映产业技术经济特征的一个重要数据，可以用中间需求率来表示。

i 产业中间需求率（l_i）就是投入产出表中 i 产业的中间需求 $\sum_{j=1}^{n} X_{ij}$ 和 i 产业的总需求 X_i 之比。

$$l_i = \frac{\sum_{j=1}^{n} X_{ij}}{X_i} \quad (i = 1, 2, \cdots, n) \tag{9-7}$$

中间需求率指标反映了各个产业的产品有多少作为原料（中间需求）为其他产业产品的生产所需要。中间需求率越高，这个产业就越带有原材料产业的性质。相应地：

---

① 等式 $(I-A) X = Y$ 两边同时乘以矩阵 $(I-A)^{-1}$，前式变形为 $X = (I-A)^{-1} Y$，从而得到了列昂惕夫逆矩阵 $(I-A)^{-1}$。列昂惕夫逆矩阵包含了一个单位的最终产品，所以目前大家所说的完全消耗系数在列昂惕夫逆矩阵基础上扣除了最终产品，即 $(I-A)^{-1} - I$。

$$最终需求率 = 1 - 中间需求率$$

一个产业的最终需求率越高,这个产业就越带有提供最终产品的性质。

(二) 投入结构——中间投入率

从投入产出表的纵向来看,各个产业的总投入等于中间投入和最初投入(毛附加价值)之和。可以用中间投入率指标反映它们之间的构成比例关系。j产业的中间投入率(L_j)就是投入产出表中j产业的中间投入$\sum_{i=1}^{n} X_{ij}$和j产业的总投入X_j之比。

$$L_j = \frac{\sum_{i=1}^{n} X_{ij}}{X_j} \quad (j = 1, 2, \cdots, n) \tag{9-8}$$

这个指标就是生产单位产值的产品需要从其他产业购进的原材料在其中所占的比重。相应地,1-中间投入率=附加价值率(把折旧作为中间投入)。所以中间投入率越高,附加价值率就越低;反之,附加价值率越高,中间投入率就越低。

根据某产业的中间需求率和中间投入率,可以看出该产业在国民经济体系中主要是生产中间产品还是最终产品。表9-3中,Ⅰ部分多为第一产业;Ⅱ和Ⅲ部分大体为第二产业;Ⅳ部分则是第三产业。这四个部分在社会再生产过程中形成一个立体结构。其中Ⅰ、Ⅱ、Ⅲ部分是一国经济的物质生产产业。Ⅰ、Ⅱ部分基本是生产中间产品的产业,这些产业产品中的大部分是作为Ⅲ部分中产业的投入,Ⅲ部分中的产业加工来自Ⅰ、Ⅱ部分中产业的中间产品,然后投放到最终需求中去。Ⅳ部分中的产业是产品移动的中介产业(渔业除外)。

表9-3 各产业的中间需求率和中间投入率的差异

项目	中间需求率小	中间需求率大
中间投入率大	Ⅲ最终需求型产业 日用杂货、造船、皮革及皮革制品、食品加工、粮食加工、运输设备、机械、木材、木材加工、非金属矿物制品、其他制造业	Ⅱ中间产品型产业 钢铁、纸及纸制品、石油产品、有色金属冶炼、化学煤炭加工、橡胶制品、纺织、印刷及出版
中间投入率小	Ⅳ最终需求型基础产业 A. 渔业 B. 运输、商业、服务业	Ⅰ中间产品型基础产业 农业、林业、煤炭、金属采矿、石油及天然气、非金属采矿、电力

此外,通过投入产出模型对错综复杂的经济现象按一定需要进行分析,如农、轻、重比例分析;积累与消费比例分析;国民经济各产业分析以及经济效益分析等。

二、波及效果分析

产业波及,是指国民经济产业体系中,当某一产业发生变化,这一变化会沿着不同的产业关联方式，引起与其直接相关的产业的变化，并且这些相关产业的变化又会导致与其直接相关的其他产业的变化，依次传递，影响力逐渐减弱，这一过程就是波及。这种波及对国民经济产业体系的影响，就是产业波及效果。

投入产出法不仅可以用来研究产业之间的比例关系和关系结构的特征，还可以利用投入产出表推算出来的参数，研究表中某些数据发生变化时对其他数据发生的影响。这种分析主要有三个方面：一是当某个产业的生产活动发生变化时而对其他产业生产活动所产生的影响，或某个产业生产活动受其他产业生产活动变化的影响。二是当某个或某些产业的最终需求发生变化时，对国民经济各产业所产生的影响。三是当某个产业的毛附加价值发生变化时，对国民经济各产业所产生的影响。

（一）某产业的感应度系数和影响力系数

任一产业的生产活动通过产业之间的相互关联，必然影响和受影响于其他产业的生产活动。感应度系数描述一个产业受到其他产业影响的程度，具体指国民经济各部门均增加一个单位最终产品时某产业增加的产出量。它是衡量某产业前向关联广度和深度的指标，也称为前向关联系数。在经济快速增长时期，感应度系数较大的产业受到较大的社会需求压力，可能成为瓶颈产业，制约社会经济的发展。

列昂惕夫逆矩阵 $(I-A)^{-1}$ 横行上的数值就是反映该产业受到其他产业影响程度即感应度系数的系列，它表明其他产业最终需求的变化而使该产业生产发生变化的程度。横向系数的平均值可看作该产业受其他产业影响的平均程度。①

$$某产业的感应度系数 = \frac{该产业横行逆阵系数的平均值}{全部产业横行逆阵系数的平均值}$$

影响力系数描述一个产业影响其他产业的程度，具体指国民经济某产业增加一个单位最终产品时，对国民经济各产业所产生的生产需求波及程度。影响力系数越大，该产业对其他产业的拉动作用也越大。它是衡量产业后向关联广度和深度的指标，也称为后向关联系数。利用影响力系数，可以测算某项大型工程项目投资，重大事件如地震等对国民经济需求方面的影响。

列昂惕夫逆矩阵 $(I-A)^{-1}$ 纵列上的数值反映的是该产业最终需求的变化对其他产业的影响程度即影响力系数的系列，也就是该产业最终需求的变化而使其他产业生产发生相应变化的程度。纵列系数的平均值是该产业对其他产业施加影响的平均程度。

$$某产业的影响力系数 = \frac{该产业纵列逆阵系数的平均值}{全部产业纵列逆阵系数的平均值}$$

当影响力系数大于1时，则表示该产业的生产对其他产业所产生的波及影响程度超过社会平均影响力水平（即各产业所产生的波及影响的平均值）；影响力系数等于1时，则表示该产业的生产对其他产业所产生的波及影响程度等于社会平均影响力水平；当影响力系数小于1时，则表示该产业的生产对其他产业所产生的波及影响程度低于社会平均影响力水平。显然，影响力系数 F_j 越大，第 j 产业对其他产业的拉动作用越大。同理，感应度

---

① 开放经济条件下，有学者建议使用分配系数计算感应度系数。

系数也可以作类似的解释。

各个产业的感应度系数和影响力系数,因工业化的不同阶段以及不同国家在产业结构上的差异而有所区别。一般来说,在工业化过程中,重工业大都表现为感应度系数较高,而轻工业大都表现为影响力系数较高。

(二) 某产业的生产诱发系数与产业对最终需求的依赖度系数

生产诱发系数用来计算某产业的某项最终需求(消费、投资、出口等)对生产的诱导程度。生产诱发系数是指该产业的各种最终需求项目的生产诱发额除以相应的最终需求项目的合计所得的商。生产诱发额是指对于某产业的某项最终需求量,由产业间的波及效果所激发的全部生产额。计算生产诱发额的方法是:矩阵 $(I-A)^{-1}$ 系数表上该产业行向量分别乘以某项最终需求的列向量,然后加总。生产诱发系数等于生产诱发额除以全部产业该项最终需求的总和。

$$\text{某最终需求项目对某产业的生产诱发系数} = \frac{\text{某最终需求项目对该产业的生产诱发额}}{\text{各产业某最终需求项目的合计数额}}$$

生产的最终依赖度是用来测量各产业部门的生产对最终需求项目(消费、投资、出口等)依赖程度大小,也就是说最终需求对各产业生产的直接或间接的影响程度就是生产的最终依赖度。

$$\text{某产业的生产对各个最终需求项目的依赖度} = \frac{\text{该产业各个最终需求项目的生产诱发额}}{\text{该产业各个最终需求项目生产诱发额合计}}$$

生产的最终依赖度的作用在于认识各产业的生产对市场需求的依赖程度;其经济含义是指各产业的生产受到了哪种最终需求多大的支持。由于使用了列昂惕夫逆矩阵 $(I-A)^{-1}$ 作为工具,因此,产业的最终需求依赖度不仅考虑了直接的而且还考虑了间接的最终需求对产业生产的影响。

有了最终需求依赖度系数,我们就可以了解各个产业的生产是主要依赖消费还是投资或是出口。据此,可把各个产业分类为"依赖消费型"产业、"依赖投资型"产业和"依赖出口型"产业等。

(三) 其他波及效果

特定需求主要指某些大型投资如公路建设、主办奥运会所造成的大量需求。这些需求将会直接或间接影响产业发展。如果关联产业没有得到相应发展,无疑会导致该产业最终产品供给不足。对某特定需求的波及效果分析,要先将该特定需求的最终产品按照产业分类进行分解,然后分别计算各最终产品的生产诱发额。

计划 k 产业的产量增加 ΔX_k,需要规划关联产业的扩张计划。某产业的波及效果分析,要先将依据有关信息把 ΔX_k 分解成各产业的新增直接消耗,然后作为最终需求分别计算生产诱发额。

此外,还可以利用投入产出方法,分析综合就业需要量系数和综合资本需要量系数、某产业生产率变化的波及效果预测、某产品价格的变动对其他产品价格的影响等。

案例

中国旅游产业关联分析

旅游业是以旅游资源为凭借、以旅游设施为条件，向旅游者提供旅行游览服务的行业。广义的旅游业指从事招徕、接待游客、为其提供交通、游览、住宿、餐饮、购物、文娱六个环节的综合性行业。在中国，狭义的旅游业务主要指旅行社、旅游饭店、旅游车船公司以及专门从事旅游商品买卖的旅游商业等行业，即"为社会各界提供商务、组团和散客旅游服务的行业，包括向顾客提供咨询、旅游计划和建议、日程安排、导游、食宿和交通等服务的部门（国家统计局，2008）"，在国家统计局经济核算体系中属于第三产业的房地产业的租赁和商贸服务业。

由于部门分类和比较基准的差异，不同学者计算的中国旅游产业关联各类系数存在一定的差异。总的来说，中国旅游业中间需求率小、中间投入率大，有较高的后向产业关联度，对国民经济有较大拉动作用，且拉动作用日益增强。但旅游业前向产业关联度弱，内生增长动力不足。旅游产业属于劳动密集型产业，其产品主要用于消费，具有较强的就业效应和较高的消费效应。

一、中国旅游产业前后向关联度分析

从消耗系数看，中国旅游业与吃、住、行相关产业的后向关联度长期保持较高水平，而与购、娱等相关产业的后向关联度则维持在较低水平。总的来说，中国旅游产业后向关联度高于国民经济平均水平。刘晓欣等[1]（2011）发现，不管是直接消耗，还是完全消耗系数，旅游业对工业、住宿业、运输业、餐饮业以及金融业的消耗系数都有较大程度的提高，说明旅游业的发展对这些产业或部门的带动能力越来越大。从总的直接消耗系数来看，2007年旅游业每产出1万元，需要直接消耗中间投入6 834元，相比2002年提高了49%。

从分配系数看，与国际水平类似，我国旅游业的前向关联度有所提高，但仍然远低于国民经济平均水平，旅游业对其他产业发展的支撑作用不明显。这是由旅游产业本身的特点所决定的，旅游行业的产品主要用于直接消费，而不是作为中间投入。

二、中国旅游产业影响力系数、感应度系数分析

旅游业的影响力系数大于感应度系数且在明显增长，说明旅游业对于整个国民经济的推动作用要大于其本身受到国民经济发展后的拉动作用。吴三忙（2012）发现[2]，1997、2002、2007年的影响力系数分别是0.911、0.924、1.137，增长明显，已经超过国民经济平均水平，在第三产业中仅略低于卫生、社会保障和社会福利业、住宿和餐饮业。相应地，感应度系数分别是0.48、0.487、0.438，远低于国民经济平均水平。潘盛俊发现[3]，2010年相比2007年影响力系数再次提高了20%。

---

[1] 刘晓欣，胡晓，周弘. 中国旅游产业关联度测算及宏观经济效应分析，旅游学刊，2011（3）.
[2] 吴三忙. 产业关联与产业波及效应研究，产业经济研究，2012（1）.
[3] 潘盛俊. 我国旅游业关联度测算与经济增长的关系研究，统计与决策，2013（15）.

综合比较中国旅游业的影响力和感应度系数，可以看出，前者大于后者，说明中国旅游业对国民经济发展的拉动作用明显大于受国民经济发展的拉动作用，再比较中国旅游业的影响力系数和感应度系数，可以得出同样的结论。同时，从变化趋势来看中国旅游业对国民经济的拉动作用在增强，而受国民经济发展的拉动作用有所减弱。

三、中国旅游产业最终需求效应分析

在劳动报酬系数普遍下降的背景下，中国旅游业的劳动报酬系数较大且还在稳步提高，一定程度上说明旅游业是劳动力密集型产业，对就业的带动作用相对较强。发展旅游业，就能改善社会的就业状况。

刘晓欣等（2011）发现，与其他行业部门相比较，2002年度和2007年度旅游业的最终消费系数都处于较高水平，旅游业每1万元的总产品中分别有6 237元（2002年）和6 354元（2007年）用于消费，消费占总产出的比重超过60%。这说明旅游业总产出中大部分用于消费，大力发展旅游业是刺激消费需求的重要手段。旅游业的出口系数分别为0.164 5（2002年）和0.084 3（2007年），数值有所下降，说明中国的旅游服务虽对国外游客具有一定的吸引力，但国内旅游消费占据主导地位，其系数下降表明国内旅游消费主导地位的上升，拓展旅游业国际市场潜力和空间较大。

吴三忙（2012）发现，与1997年生产诱发系数和对最终需求的依赖程度相比，2007年旅游业生产对消费的依赖度从49%大幅提高到77%，对投资的依赖度从近乎0提高至8%，对出口的依赖度从51%下降到15%。国内旅游消费需求已成为中国旅游业最终消费需求的绝对主体。

结合本案例，请讨论下列问题：
1. 如何认识旅游业在国民经济中的关联作用？
2. 请根据有关经济原理，说明如何促进旅游业的发展。

本章小结

- 投入产出分析是研究经济系统各个部分间表现为投入与产出的相互依存关系的经济数量分析方法。它既可以应用于分析和计量一个地区的经济活动、一个部门的经济活动甚至一个公司或企业的生产经营活动，也可用于研究国际经济关系。

- 投入产出分析的理论基础是瓦尔拉斯的一般均衡理论，但列昂惕夫的投入产出分析是通过一些假定而对瓦尔拉斯一般均衡模型所做的简化，完全排除了瓦尔拉斯一般均衡理论的核心——价格对市场的调节作用，这一点可以看作是一般均衡理论能够应用于实证分析而付出的代价。

- 直接消耗系数是指生产单位产品对某一产业产品的直接消耗量，它反映了两个产业间的直接消耗关系。但一种产品对另一种产品的消耗不仅有直接消耗，而且还有间接消耗。一种产品对某种产品的直接消耗和全部间接消耗的总和被称为完全消耗，相应地，直接消耗系数和全部间接消耗系数的总和就是完全消耗系数。

- 投入产出模型按照分析时期的不同，可分为静态模型和动态模型两大类。所谓静态分析，是指分析中不包含时间因素，最终产品部分只分为积累和消费两部分，并没有把固定资产投资单列出来，也看不出它们同生产发展的关系,这种分析只反映一段时间内的情况。动态分析是对静态分析的发展,它主要是研究投资同生产发展的关系,能反映国民经济的发展过程。

● 投入产出法不仅可以用来研究产业之间的比例关系和关系结构的特征,还可以利用投入产出表推算出来的参数,研究表中某些数据发生变化时对其他数据发生的影响,尤其是产业波及效果。

关键词

投入产出分析(input-output analysis);投入产出表(input-output table);产业关联(industrial connection);直接消耗系数(index of direct consumption);完全消耗系数(index of complete consumption);感应度系数(reaction coefficient);影响力系数(influence coefficient)

自测自评

复习思考题

1. 怎样认识投入产出分析法的理论基础?
2. 简述投入产出表中"中间产品""最终产品"的经济含义。
3. 消耗系数能否反映产业中的科学技术水平?
4. 如何计算感应度系数与影响力系数?它们的经济含义是什么?
5. 何谓生产诱发系数?如何计算该系数?

延伸阅读

1. 袁建文. 投入产出分析实验教程. 上海:格致出版社,2011.
2. 刘起运,等. 投入产出分析. 北京:中国人民大学出版社,2011.
3. 王然,等. FDI对我国工业自主创新能力的影响及机制——基于产业关联的视角. 中国工业经济,2010(11).
4. 蒋萍,王勇. 基于投入产出的中国金融业产业关联效应. 财政研究,2012(11).
5. 郭际,等. R&D投入的综合效应测算及政策启示,科学学研究,2014(05).
6. 刘世锦,韩阳,王大伟. 基于投入产出架构的新冠肺炎疫情冲击路径分析与应对政策. 管理世界,2020(05).

第十章 产业结构的演进

> **本章提要**
>
> 本章系统阐述影响产业结构的因素,讨论并验证产业结构演进规律,并探讨产业结构优化问题,包括产业结构优化的含义、产业结构合理化与产业结构高度化及其基准。

第一节 影响产业结构的因素

党的十九大报告指出:"我国经济已由高速增长阶段转向高质量发展阶段,正处在转变发展方式、优化经济结构、转换增长动力的攻关期,建设现代化经济体系是跨越关口的迫切要求和我国发展的战略目标。"而产业结构与经济增长和发展质量息息相关,不同的发展阶段有不同的产业结构。

产业结构(industrial structure)这一经济范畴,从经济学发展史上考察,它是 20 世纪 50 年代中期才出现的新概念。当时日本在制定经济发展战略的讨论中,用产业结构一词来概括产业之间的关系。产业结构的含义曾引起学术界的广泛讨论,一些学者认为产业结构理论有狭义与广义之分。狭义产业结构理论是指研究产业之间关系结构的理论,其中包括以研究产业之间比例关系及其变化为宗旨的"产业发展形态理论"和以研究产业之间投入产出联系为宗旨的"产业联系理论";而广义的产业结构理论中还包括研究产业内的企业间关系的"产业组织理论"。例如,"产业组织理论"的创始人贝恩在 1966 年出版的《产业结构的国际差异》(*International Differences in Industrial Structure*)一书中所说的"产业结构"(industrial structure),并非指产业之间的关系结构,而是指产业内的企业间关系。但他在 1959 年出版的《产业组织》(*Industrial Organization*)一书中,就已经把产业内企业间关系用"产业组织"的概念来概括了。到 20 世纪 60 年代,产业结构的含义仍未达成共识,有的把产业结构视为某个产业内部的企业间关系,也有的把产业结构视为各个产业之间的关系结构,还有的把产业结构视为产业的地区分布状况。

一般而言,产业结构有三种含义:第一,指社会再生产过程中,生产资料和生活资料的物质生产部门之间的生产联系和比例关系,主要是农业、轻工业、重工业三者之间的比例关系。第二,指国民经济中各物质生产部门内部的组成及其相互间的生产联系和比例关系,如工业内部原料工业与加工工业之间的比例关系。第三,指国民经济中各产业(包括非物质生产部门)的组成及其相互间的联系和比例关系,主要指第一、第二、第三产业之间的联系和比例关系。本章所称的产业结构是指再生产过程中形成的各产业间的相互联系和数量比例关系。

一切决定和影响经济增长的因素都会在不同程度上对产业结构的变动产生直接的或间接的影响。知识与技术创新、经济体制、自然资源禀赋、资本规模、需求结构、人口规模与结构、国际贸易等是一国产业结构演变过程中的基本制约因素，下面介绍几个重要的因素。

一、知识与技术创新

知识创新、技术创新和技术进步是经济增长的主要推动力量，也是产业结构变迁的动力。科学技术发展是影响产业结构变化的最主要因素，具体表现在以下几个方面。

（一）技术革命催生新产业

技术革命、技术创新和技术扩散都对产业结构的升级产生影响，特别是技术革命，往往导致一些新的产业部门的诞生。按照一般的划分，人类社会经历了四次技术革命。第一次技术革命的主要标志是纺织机器的发明和蒸汽机的广泛使用，机器工业代替以手工劳动为基础的工场手工业，促进了人类社会从农业社会向工业社会的转变，生产力发生了质的突破。纺织工业的兴起、运输业的跃进（轮船和火车）、钢铁和机械工业的崛起等都是第一次技术革命的成果。在农业方面，人们开始用蒸汽泵大量地灌溉农田，并用它来推动石磨加工农产品，农业生产机械化开始起步。人类的能源结构从以木柴为主转向以煤炭为主，工业动力由以人力、水力、风力为主演进到以蒸汽动力为主。第二次技术革命始于19世纪70年代，其主要标志是电力的广泛使用，发电机和电动机的发明，使生产力再次跃升。在内燃机技术基础上建立了汽车工业和航空工业；电力工业崛起（发电、输电、配电系统），"弱电"工业产生（"弱电"技术出现，相应产生了电信业、广播业等）。在第二次技术革命时期，工业生产进一步集中化，垄断企业不断涌现，企业内部管理出现了"泰勒制"，形成了流水线等先进的生产组织形式。第三次技术革命始于20世纪50年代，以原子能的利用、电子计算机的诞生和发展、高分子合成技术及空间技术等为标志。原子能技术出现，带动一大批生产和应用原子能工业的崛起，其中有与原子能相关的机械设备、材料、燃料等工业。高分子合成技术引致塑料、橡胶、纤维、合金材料工业的发展。电子计算机技术的出现，所产生的巨大影响众所周知。人类拥有了以电子计算机为代表的崭新的生产手段，大大节省了人的体力，而且在一定程度上代替了人的脑力，使人们能用"电脑"代替各种重复性的脑力劳动，这是革命性的变化，极大地提高了劳动生产率。计算机技术发展和计算机广泛应用，使社会管理和企业管理的信息系统得以普遍建立，信息产业逐渐成为主导产业。显而易见，这次技术革命带来了产业结构的进一步调整和升级。第四次技术革命发端于20世纪80年代，通常也称为新技术革命，以生物工程技术、信息网络技术、软件技术、新材料技术（如纳米技术）等为主要标志，这次新技术革命仍在展开之中，对其具体内容目前仍然说法不一。近20年来，高新技术的涌现和高新技术产业的崛起，对产业结构升级产生了重大影响，也为知识经济的兴起和发展提供了技术基础。特别值得注意的是信息网络技术和以生命科学为基础的生物技术、基因技术将对各次产业的发展起到日益重要的作用。特别要说明的是，网络技术的普及、运用，已深刻地影响甚至改变了人类的生产、生活方式。

技术革命促成产业由劳动密集型向资本和知识技术密集型转变。第一次技术革命中的纺织工业基本上是属于劳动密集型产业，而第二次技术革命中发展起来的汽车、化工、钢铁等产业群则具有资本密集的特征，在第三次和第四次技术革命中诞生的新产业，如计算机工业、宇航工业等属于知识—技术密集或资本—技术密集型产业。新技术革命不仅促成了各个时期主导产业的变化，使各产业在产业结构中的地位发生变动，而且促进了劳动力就业结构的调整。

（二）技术创新促进产业发展

科学技术要成为推动经济增长的主要力量，必须从知识形态转化为物质形态，从潜在的生产力转化为现实生产力，而这一转化正是在技术创新这一环节实现的。技术创新是一个不间断的过程，从动态角度看，技术创新过程是由科学研究形成新的发明，新产品开发、试制和生产，市场营销等环节构成的。技术创新是产业成长和发展的推动力量。技术创新促进产业发展的例子不胜枚举，就农业而言，现代农业与传统农业相比，其科技含量不可同日而语。现代农业科技在形成自己完整体系的同时，其他众多门类的自然科学与社会科学、技术科学与经济科学不断向农业科学渗透、交融，从而形成许多新的交叉点，拓宽了农业生产领域，推动了现代农业持续发展。例如，温室栽培技术、滴水灌溉技术、品种改良技术等都极大地促进了农业生产的发展。再如，计算机工业的发展，不论是硬件技术还是软件技术创新，近二三十年来，都可以用突飞猛进来形容。科学技术方面的重大发展，对产业结构演进的促进作用日益增强。

二、自然资源禀赋

自然资源是社会生产过程所依赖的外界自然条件。一国自然资源的禀赋状况（包括地理位置、土地状况、矿藏总量及分布、水资源、气候等）对一国产业结构和经济发展有重要影响。经济最早在寒带地区和沿海地区得到发展，当今许多发达国家的自然资源条件优越，印证了自然资源的重要性。自然条件的好坏直接影响一国农业的发展。而地下资源状况，直接影响采掘工业、燃料动力工业以及重工业的结构。"石油输出国组织"（OPEC）成员国的产业结构与澳大利亚、新西兰、韩国等国家的产业结构差异十分显著。一些工业发达国家或发展中国家，在其工业化、推动产业结构转换的过程中，确实受惠于其国内的自然资源禀赋。但自然资源禀赋不是决定性因素，自然资源条件好的国家可能经济落后，自然资源条件差的国家可能经济发达，自然资源条件相同的国家可能经济发展差别很大。因而，自然资源的拥有状况往往并不被一些经济学家视作一国工业化进程的必要条件。一些被普遍认为自然资源稀缺的国家或地区也以其不同的方式或途径走上了工业化发展与结构转换的道路，如日本、新加坡、中国香港特别行政区等。特别是日本这样自然资源奇缺的国家却在30年时间里跻身于世界经济强国前列。20世纪初开始，阿根廷跻身于高收入国家之列，其生活水平当时远远高于意大利，而在第二次世界大战后就更是如此。尽管阿根廷拥有世界上最高产的土地和大量矿产，但近年来阿根廷的危机导致经济衰退，从一个侧面说明拥有大量自然资源并不能保证持续发展。自然资源状况对产业结构的影响是相对的，随着科学技术的进步，将使许多原来难以采掘的资源得到开发，并能开展综合利用；通过国际贸易可以弥补国内资源的短缺，缓解自然资源对一国或地区产业结构的制约。从纵向发展过程看，对于大部分国家而言，作为工业化发展与经济增长的初始条件或先决条件，自然资源禀赋在一国产业结构转换过程中的不同阶段，其作用与影响是不同的。越是在初、中期阶段，其影响与作用可能越大。当初级产品生产的比较优势被制造业所取代，从而完成了起飞与初期阶段向中期阶段过渡时，它的作用与影响会趋于减小。

三、需求结构

需求是在某一时期内在每一种价格水平下消费者愿意而且能够购买的某种商品或劳务量，需求是购买欲望和购买能力的统一，缺少哪一个都不能成为需求。而总需求是一定时期内一个经济中各部门所愿意支出的总量，包括消费者、企业和政府支出的总和，也可以分解为消费、投资、政府购买和净出口（出口减进口）。在凯恩斯（John Maynard Keynes）之前，经济学家所信奉的是"供给创造需求"的萨伊定理，但20世纪30年代的大危机的现实彻底否定了萨伊定理，经济学中发生了以需求分析为中心的凯恩斯革命。人们对需求总量和需求结构对一国经济增长、供给结构、产业结构影响的认识进一步深化。从影响产业结构变动的角度看，个人消费结构、中间需求和最终需求的比例、消费和投资的比例、投资结构、净出口等因素的变动均对产业发展产生不同程度的影响。值得指出的是，在短缺经济条件下与过剩经济条件下，需求结构对产业结构和供给结构的影响存在明显差异；居民收入水平与收入分配差距决定消费规模和消费结构层次，决定是否会产生排浪式消费，进而影响产业结构。中国改革开放前与改革开放后居民收入水平和居民消费结构形成鲜明对比，对产业结构升级起到重要的推动作用。消费倾向理论表明，伴随着收入水平提高而出现边际消费倾向递减和边际储蓄倾向递增的现象，这是发展中国家工业化过程的启动以及制造业中资本密集型部门逐步增加的基本因素。

由于需求具有引导生产的作用，因而需求结构的变动会导致产业结构的变动。大量的统计分析表明，需求结构的变化与产业结构的变化是相对应的。在低收入阶段，恩格尔系数较大，人们的生活处于温饱水平，对吃、穿等产品的需求占主导地位，同时居民储蓄较少，无力发展资本集约型产业。在温饱问题基本解决后，需求结构的重点从必需品转向非必需品，特别是耐用消费品。这种变化拉动了产业结构的变化，资本物品的生产也迅速增加。因而，以农业和轻工业为中心的生产转向以设备、耐用消费品制造为中心的基础工业和重加工业的生产。同时，在这一阶段，农业、轻工业的充分发展和劳动生产率的大幅度提高，提供了超过它们自身需要的过剩资金和劳动力，使资源向非必需品生产的转移成为可能。在人均收入高水平阶段，物质产品已相当丰富，人们消费选择的余地大为扩展，人们对精神生活、生活质量和生活环境的要求大大提高，需求趋向多样化、个性化。为了适应多变的市场需求，少品种、大批量的生产方式日渐由多品种、小批量的生产方式取代。

现代技术的发展使得生产过程中原来的单品种、大批量的硬性生产流水线向多品种、小批量、大规模的柔性生产线的转变成为现实。目前出现的计算机集成制造系统（CIMS）完全可以使同一生产流水线上的产品在样式、颜色、品种等方面有所区别，从而使得企业的产品能够适应与满足市场上不断变化的多样性的需求。同时售前、售后服务发展迅猛,促使以信息咨询业等为中心的现代服务业的快速增长,使产业结构迅速走向服务化。

四、人口规模与结构

人口规模具有数量与质量两个方面的规定。人口数量是指一国某一时点上的人口总量,质量指的是在既定的人口总量中不同的构成。在自然资源、资本数量与可利用技术既定的条件下,经济增长的速度或一定时期国民产出的增加取决于可资利用的劳动力数量。劳动力数量增加来源于人口自然增长、劳动参工率提高(尤其是妇女劳动参工率提高)、移民和劳动时间延长。在经济发展初期,人口增长迅速,经济中劳动的作用主要表现为劳动力数量的增加。发达国家在工业化初期推动其产业结构转换的起始阶段,曾经受到了劳动力供给不足的制约。例如美国曾依靠大量的外国移民来缓解工业化进程中劳动力不足所产生的严重制约。在经济发展到一定阶段后,劳动力质量(劳动者身体与文化素质)起主要作用,而劳动力质量的提高主要源于人力资本投资。正因如此,现代教育发展成为实现一国产业结构转换升级的基础性产业。教育的发展有利于人力资源的开发,促进科学技术水平与管理能力的普遍提高,从而为现代产业乃至高新技术产业的发展提供了大量急需的最稀缺的资源——技术人员、管理人员和高级熟练工人。能否向新的或发展中的产业源源不断地输送所需的劳动力,是产业结构不断演进的重要条件。现实经济生活中,产业结构的变动或某个地区的兴衰都会迫使劳动力流动,引起摩擦性失业,一方面,衰退产业劳动力需求减少等引起大量失业(充分就业并不等于工作年龄人口中人人都有工作,一般认为自然失业率就是充分就业时的失业率);另一方面,一些新兴产业由于缺乏合格的劳动力而存在岗位空缺。

在自然资源与资本存量既定的条件下,人口规模的大小或劳动力数量的多少决定或改变着资源禀赋的相对丰裕程度,即人均资源的占有量。事实上,人们尚未找到一个与资源禀赋相对应的所谓的适度人口规模。对大多数发展中国家而言(特别是中国和印度这样的人口大国),其工业化的起步或产业结构转换中遇到的不是劳动力的供给不足,而是就业压力。在经济全球化中,发展中国家面临的另一个问题是人才的流失。从发展中国家向发达国家出现的"留学或技术、投资移民"的热潮,不仅使发达国家低成本或几乎不付任何成本就能获取发展现代产业所急需的最稀缺资源,而且削弱了发展中国家进一步发展的动力与机会,使发展中国家与发达国家的差距进一步拉大。

五、国际贸易

18世纪70年代,亚当·斯密认为进口限制减少了专业化的好处,并使一个国家贫穷。30年后,大卫·李嘉图(David Ricardo)提出了比较优势理论,并阐释了自由贸易的优越性,为现代国际贸易理论奠定了基础。关税与贸易总协定(GATT)的建立是对20世纪30年代期间以邻为壑的关税壁垒所做出的反应;世界贸易组织(WTO)的建立和其成员的增加,进一步促进了自由贸易的发展。从长远来看,国际贸易对各国都是有利的,但从短期来说,并不一定如此。要使国际贸易有利于一国,该国必须对产业结构进行调整，发展自己有比较优势的产业，弱化没有比较优势的产业。这一调整过程存在诸多变数，需要较长的时间。由于全球市场是一个不完全竞争的市场，一些发达国家拥有超大型的跨国公司，在世界市场上具有较大的市场势力。自由贸易的发展并非总是一帆风顺，关税壁垒降低了，而"绿色壁垒"却在强化，各式各样贸易摩擦不断，贸易保护主义仍有相当的市场。如美国在推行贸易自由化的同时，也不断采取保护措施。

国际贸易是在开放条件下来自外部影响产业结构变动的因素，它对产业结构的影响，主要是通过国际比较利益机制实现的。一般来说，各国间产品生产的相对优势的变动，随着时间的推移会引起进出口结构的变动，进而带动国内产业结构、消费结构和贸易结构的变动。

国际贸易的发展和经济全球化的推进，促进了产业的国际转移。在封闭经济中，产业结构的调整和产业结构升级并不伴随着对外产业转移，而是在一国范围内转移。国际产业转移是开放经济的产物，也是国际竞争日趋激烈的必然结果。20世纪60年代，随着科学技术的发展和发达国家劳动力成本的不断提高，在世界范围内出现过产业结构的调整，发达国家在实现产业结构升级的同时，把一些劳动密集型产业向发展中国家转移，自己则致力于发展资本密集型产业和技术密集型产业。目前，各种迹象表明世界经济正处于重要的转变时期，世界范围内的产业结构调整主要表现为发达国家大力发展信息产业、新材料产业、生物工程产业等，对于普通制造业、家用电子产业，则保留研究开发环节，将生产装配环节向发展中国家转移。产业国际转移的范围也随之扩大，产业转移呈现多层次性特征。世界范围的产业结构调整和产业转移将对国际分工格局、世界经济格局和主要国家在国际竞争中的地位产生深远的影响。

除上述因素外，一国资本的积累程度、国际投资规模（包括本国资金的流出和国外资金的流入）、经济体制（计划经济或市场经济，计划命令型的产业发展模式与市场竞争型的产业发展模式）、产业政策、历史条件、战争与和平环境等，都会不同程度地影响一国的产业结构。总之，上述种种决定和影响产业结构的因素都不是孤立存在的。这些因素可能互相促进、互相制约，甚至互相抵触，综合影响和决定着现有产业结构及其演进趋势。

第二节　产业结构演进的基本规律

随着经济的发展，产业结构不断地由低级向高级演进，产业联系不断地由简单向复杂转化，这两个方面的不断变化推动产业结构向合理化方向发展。随着科技进步和生产社会化程度的提高，社会分工的深化和市场深度及广度的扩展，产业结构的演进也会表现出一定的规律性。决定和引起产业结构变迁的有许多经济和非经济因素，其演进过程因地因时而异，但仍存在着共同的发展趋势，综观许多国家的产业结构演进的历史，人们认识并总结出产业结构变迁的一些规律。只有正确地把握产业结构变迁的规律，才能科学地制定产业政策，促进经济发展。一般而言，产业结构变迁的规律主要有以下几个方面。

一、"配第-克拉克定理"

英国古典经济学创始人威廉·配第在其1690年出版的名著《政治算术》中，研究了英国、法国、荷兰的经济结构及其形成的原因和政策,指出"工业的收益比农业多得多,而商业的收益又比工业多得多"[①],不同产业间相对收入差异,会促使劳动力向高收入的产业转移,这种转移对经济发展有利。威廉·配第初步揭示了工业和商业的比重会扩大的趋势,由于当时还没有三次产业的划分,自然不可能明确提出三次产业比重变动规律。英国经济学家和统计学家科林·克拉克继承了费歇尔关于产业划分的研究成果,并在搜集和整理若干国家经济资料的基础上,进一步总结了产业结构变迁的规律。克拉克认为,他的发现只不过是印证了配第的观点,因此把它命名为"配第定理",后人则把配第和克拉克并列起来,称为"配第-克拉克定理"。

配第-克拉克定理有三个重要的前提。第一,克拉克对产业结构演变规律的探讨,是以若干国家在时间的推移中发生的变化为依据的。这种时间序列意味着经济发展。也就是说,这种时间序列是和不断提高的人均国民收入水平相对应的。第二,克拉克在分析产业结构演变时,首先使用了劳动力这一指标,考察了伴随经济发展,劳动力在各产业中的分布状况所发生的变化。后来,克拉克、库兹涅茨和其他人又以国民收入在各产业的状况,对产业结构作了进一步研究,发现了一些新的规律。第三,克拉克对产业结构的研究是以三次产业分类法,将全部经济活动分为第一产业、第二产业和第三产业为基本框架的。

克拉克搜集和整理了若干国家按照年代的推移,劳动力在第一、第二、第三产业之间移动的统计资料,得出了如下结论:随着经济的发展,人均国民收入的提高,劳动力首先由第一产业向第二产业转移;当人均国民收入水平进一步提高时,劳动力便向第三产业转移。劳动力在产业间的分布状况为:第一产业将减少,第二、第三产业将增加。劳动力转移是由经济发展中各产业间出现收入(附加价值)的相对差异造成的。人们总是由低收入的产业向高收入的产业转移。这不仅可以从一个国家经济发展的时间序列分析中得到印证,而且还可以从处于不同发展水平上的国家在同一时点的横断面比较中得到类似的结论。人均国民收入水平越高的国家,农业劳动力在全部劳动力中所占的比重就越小,而第二、第三产业中劳动力所占的比重越大;反之,人均国民收入水平越低的国家,农业劳动力所占比重越大,而第二、第三产业劳动力所占比重越小。

简而言之,三次产业比重变动规律包括三次产业的就业结构和产出结构的变化规律,即随着人均国民收入的提高,就业人口首先会由第一产业向第二产业转移,第二产业在国民经济中的比重增大,产业结构由以第一产业为主的金字塔形结构向以第二产业为主的鼓形结构转变;当人均国民收入进一步提高时,劳动力便大量向第三产业转移,第三产业在国民经济中的比重也会增大,产业结构由以第二产业为主的鼓形结构向以第三产业为主的倒金字塔形结构转变。

配第-克拉克定理是对产业结构演化规律的经验性总结,三次产业比重变动存在客观必然性,其结构变化背后的诱因,一般认为是:第一产业主要是向人们提供生活必需品,而生活必需品的需求特性是当人们的生活水平、收入水平达到一定程度后,个人收入中用

---

① 威廉·配第. 经济著作选集. 北京:商务印书馆,1981:19.

于支付必需生活品的比例相对减少，而对其他产业产品的需求相对增加，恩格尔系数变化规律揭示了这一点。从供给的角度看，第一产业的技术进步相对较慢，由其本身的产业特性决定的生产周期较长、土地规模的有限性及受自然因素制约严重，其产出在短期内很难实现快速增长。供给与需求共同作用的结果，必然使第一产业实现的国民收入比重下降，消费结构变化、土地的有限性、劳动生产率的提高等相结合，导致农业劳动力比重下降。一些发达国家农业的产值和就业比重持续下降，当下降至3%～4%时才逐步稳定下来。在第一产业比重下降的同时，整个国民收入的支出结构的演变都支持着工业的高收入弹性，从而导致第二产业所实现的国民收入在全部国民收入中的比重上升和就业的增加。不过当工业化达到一定水平后，一方面工业部门的扩张会吸纳更多的劳动力，另一方面工业技术的快速进步及工业部门资本有机构成不断提高，又会减少工业部门本身的劳动力吸纳量，当这两个方面达到均衡时，第二产业的劳动力就业比重就会趋于稳定。随着经济的发展和收入水平的提高，人们对"服务"这种商品的需求将越来越大，出现消费需求的"超物质化"，引致第三产业占国民收入的比重上升。同时由于第三产业进入障碍较少、所需的资本规模不大、具有劳动密集型特性，劳动力逐步向第三产业转移，劳动力就业比重上升。由于第三产业的不同行业具有较大差别，包括从技术要求最为简单的劳动密集型产业——理发业、餐饮业等到技术要求最为繁杂的知识密集型产业——信息业、生物工程等，劳动力就业呈现多层次特征。

二、库兹涅茨定理

20世纪40年代，美国经济学家库兹涅茨研究了各国经济增长的统计资料，归纳出了经济增长的数量特征是人口的高增长率和产量的高增长率，以及生产率的高增长率；结构特征是经济结构的转变（从第一产业转向第二产业，然后又转向第三产业）；国际特征是经济增长在各国迅速扩散，以及各国增长的不平稳性，并把经济增长的原因归结为技术进步、制度变化和意识形态变化等。1971年，由于他在实证研究经济增长方面深化了对发展过程中的经济和社会结构方面的认识，获得诺贝尔经济学奖。库兹涅茨在继承克拉克研究成果的基础上，对产业结构的演变规律作了进一步探讨，阐明了劳动力和国民收入在产业间分布结构演变的一般趋势，从而在深化产业结构演变的诱因分析方面取得了突出成就，进一步完善了配第－克拉克定理。他从国民收入和劳动力在产业间的分布两个方面，对伴随经济发展的产业结构变化作了分析研究，收集和整理了20多个国家的庞大数据，把三次产业分别称为"农业部门""工业部门"和"服务部门"。根据对各产业中相对国民收入变化趋势所做的分析，他得出以下结论：

第一，第一产业的相对国民收入[①]在大多数国家都低于1，而第二和第三产业的相对国民收入则大于1。并且从时间序列分析来看，农业相对国民收入下降的趋势说明，在劳动力相对比重和国民收入相对比重下降的情况下，国民收入相对比重下降的程度超过了劳动力相对比重下降的程度。因此，在大多数国家农业劳动力减少的趋势仍没有停止。农业

---

① 即比较劳动生产率，比较劳动生产率=该产业的国民收入的相对比重/该产业的劳动力的相对比重。

劳动力相对比重的减少，农业实现的国民收入相对比重的减少，是任何国家在发展的一定阶段上的普遍现象。

第二，第二产业的情况是国民收入相对比重的上升是普遍现象。但劳动力相对比重的变化，由于不同的国家工业化的水平不同且存在差异，综合起来看是微增或没有大的变化。在一个国家的经济发展中，在国民收入特别是人均国民收入的增长方面，第二产业有较大贡献。

第三，第三产业的相对国民收入从时间序列分析来看，一般表现为下降趋势，但劳动力的相对比重几乎在所有国家都是上升的。这说明第三产业具有很强的吸纳劳动力的特性，但劳动生产率的提高并不快。

三、霍夫曼定理

工业化是人类社会经济发展的必然阶段。工业化的过程既是农业经济时代的产业结构向工业经济时代的产业结构演进的过程，也是工业内部结构演进的过程，在这一过程中存在重工业化的趋势。

在西方经济学家中，对工业化过程的工业结构演变规律作了开拓性研究的是德国经济学家霍夫曼。1931年霍夫曼出版了《工业化的阶段和类型》一书，该书根据20个国家的经济资料数据，对制造业中消费资料工业和生产资料工业的比例关系进行了详细研究，发现在工业化过程中消费资料（消费品）工业的净产值和生产资料（资本品）工业的净产值之比（后人称其为霍夫曼比例）是不断下降的。在工业化过程中，霍夫曼比例不断下降，被人们称为"霍夫曼定理"。参照工业化过程中消费资料（消费品）工业的净产值和生产资料工业的净产值之比的变化趋势，霍夫曼把工业化的过程分解为四个阶段：第一阶段，消费资料工业的生产在制造业中占有统治地位，生产资料工业的生产是不发达的，霍夫曼比例为5（±1），为工业化的起步阶段；第二阶段，与消费资料工业相比，生产资料工业获得了较快的发展，但消费资料工业的规模仍然比生产资料工业的规模大，霍夫曼比例为2.5（±1），为工业化有了相当发展的阶段；第三阶段，消费资料工业和生产资料工业的规模达到了大致相当的程度，霍夫曼比例为1，表明生产资料工业开始处于主体地位，是实现重化工业化的重要标志；第四阶段，生产资料工业的规模大于消费资料工业的规模，霍夫曼比例小于1。

重化工业化是工业结构演进中的一个阶段，无论是重工业还是轻工业，都会由以原材料为中心的结构向以加工、组装为中心的结构演进，即进入工业结构的"高加工度化"，它表明工业体系以生产初级产品为主，向生产高级复杂、高附加值产品为主的阶段过渡，意味着工业结构日趋高级化。通过提高加工程度，人们能够更充分有效地利用劳动对象，生产出种类更多、功能更全、质量更好的产品，满足人们更高层次的、更为多元化的消费需求。随着经济发展和科技创新，工业结构进一步表现出"技术和知识集约化"趋势，它不仅体现在工业部门采用越来越先进的生产技术和工艺，传统产业高技术化，而且体现在以技术和知识密集为特征的尖端工业的兴起，如新材料工业、计算机工业和软件产业等。工业化以来，工业结构呈现出了"重化工业化—高加工度化—技术和知识集约化"

的变迁轨迹。

四、钱纳里标准结构

20世纪60年代以来,一些经济学家对经济增长与结构演变进行了更加深入而广泛的研究。其中,美国经济学家霍利斯·钱纳里(Hollis Chenery)的"标准结构"最具影响。

钱纳里利用101个国家1950—1970年间的基本统计资料进行归纳分析,构造出一个著名的"世界发展模型",由发展模型求出一个经济发展的"标准结构",即经济发展不同阶段所具有的经济结构的标准数值。他认为,在经济发展的不同阶段,有着不同的经济结构与之相对应。钱纳里等人运用回归方法得出了产业结构的"标准发展模式",该模式是大多数国家产业结构演进轨迹的综合描述,反映了产业结构演进过程的某种规律。依据人均GDP水平将结构转变过程分为三个阶段、六个等级,研究得出人均GDP各阶段产业结构的一般模式,如表10-1和表10-2所示。

表10-1 钱纳里人均经济总量与经济发展阶段的关系

经济发展阶段		人均GDP/1970年美元	人均GDP/1980年美元
初级产品生产阶段		140—280	300—600
工业化阶段	初级阶段	280—560	600—1 200
	中级阶段	560—1 120	1 200—2 400
	高级阶段	1 120—2 100	2 400—4 500
发达经济阶段	初级阶段	2 100—3 360	4 500—7 200
	高级阶段	3 360—5 040	7 200—10 800

表10-2 钱纳里-赛奎因的标准产业发展模式

人均GDP/1980年美元	第一产业/%	第二产业/%	第三产业/%
<300	48	21	31
300	39.4	28.2	32.4
500	31.7	33.4	34.6
1 000	22.8	39.2	37.8
2 000	15.4	43.4	41.2
4 000	9.7	45.6	44.7
>4 000	7	46	47

随着经济的不断发展,产业结构呈现出有规律的变化。钱纳里标准结构的提出为分析和评价不同国家或地区在经济发展过程中产业结构组合是否"正常"提供了参照标准,同时也为不同国家或地区根据经济发展目标制定产业结构转换政策提供了理论依据。

五、主导产业转换规律

主导产业是在产业结构中处于主体地位,发挥引导和支撑作用的产业,即一个国家在一定时期内,经济发展所依托的重点产业,这些产业在此发展阶段形成国民经济的"龙头",并在产业结构中占有较大比重,对整个经济发展和其他产业发展具有强烈的前向拉动或后向推动作用。由若干个主导产业组成的产业体系,就称作"主导产业群"。主导产业具有以下特征:引入技术创新成果,生产率持续、迅速增长,生产成本不断下降;市场扩张能力强、需求弹性高,拥有巨大的市场潜力,发展快于其他行业,大规模产出,在GDP中占较大比重;产业关联度高,具有显著的关联带动和扩散效应(前向效应、后向效应和旁侧效应),对其他产业的发展具有极大的引导和带动作用;扩大就业;节约能源和资源。

经济发展的阶段性也决定了主导产业群的序列更替性,不同的经济发展阶段其主导产业也不同,特定时期的主导产业,是在具体条件下选择的结果。一旦条件变化,原有的主导产业群对经济的带动作用就会弱化、消失,进而被新的主导产业群所替代。从主导产业更替的序列性角度出发,可以把产业划分为新兴产业、成熟产业和衰退产业。罗斯托(Walt Whitman Rostow)曾把纺织工业称为"起飞"阶段的古典式的主导产业,钢铁、电力、煤炭、通用机械、化学工业是成熟阶段的主导产业,汽车制造业是高额消费阶段的主导产业。从产业结构变迁的历史看,主导产业转换引致产业结构演进,存在着从以农业为主的结构开始,按顺序依次向以轻工业为主的结构、以基础工业作为重心的重工业为主的结构、以高加工度工业为重心的结构、以信息产业和知识产业为主的结构演进的规律性。不同发展阶段的主导产业群,既存在替代关系,又存在相互作用。不同阶段的主导产业群的选择不是随机的,前一主导产业群为后一主导产业群奠定了发展的基础。

研究主导产业转换规律,是为了更好地选择主导产业,扶植主导产业的发展,从而实现产业结构的合理化,促进经济发展。选择主导产业的过程,实质上是一个根据本国经济发展的具体国情,对不同角度和不同层次的需要解决的经济问题,分轻重缓急的顺序做出取舍的过程。因而,主导产业的选择基准也就是如何确定倾斜式的产业发展战略。根据已有的研究成果,主导产业的选择基准主要有:赫希曼基准(关联度基准)、罗斯托基准、筱原基准(收入弹性基准和生产率上升率基准)、动态比较优势基准、短缺替代弹性基准、瓶颈效应基准等。

除上述内容外,产业结构变迁的规律还体现在产业按比例协调发展规律、生产要素密集型产业地位变动规律(产业结构由以劳动密集型产业为主向以资本密集型产业为主演进,再转向以技术和知识密集型产业为主,促进产业结构的高度化)等方面。产业结构由低级向高级的演进,是由三次产业比重变动规律、主导产业转换规律、产业结构高加工度化和技术集约化规律、生产要素密集型产业地位变动规律等共同作用的结果。

第三节 产业结构演进规律的验证

上节介绍了产业结构演进的基本规律,主要是从理论层面认识产业结构变迁过程中出现的一些规律。在本节中,我们主要采用中国和美、英等西方发达国家经济发展过程中的相关历史数据对上节所阐述的相关产业结构演进规律进行验证。①

一、"配第-克拉克定理"的验证

由"配第-克拉克定理"可知，随着经济的发展，人均国民收入的提高，劳动力首先由第一产业向第二产业转移；当人均国民收入水平进一步提高时，劳动力便向第三产业移动；劳动力在产业间的分布状况为：第一产业将减少，第二、第三产业将增加。而劳动力转移的原因是由经济发展过程中各产业间出现收入的相对差异造成的，劳动力总是由低收入产业向高收入产业移动。下面我们分别采用中国和美国的历史数据验证"配第-克拉克定理"。

（一）中国的证据

图 10-1 反映了中国 1970—2018 年间中国各产业劳动力人数的变化情况。其中，第一产业劳动力数量在 20 世纪 90 年代以前呈上升趋势，后逐步下降。第二、第三产业劳动力数量呈上升趋势，第三产业劳动力数量已于 20 世纪 90 年代初期超过第二产业。这表明中国的劳动力逐渐从农业生产中解放出来，从第一产业向第二、第三产业转移。而中国作为世界上最大的发展中国家，处于工业化发展阶段，第二产业劳动力数量仍然很大，而第三产业快速发展，第三产业劳动力数量增加迅速。

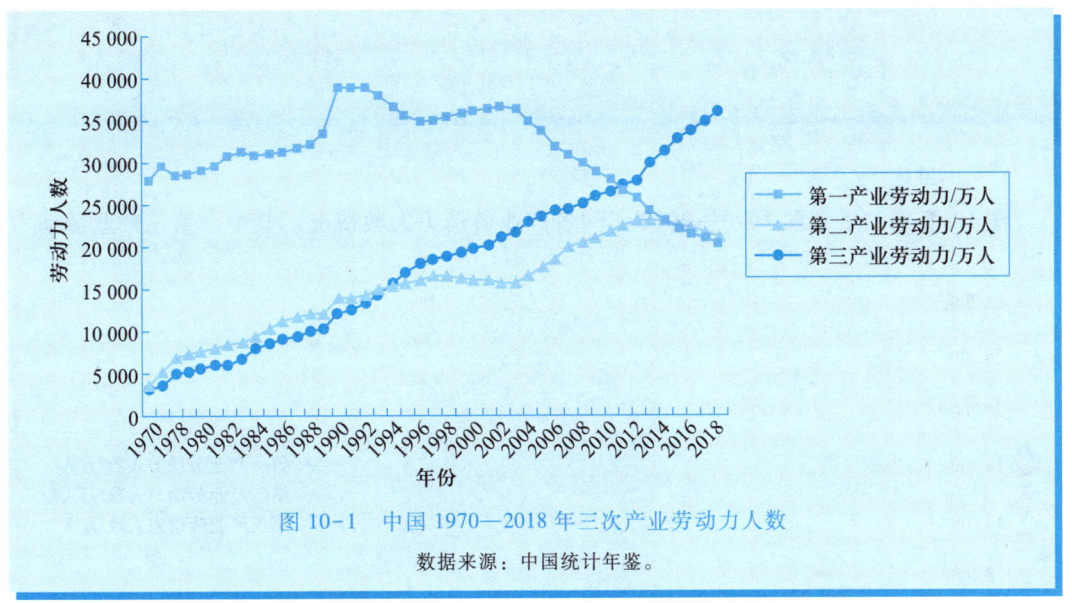

图 10-1　中国 1970—2018 年三次产业劳动力人数

数据来源：中国统计年鉴。

图 10-2 反映了 1970—2018 年间中国各产业劳动力所占比重的变化情况。其中，第一产业劳动力所占比重呈明显的下降趋势，第二、三产业劳动力所占比重逐渐增加，特别是近年来第三产业劳动力所占比重增长迅速，成为三次产业中劳动力占比最高的产业。从具

---

① 由于霍夫曼定理中消费资料工业和生产资料工业在现实经济中难以清楚区分，故本节不对霍夫曼定理作相关验证。

体时段看，20 世纪 90 年代初期以前，我国三次产业劳动力占比结构呈"1、2、3 型"，即第一产业占比最高，第二产业次之，第三产业占比最低。20 世纪 90 年代初期以后，我国三次产业劳动力占比结构呈现"1、3、2 型"。2010 年以后，我国三次产业劳动力占比结构逐步呈现"3、1、2 型"。最近我国三次产业劳动力占比结构已呈"3、2、1 型"，即与发达国家的劳动力产业分布类型一致，但第一产业的劳动力比重远高于发达国家，第三产业的劳动力比重低于发达国家。

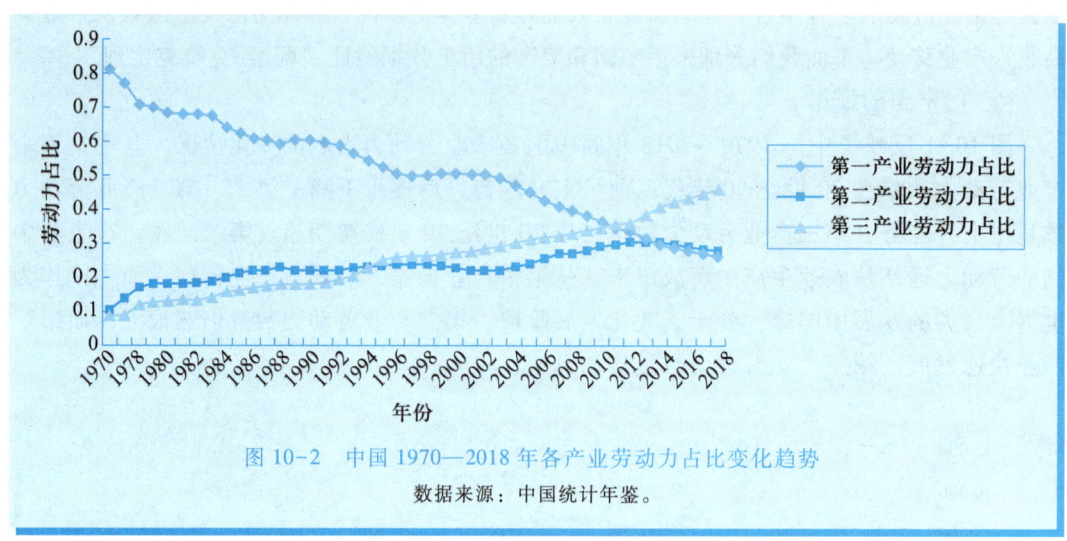

图 10-2　中国 1970—2018 年各产业劳动力占比变化趋势

数据来源：中国统计年鉴。

（二）美国的证据

图 10-3 反映了美国 1970—2018 年间各产业劳动力人数情况。其中，第三产业劳动力

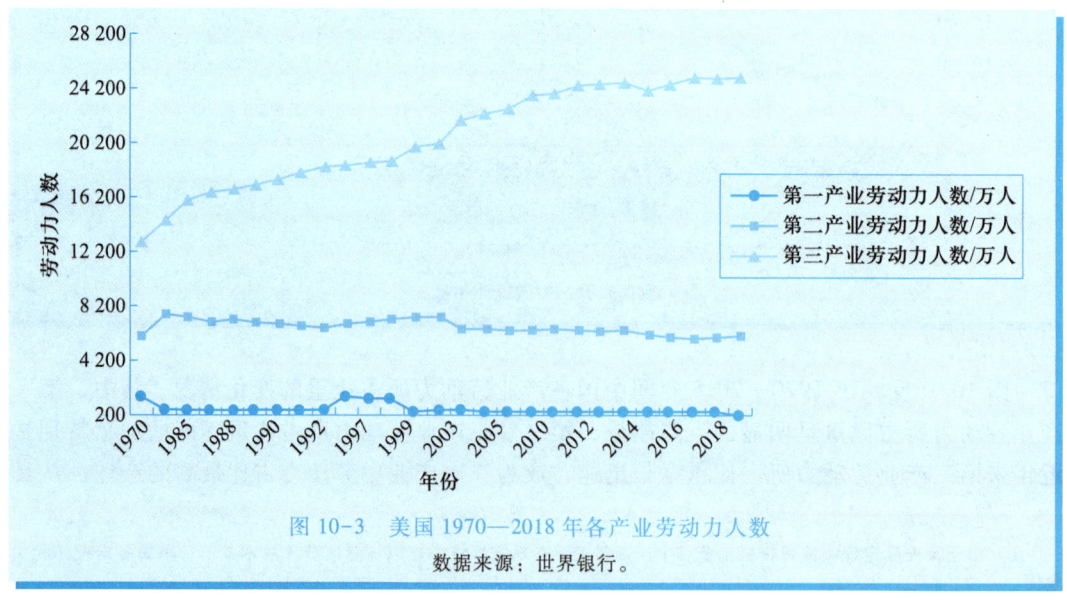

图 10-3　美国 1970—2018 年各产业劳动力人数

数据来源：世界银行。

数量庞大，远远大于第一、第二产业，第一产业劳动力数量最低，各次产业劳动力数量差异明显。

图 10-4 反映了 1970—2018 年间美国各产业劳动力比重的变化情况。其中，第一产业劳动力所占比重非常小，第三产业劳动力所占比重最大，且第三产业劳动力所占比重长期高于第一、第二产业。这表明人均国民收入水平越高的国家，第一产业劳动力在全部劳动力中所占比重越小，而第二、第三产业所占比重越大。由图还可以看出，美国劳动力在三次产业中的占比早在 20 世纪 70 年代以前就呈"3、2、1 型"结构。也就是说，美国的产业结构高度化水平比同期的中国要高得多。

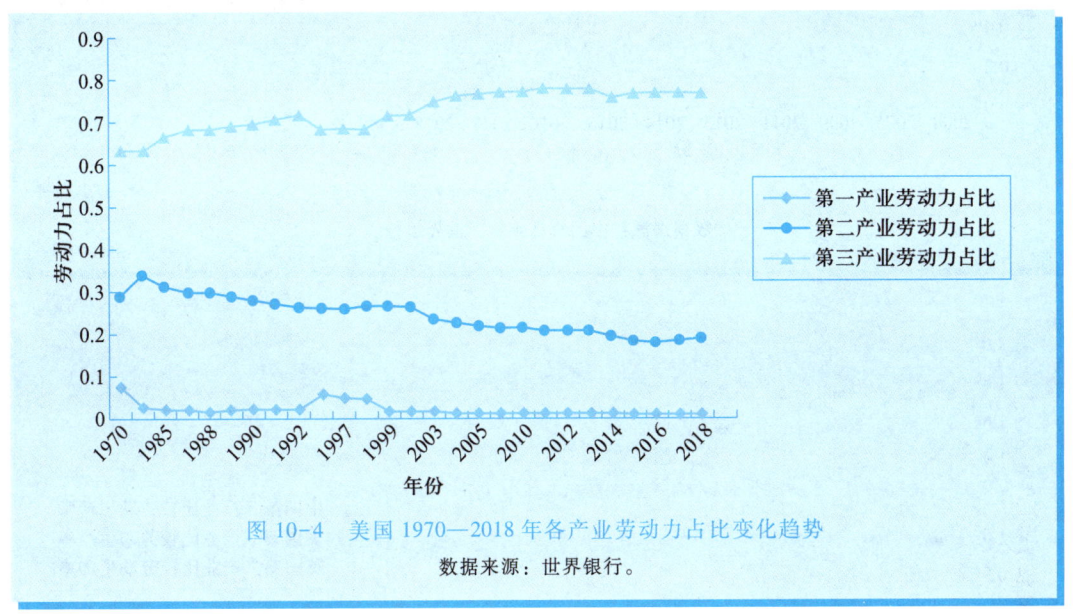

图 10-4 美国 1970—2018 年各产业劳动力占比变化趋势

数据来源：世界银行。

二、库兹涅茨定理的验证

由库兹涅茨定理可知，第一产业的相对国民收入（即比较劳动生产率，比较劳动生产率=该产业的国民收入相对比重/该产业的劳动力相对比重）在大多数国家都低于1；第二次产业国民收入相对比重的上升是普遍现象；第三产业的相对国民收入，一般表现为下降趋势，但劳动力的相对比重几乎在所有国家都是上升的。下面我们采用中、美、英三国三次产业比较劳动生产率和劳动力相对比重的对比来验证库兹涅茨定理。

（一）中、美、英三国三次产业的比较劳动生产率

图 10-5、图 10-6、图 10-7 分别反映的是中、美、英三国第一、第二、第三产业的比较劳动生产率情况。由图可知，美、英的第一产业比较劳动生产率远远高于中国，这表明中国第一产业实现的相对国民收入偏低，与西方发达国家差距大。中国第二产业比较劳动生产率高于英、美两国，第二产业在国民收入增长方面有很大的贡献。中

国第三产业比较劳动生产率高于美、英两国，第三产业发展迅速，而美、英第三产业较中国有更强的吸纳劳动力的能力，导致公式中的分母变大，使得第三产业比较劳动生产率低于中国。

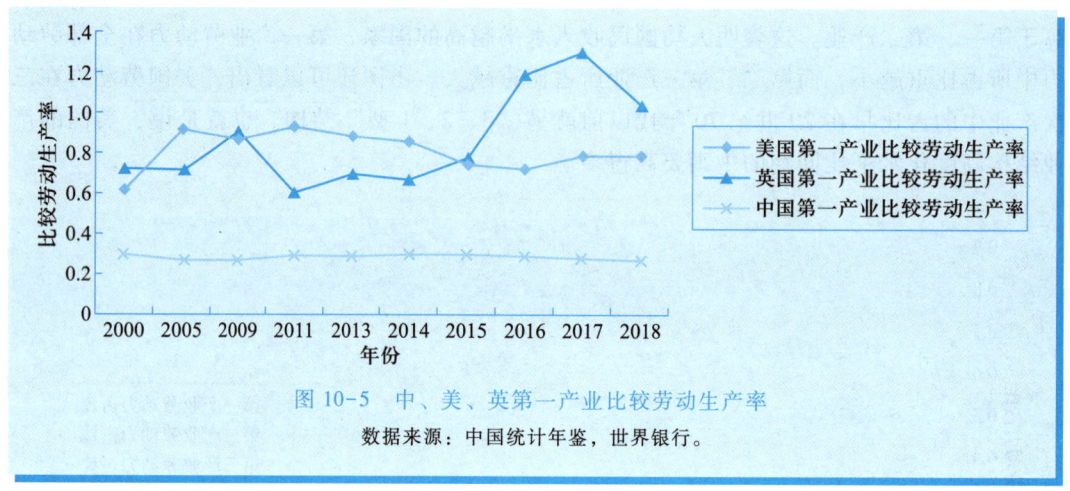

图 10-5　中、美、英第一产业比较劳动生产率

数据来源：中国统计年鉴，世界银行。

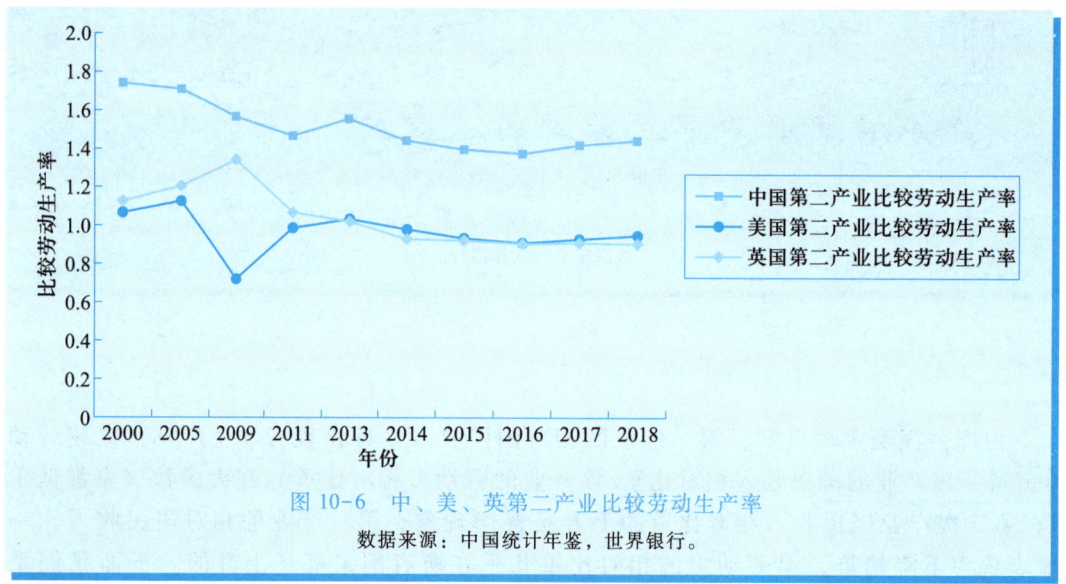

图 10-6　中、美、英第二产业比较劳动生产率

数据来源：中国统计年鉴，世界银行。

（二）中、美、英三次产业的劳动力占比

图 10-8、图 10-9、图 10-10 分别反映的是中、美、英三国第一、第二、第三产业的劳动力占比情况。由图可知，美、英的第一产业劳动力占比非常低，而中国远远高于美、英两国，但中国农业劳动力减少的趋势明显。美、英两国的第二产业劳动力占比有下降趋势，近期较为稳定。中国第二产业劳动力占比在 2010 年前后一直呈上升趋势，近期较为稳定，有轻微下降趋势，但占比仍然较高。主要原因是，美、英等发达国家第二产业吸纳劳动力

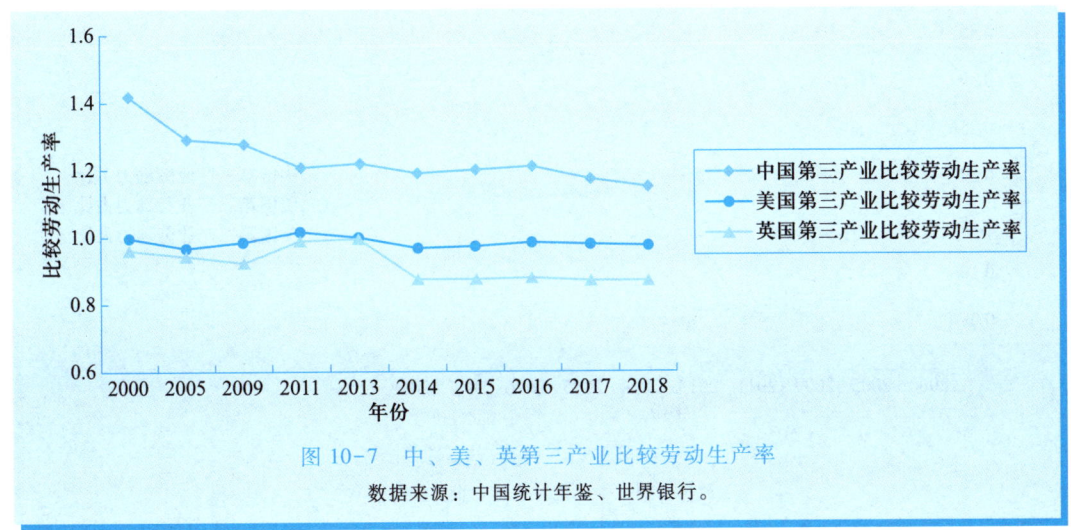

图 10-7　中、美、英第三产业比较劳动生产率

数据来源：中国统计年鉴、世界银行。

就业的占比近期有下降趋势，而中国是发展中国家，仍处于工业化发展阶段，第二产业在吸纳劳动力方面的作用仍然比较强。美、英第三产业吸纳劳动力的作用非常强，其劳动力占比远远高于中国。美英两国第三产业劳动力占比虽有轻微上升趋势，但近期已较为稳定。中国第三产业劳动力相对占比呈上升趋势，且增加的速度较快。因经济发展水平越低，产业结构高度化水平越低，导致中国第三产业整体发展水平落后于美英发达国家，目前在吸纳就业方面还有很大的提升空间。

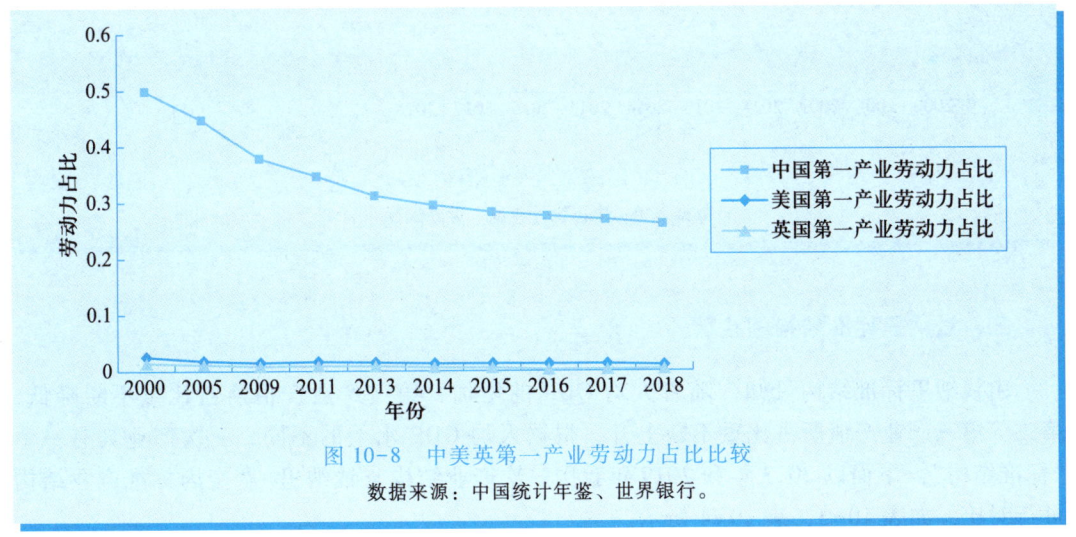

图 10-8　中美英第一产业劳动力占比比较

数据来源：中国统计年鉴、世界银行。

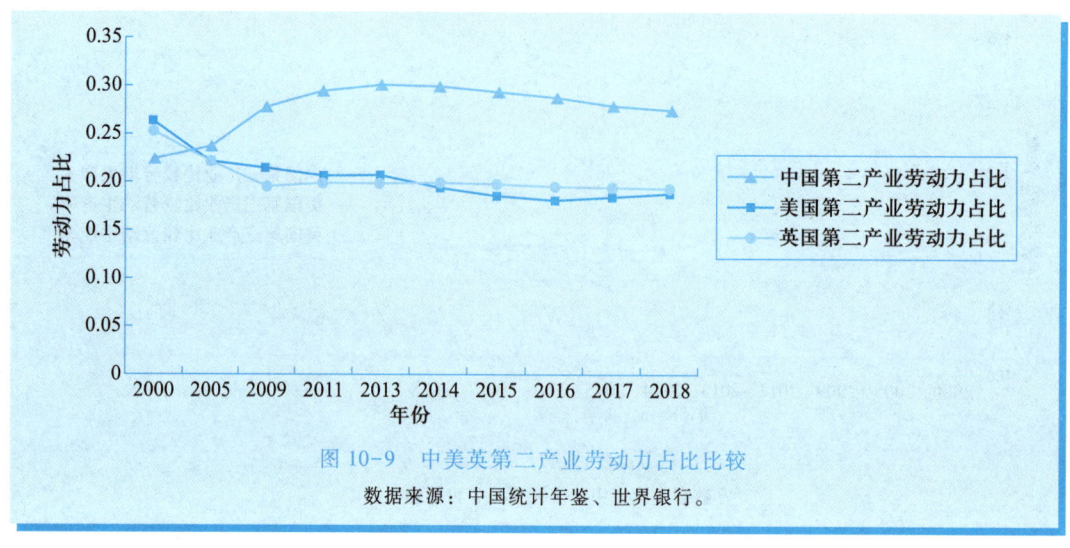

图 10-9 中美英第二产业劳动力占比比较

数据来源：中国统计年鉴、世界银行。

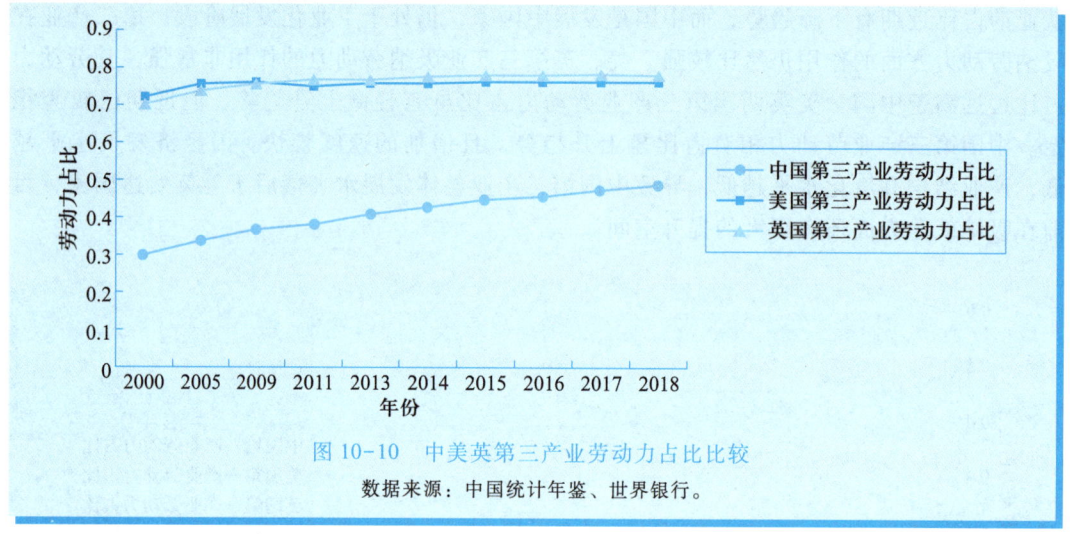

图 10-10 中美英第三产业劳动力占比比较

数据来源：中国统计年鉴、世界银行。

三、钱纳里标准结构的验证

由钱纳里标准结构可知，随着人均 GDP 的增加，第一产业产值所占比重不断降低，第二、第三产业产值所占比重不断上升，根据人均 GDP 水平的不同，三次产业具有一个"标准结构"。下面以 2013 年和 2019 年我国三次产业结构与钱纳里-赛奎因标准产业结构进行对比，如表 10-3、表 10-4 所示。

与钱纳里-塞奎因模式相比，我国 2013 年的第一、第二和第三产业增加值比重分别为 10%、43.9%和 46.1%，第一产业低于标准结构 5.4 个百分点，第二、第三产业分别高于标准结构 0.5 个和 4.9 个百分点。2019 年我国第一、第二和第三产业增加值比例分别为 7.1%、38.9%和 53.9%，第一产业低于标准结构 8.3 个百分点，第二产业低于标准结构

表 10-3　2013 年我国三次产业结构与钱纳里-赛奎因标准产业结构的比较

产业	第一产业	第二产业	第三产业
比例	10%	43.9%	46.1%
钱纳里标准产业结构（1980 年 2 000 美元基准）①	15.4%	43.4%	41.2%
偏差	-5.4%	0.5%	4.9%

表 10-4　2019 年我国三次产业结构与钱纳里-赛奎因标准产业结构的比较

产业	第一产业	第二产业	第三产业
比例	7.1%	38.9%	53.9%
钱纳里标准产业结构（1980 年 2 000 美元基准）	15.4%	43.4%	41.2%
偏差	-8.3%	-4.5%	12.7%

4.5 个百分点，第三产业高于标准结构 12.7 个百分点。

以上数据说明，我国三次产业结构与钱纳里标准产业结构大致相符，尤其是 2013 年的三次产业结构与钱纳里标准结构非常接近。2019 年的三次产业结构与标准结构偏差稍大，因我国经济总量增长，人均 GDP 与以 1980 年美元计价的人均 GDP 2 000 美元标准的差距增大，因而与该标准下的标准结构的偏离程度也会变大，而与以 1980 年美元计价的人均 GDP 4 000 美元的标准结构接近。

值得一提的是，钱纳里标准结构只是对历史数据的一个总结性结论，因各国的资源禀赋、发展战略等方面的差异，三次产业结构不可能与标准产业结构完全一致。

第四节　产业结构优化

产业结构优化具有特定的含义和丰富的内容，它是政府制定产业结构政策的目标导向。

一、产业结构优化的含义

产业结构优化是指通过产业调整，使各产业实现协调发展，并满足社会不断增长的需求的过程。产业结构优化是一个相对的概念，它不是指产业结构水平的绝对高低，而是在国民经济效益最优的目标下，根据本国的地理环境、资源条件、经济发展阶段、科学技术水平、人口规模、国际经济关系等特点，通过对产业结构的调整，使之达到与上述条件相适应的各产业协调发展的状况。

---

① 根据我国 2013 年人均 GDP 水平，处于 2 000 美元区间（1980 年美元），不到 3 000 美元。2019 年超过 3 000 美元，但不到 4 000 美元。

产业结构优化是一个动态的概念，它在不同的发展阶段和时点上有不同的优化内容，但这不能说它是一个无从描述的虚幻概念。产业结构优化的主要内容有以下四点。

（一）产业结构合理化

产业结构合理化是指产业结构由不合理向合理发展的过程。即要求在一定的经济发展阶段上，根据消费需求和资源条件，对初始不理想的产业结构进行有关变量的调整，理顺结构，使资源在产业间合理配置和有效利用。产业结构是否合理的关键在于产业之间由于内在的相互作用而产生的一种不同于各产业能力之和的整体能力。产业之间的相互作用关系越是协调，结构的整体运行质量越高，产业结构就越合理；反之，产业结构就越不合理。

（二）产业结构高度化

资源利用水平应随着经济技术的进步不断突破原有界限，从而不断推进产业结构中朝阳产业的成长。其标志是代表产业技术水平的高效率产业部门比重不断增加，经济系统内部显示出巨大的持续创新能力。

产业结构的合理化与高度化有着密切的联系。产业结构的合理化为产业结构的高度化提供了基础，而高度化则推动产业结构在高层次上实现合理化。结构的合理化首先着眼于经济发展的近期利益，而高度化则更多地关注结构成长的未来，着眼于经济发展的长远利益。因此，在产业结构优化的全过程中，应把合理化与高度化问题有机结合起来，以产业结构合理化促进产业结构高度化，以产业结构高度化带动产业结构合理化。在产业结构合理化过程中实现产业结构高度化的发展，在产业结构高度化进程中实现产业结构合理化的调整。只有这样，才能实现产业结构优化。

（三）产业结构的均衡发展

一方面是产业部门间的均衡发展，合理的产业结构是一种比例协调的结构，意味着不存在明显的短缺、剩余产业，也不存在瓶颈产业，各产业均能合理、有序地发展。另一方面是产业发展的稳定性，即从时间序列上不存在相关产业的大起大落。

（四）产业发展的效率提升

产业结构优化的根本目的在于产业发展，即国民经济中各个产业通过优化相互之间的关系，实现各产业的高效发展。可以从速度、质量和效率三个维度来考察产业发展的状况。产业发展速度表示某一产业总体规模扩张快慢，一般用产业增加值增长率、固定资产投资增长率、就业人数增长率等指标来衡量；产业发展的质量从更长远和更深层次来揭示产业发展的可持续性和内核动力，常用技术进步率、产品的技术层次分布、单位资产的产出额等指标来衡量；产业发展的效率是表征某一产业发展的综合性指标，可以从资源配置效率、资源利用率、技术进步及其对其他产业的带动效应来考察。国内外的实践表明，产业结构优化程度与处于结构之中的各个产业的发展速度、发展质量都是息息相关的，是提高产业发展效率的基本保证，显然也是推动整个国民经济快速、健康、稳定发展的基本前提。

产业结构优化的最主要内容是产业结构的合理化和高度化，以下对这两个方面展开讨论。

二、产业结构合理化

(一) 产业结构合理化的含义

理论界对产业结构合理化的表述众说纷纭,到目前还没有统一的定义,比较有代表性的说法有以下几种。

第一种观点认为,产业结构合理化应反映产业结构变动的全部情形与内容。这是一种比较宽泛的理解,不利于对产业结构变动规律的深入探索。

第二种观点认为,产业结构合理化是对总供给与总需求的状况而言,即总量平衡问题。按照这种认识,则容易掩盖产业中各种要素的不合理的状态。这种认识有个假设前提,那就是需求结构变动是正常的,即真正反映经济的实际情况,排除了需求结构的扭曲和虚假状况。否则,供给结构就无法而且也不应当去适应不真实的需求结构。

第三种观点认为,产业结构合理化是反映产业间的数量比例关系,即产业间要按一定比例发展。这种认识的缺陷在于:一方面容易陷入绝对均衡化,与现实经济发展的非均衡相背离。另一方面,这种认识仅从产业间比例关系出发,从静态上刻画各产业部门的相对地位和各自的比例,但缺乏衡量这个相对地位及各自所占比例合理与否的标准尺度,而没有尺度很难判断其地位和比例是否合理。

第四种观点认为,一国产业结构的合理化要符合产业结构变动规律的一般国际标准结构,即钱纳里"标准结构"。对照这个标准可以大致看出,随着人均收入的变化,各产业部门在其总构成中应占多大的比重,由此判定产业结构合理与否。但由于各个国家和地区的资源状况不尽相同,钱纳里"标准结构"并不具有普适性。

由于以上各种观点各有其科学合理的成分,但又都有不足之处。作为理论上的高度概括,我们认为产业结构合理化,是指产业结构由不合理向合理发展的过程。

(二) 产业结构合理化的基准

一个国家的国民经济能否协调发展,从而形成经济的良性循环,取决于这个国家能否建立合理的产业结构。那么什么是合理的产业结构呢?综观经济学家们的理论研究和实证分析,合理的产业结构应符合以下主要判别基准。

(1) 充分有效地利用国内外两个市场和两种资源。一个国家在一定时期和一定的条件下,其各种资源总是有限的,为了实现资源的优化配置,必须建立有利于充分发挥本国资源优势的产业结构。同时,各国的生产力发展水平和空间分布从来都是不均衡的,因此,国家间的取长补短,充分利用国内外两种市场和两种资源,通过对外经济交往,克服各国国内需求与其资源不足的矛盾,就成为各国生产力发展的客观要求。因此,合理的产业结构应当是开放型结构。

(2) 国民经济各部门协调发展,社会再生产顺畅进行。国民经济各个部门之间客观上存在着相互消耗产品的关系。在市场经济条件下,只有各部门按照社会必要的劳动消耗标准生产产品,将社会劳动总量按社会必要的比例分配在各个生产部门,才能保证全部产品价值的充分实现。因此,使国民经济各部门协调发展就成为产业结构合理化的重要基准。

(3) 产业结构与需求结构相适应。随着经济的发展和人民生活水平的提高，人们的需求结构会不断提升和变化，而供给结构很难及时完全适应需求结构的变化。为了满足需求结构不断变化的要求，必须通过调整供给结构实现两者的均衡。两者适应程度越高，则产业结构越合理，否则产业结构就不合理。

(4) 有利于科技进步和产业结构向高度化、现代化推进。在经济发展的不同阶段，由于受生产力发展水平、科技推动、需求拉动和竞争等因素的作用，产业结构总是向着更高一级演进。产业结构的合理化是产业结构高度化和现代化的基础。产业结构的合理化是一个不断调整产业间比例关系和提高产业间关联作用程度的过程，这一过程也就是产业结构的成长过程。当今的国际竞争实质是以经济科技为基础的综合国力的较量，为了提高一国的国际竞争力，必须使其产业结构逐步利用技术创新向高一级演进。

(5) 具有良好的经济效益，实现人口、资源和环境的可持续发展。前述的各部门的协调发展，只反映了生产过程的要求，并不反映生产的目的和效益。人类生产的目的是满足人民日益增长的物质文化生活需要，因此要建立资源节约和综合利用型的产业结构，充分考虑生态系统、社会系统和经济系统的内在联系和协调发展，以使经济系统耗用尽量少的自然资源和社会经济资源，对其进行综合而又合理的利用，生产出尽量多的对人类有用的经济产品，产生尽量少的废物，对生态环境产生最小的损害，实现经济社会的可持续发展。

三、产业结构高度化

(一) 产业结构高度化的含义

产业结构高度化是指产业结构随着需求结构的变化向更高一级演进的过程。实际上是指随着产业结构的知识集约化和经济服务化，使得产业具有更高的附加价值。产业结构高度化，是一个相对概念，它是产业结构在需求拉动、科技推动、竞争、研发等因素作用下的演进过程中，在一定的经济发展阶段，针对现有的社会生产力水平，尤其是科学技术发展水平而言的。产业结构高度化是一个永不停息的过程，它使产业结构作为资源转换器，在现有资源和技术条件下，通过自身不断高度化的构造，最充分地发挥其转换效力，使资源得到最有效的利用。产业结构高度化的实质就是随着科技发展和分工深化，产业结构不断向深加工度化、高附加值化发展，从而更充分、有效地利用资源，更好地满足社会发展需求的一种趋势。

(二) 产业结构高度化的阶段

产业结构的高度化经历了三个阶段：第一阶段是产业结构的重化工业化，是指在经济发展和工业化过程中，重化工业比重在轻重工业结构中不断增高的过程；第二阶段是高加工度化阶段，高加工度化一方面意味着加工组装工业的发展大大快于原材料工业发展，另一方面意味着工业体系以生产初级产品为主阶段向生产高级复杂产品为主阶段过渡；第三阶段是知识技术高度密集化阶段，即在高加工度化过程中，各工业部门越来越多地采用高新技术，导致以知识技术密集为特征的尖端工业的兴起。这个阶段产业结构的成长开始突破工业社会的框架，实现向"后工业社会"的产业结构转变。

一个国家要获得较快的经济增长就必须不断推进产业结构高度化，而产业结构高度化的关键是要有较强的产业结构转换能力。一般而言，一个国家的产业结构转换能力，一方面取决于经济体制与资源禀赋，另一方面取决于适宜的产业政策，包括产业结构政策、产业组织政策、产业技术政策、产业结构高级化政策等。

(三) 产业结构高度化的基准

关于产业结构高度化的基准，学术界并无统一认识。根据相关学者的研究，可以从以下几个视角探寻产业结构高度化的基准。

1. 一、二、三产业的比例构成

根据产业结构演进规律，产业结构高度化的重要特征是：产业结构的发展顺着第一、第二、第三产业优势地位顺向递进方向演进，或者说产业结构高度化是通过产业间优势地位的更迭来实现的[①]。因此，可以从三次产业结构的角度，以产值为计算标准，提出高度化的基准。如第一产业占比越低（第二、第三产业占比越高），产业结构高度化程度越高；第三产业占比越高，则产业结构高度化水平越高；第三产业占二、三产业比重越高，则产业结构高度化水平越高；第三产业与第二产业的比值越高，则产业结构高度化程度越高。

有学者从三次产业产值占比角度构造了产业结构高度化模型，并对其性质进行了严格的证明。[②]用三维向量 (X，Y，Z) 刻画产业结构，其中 X、Y、Z 分别表示一、二、三次产业产值占总产值的比例，因此，一个国家或区域的产业结构可看作是三维坐标系第一卦限内平面 $X+Y+Z=1$ 上的一个点（各次产业占比的总和为100%，即等于数值1）。则产业结构高度化的计算公式为

$$GH(X, Y, Z) = \sqrt{(Y+Z)\left(Y+\frac{Z}{X+Y}\right)}$$

其中 ($Y+Z$) 为二、三产业占比，表示非农化趋势，Y 为第二产业占比，$Z/(X+Y)$ 表示第三产业与第一、第二产业的比值。记 ($Y+Z$) = a，$Z/Y=b$，则 $GH(X, Y, Z)$ 可以改写为

$$GH(a, b) = \sqrt{a^2\left(\frac{1}{1+b}+\frac{b}{1+b-ab}\right)}$$

可以证明：$GH(a, b)$ 是 a 和 b 的单调递增函数；给定非农产值比重 a，GH 将随着 b （服务化指数值）的增加，具有最大值 $a/\sqrt{1-a}$。[③]

2. 劳动生产率的产业间差异

有学者做了如下思考与研究：设一个产业系统由 n 个产业部门组成，h_i 为第 i 个产业部门的产业水平值（即产业结构高度化水平值），k_i 为第 i 个产业部门在整个产业系统产出中所占的比例，则这个产业系统的产业结构水平 H 为：$H=\sum_{i=1}^{n}k_i h_i$。由于劳动生产率是

[①] 范艳丽，张爱国，张贤付. 产业结构高度化水平的定量测定. 安徽师范大学学报（自然科学版），2008 (1).
[②] 龚日朝，潘芬萍，刘俞希. 产业结构高度化测度模型及其性质研究. 统计与决策，2020 (12).
[③] 证明从略，参见脚注②的参考文献。

产业水平的集中体现,可以采用劳动生产率作为产业水平值 h_i 的衡量指标,$h_i = p_i/l_i$,其中,p_i 为 i 产业的产值,l_i 为 i 产业的从业人员数,p_i/l_i 为 i 产业的劳动生产率。①

由于各产业技术层次、水平以及生产工艺的不同,产业间必然存在不同的劳动生产率。技术越落后劳动生产率就越低,而产业结构高度化过程在一定程度上就是创新导致技术水平提高的过程,劳动生产率也必然随之提升。同时,各产业间相对收入的差异会引发劳动力不断从劳动生产率低的产业向劳动生产率高的产业转移,其结果是整个社会各产业间的劳动生产率差异会逐渐缩小。在发达国家产业结构高度化的过程中,可以明显地看到各产业之间的劳动生产率差距逐步缩小。因此,可以根据研究需要,将产业进行分类,用各产业之间劳动生产率的差异程度来衡量一国或一个地区的产业结构高度化程度,其差异越小,表明产业结构水平越高,反之则越低。

在实践中,可以将产业结构高度化指标值定义为各次产业的劳动生产率离差之和(根据研究需要对产业进行分类)。其值越小,表明一个国家或地区产业结构的高度化程度越高。但劳动生产率是一个有量纲的值,可以用比较劳动生产率指标代替劳动生产率指标。一国或某一地区某一产业的比较劳动生产率,是指该产业的劳动生产率与全国或某一地区所有产业的平均劳动生产率的比值。由于各产业比较劳动生产率的离差可能为正数,也可能为负数,将离差相加时正负数会相互抵消。因此,可以将各产业比较劳动生产率的离差之和处理为离差平方和,以避免正负数相互抵消的问题。②

3. 综合考虑产业间比例关系与劳动生产率

有学者认为,产业结构高度化实际上包含了两个内涵:一是产业间比例关系的演进;二是劳动生产率的提高。前者是产业结构高度化的量的内涵,后者是产业结构高度化的质的内涵。一个经济体的产业结构高度化程度越高,表明这个经济体中劳动生产率高的产业所占份额越大。因此,可以将比例关系和劳动生产率的乘积作为产业结构高度的测度指标,即产业结构高度化指标(定义为 H)可用下式表示:

$$H = \sum v_{it} \times LP_{it}$$

这里 i 处于一个开放的集合中,它可以为 1,2,3,代表第一、二、三次产业,也可以为 1,2,…,m,即随着产业门类不断被细分(细分至 m 种产业),i 的集合可以不断增大。其中,v_{it} 是 t 时间产业 i 的产值在 GDP 中所占的比重,LP_{it} 是 t 时间产业 i 的劳动生产率。按照这个公式,一个经济体中劳动生产率较高的产业所占的份额较大,它的产业结构高度值 H 较大,其中 v_{it} 是赋予不同劳动生产率一个不同的权重,产业产值占比越大,则劳动生产率的权重越大。这里同样有一个量纲问题,因此也要将"劳动生产率"指标标准化。

$$LP_{it}^N = \frac{LP_{it} - LP_{ib}}{LP_{if} - LP_{ib}}$$

---

① 周昌林,魏建良. 产业结构水平测度模型与实证分析——以上海、深圳、宁波为例. 上海经济研究,2007(6).
② 嘉蓉梅. 产业结构水平测度模型及对地区的实证考察. 云南社会科学,2012(4).

其中 LP_{it}^N 是标准化的产业 i 的劳动生产率，LP_{if} 是工业化完成时产业 i 的劳动生产率，LP_{ib} 是工业化开始时产业 i 的劳动生产率，LP_{it} 是原始的、直接计算的产业 i 的劳动生产率，其公式为：$LP_{it}=VA_i/L_i$，即产业 i 的增加值与就业人数的比值。[①]

4. 多指标综合评分

由产业结构演化规律可知，产业结构演进一般遵循的基本规律有"配第-克拉克定理""库兹涅茨定理""钱纳里标准结构""霍夫曼定理"等。前三者都是从三次产业分类的视角出发，分析一个国家的产业结构演进的普遍规律，霍夫曼定理则阐述了工业化过程中消费资料（消费品）工业的净产值和资本资料（资本品）工业的净产值之比（霍夫曼比例）呈现不断下降的趋势。这些理论研究对产业结构升级的基准定义有一定的启迪作用，特别是，产业结构高级化体现为二、三产业在整个产业结构体系中占比逐渐提高并占据优势地位。但以上相关研究结论只揭示了一般的大类产业的演进规律，产业结构的高级化还应该体现在资本密集、技术进步与产品创新、环境友好等诸多方面。以这三个方面为例，所谓产业结构高级化应是在环境友好的约束下，表现为资本密集型产业和技术知识密集型产业比重的逐步提高且有着优势地位。在实践中，可以采取综合评分法获得产业结构高度化指标值。比如，将资本密集、技术进步与产品创新、环境友好作为一级指标，赋予一个权重结构，再将一级指标分解为各二级指标，甚至三级指标，各自赋予相应的权重结构，最后根据各级分指标的值综合得出一个产业结构高度化指标值。

案例

我国"十三五"时期制造业结构变动趋势与"十四五"时期调整升级方向[②]

随着我国经济的快速发展，产业结构也处于不断调整升级中，已经形成了"3、2、1"型产业结构。制造业是国民经济的支柱产业，要深入推进制造业结构调整升级，为从"制造大国"迈向"制造强国"奠定坚实的基础。

一、"十三五"制造业结构变动趋势

（一）行业结构

2016—2019 年，从制造业产品类别的结构变化看（见表 10-5），一般加工业占比下降了 4.5%，化工类行业占比提高了 0.27%，金属、非金属行业占比提高了 2.3%，机电行业占比提高了 1.91%。

[①] 刘伟，张辉，黄泽华．中国产业结构高度与工业化进程和地区差异的考察．经济学动态，2008（11）．

[②] 根据"十四五时期制造业结构调整方向与重点"一文改编而成（邓洲，于畅：《中国井冈山干部学院学报》2021 年第 1 期）。并参考了以下论文：郭朝先：当前中国工业发展问题与未来高质量发展对策，《北京工业大学学报（社会科学版）》2019 年第 2 期。李廉水，石喜爱等：中国制造业 40 年：智能化进程与展望，《中国软科学》2019 年第 1 期。中国社会科学院工业经济研究所课题组："十四五"时期中国工业发展战略研究，《中国工业经济》2020 年第 2 期。魏后凯，王颂吉：中国"过度去工业化"现象剖析与理论反思，《中国工业经济》2019 年第 1 期。李建强，赵西亮：中国制造还具有劳动力成本优势吗？《统计研究》2018 年第 1 期。

表 10-5 "十三五"时期前四年规模以上制造业主营业务收入行业结构变化（%）

行业类别	2016	2017	2018	2019
一般加工业	25.78	24.12	22.10	21.28
化工类行业	18.16	18.42	19.06	18.43
金属、非金属加工业	20.75	20.98	21.78	23.05
机电行业	35.33	36.48	37.06	37.24

数据来源：国家统计局网站。

（二）要素结构

从要素禀赋结构变化的角度看，2011年前后我国劳动年龄人口的数量和比重均达到历史峰值，"十二五"期间劳动密集型行业占比呈现缓慢上升的态势。从2016年开始，劳动密集型行业占比逐步下降，资本密集型行业占比上升。制造业劳均固定资产原价2016年比2012年上升了61.3%，制造业呈现出资本深化的态势。具体数据见表10-6。

表 10-6 "十三五"时期前四年规模以上制造业主营业务收入要素结构变化（%）

行业类别	2016	2017	2018	2019
劳动密集型行业	60.33	58.77	56.10	55.71
资本密集型行业	39.67	41.23	43.90	44.29

数据来源：国家统计局网站。

（三）技术结构

将制造业技术分为高技术、中技术和低技术三种类型，则"十三五"期间三类行业的占比变化如表10-7所示。由表可见，高技术密集型行业占比从2016年的18.52%增长到2019年的19.89%，增长了1.37%；中技术密集型行业从20.24%增长到20.83%，增长了0.59%；低技术密集型行业从61.26%下降到59.28%，下降了1.98%。

表 10-7 "十三五"时期前四年规模以上制造业主营业务收入技术结构变化（%）

行业类别	2016	2017	2018	2019
高技术密集型行业	18.52	19.23	19.54	19.89
中技术密集型行业	20.24	20.69	21.03	20.83
低技术密集型行业	61.26	60.08	59.43	59.28

数据来源：国家统计局网站。

二、当前制造业结构存在的主要问题

我国制造业结构一直处于不断转型升级的良好态势，但制造业大而不强的问题依旧，竞争力亟待提升。主要存在以下几个方面的问题。

（一）地方政府的政治晋升博弈，导致产能过剩

相关调查数据显示，2019年制造业的产能利用率仅为77.1%。部分学者认为，产生

这种现象的根源在于，政治晋升博弈导致了地方政府对市场的过度干预，出台了各种形式的产业扶持政策，以期在短时间内产生巨大的经济效益，以利于地方官员自身的政治晋升。这样往往会在产业选择上盲目选择短期内似乎正在大幅增长的行业，导致各地某些产业一哄而上，必然形成产能过剩局面。

（二）高技术产业聚焦于低附加值环节和轻资产行业，高端产品比例低

首先，从价值链角度看，我国高技术行业企业主要聚焦于附加值不高的下游环节，利润率较低。其次，我国高技术密集型行业普遍属于轻资产行业，高技术行业仍然呈现劳动密集的倾向，在生产制造环节较为依赖劳动投入。最后，随着我国制造业技术的不断进步，少数产品（如手机、家用电器等）的制造水平已与世界先进水平差距不大，国产率很高，但整体看，制造业高端产能比例较低，高端产品依然不能满足国内对消费需求的升级。

（三）信息技术与制造业融合深度不足，高端人才短缺，研发能力薄弱

首先，在全球"标准竞争"中居于相对落后地位。我国制造业产能巨大，产品繁多，产生了大量数据，但数据格式差异较大，标准不够统一，难以兼容，也难以转化为有用的资源。其次，高端人才储备严重短缺，特别是跨学科人才资源极度匮乏，人工智能、大数据、云计算、物联网等新技术的开发能力较弱。再次，信息技术基础设施有待完善。信息技术与制造业的深度融合意味着要实现全产业链的数字化管理，同时对网络安全提出了更高的要求，以保护知识产权和商业机密。最后，关键技术、核心技术开发能力较为薄弱。我国能够研发并生产的领域或产品多集中在外围应用类的低端市场，核心技术专利很少，与发达国家的差距巨大。

（四）"两端挤压"局面逐渐形成，制造业结构升级的压力增大

受国内外发展环境和条件变化的影响，我国制造业在全球价值链中处于"两端挤压"的窘境。首先，发达国家（尤其是美国）所谓的"制造业空心化"问题引起了政府的高度重视，特别是金融危机后，陆续推进"再工业化"战略，吸引制造业回流本土，促进实体经济发展。其次，因计划生育的影响，我国人口红利消失，低劳动力成本优势在逐渐削弱。再次，因中美贸易摩擦不断，美国发起了针对中国的一系列制裁，限制高新技术产品出口我国，也打压我国出口到美国的市场，我国可能要重新审视与美国等发达国家的制造业分工和贸易关系。最后，资源与环境保护压力不断增大，制造业的粗放式增长方式难以为继。

三、"十四五"我国制造业结构调整升级的方向与保障措施

根据我国制造业水平与相关限制条件，"十四五"时期，制造业结构调整升级应注重以下几个方面：

（一）总量扩张转向质量提升，全力推进深度工业化

随着国际竞争的日趋激烈，我国要从量的扩张走向质的提升阶段，大力推进深度工业化。要优化要素结构，降低对生态环境的负面影响，提高能源资源的利用效率。要培育新的增长点，如新一代数字信息产品、高端装备产品、生物医药产品、新材料产品、节能环保产品等。提高研发力度，依靠创新驱动制造业的高质量发展。

（二）优化产业结构政策，促进产业间的深度融合

产业结构政策的最直接目标是为相关产业的发展提供一定的支持，培育其国际竞争

力。同时，要尽力促进产业间的融合发展。一是推进制造业与数字经济的深度融合，积极推动数字技术与制造业的有机融合，提升智能制造的国际竞争力。二是促进制造业与服务业的深度融合，推进服务业的转型发展与优化升级。

（三）增强自主创新能力，形成自主创新的内生激励机制

改革开放初期，我国技术创新能力不足，主要依赖引进模仿，直到2011年，我国自主创新方面的投入才超过引进模仿方面的投入。"十四五"时期，技术创新的高投入和自主性将成为制造业结构优化升级的根本动力。要形成一种自主创新的内生激励机制，保护创新者的正当利益，严厉打击技术盗窃与侵害知识产权的行为。要全力推进产学研的有机衔接，共同为实现创新型国家的目标形成合力。

（四）全面深化改革，为制造业结构升级保驾护航

改革的主要目标是建立现代化的经济体系，改善经济环境，提高经济效率。要减少对市场的不当干预，努力构建公平的竞争和发展环境，推动产业政策与竞争政策的互补与协同。要在制度上破除地方政府官员的晋升博弈机制，充分发挥市场机制的作用，引导产业结构升级。政府最需要做的是，为产业结构的升级保驾护航，创造外围的支撑条件，而不是过度干预市场。

结合本案例，请讨论下列问题：
1. 针对我国制造业结构存在的问题，试分析其原因。
2. 我国制造业"两端挤压"局面是如何形成的？为此政府需要如何行动？

本章小结

● 一切决定和影响经济增长的因素都会在不同程度上对产业结构的变动产生直接的或间接的影响。技术创新、经济体制、自然资源禀赋、资本规模、需求结构、人口规模、国际贸易等是一国产业结构演变过程中的基本制约因素。

● 随着经济的发展，产业结构不断地由低级向高级演进，在产业结构的横向联系方面不断地由简单向复杂转化，这两个方面的不断变化推动产业结构向合理化方向发展。产业结构变迁的规律主要有：配第-克拉克定理、库兹涅茨定理、霍夫曼定理、钱纳里标准结构等。

● 运用中外相关历史数据对产业结构演进规律进行验证，结果表明相关国家产业结构的发展变化趋势基本符合产业结构演进的规律。

● 无论是重工业还是轻工业，都会由以原材料为中心的结构向以加工、组装为中心的结构演进，即进入工业结构的"高加工度化"。随着经济发展和科技创新，工业结构进一步表现出"技术和知识的集约化趋势"。工业化以来，工业结构呈现出"重工业化—高加工度化—技术和知识集约化"的变迁轨迹。

● 产业结构优化是指通过产业调整，使各产业实现协调发展，并满足社会不断增长的需求的过程。它是一个相对概念，不是指产业结构水平的绝对高低，而是根据本地的地理环境、资源条件、经济发展阶段、科学技术水平、人口规模、国际经济关系等特点，通过对产业结构的调整，使之达到与上述条件相适应的各产业协调发展的状态。具体来说，主要包括产业结构合理化、产业结构高度化、产业结构均衡发展。

● 产业结构的高度化是指产业结构随着需求结构的变化向更高一级演进的过程。实际上是指随着产业结构的知识集约化和经济服务化，使得产业具有更高的附加价值。产业结构高度化是一个相对概念，是针对现有的社会生产力水平，尤其是科学技术发展水平而言的。产业结构的高度化表现在以下几个方面：高加工度化、高附加价值化、技术集约化、工业结构软性化。

关键词

产业结构（industrial structure）；产业结构演进（evolution of industrial structure）；主导产业（leading industry）；产业结构优化（optimization of industrial structure）；产业结构合理化（rationalization of industrial structure）；产业结构高度化（industrial structure supererogation）

自测自评

复习思考题

1. 决定和影响产业结构的因素有哪些？
2. 简述不同经济时代的产业结构特征。
3. 产业结构演进的规律有哪些？
4. 简述我国产业结构存在的主要问题及调整对策。
5. 试述产业结构与经济发展的关系。
6. 产业结构合理化与高度化的基准有哪些？
7. 试述如何用高新技术改造我国传统产业。
8. 如何认识战略性新兴产业在我国经济社会发展中的特殊作用？
9. 如何看待网络技术的普及、运用对人类生产、生活方式的影响？

延伸阅读

1. 樊茂清，黄薇．基于全球价值链分解的中国贸易产业结构演进研究．世界经济，2014（2）．
2. 干春晖，郑若谷．改革开放以来产业结构演进与生产率增长研究——对中国1978—2007年"结构红利假说"的检验．中国工业经济，2009（2）．
3. 张捷，周雷．国际分工对产业结构演进的影响及其对我国的启示——基于新兴工业化国家跨国面板数据的经验分析．国际贸易问题，2012（1）．
4. 崔焕金，刘传庚．全球价值链驱动型产业结构演进机理研究．经济学家，2012（10）．
5. 简新华，叶林．改革开放以来中国产业结构演进和优化的实证分析．当代财经，2011（1）．
6. 邱风，张国平，郑恒．对长三角地区产业结构问题的再认识．中国工业经济，2005（4）．
7. 刘名远．中国产业结构高度化的供给侧结构性改革研究．宏观经济研究，2018（6）．
8. 江飞涛，耿强，吕大国．地区竞争、体制扭曲与产能过剩的形成机理．中国工业经济，2012（6）．

第十一章 产业布局

> **本章提要**
>
> 本章首先讨论产业布局的基本内涵与主要影响因素，然后介绍多样化的产业布局区位理论，最后系统阐述产业集聚的主要理论，包括集聚类型、集聚机制、集聚效应和集聚规模等内容，并在此基础上探讨产业集聚发展的策略。

第一节 产业布局的影响因素

产业布局是指产业在一定地域空间上的分布与组合。具体来说，产业布局就是通过市场机制和政府引导，使资源在不同地域、不同产业之间进行配置，从而实现资源在空间上的最优配置。我们可以从多个方面考察产业布局的内涵。从纵向来看，产业布局是同一产业在各地区的配置与关联；从横向来看，它是集聚于同一地域空间的各产业的关联与组合；从静态方面考察，产业布局是指产业生产力在一定地域空间的分布状态；从动态方面考察，产业布局是指产业生产力诸要素在空间上的安排部署和调整，是政府对产业在空间上的规划、部署、协调和组织。[①]

产业布局之所以引起人们的关注，主要有两个原因。第一个原因是现实中的生产活动总是会产生运输成本，这与企业生产的两个特征有关：一是各种资源和生产要素在空间上并非均匀分布，并且不完全流动；二是绝大多数的企业生产活动在技术层面是不可完全细分的。这意味着企业必须选择某一区位作为自己的生产所在地，由此也将承担企业原材料、劳动力、产品等在运输或流动过程中消耗的成本。简单地，可分为投入运输成本、产出运输成本两部分。可以设想，如果生产要素在空间均匀分布，同时企业生产过程可以完全细分，而不会导致生产成本上升，那么企业的分布完全可以是原子式的，正如数百余年前中国的豆腐制作一样，几乎每家每户都有石磨，一个人、一台磨，几个小时的时间就可以做出美味可口的豆腐制品，所以豆腐生产的区位问题便不重要，也没有必要，因为它无处不在，自然也不会产生运输成本。第二个原因是产业的布局区位和布局形式也可以引起企业收益的变化，例如，不同地区的市场规模或容量的差异会影响到企业销量的差异，集聚或分散的布局形式会改变企业的生产协作方式和各种外部效应，进而影响到企业的生产效率。正是这些由空间差异引起的成本和收益的变化，促使理论界一直在努力探寻合理的产业布局以便实现经济活动的最优化。

[①] 江曼琪. 城市空间结构优化的经济分析. 北京：人民出版社，2001.

那么，究竟怎样才能形成比较合理的产业布局？要回答这一问题，首先要搞清楚产业布局背后的驱动力量和影响因素。由于历史原因，在我国产业经济学或区域经济学中，产业布局被认为是一个"计划"色彩浓厚的术语。但追溯产业布局的理论脉络可以发现产业布局从根本上是基于市场力量作用的结果，是追求利润厂商的区位选择最终决定产业的空间布局。当然，不可否认，政府规划对产业布局及其调整具有重要引导作用。如果从市场和政府两个角度来考察，产业布局的影响因素是很多的。一般来讲，主要包括下列几个方面。

一、要素投入

经济活动建立在一定的要素投入基础之上，这些要素包括自然资源、劳动力、资金、技术和知识等，由于不同产业的要素投入比例与特征差异明显，导致不同产业的区位指向呈现不同的类型。一般而言，对一个产业来说，哪一部分的成本构成占据主导地位，布局往往容易指向该部分运输成本低的地区。

（一）自然资源

自然资源、气候条件等决定着一个地区的资源禀赋，因而对于该地区在国际贸易或区际贸易中的分工角色有重要影响，它不仅仅影响农业生产的布局，如中国南方的大米生产与北方的小麦生产布局的差异，还会在一定程度上影响制造业的布局。

一些产业生产过程中需要消耗大量自然资源作为原料，只有少部分转化为最终产品，因而企业为了节省运输成本，需要将生产地选为靠近自然资源富集的地区。这些产业具有"原料地指向型"特征。水泥生产中，需要大量石灰石，因此，一般水泥厂都靠近富含石灰石矿地带附近，以便降低原材料运输成本，尽管这会导致"水泥"运往销售地（如大城市）的运输成本上升，但综合权衡，仍是合理的。其他一些产业，如金属冶炼产业、制糖业、木材加工业等都具有比较类似的特征。

另一些产业原材料运输并不方便或者易腐坏，导致运输成本高，也使得产业布局体现出"原料地指向型"特征。如一些食品加工与食品制造业、竹制品加工业，也往往集中分布于原料地附近。当然，随着科技发展，越来越多的产业所需投入的自然资源投入比重不断下降，导致产业布局对自然资源的依赖不断降低。

（二）劳动力

在一些劳动密集型行业中，劳动投入是重要成本构成。与其他原材料不同，劳动似乎是可以自由流动的，因而劳动力的布局似乎对于产业的区位选择并不重要。然而，现实经济中，劳动力的流动并不是无障碍的。首先，跨国的劳动力流动通常是受限制的，这使得一些劳动密集型产业如服装业等，从劳动力相对贫乏的国家向劳动力相对富裕的国家转移；其次，在一国内部，劳动力流动也不是没有成本的，在我国，户籍制度管理限制下，劳动力无法自由迁徙，异地务工又增加了额外的往返交通费用、探亲费用等。在改革开放初期，这种劳动力流动的成本对服装业布局并未产生决定性作用，服装制造主要集中于浙江等沿海省份，但随着沿海经济发展水平提高，成本压力加大，劳动力流动的限制使得服装业的劳动力指向性开始显现，不少劳动密集型行业如服装业开始从沿海省份向内陆省份转移。

(三) 资本

资本投入是现代经济发展的决定性因素之一，对企业经济活动尤其是小型企业的创立与发展至关重要。因此，资本的获取便捷度和融资成本会对企业的区位选择产生较大影响。现实中，不同类型资本在空间中的分布存在差异性，有的地区以一般性金融资本融资为主，有的地区则是风险资本的聚集地，这种地区资本的差异就会直接影响到企业的区位选择，从而形成企业及产业区域分布的差异。例如，成熟型产业或大型企业比较倾向从一般性金融资本获得融资服务；而新兴企业尤其是新兴高科技中小企业，则更关注风险资本的获得。

(四) 技术与知识

在知识经济时代，智力资源对产业发展的影响加大，主要生产要素从有形的自然资源转变成无形的智力资源。新技术方法、技术手段以及新生产工具、新管理方式等的出现，一方面可以使新的经济活动成为可能，另一方面可以改变经济活动中的生产要素组合。技术和知识在信息、网络、资讯、金融、文化等产业部门中的作用，甚至大于资本和劳动，是推动产业发展的根本动力。虽然一般性的技术知识可以低成本地在地区之间流动和扩散，但一些前沿的和隐性的技术知识信息的产生和获取则与周围的创新环境有关。技术创新环境对于高新技术产业布局非常重要，美国硅谷高新技术产业区邻近斯坦福大学，有一批富有创意的高素质创新人才、完善的风险投资体制机制、大量专业的风险投资者、完善的知识产权保护制度以及开放的创新文化，以这些要素为基础的良好创新环境是硅谷高科技产业发展的保证。

二、基础设施

基础设施是产业发展的必要条件，它包括交通条件、通信网络系统、能源与水资源供应系统等方面。基础设施具有较强的公共品特征，是影响产业布局的基础性因素。基础设施不完善对产业布局的制约作用非常明显，其中交通条件对产业布局的影响尤为显著。交通网络的完善程度通常直接影响到一个区域的地理可进入性，交通便利性的提高意味着对外交往可能性的提高，无论是针对原料产地、生产地还是消费地而言，都会促进经济活动的发展，从而成为吸引经济活动布局的重要因素。近年来，我国交通基础设施建设取得了令人瞩目的成绩，高速铁路的大规模建成通车、全国高速公路网络初步形成，使我国区域间交通条件大大改善，运输成本大大下降，这促使一些沿海省份的企业开始向内陆地区转移。

三、市场因素

市场是经济生存的空间，是经济活动价值实现的场所，可以从区位、规模等多个角度考察。其中，市场区位和运输成本密切相关，市场规模和企业收益有关。一些产业生产或服务过程，投入原材料的运输成本并不高，但产品或服务的运输成本较高，如面包、啤酒等食品与饮料加工企业，一般集中布局于消费市场所在地。

另外有一些产业必须达到一定规模的需求才能够支持其基本的运营成本，这一规模即所谓的需求门槛，一般与人口规模正相关。由于不同经济活动的需求门槛存在差异，因而在经济活动区位选择过程中，当地的市场规模是重要的考虑因素之一。诸如食品加工、服装制造等轻工业部门，以及理发店、便利店、洗衣店等生活服务类小企业，需求门槛较低，因此在大中小城市都有分布，而电力、钢铁、石油、化工与机械制造等资本密集的传统工业的需求门槛则很高，通常分布在人口密集的大城市或城市群。

四、区域环境

生产投入、基础设施与市场规模等是产业布局过程中与企业生产经营相关的较为直接的影响因素。除此之外，还有一些相对间接的影响因素，比如政府政策法规、行政管理水平、产业集聚环境、区域生态环境等因素，这些因素也会对与企业的生产成本、生产效率和经营收益等施加影响，进而影响产业的空间布局。

（一）政策法规环境

政府的政策法规对产业投资及其运行有着较强的引导作用。差别化的区域税收政策、环境管制严格程度差异、区域性产业政策等会改变企业的生产运行成本，影响企业在不同地区的预期利润，影响企业投资的区位决策。一个典型的例子是，发展中国家比发达国家采取较为宽松的环境管制法规，使得一些污染密集型产业由发达国家向发展中国家迁移。政府的行政管理水平对于一个地区的投资吸引力也尤为重要，高效廉洁的办事作风、科学民主的决策方式、透明公平的市场环境、安全稳定的治安状况等都可以降低企业的运营成本和交易成本，从而有利于吸引相关产业进行投资。

（二）产业集聚环境

大量同类企业在一定区域内的集聚会带来一系列正的外部效应。产业集聚可以带来劳动力的集聚，形成一个共同的规模较大的劳动力市场，从而降低企业获得劳动力的成本；产业集聚有利于扩大中间投入产品与专业化服务的市场容量，推动专业化服务商的出现，降低企业获得中间投入和服务的成本；产业集聚使得信息的搜寻与获得更加迅速，加快了核心技术与知识扩散的速度，有利于产品的创新。此外，产业集聚不仅降低了运输成本，而且通过内生的信誉机制降低了交易风险，在此基础上企业可以更好地根据各自优势开展纵向与横向的分工协作，从而提高资源的利用效率。但是，上述诸多外部经济效应的作用是有地区限制的，往往只作用于同类企业所集聚的地区，这就要求相关行业企业在地理位置上相邻。

（三）区域生态环境

随着技术发展，一些现代制造业或高新技术产业对资源的依赖度越来越低，所生产的产品或服务的运输成本也不断下降，产业布局表现出"松脚型"（footloose）特征。由于高素质人才对生活与环境的舒适度往往有着较高要求，一些高新技术产业选址纷纷远离工业区，转向自然条件舒适宜人的地段布局，如美国"硅谷"、德国的慕尼黑、印度的班加罗尔等地的生态环境都很优美。此外，高精密、低能耗、低污染的高技术产业本身的生产也需要一个清洁、无噪声、无污染的内部环境，例如微电子工业环境的空气清洁要求是每立方米空间中直径 0.5 微米的颗粒不能超过 100 个。

第二节　产业布局的区位理论

理论界关于产业布局的研究是从两个方面展开的：一个是产业的空间选择，即在生产活动类型已知的情况下，从产业本身的固有特征出发，分析适合该产业的可能空间，然后从中选择最佳区位；另一个是空间区位已知，根据该空间的地理特性和产业的生产特性，研究产业活动的最佳组合方式和空间形态。前者形成了产业布局的区位理论，后者则形成了产业布局的集聚理论。

产业布局的区位理论具有多样性，这种多样性主要与经济发展阶段有关。随着经济发展阶段的变化，人们生产活动的重心不断转换，进而推动产业结构的演进，而不同产业具有不同的区位条件偏好，或者说不同产业在布局选择中对各种影响因素的关注程度和利用方式存在着较大的差异，因而产生了多样化的区位理论。一般来讲，根据发展时期与理论内涵的差异，产业布局区位理论大体经历了三个发展阶段。[①]

一、产业区位理论的形成：古典区位理论

古典区位理论的关注点在于如何以最低成本或最节省运输费用的方式来实现产业利润最大化，他们的注意力主要集中在生产端或成本端，均不考虑市场销售因素和消费因素等问题，所以古典学派又被称为西方产业区位理论的最低成本学派。古典区位理论的形成背景可以追溯到19世纪30年代到20世纪20年代，社会生产力的迅速发展和地区间经济联系的不断扩大，使得商品销售和原料地范围越来越广，经济活动的空间成本引起人们的日益重视，亟需从理论上深入分析和回答如何形成有利于降低生产成本的空间布局，以便为经济活动提供指导。在这种背景下，以杜能的农业区位论和韦伯的工业区位论为代表的古典区位理论逐渐形成。

（一）杜能的农业区位论

该理论的中心思想是农业经营方式并不完全取决于自然条件，还必须把运输因素考虑进去。杜能的理论假定主要有：所有分析的对象为一个简单的孤立国；唯一城市位于中央；农业土地经营方式与农业部门地域分布，随距离城市市场远近而变化，其变化取决于运费的大小；市场的农产品价格、农业劳动者工资、资本利息在孤立国中是均等的；交通费用与市场远近成比例变化。

根据杜能分析，在"孤立国"内，如何分布农业才能从单位面积土地上获得最大利润？给定农业生产利润 $n = P - (C + T)$，其中 P 为农产品价格，C 为农业生产单位成本，T 为单位运费。显然，对不同农业生产而言，P、C、T 均不相同，因此，对离城市任何一点距离的地点而言，不同农业生产的利润不同，于是对土地报价（即地租价格）也不同，报价最高者获得使用权，计算所有农业生产方式的土地利用报价，并选择每个区间的最高地租报价，就可以确定给农场主带来最大地租收入的农业生产布局区间，从平面上看，就是圈层结构，即"杜能环"。他发现，离城市最近的第一圈为自由式农业圈，主要生产易腐难运产品，如蔬菜、鲜奶等；第二圈为林业圈，生产建筑用材、木炭等；第三圈为轮作式农业圈，轮作谷物、饲料作物；第四圈为谷草式农业圈，为谷物、牧草、休耕轮作圈；第五圈为三圃式农业圈，种植粗放作物；第六圈为畜牧业圈，主要生产畜产品。

[①] 刘家顺，杨洁，孙玉娟. 产业经济学. 北京：中国社会科学出版社，2006：245-268.

(二) 韦伯的工业区位论

该理论的中心思想就是区位因子决定生产区位,将生产吸引到生产费用最小的地点。其中区位因子包括劳动力费用、运输费用、地租等。该理论假定所分析的对象是一个孤立的国家或特定的地区,对工业区位只探讨其经济因素,运输费用是重量和距离的函数。其理论核心是工业布局主要受到运费、劳动力运费和聚集力三方面因素的影响,其中运费是起决定作用的因素,工业部门生产成本的地区差别主要是运费造成的。该理论包括以下几个法则。

第一,运输区位法则。企业生产成本最低的地点,首先是运费最少(以吨千米计)的地点。为了寻求最小费用点,该法则将原料、燃料和消费地的分布作为决定工厂区位的基本图形。当多个原料、燃料产地和消费地不重合时,区位图形为一多边形。据此多边形,可推求最小运费点 $P(X, Y)$,如图 11-1 所示。

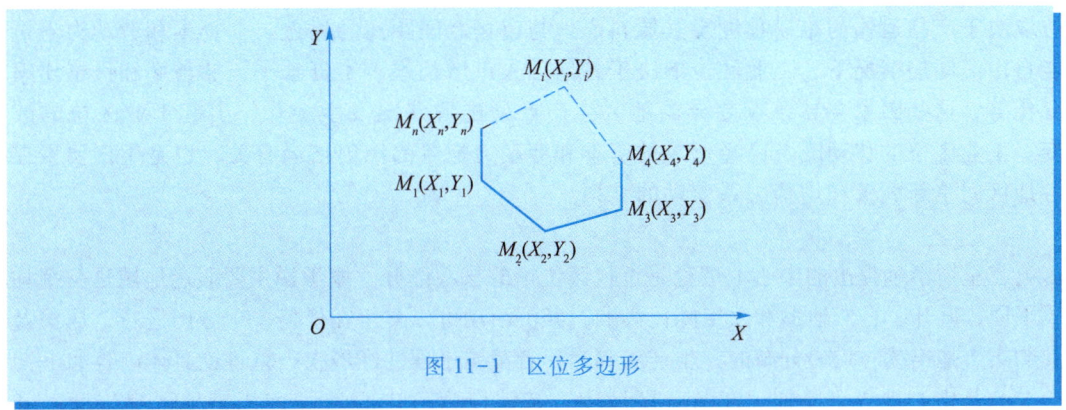

图 11-1 区位多边形

假设原料、燃料和市场有 M_1,M_2,…,M_n 个,运量分别为 m_1,m_2,…,m_n,距最小运费点 P 的距离分别为 r_1,r_2,…,r_n,总吨千米为 S,则总运费的计算公式为

$$S = \sum_{i=1}^{n} m_i r_i = \sum_{i=1}^{n} m_i \sqrt{(X - X_i)^2 + (Y - Y_i)^2}$$

欲使 S 达到最小值,只需 S 对 X 和 Y 分别求导并令其等于 0,通过求解方程组,求得最小运费点 P。

第二,劳动力区位法则。当原材料和成本的追加运费小于节省下来的劳动力费用时,可使一个工厂的区位选择离开或放弃运费最小的地点,转向有廉价劳动力的地区。

第三,集聚法则。如果企业因集聚所节省的费用大于因离开运费最小或劳动力费用最小的位置需追加的费用,则其区位由集聚因素决定。

以上前两个法则的运用均可用等费线方法进行分析。等费线是指单位原料或产品相等运费点的连线,决定等费线就是运费增加额与劳动费(集聚)节约额等同的相切线。在决定等费线内是工业最佳区位。

二、产业布局区位理论的发展:近代区位理论

近代区位理论将研究目标从追求生产成本、运输费用最低转向追求市场最优。该理论

形成于20世纪30—60年代，在这一时期，随着科技革命和社会生产力的发展，国际经济联系的加强，第二、第三产业先后取代第一产业成为国民经济的主导产业，市场因素对于产业发展的重要性日趋增强，进而产业布局也逐渐由比较单一的生产成本和运输费用分析转变为生产成本、运输费用和市场因子的综合分析。这种条件下发展起来的产业布局理论，统称为近代区位理论，主要包括市场区位学派和地理区位学派。近代区位理论为产业区位理论的多样化发展奠定了基础。

（一）一般区位理论

俄林（Ohlin）的一般区位理论认为，地区是分工和贸易的基本地域单位。从一国范围看，国内各地区由于生产要素价格的差异，既导致区际贸易的开展，又决定国内工业区位的形成；从国际范围看，各国生产要素价格的差异，既导致国际贸易的开展，又决定国际范围内工业区位的形成。在资本和劳动力可以在区际范围内自由流动的情况下，工业区位取决于产品运输的难易程度及其原料产地与市场之间距离的远近。在资本和劳动力不可能自由流动的情况下，工业区位取决于各地区人口增长率、工资水平、储蓄率和价格比率变化等，这些因素会导致有差异的地区生产要素配置状况发生变化，引起工业区位的改变。工业区位的移动既与已经形成的资本和劳动力配置的历史格局有关，也是生产要素在各地区间重新配置和均衡关系变动的结果。

（二）中心地理论

克里斯泰勒提出的中心地理论是近代区位论的核心部分。该学说主要假定地域是一个均质平原，避开了自然地形和人工障碍影响，经济活动可以常年在任何一个方向进行，居民及其购买力是连续、均匀分布的，生产者和消费者都属于理性经济人。该理论具体内容如下：

一是中心地等级序列。在某一区域内，城镇作为"中心地"向周围地区提供商品和服务。中心地的规模和级别与其服务半径成正比，与其数量成反比。规模大、级别高的中心地还含有多个较其低级的中心地。

二是中心地模式。该理论模式是指在一个平原地区，各处自然条件、资源都一样，人口均匀分布，人们在生产技能和经济收入上均无差别，购物以最近为原则，则这个平原上的中心地最初应是均匀地分布，每个中心地的理想服务范围是圆形服务面，如图11-2所示。

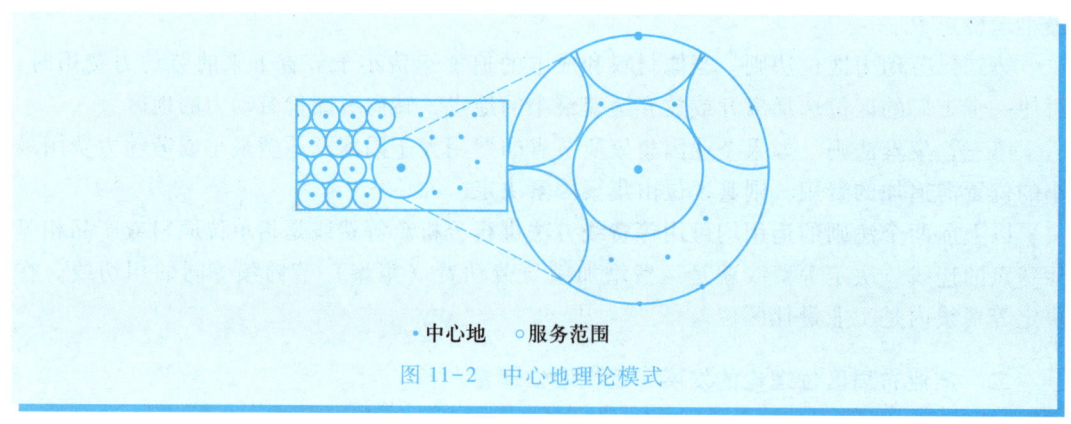

·中心地　○服务范围

图11-2　中心地理论模式

三是两种中心地模式：①在市场作用明显的地区，中心地分布要以最有利于物资销售为原则，即形成合理的市场区。一个高级中心地的服务能力可辐射到相邻6个次一级中心地，因而一个高级中心地所拥有的市场范围就是1+6×1/3，即相当于3个次一级中心地。假定上一级中心地所支配的下一级中心地市场范围的总个数为K，则在市场作用明显的地区，就构成了$K=3$系统中心地等级序列的空间模式。②在交通作用明显的地区（如交通枢纽区），中心地区分布应以便于交通为原则，即各级中心地均应分布在上一级中心地六边形市场区边界的中点处。一个高级中心地相当于4（1+6×1/2）个次一级中心地。因此，就构成了$K=4$系统中心地等级序列的空间模式。

（三）市场区位理论

廖什（Losch）的市场区位理论是利用克里斯泰勒的理论框架，把商业服务业的市场区位理论发展为产业的市场区位理论。该理论认为，由于产品价格随距离增大而增大（产地价格加运费），造成需求量的递减，因而单个企业的市场区最初是以产地为圆心、以最大销售距离为半径的圆形。通过自由竞争，圆形市场被挤压，最后形成了六边形产业市场区，构成整个区域以六边形地域细胞为单位的市场网络。上述网络在竞争中不断调整，会出现两种地域分异：

第一种，在各种市场区的集结点，随着总需求的滚动增大，逐步成长为一个大城市，而且所有市场网又都交织在大城市周围，如图11-3所示。

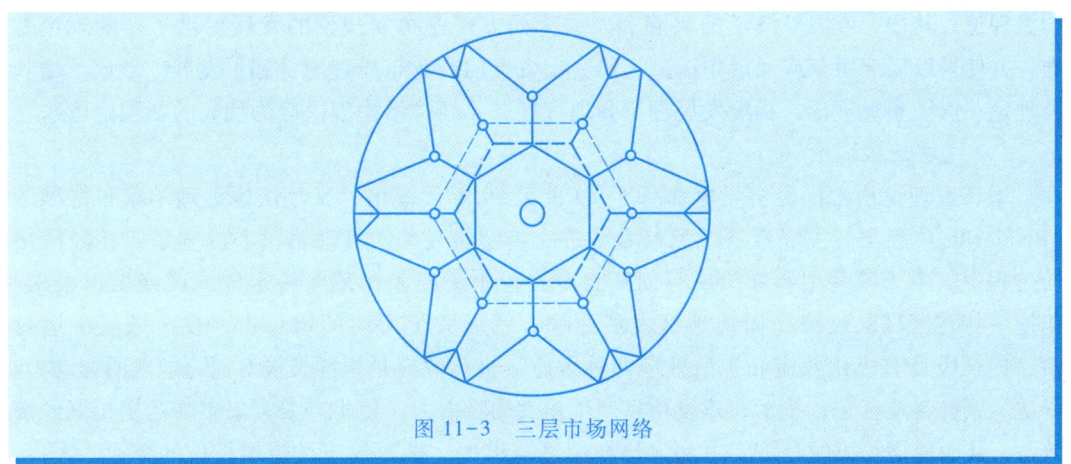

图11-3 三层市场网络

第二种，大城市形成后，交通线将发挥重要作用。距离交通线近的扇面条件有利，距离交通线远的扇面不利，工商业配置大为减少，这就形成了近郊经济密度的稠密区和稀疏区，从而构成一个广阔的地域范围内经济景观，如图11-4所示。

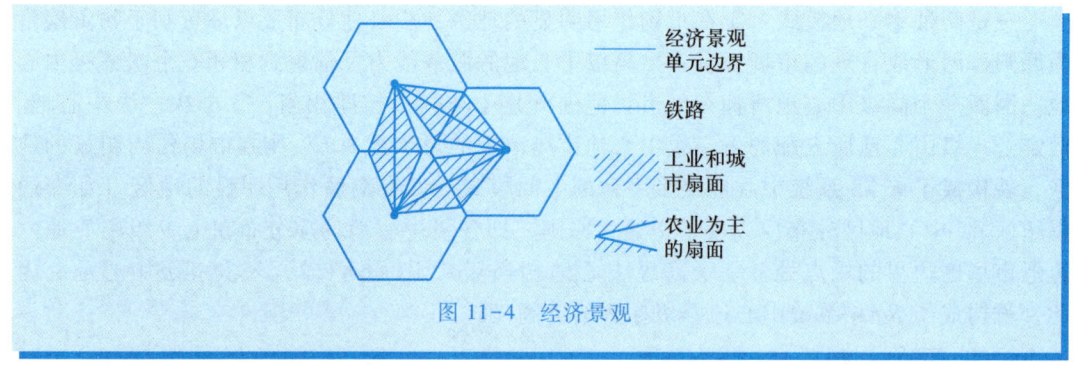

图 11-4 经济景观

三、产业区位理论的多样化发展：现代区位理论

现代区位理论的特点是立足于国民经济发展、以空间经济为研究特征、着眼于区域和城市经济活动的最优组织、注重宏观经济的动态平衡。20世纪60年代以来，是西方产业布局理论的多样化发展时期。在这一时期，现代科学技术革命的深化、经济全球化趋势的加强、世界范围内的工业化和城市化进程的加快不仅使近代区位理论得到了进一步的修正和发展，而且产生了各种不同的区位理论流派。这些在现代市场经济和国际竞争格局下发展起来的产业布局理论统称为现代区位理论，主要包括成本-市场学派理论、地理学派理论和发展经济学派理论。其中，发展经济学的兴起和发展为西方产业布局理论的发展提供了新的理论基础，并使得以后起国家或发展中国家为研究出发点的产业布局理论得到了发展，形成了增长极理论、点轴布局理论、梯度发展理论和地理性二元经济结构理论等为代表的新理论体系。

（一）增长极理论

增长极理论由法国经济学家佩鲁于20世纪50年代提出，又经法国地理学家布德维尔（Boudeville）和美国发展经济学家赫希曼进一步发展完善。其理论核心内容是：在经济增长过程中，由于某些主导部门或有创新能力的企业或产业在某些特定的地区或城市集聚，使这一特定区域的经济比周边地区发展更快，就形成了所谓的增长极。在区域经济运行中，增长极具有极化效应和扩散效应两种效应。极化效应是指增长极对周边地区的劳动力、资源、原材料及资金、技术和建设项目产生强大的吸引力，使生产要素集中并产生集聚经济效益，从而使增长极的经济实力和人口规模迅速扩大。扩散效应是指增长极的企业、人口、资金和技术等经济因素向外围地区扩散并由此带动周围区域经济发展的过程。增长极理论对发展中国家进行产业布局具有重要的意义。增长极的形成有两种途径：一是政府通过规划和重点投资来主动建立增长极；二是由市场机制的自发调节引导企业和产业在某些城市或发达地区集聚发展而自动产生增长极。发展中国家要实现工业化和经济发展，必须建立增长极，通过增长极自身发展以及对其他地区或部门的带动作用，促进整个经济发展。

（二）点轴布局理论

点轴布局理论是增长极理论的延伸。该理论将区域经济看成是由"点"和"轴"构成的网络体系。"点"是指具有增长潜力的中心地域或主导产业，"轴"指将各中心地域或产业联系起来的基础设施带。点轴布局理论可以指导产业有效地向增长极轴线两侧集中布局，从而由点带轴、由轴带面，最终促进整个区域经济的发展。这一理论是适应我国国情的产业布局理论的一次重要创新。

（三）梯度发展理论

梯度发展理论的形成渊源是产业生命周期理论。根据产业生命周期理论，不同生命阶段的产业有不同的最优区位。对于处于生命周期萌芽期与成长期的产业来说，从研发、生产到营销整个产业链过程都不成熟，且面临高度风险，因而需要比较成熟的各环节配套体系支持，往往只有发达地区才能提供，因此，产业区位往往集中于发达国家或地区；对于处于生命周期成熟期的产业来说，市场比较成熟，生产开始标准化，知识密集度开始下降，生产于是开始向具有成本优势的相对落后地区转移；随着产业进入衰退期，产业区位进一步向经济落后的地区转移。

（四）地理性二元经济结构理论

这一理论是由瑞典经济学家诺贝尔经济学奖获得者缪尔达尔提出的。该理论的主要内容是：在后起国家的发展过程中，发达地区由于要素报酬率较高，投资风险较低，吸引了大量劳动力、资金、技术等生产要素和重要物质资源由不发达地区向发达地区流入，使发达地区的经济得以更快地发展，从而在一定时期内发达地区与不发达地区的差距进一步拉大。发达地区的产业集中超过一定限度时，通常会出现规模收益递减现象。这时发达地区的人力、资金和技术等要素会向不发达地区转移，以降低生产成本，提高收益，增强竞争力，从而给不发达地区带来发展机遇。

缪尔达尔的地理性二元经济结构理论对发展中国家进行产业布局具有重要的现实意义。发展中国家应先采取非均衡发展战略，促进一部分地区先发展起来。采用鼓励和促进发达地区经济优先增长的政策，通过差别性的产业布局政策和相关的财政金融政策引导生产要素向先行发展的发达地区转移，赶上国际经济发展的步伐。经过一定时期的发展之后，应从控制地区之间贫富差距、维护经济相对平衡发展出发，在产业布局上转而采取均衡发展战略，鼓励不发达地区的快速发展。

第三节　产业布局的集聚理论

集聚是指资源、要素和经济活动等在地理空间上的集中趋向与过程。经济活动的集聚分布是一种典型的产业布局形式。对这一现象的关注最早可以追溯到100多年前著名经济学家马歇尔的论述，他在《经济学原理》一书第十章分析工业的地理分布时指出，包括自然资源在内的多种因素会使得大量专业化的中小企业在地理上呈集中分布特征。改革开放以来，我国东部沿海经济比较发达的省份均形成了大量富有特色的产业集聚区，其竞争力已经成为地区经济发展的重要决定力量。

一、产业集聚的表现类型

产业集聚是同类或相关企业向特定空间集中的一个动态过程，产业集聚的结果是在空间上形成各具特色的产业集群。产业集群是在特定区域中，具有竞争与合作关系，且在地理上集中，有交互关联性的企业、专业化供应商、服务供应商、金融机构、相关产业的厂商及其他相关机构等组成的群体。[①] 产业集聚和产业集群是相互关联的，产业集聚是形成产业集群的前提和基础，产业集群是产业集聚的结果和表现。没有产业集聚的持续进行，就不会有产业集群的最终形成；反过来，如果产业集群的生产模式不能显示出竞争优势，那么产业显然没有必要在一个地区集中，也不会发生所谓的产业集聚现象。因此，产业集群的理论与产业集聚的理论在本质上是一致的。

我们可以对产业集群从很多角度进行分类。从产业集群内部企业规模结构来看，借鉴马库森（Markusen，1996）对产业区的区分方法，可将集群区分为三个典型类别：马歇尔式新产业区集群（Marshallian new industrial district cluster）、中心辐射式集群（hub-and-spoke cluster）、卫星平台式集群（satellite platform cluster）。[②]

马歇尔式新产业区集群是指由大量规模经济要求不高的小企业组成的集群，即小企业集群，我国东部沿海地区不少著名的产业集群就属于这一类别，这类集群的主要标志是，企业投资与生产决策高度本地化；集群内部企业之间根据投入产出链条形成紧密而多样的长期合作关系，但与外部企业的联系相对较少；集群内劳动力有着高流动性特征，员工可以自由变换工作；具有高度专业化的金融与技术等服务体系；另外集群往往具有独特的文化纽带功能。

中心辐射式集群是以一些大型企业为中心或主导，周围密集分布着许多与中心企业在业务上有密切关联的小企业。中心企业通常规模较大，拥有全球视野，与本地区以外的分厂、供应商、客户及竞争对手都保持着联系。中心企业与小企业之间通常通过供应合同的形式相互联系。中心企业与其他企业在规模上的差距意味着中心企业在集群内部经济中起主导作用，作为主导力量的中心企业的成长性及其对其他企业发展的支持与帮助决定该类集群的发展水平。

卫星平台式集群是由一些总部不在当地或由外部力量控制的企业集中形成的。它与马歇尔式新产业区集群几乎正好相反，其主要标志是，由于规模经济要求相对较高，集群内企业规模相对较大；由于卫星平台式集群内部企业的"总部"都不在当地，投资决策等重大决策通常都是在该地区之外做出，财务、技术人才以及商业服务等往往也来自该地区之外；集群内部企业之间贸易联系与长期合作关系很少，企业主要与集群外部企业进行联系与合作。总之，该类集群的主要特征是，集群内企业是相对"孤立"的，它们主要与自己设在其他地区的母公司或者其他分公司发生联系，而与集群内其他企业联系甚少，致使这类集群凝聚力较低。

根据集群的产业性质，可以将产业集群分为传统产业集群和高新技术产业集群。传统产业集群以传统的手工业或劳动密集型的传统工业部门为主，如纺织服装、五金制品产业集群。在这种产业集群内，劳动分工比较精细，专业化程度较高，市场组织网络发达。浙

---

① M. porter, *The competitive advantage of nations*, London: Macmillan Publishing Company, 1990

② A. Markusen, "Sticky Places in Slippery Space: A Typology of Industrial Districts", Economic Geography, 1996.72 (3). pp. 293–313.

江有大量的传统产业集群,如永康五金产业集群、诸暨的袜业集群、海宁经编产业集群、嵊州的领带集群等。

高新技术产业集群主要依托当地的科研力量,如著名大学和科研机构,发展高新技术产业,企业间密切合作,具有强烈的创新氛围。最为典型的例子是美国硅谷、北京中关村等。高新技术产业集群最大的特点是,由于行业技术机会更多,集群内创新更为活跃,集群内部企业之间的联系不是基于普通投入产出的纽带,而是基于知识的投入产出纽带。

二、产业集聚的内在机制

一般的传统理论认为,产业集聚机制的形成源于三个方面[①]:一是产业活动的区位指向。区位指向相同的经济活动往往都趋向于集中在同类区位,这就带来经济活动在少数地方的集聚。二是经济活动的内在联系。出于加强相互联系的需要,一些内在联系紧密、相互依赖性大的经济活动往往趋向于集中在某一适宜地区。三是经济活动对集聚经济的追求。各种经济活动为追求集聚经济也需要在空间上趋于集中。可见,集聚的形成是必然的。集聚过程一旦开始,就极易形成循环因果式的促进集聚的力量,从而加速集聚过程。

但是,在各区位初始条件完全相同的情况下,集聚还能否发生,以及其背后的机制是什么?长期以来,由于分析方法和分析工具的限制,学术界没有对此给出令人满意的回答。为了突破这种理论困境,20世纪90年代,克鲁格曼(Krugman,1991)将运输成本与企业层次的递增报酬引入产业组织分析模型,研究了制造业空间集聚的一般性形成机理,从而开创了新经济地理学派。该学派运用主流经济学的垄断竞争框架,分析了运输成本等一系列外生参数导致的制造业空间集中问题。[②]

新经济地理为产业集群的形成提供了一个新的解释框架,认为即使不同地区的区位、自然资源、人口等初始条件完全相同,当运输成本等一些外部参数满足一定条件时,缪尔达尔式的累积因果效应也会导致产业在某个地方集聚,从而形成典型的中心——外围空间经济结构,也就是说,产业集群的形成原因具有偶然性特征。新经济地理的确更加全面地考察了产业集聚一般意义上的形成机理,但对于产业集群中企业的内在联系与规律等无法提供进一步的解释。

三、产业集聚的经济效应和经济优势

产业集聚现象之所以能长期普遍存在,从根本上来讲是因为这种形式的产业布局能够改变企业间的联系方式或生产方式,在此基础上形成各种经济效应和优势,进而提升经济活动的效率。那么,产业集聚究竟能够形成哪些效应和优势?人们对于这个问题的认识是逐步深入的,根据先后顺序和内在逻辑,理论演变脉络如下。

(一) 传统产业区理论:规模经济和知识溢出

早在19世纪末,马歇尔基于英国工业生产地理集聚的观察,创造性地提出"产业

[①] 李小建等. 经济地理学. 3版. 北京:高等教育出版社,2018.
[②] P. R. Krugman, "Increasing Returns and Economic Geography", *Journal of Political Economy*, 1991.99 (3):483-499.

区"的概念,也即理论界所称的"传统产业区"。他认为产业区是同一产业中大量小企业的地理集中,是一种与大企业相对应的产业组织模式,这种产业在地理上的集中能够导致地区性外部经济,主要体现在以下三个方面:劳动力市场优势、专业化服务提供优势、知识溢出效应。

劳动力市场优势在于,大量从事相似产业的企业集聚使该地区集聚了大量同产业的高技能劳动力,形成一个劳动力市场的蓄水池,这使集群内企业既可以以更低成本更快捷地获得劳动力资源,也可以很方便地解雇员工,从而降低企业劳动力使用成本。马歇尔指出,"雇主们往往到容易找到他们所需要的有专门技能的优秀工人的地方去;同时,寻找工作的人,自然到有许多需要他们所拥有技能的雇主的地方去。相反,一个孤立的企业,即使能得到一般劳动的大量供给,也往往因缺少某种专门技能的劳动而束手无策;而熟练的工人如被解雇,也不易找到其他工作机会"。

专业化服务提供优势在于,产业集聚可以扩大地区市场容量,使该地区一些作为辅助工业的专用性中间投入品生产得以实现规模经济,从而保障了中间投入品的供应。马歇尔指出,"辅助工业是从事生产过程中的一个小部门,为许多邻近的工业进行服务,这些辅助工业就能不断地使用具有高度专门性质的机械,虽然这种机械的原价也许很高,折旧率也许很大,但在集中了大量企业的产业区内也能够本"。

知识溢出效应是产业集群的重要优势。在产业集群内部,知识甚至可以通过"空气"传播,一个人甚至可以在无意中获得一些关于技术、市场方面的非常有价值的信息,这种知识溢出对于企业尤其是一些小企业而言往往是非常宝贵的。马歇尔指出,"产业集群内,行业的秘密不再成为秘密,而似乎是公开的了,孩子们不知不觉地也学到许多知识。优良的工作受到正确的赏识,机械上以及制造方法和企业组织方面的发明和改良的成绩,会得到迅速的研究。如果一个人有了一种新思想,就会被别人采纳,并与别人的意见结合起来成为新思想的源泉"。

作为与大企业相对应的制造业组织模式,马歇尔所定义的"产业区"在当时的工业化与区域发展中占据着主导地位。但随着以产品的大众消费和标准化大批量生产为特征的福特主义的推行,尤其是第二次世界大战之后,大企业在国民经济中的地位迅速上升,马歇尔传统产业区的作用明显下降,人们对其的研究兴趣自然也大大减弱。

(二)新产业区理论:稳定高效的分工合作

20世纪70年代,西方国家的社会经济形势发生了明显的逆转,经济的"黄金"增长时期结束,这意味着以大企业为中心的福特主义生产模式已发生严重危机。人们发现,在这种经济增长停滞的社会背景下,以中小型企业为主的专业化集聚区反而具有良好的增长绩效,并且这种绩效并非马歇尔的传统产业区理论所能完全解释。

为了更好地对这种专业化集聚区的良好绩效加以解释,一些经济地理领域的学者们在传统产业区理论基础上,开始从环境与制度因素的角度重新审视产业集聚。意大利学者巴格纳斯科(Bagnasco)在1977年首先提出新产业区的概念,认为新产业区是具有共同社会背景的人们和企业在一定自然地域上形成的"社会地域生产综合体"。贝卡蒂尼(Becattini)在1990年进一步指出,新产业区是一个社会和地域性的实体,它是由一个在自然和历史所限定的区域中的人和企业组成的集合。① 新产业区主要有以下几个标志：一是因企业集聚而形成的高度专业化分工，在信赖与信任基础上，形成长期稳定关系；二是地方化网络，产业集聚区内的企业与相关机构有选择地与其他行为主体进行长期正式或非正式合作，会形成长期稳定的具有网络特征的关系模式。三是根植性特征，产业集聚区内企业活动深深植根于企业所在的区域和地方环境，任何经济活动都离不开当地的社会文化环境。

在后工业化和知识经济时代到来背景下，新产业区理论从更宽泛的角度重新审视了产业区的形成及其优势，使产业集聚理论有更强的解释力。但是，这一理论仍不够完备，没有深入回答为什么在共同社会背景和文化环境的条件下集聚企业更加容易形成长期的分工合作。

（三）新制度经济学：交易费用的节约

对于上述疑问，有人从新制度经济学的交易费用角度对以上理论不足进行了补充。科斯（Coase）于1937年在《企业的性质》一文中首次提出交易费用的概念，认为企业正是为节约市场交易费用而形成的科层组织。威廉姆森（Williamson）分别于1975年、1985年出版《市场与科层》和《资本主义经济制度》两本专著，进一步拓展了交易费用分析范式，用不确定性、交易频率和资产专用性等解释经济活动的组织结构。从交易费用视角来看，产业集群是基于专业化分工和协作的众多企业集合而成，介于纯市场组织和纯科层组织之间的过渡性组织形式。这种组织形式的好处在于，一方面，产业集聚区内的企业有着长期稳定合作关系，比市场稳定，能节约交易费用；另一方面，集聚区内企业的合作关系与交易是通过市场实现的，比科层组织更为灵活，有利于节约管理成本。因此，产业集群是在对高管理成本与高交易成本费用进行权衡后形成的一种特殊组织结构。新制度经济学为分析产业集聚提供了一个独特的视角。

（四）竞争优势理论：有利于推动创新和提高国家竞争力

应当说，传统产业集聚理论的重点主要放在了产业内部的关联与合作上，与此明显不同的是，波特在20世纪90年代从竞争力角度分析并研究了产业集聚问题。他认为国家竞争优势主要不是体现在比较优势上而是体现在产业集聚上，产业集聚是国家竞争优势的主要来源，国与国在经济领域的竞争主要表现在产业集群的竞争。他指出，创新是企业获得竞争优势的根本途径，也是企业保持持续竞争能力和国家保持竞争优势的核心，而产业集群正是企业实现创新的一种有效途径，因为产业集群本身就是一种良好的创新环境。

对于如何培育一个国家的竞争力，波特提出了著名的企业集群钻石模型。他认为决定国家竞争力的关键因素主要有四个：要素条件，需求条件，相关支持企业，企业战略、结构和竞争状况。他认为，产业集群将钻石模型中各个要素整合在一起，通过组织变革、价值链、柔性生产等方面的优势提高竞争力。

四、产业集聚的合理规模

区域产业的合理集聚可产生较高的经济效益，产业集聚是时空发展的重要特征，是经

---

① G. Becattini, "the Marshallian Industrial District as a Socio-Economic Notion", in F. Pyke et al., *Industrial Districts and Inter-firm Cooperation in Italy*, International Institute for Labor Studies, 1990.

济资源、社会资源实现高效配置的方式。但是，并非产业的集聚程度越高，产生的经济效应越高。国内外大量的实践证明，在一定地域的基础设施和生产力水平下，集聚程度超过一定限度时，集聚所带来的优越性和效益就会消失，甚至走向反面。这是因为，产业区位总是伴随着土地、水等资源的消耗，随着区域内产业规模的扩大，人口数量不断膨胀，土地、水等资源会愈发显得稀缺，从而导致房价或者租金不断上升，交通拥堵加剧，这些负面效应便是外部规模不经济。在产业集聚的早期，产业集聚的外部规模经济效应往往处于主导地位，房价上升、交通拥堵等负面效应处于次要地位，产业布局仍呈现集中化趋势；随着时间推移，产业进一步集中的外部规模经济效应开始下降，而高房价、交通拥堵等负面效应开始显现，而且，区域产业高度集聚对环境的不良影响也会累积，当超过该区域的环境承载力时，会造成环境质量急剧下降，影响环境的可持续发展，同时降低环境对产业发展的支持能力。这驱使一些老企业或新企业重新审视企业的区位选择，可能将企业迁移至土地与环境资源等承载力容量较大的地区，推动产业空间布局发生变化。

可见，产业集聚存在程度或规模的限制。那么，究竟多大的规模是合理的呢？一般来讲，产业集聚的合理规模取决于地域的环境容量，地域环境容量主要指的是下列内容[①]：(1) 资源要素。包括各类原材料、能源的供给，资金的供给和劳动力资源的供给。一个地区各类资源本身有一个限度，一定条件下能够从区外取得的资源也有一个限度。这对聚集企业的各类资源消耗也就规定了一个上限，超过这个上限，便会引起资源要素供给不足，经济效益下降。(2) 基础设施要素。包括交通、通信、供水、供热及其他基础设施。这些设施所能容纳的企业和人口数量是一定的。在专业化协作条件下集聚企业对基础设施的使用比单个企业要产生很大节约，但这种节约也不是无限的。例如交通运输，假定区内与区外的联系是一条 1 000 万吨运力的铁路线，如果一个地区的企业无限聚集，超过了管理者的管理能力，也就超过了合理规模的限度。(3) 管理要素。在特定的条件下，人们的管理水平是一定的。每一个管理者都有自己的管理半径，即最大的管理规模。如果企业的集聚或联合超过了管理者的能力，必然出现管理不到位的情况，成本就有可能提高，严重的还可能造成企业的破产。

因此，产业集聚的合理规模，要依照不同地区的不同情况分别加以分析。要根据产业或企业本身的特点，看其布局是聚集有利还是分散有利。一般来说，土地、环境资源利用比较粗放的产业外部规模不经济更容易出现，而一些高新技术类企业，对土地、水等环境资源的依赖程度比较低，外部规模不经济相对不容易显现。此外，还要根据地区的具体条件和环境容量来限定聚集的规模。环境容量大，资源集中，运输条件好，抗污染能力强的地方，产业集聚的规模大，反之亦然。

五、产业集聚发展的策略

（一）基本原则

作为一个发展中国家，中国产业布局优化是完成现代工业化战略任务的重要环节。现

---

① 孙久文，叶裕民. 区域经济学教程. 3 版. 北京：中国人民大学出版社，2020.

代产业发展和国际经验证明,产业集聚是优化产业布局的一种新方向。推动产业集聚发展,应当根据产业布局的区位理论和集聚理论的要求,"按照客观经济规律调整完善区域政策体系,发挥各地区比较优势,促进各类要素合理流动和高效集聚,增强创新发展动力,加快构建高质量发展的动力系统"①。具体来讲,有以下基本原则。

1. 发挥比较优势的原则

产业布局要注重发挥区域比较优势,"经济发展条件好的地区承载更多产业和人口,发挥价值创造作用"②,从而在专业分工合作中获得最大经济利益,以此来促进产业竞争优势不断提升。经典的分工理论已经表明,只有依据自身比较优势从事专业化生产,才能在分工协作和贸易中获取最大利益。在违背比较优势的经济战略下,区域产业不可能形成和保持竞争优势,就不会吸引更多的投资进入该产业,产业发展就难以维持。符合比较优势的产业获利可能性高,投资的企业会很多,分工就可以比较细,新的相关或支援型企业将不断出现,企业和产业的竞争优势才可能出现。可见,比较优势是竞争优势的基础和必要条件。各地区要根据自身要素禀赋形成的比较优势决定产业发展战略,发展具有比较优势的产业,获取最大利益,从而促进产业竞争力的提升。

2. 突出生态效率的原则

产业布局遵循生态效率的原则,就是在不损害生态环境和可持续发展能力的基础上进行产业布局。过去发展经济,引导经济布局,不太考虑自然的承受能力,较多地追求经济效率,而不注重生态效率。目前许多地区、许多产业的增长,没有核算环境成本,如果考虑环境成本,产业竞争力将大打折扣。这种增长是以损害可持续发展为代价的增长。比如,汽车工业是大发展的产业,在开发密度很高的地区布局汽车厂,可能现在是有竞争力的,但是工厂生产带来的人口增加、水资源紧缺、生态环境恶化等问题,损害了未来的区域竞争力和可持续发展。因此,引导产业布局,不仅要遵循经济效率的原则,同时也要遵循生态效率的原则,"把经济活动、人的行为限制在自然资源和生态环境能够承受的限度内,给自然生态留下休养生息的时间和空间"③。

3. 追求协调发展原则

产业区位选择要根据不同产业对区位因素的要求和不同区位所具备的区位因素优势,分层次有序布局产业区位,实现非均衡协调发展。"不能简单要求各地区在经济发展上达到同一水平,而是要根据各地区的条件,走合理分工、优化发展的路子。"④ 发达地区与欠发达地区之间、中心城市与其周边区域之间,由于具备的区位因素显著不同,适于发展不同水平的产业,因而产业布局要遵循梯度发展理论的布局模式。例如,沈阳和抚顺大力推进"同城不同质"的发展战略,真正实现优势互补,资源共享,共利共赢。沈阳先进装备制造业为抚顺带来了巨大的配套机会,抚顺巨大的石油、乙烯等产品,也可以为沈阳化工产业的发展提供重要的能源与原材料。

---

① 《习近平谈治国理政》第三卷,外文出版社 2020 年版,第 270—271 页。
② 《习近平谈治国理政》第三卷,外文出版社 2020 年版,第 271 页。
③ 《习近平谈治国理政》第三卷,外文出版社 2020 年版,第 361—362 页。
④ 《习近平谈治国理政》第三卷,外文出版社 2020 年版,第 271 页。

4. 培育新区位因素的原则

经济全球化和知识经济时代的到来使得传统区位因素的相对重要性降低，技术、知识、信息和文化等新的柔性区位因素重要性提高。这些柔性、无形的区位因素是可以培育的，每个区域只有在原有的区位因素优势基础上，根据产业发展需求，注重新型区位因素的培育，保持和提升区域对产业的吸引力，加强自身的区位因素优势，才能长期保持和提升区域对相应产业的吸引力。

（二）发展路径

产业集聚有两种差异明显的发展道路，形成两类集群：创新型集群（innovation-based cluster）和低成本型集群（low-cost-based cluster）。高端道路和创新型集群以欧洲成功的产业区为典型，其主要特征是创新、高质量、功能的灵活性和良好的工作环境，在良好的法规制度下企业间自觉地发展合作关系。低端道路和低成本型集群以许多发展中国家的中小企业集群为典型，参与竞争的基础是低成本，但并不具备创新型产业集群的特征。

中国目前的产业集聚基本上都是由市场自发推动形成的，多属于低成本型集群。而且现有的产业集群"集而不聚"，仅仅是企业的空间集中，缺乏关联、配套、协同作用，没有很好地发挥集聚的外部经济效应、成本节约效应、创新效应。产业集聚发展的目标就是充分利用其空间组织优势，发挥应有的功能，提升产业竞争力。因此必须进行相应的政策干预，提高集聚发展质量，而且根据中国产业结构升级的目标和创新对提升产业竞争力的重要性，应注重发展创新型集群，"加快从要素驱动、投资规模驱动发展为主向以创新驱动发展为主的转变"[①]。

在创新型产业集群发展过程中，要正确处理产业结构之间及其内部的关系，特别是工业结构优化问题，例如高新技术产业与传统产业发展的关系。在市场机制作用下，知识和技术因子决定了高新技术产业的区位指向科研院所相对集中的地方。这样的地方是高新技术的发源地，或者对引进技术能够很好地进行吸收和开发，同时科技人才供给相对充足，因而能保障高新技术产业发展所需要的最基本和最关键的条件。对于生产技术已经标准化和程序化的劳动密集型和资本密集型制造业来说，知识和技术因子的相对重要性降低。由于实现规模化生产需要较大生产场所，对水资源消耗大，废物排放量大，而中心城市的土地和水资源珍贵，生态环境负重较大，因而这些产业的布局应该向中心城市外围或欠发达地区扩散。欠发达地区通过发挥自身的区位因素优势，有效承接发达地区的产业转移，实现本地产业经济的快速发展。

（三）政策引导

产业集聚并不只是简单的企业集中，必须实施适当的集群政策才能真正发挥集聚的效应，达到提升产业竞争力的目的。也就是说，产业集聚健康发展需要市场和政府的共同作用，"'看不见的手'和'看得见的手'都要用好，努力形成市场作用和政府作用有机统一、相互补充、相互协调、相互促进的格局"[②]。实施集群政策的功能目标包括三个方面：

[①] 《习近平谈治国理政》第一卷，外文出版社2014年版，第120页。
[②] 《习近平谈治国理政》第一卷，外文出版社2014年版，第116页。

解决集群市场失灵问题；解决集群系统失灵问题；优化集群动力机制，改善集群环境。

主流经济学认为市场失灵是政府干预的基本依据，而产业集群也存在市场失灵问题，因而也需要政府的政策引导。集群的市场失灵问题具体表现为：集群内部出现市场垄断；集群内的信息不对称和外部性使企业之间出现恶性竞争，集群资源效率低下；企业在相对封闭的环境下运作，不能使用战略性知识；企业在自利动机驱动下，存在搭便车行为和非合作博弈，引起价格机制失灵，并使集群内知识共享和溢出功能失效；集群及企业缺乏共同的发展使命感和一致性目标；集群缺乏能够增加协同作用的关键性因素。

在优化集群动力机制、改善集群环境时，更需要政府的政策引导。布伦那（Brenner）在波特钻石模型的基础上，将集群的成因归因于七种动力机制的作用[1]，具体包括：人力资本积累、非正式接触引起的信息流动、公司间相互依赖、公司间合作、当地资本市场、公众舆论和当地政策、其中前六种机制属于集群的内生动力机制，当地政策是集群的激发动力机制。托马斯（Thomas）等也认为，集群政策应将重心放在优化集群的动力机制上。[2] 具体而言，一是要促进新技术和新企业的增长；二是要建立集群成员之间的合作网络；三是要解决信息失灵问题，并培育集群形象。集群政策的另一个重要方面是改善集群环境，如发展要素市场、调整政府行为和改善集群的基础条件等。

案例

云栖小镇：中国科技创新新生态[3]

云栖小镇是浙江省特色小镇的发源地，是国内首个以云生态为主导，云计算为核心科技，基于云计算大数据和智能硬件产业的产业小镇。截至2019年，在这个规划3.5平方公里，半个西湖大小的弹丸之地，已累计引进包括阿里云、富士康科技、Intel等在内的各类企业1 335家，其中涉云企业972家，涉云产值超过300亿元。产业覆盖云计算、大数据、APP开发、游戏、移动互联网等各个领域，已初步形成较为完善的云计算产业生态。在小镇繁荣发展的背后，是一个全新的科技创新的小镇模式在为其提供源源不断的动力和能量。

一、政府主导服务叠加升级：合力打造"产业"+"小镇"特色形态

作为特色经济小镇，其拥有一个"政府主导、名企引领、创业者为主体"的与众不同的云栖发展模式。用小镇"名誉镇长"、阿里云创始人、阿里巴巴集团技术委员会主席王坚的话来说："云栖小镇的可贵在于，政府和企业不是分工，而是叠加作用，都尽了自己200%的努力。"

小镇有一群超级明星企业，既有云计算行业龙头企业，阿里巴巴集团旗下的阿里云计

---

[1] T. Brenner. Policy Measures to Support the Emergence of Localized Industrial Clusters. In D. Fornahl and T. Brennered., *Cooperation, Networks, and Institutions in Regional Innovation Systems*. Cheltenham: Edward Elgar, 2003: 325-349.

[2] Thomas Andersson. Emily Hansson~Sylvia Schwaag-Serger and Jens Sorvik. *The cluster policies whitebook*. IKED, 2004.

[3] 参见京钟雁. 云栖小镇：中国科技创新新生态. 人民日报海外版，2017年3月5日第7版，内容略有调整和补充，部分数据有更新。

算有限公司，也有智能4.0转型企业代表富士康集团，还有英特尔、银杏谷、数梦工厂、华通、洛可可设计、猪八戒网、中航联创等210家企业，还有国家信息中心电子政务外网安全研发中心、杭州电子商务研究院等。它们带来顶尖科技人才的同时，也带来了众多大项目。

在阿里云公司整体迁入后，云栖小镇的云产业生态全链路渐渐展现。使用第五代移动通信技术的5G车联网项目，也是国家工信部与浙江省政府合作推动的智能驾驶在全国的唯一试点项目，在2016年7月发布全球首款互联网汽车后，正式启用杭州城市数据大脑运营中心，从此打开了大数据和互联网赋能城市建设的先河。阿里云与富士康合作的高性能计算和芯片设计实验室、云端SOC设计中心，及其与英特尔合作的创新中心实验室也相继在小镇入驻并开展创新性合作。代表政府采购制度全新升级的政采云项目在小镇举行了平台启动仪式，这是政企利用新技术，在理念、技术、业务、资本的全面探索和合作。小镇与中航工业达成战略合作，引进中航联创平台，建立电子设计服务基地，继续完善"互联网+"航空航天业的网络生态圈。

这一系列小镇标志性的事件，都凝聚了上至国家的方向性引领，中至省市的精准定位，下至西湖区和小镇管委会的集结合力，全力为这些企业和项目提供基础配套服务和政策引导。

小镇的产业空间是经过多次的"腾笼换鸟"计划，通过置换、优化、整合，才有了目前20万平方米供优质企业拎包入驻的创业空间、近2万平方米的众创空间、逾万平方米的工程师社区、近千套房源的国际青年社区和多个可满足人才办公住宿需求的公寓项目，满足小镇企业和居民的办公和生活环境需求。

云栖小镇筑巢引凤式的政策引导和招商引资，让在小镇的创业成本降到最低。小镇在鼓励企业落户、发展、创新和贡献，鼓励人才落户，鼓励配套服务等方面出台了很多诸如房屋租金优惠、IT基础设施与后勤保障服务的补助、人才项目最高1000万元的资助、对每年规模型和成长型企业的资金扶持等政策，外加西湖区政府关于创业和创新的"黄金20条"，引进海内外人才的"325"计划等，服务型政府的助力让小镇的大众创业、万众创新气氛空前火热。

在小镇管委会政策引才、环境引才和情怀引才支持下，很多创业创新高端人才在小镇安居。衣、食、住、行的不断完善，外加游、购、娱、教育、医疗等配套体系的逐步跟进，不仅彰显小镇管委会做好"店小二"，提供立体复合式创业服务的决心，也是其积极营造浓郁的创业和创新的极客文化氛围的实践所在。

二、转型创新的云栖模式：全面构建"产业+创业"和"产业+孵化"生态体系

良好的自然生态为小镇的创新集群提供了成长的沃土。云栖小镇位于新西湖十景之一的云栖竹径这一带，群山环绕，又是"三江两湖"的必经之地，拥有不可复制的山水资源。更难得的是，小镇地处全国12个国家级旅游度假区之一的杭州之江旅游度假区核心区块，因此小镇的发展始终坚持产业、文化、旅游、社区四位一体，追求"生产、生活、生态"融合发展。

健康的创业形态是小镇持续发展的基本保证。小镇是很多小微创新企业和创业者们追

逐梦想、改变世界的理想家园：来自中国台湾的创业团队研发的"九良芯线"，历经四年的研发，最终团队与富士康合作，在云栖小镇进行了新品发布会，产品一推出就卖出了3万条；仅有十人创业团队的杭州美若科技，在小镇"淘富成真"创客平台的帮助下，完成了2天内超100万元的销量。

乐活的特色产业文化状态给小镇带去健康和自给自足的知识和技术储备。2013年，云栖大会（阿里云开发者大会）永久落户云栖小镇，向全世界描绘云计算发展趋势和蓝图，展现云计算、大数据、人工智能蓬勃发展的生态全景。2019年的云栖大会为期三天，共吸引了200多位世界级科学家、400多家科技合作伙伴参与，科技展区面积超过3万平方米，共发布了1 000多项顶尖技术。云栖大会不仅是世界一流的国际级会议品牌，还是创新、创业的交流舞台，更是技术分享型平台。在这个平台上，政府部门、企业和公司的掌门人、普通的中小创业者们互动对话，共同探讨与分享科技前沿技术。在小镇中，这样的对话和交流平台很多，云栖Techday、五叶草·云栖下午茶、"三创讲堂"等行业论坛沙龙都是小镇的常规活动，在一次次智慧的交锋中，产生了一个个创意的金点子。

三、完整的产业生态链：触发云计算和数字经济时代的潜能

云栖小镇作为浙江省特色小镇的先锋队，构建了完整的产业生态链，这种独特的"创新牧场—产业黑土—科技蓝天"的创新生态圈为其努力打造创业创新第一镇投下重量级的砝码。

"创新牧场"为中小微企业和草根创业者创设了基础平台和发展空间。小镇通过整合阿里巴巴集团的云服务能力和互联网营销资源、富士康科技集团的工业4.0制造能力、英特尔、中航工业、洛可可等大企业的核心能力及银杏谷资本等搭建创新服务基础设施，为创业创新提供必需的全链路资源与服务。其中最具代表性的就是小镇的创客平台"淘富成真"项目的成功运营。"淘富成真"计划是云栖小镇"创新牧场"上的第一个智能硬件创新平台，由阿里巴巴集团、富士康集团、云栖小镇、银杏谷资本等联合打造。很多参加路演的项目在该创客平台上找到了技术、平台和资金支持。

"产业黑土"为传统企业和互联网企业提供嫁接和对接的黏质养分。通过互联网工程中心，依托阿里云、数梦工场等公司提供云计算大数据核心技术支持，帮助传统产业对接互联网平台，让"互联网+"国家行动战略真正助推传统企业加快实现产业转型升级。

"科技蓝天"则致力于打造科研型大学与学术机构与企业紧密结合的产学研一体化的良性生态系统。云栖小镇建造了一所国际一流的民办研究所——浙江西湖高等研究院，储备顶尖人才。作为西湖大学前身，西湖高等研究院于2016年12月正式成立，是一所致力于前沿基础科学研究和博士研究生的培养，短期内建成高起点、小而精、独具特色的新型研究机构。第一任院长为著名结构生物学家施一公教授，首批四个研究所的导师（施一公、陈十一、潘建伟、饶毅）都是国内顶尖的科学家、院士和教授。

云栖小镇，这个曾经破旧的工业园区，自2013年正式得名以来，始终尝试、进化、蜕变，一步步迈向"科技树"的顶端。"飞天5K"服务器集群、首辆互联网汽车、杭州城市大脑、无人驾驶、"平头哥"……一个又一个技术难关被突破，一个又一个崭新的应

用场景从这里走出,云栖小镇也从籍籍无名,跃升为中国乃至世界云计算和大数据的"创新试验场"和"思想策源地",创造了从互联网时代走向数据时代的转型升级范本。

> 结合本案例,请讨论下列问题:
> 1. 云栖小镇体现了产业布局的哪些理念?
> 2. 云栖小镇能够集聚众多企业、项目和人才的原因是什么?
> 3. 云栖小镇与传统产业园区的不同点是什么?这些特点在科技创新中发挥了什么作用?

本章小结

- 产业布局是指产业在一定地域空间上的分布与组合。它是一种全面性、长远性和战略性的经济布局。从产业布局的研究对象看,产业布局就是将资源在不同地域、不同产业之间配置的过程。从产业布局的目标来看,就是实现资源在空间上的最优配置。完全意义上的产业布局优化应该是建立在经济、社会、环境可持续发展基础上的经济效益、社会效益、环境效益的最大化。

- 产业布局的影响因素较多。不同产业的投入产出比例与特征差异明显,导致不同产业的区位呈现不同的类型,哪一部分的成本构成占据主导地位,产业布局往往容易指向该部分运输成本低的地区。而政府政策法规与行政绩效、产业集聚环境、区域基础设施、区域生态环境等因素,都会引起企业运输成本和规模收益等的变动,进而影响产业的空间布局。

- 产业布局的区位理论有三个发展阶段。一是古典区位理论,杜能的农业区位理论认为城市外围的农业区位呈现圈层特征,韦伯的工业区位论认为运费是工业区位选择的决定因素;二是近代区位理论,中心地理论与市场区理论认为,在匀质平原上会形成圆形或正六边形的市场区,进而形成等级城市体系;三是现代区位理论,与发展经济学等领域发展充分结合,包括增长极理论、梯度发展理论、地理性二元经济结构理论等。

- 产业的集聚分布是一种典型的产业布局形式。产业集聚的结果表现为产业集群,从产业集群内部企业规模结构来看,可将集群分为马歇尔式新产业区集群、中心辐射式集群、卫星平台式集群等;根据集群的产业性质,可分为传统产业集群和高新技术产业集群。传统产业区理论认为产业集聚可以产生外部规模经济,主要体现在劳动力市场优势、专业化服务优势、知识溢出效应;新产业区理论认为,企业集聚而形成的产业区具有高度专业化、网络化与根植性特征;新经济地理理论运用主流经济学的垄断竞争框架,分析了运输成本等一系列外生参数导致的制造业空间集中问题。

- 推动产业集聚发展应该遵循以下基本原则:发挥比较优势的原则、突出生态效率的原则、追求协调发展的原则、培育新区位因素的原则。在产业集聚发展过程中,也会有市场失灵问题,需要政府发挥政策引导作用,确保产业集群的健康与可持续发展。

关键词

产业布局(industry distribution);区位理论(location theory);中心地理论(central place theory);增长极(poles of growth);点轴发展模式(spot-axis development model);梯度发展理论(gradient development theory);地理性二元经济结构(geographical dual economy);环境承载能力(environmental carrying capacity);产业集聚(industrial agglomeration);马歇尔式新产业区集群(mashallian new industrialdistricl cluster);中心辐射式集群(hub-and-spoke cluster);卫星平台式集群(satellite platform cluster);

新经济地理（new economic geography）；集聚机制（agglomeration mechanism）；集聚效应（agglomeration effect）；集聚规模（agglomeration scale）

自测自评

复习思考题

1. 简述古典区位理论的基本思想。
2. 简要叙述正六边形市场区形成机制。
3. 高新技术产业布局与传统产业相比有何不同？
4. 产业集聚可能带来哪些优势？是否有合理的规模界限？
5. 产业集聚发展过程中应当贯彻产业布局理论的哪些要求？

延伸阅读

1. 冯·杜能. 孤立国同农业和国民经济的关系. 北京：商务印书馆，1997.
2. 阿尔弗雷德·韦伯. 工业区位论. 北京：商务印书馆，2010.
3. 沃尔特·克里斯塔勒. 德国南部中心地原理. 北京：商务印书馆，2020.
4. 保罗·克鲁格曼. 地理与贸易. 北京：中国人民大学出版社，2017.
5. 藤田昌久，雅克-弗朗斯瓦·蒂斯. 集聚经济学. 上海：格致出版社，2016.
6. 迈克尔·波特. 国家竞争优势. 北京：中信出版社，2012.
7. 胡安俊，孙久文. 空间层级与产业布局. 财贸经济，2018（10）.
8. 孙晓华，郭旭，王昀. 产业转移、要素集聚与地区经济发展. 管理世界，2018（05）.

第三篇　产业政策▶

第十二章 产业组织与反垄断政策

> **本章提要**
>
> 产业组织政策是产业政策的核心内容。本章主要讨论产业组织政策的基本目标——有效竞争的含义、产业组织政策导向与实施绩效、反垄断政策理论基础和具体的主要禁止内容。

第一节 产业组织政策的基本目标

市场经济本质上是一种竞争经济。从现代产业组织理论的角度而言，高效率的竞争应是规模经济与竞争活力相兼容的"有效竞争"（workable competition），所以，有效竞争是政府制定与实施产业组织政策的基本目标。[①]

一、马歇尔困境与有效竞争

有效竞争概念的提出与"马歇尔困境"（Marshall's dilemma）密切相关，因此，一提到有效竞争，人们似乎很自然地联想到"马歇尔困境"。马歇尔在1890年出版了《经济学原理》一书，在第四篇对四大生产要素（即土地、劳动、资本和组织）中的组织进行系统论述时，充分肯定了规模经济的作用。同时，他也认识到，在追求规模经济的过程中会出现垄断，从而使经济运行缺乏原动力，企业缺乏竞争活力。[②] 在马歇尔看来，规模经济和垄断就成了一对难分难解的矛盾，也就是说，规模经济与竞争活力成为两难选择，这就是所谓的"马歇尔困境"。

在一个较长的时期里，经济学家对如何克服"马歇尔困境"，把规模经济与竞争活力两者有效地协调起来进行了积极的探索。直到1940年，克拉克（Clark）在总结前人观点的基础上，通过大量的调查研究，发表了《有效竞争的概念》。[③] 从其基本内容看，所谓有效竞争，就是指将规模经济和竞争活力两者有效地相协调，从而形成一种有利于长期均衡的竞争格局。但克拉克没有论述实现有效竞争的客观条件和标准问题。因此，诚如我国有的学者所指出的那样："有效竞争的概念无论在理论上和实践上并没有解决多少实质性的问题。但是，在制定和实施产业组织政策时，又不得不把它作为一个出发点"[④]。这无

[①] 对有效竞争的讨论详见：王俊豪. 市场结构与有效竞争. 北京：人民出版社，1995：6-39.
[②] 马歇尔. 经济学原理（上卷）. 陈良璧，译. 北京：商务印书馆，1964：259-328.
[③] J. M. Clark. Toward a Concept of Workable Competition. *American Economic Review*, 1940. 30 (2)：241-256.
[④] 杨治. 产业经济学导论. 北京：中国人民大学出版社，1985：170.

疑大大影响了理论对实践的指导作用。这就需要我们进一步分析有效竞争的实质，探讨有效竞争的衡量标准。

从有效竞争的基本概念可知，有效竞争的两个决定变量是规模经济和竞争活力。规模经济的一般含义是指随着企业生产规模的扩大而使单位产品成本降低、收益增加的一种经济现象，它是实现社会资源优化使用，提高经济效率的手段和途径；而竞争活力的经济意义表现为它与价格机制、供求机制的综合作用，发挥市场机制的自组织功能，实现社会资源的优化配置，从而提高经济效率。可见，规模经济和竞争活力在优化配置和有效使用社会资源、提高经济效率上达到了统一，即规模经济和竞争活力是以不同的途径实现经济效率目标的。但规模经济和竞争活力又具有相互排斥性，其表现形式是：随着企业规模的扩大就会引起生产集中，而生产集中发展到一定阶段，就会走向垄断。垄断则是对市场竞争的否定，它会导致经济缺乏竞争活力。因此，有效竞争作为兼顾规模经济和竞争活力，两者相互协调的一种理想状态，其协调点是合理界定规模经济和竞争活力的"度"，其协调目标是规模经济和竞争活力所发挥的综合作用使社会经济效率极大化。由此可引申出这样一个结论：有效竞争问题就是经济效率问题，有效竞争的实质就是追求较高的经济效率。

二、有效竞争的衡量标准

许多经济学家曾对有效竞争的标准作了长期艰苦的探索，但尚未找到一个比较符合实际的标准。

（一）哈佛学派提出的有效竞争判定标准

1957年，美国哈佛大学教授梅森（E. S. Mason）在总结许多学者对实现有效竞争的客观条件和度量标准所做的大量研究的基础上，分别从市场结构和市场效果的角度提出了以下两个有效竞争的标准。[①]

（1）市场结构标准。该标准的主要内容包括：①市场上存在相当多的卖者和买者；②新企业能够进入市场；③任何企业都没有占有很大的市场份额；④任何企业（集团）之间不存在共谋行为。

（2）市场效果标准。该标准的主要内容是：①企业存在不断改进产品和生产工艺的市场压力；②在成本下降到一定程度时，价格能够向下调整，具有一定的弹性；③生产集中在不大不小的最有效率的规模单位下进行，但未必是在费用最低的规模单位下进行；④生产能力和实际产量基本协调，无设备过剩；⑤能避免销售中的资源浪费。

以上两个标准似乎具有一定的可操作性，但在实际运用中仍会遇到不少问题。如在市场结构标准的内容中，第一条要求市场上存在相当多的卖者和买者，这可能会有悖于规模经济要求，因为在某些产业（特别是具有自然垄断性质的产业）中，为了实现规模经济，是不可能存在许多企业（卖者）的；第二条主要是针对进入壁垒而言的，但"能够"不能反映进入壁垒的合理高度；第三条基本否定了高市场集中度的必要性，这也不符合许多产业的实际要求；而第四条则是市场行为的内容。在市场效果标准的内容中，也同样存在

---

① 转引自：杨治. 产业经济学导论. 北京：中国人民大学出版社，1985：169-170.

不少在实际操作中难以把握的问题。

1958年,美国经济学家史蒂芬·索斯尼克(Stephen Sosnick)提出了以结构—行为—绩效三分法来概括的、包含15个方面内容的有效竞争标准。[①] 其中,结构方面的内容有:①不存在企业进入和流动的人为限制;②存在对上市产品质量差异的价格敏感性;③交易者的数量符合规模经济的要求。行为方面的内容有:①厂商间不相互勾结;②厂商不使用排外的、掠夺性的或高压性手段;③在推销时不搞欺诈;④不存在"有害的"价格歧视;⑤竞争者对其他人是否会追随他们的价格变动没有完备的信息。绩效方面的内容有:①利润水平刚好足以酬报创新、效率和投资;②质量和产量随消费者需求而变化;③厂商尽其努力引进技术上更优的新产品和新的生产流程;④没有"过度"的销售开支;⑤每个厂商的生产过程是有效率的;⑥最好地满足消费者需求的卖者得到最多的报酬;⑦价格变化不会加剧周期的不稳定。

索斯尼克提出的有效竞争标准似乎更为全面,但可操作性却反而减少了。这是因为,在15个方面的内容中不仅同样存在对"过度""刚好""有害的"等含义难以确切把握的问题,而且,在众多内容中,往往会遇到一些内容满足了但另一些内容不能满足的问题,况且规模经济和市场竞争活力本来就有相克的特点,这就使这一问题更加普遍,完全符合这些内容几乎是不可能实现的。

(二)有效竞争标准的进一步探讨

综上所述,前人对有效竞争标准已做了大量研究,并在理论上取得了一定的研究成果,但这些成果尚不能令人满意,其实践效果更差。在运用有效竞争标准时,以下几个原则是应该重视的:

(1)有效竞争是一种竞争收益明显大于竞争成本的竞争。市场竞争能促进社会资源得到优化配置和使用,促使企业积极进行各种创新活动,推动企业技术进步,提高生产组织管理水平和劳动者素质,使企业劳动生产率普遍提高,从而推动社会生产力的发展。这就为繁荣经济,提高人们的生活水平提供了物质基础。这些都属于竞争收益,它可以通过纵向或横向比较做出简单度量。但正如一些学者所提出的那样,竞争也可能是毁灭性的,或者是成本高昂的。[②] 因为在市场竞争中,企业有时亏损、有时获利,如果亏损期太长,企业就会破产倒闭;而竞争引起生产能力过剩,生产要素闲置,从而造成资源浪费则是更为普遍的现象。称为"毁灭性竞争理论"(the theory of ruinous competition)。此外,市场竞争还引起企业广告等促销费用和其他纯流通费用的超经济增长。因此,市场竞争一方面会产生竞争收益;另一方面又产生竞争成本。而作为有效竞争,应该是竞争收益扣除竞争成本后的净收益是相当大的。我们可以用竞争效益公式来衡量这种净收益的大小:

$$竞争效益 = \frac{竞争收益}{竞争成本}$$

可见,有效竞争必须要求竞争效益大于1,至于竞争效益具体要达到多大才能称得上

[①] 参见:Stephen H. Sosnick. A Critique of Workable Competition. *Quarterly Journal of Economics*, 1958(72): 380-423.

[②] 参见:John S. Mcgee. *Industrial Organization*. Engle wood Cliffs: Prentice Hall, 1988: 45-47.

是有效竞争，这是一个需要根据各国各时期的具体情况而定的问题，但至少它为有效竞争规定了一个最低限定。

（2）有效竞争是一种适度竞争。适度竞争的对立面是过度竞争或竞争不足。过度竞争表现为企业数量和生产规模超过市场需要，市场组织化程度低，造成生产能力严重过剩，规模经济效益差。而竞争不足则会抑制市场竞争功能的有效发挥，使社会资源不能自动流向社会最需要的地方，从而影响资源的合理配置和使用；同时，竞争不足使企业缺乏创新动力和压力，不利于社会生产力的发展和社会经济的繁荣。虽然任何国家都不可能完全消除过度竞争和竞争不足现象，但有效竞争要求把这些现象控制在较低限度内。事实上，也只有适度竞争才能产生较大的竞争效益。这是因为，在特定时限内，由于受规模经济、技术水平等因素的制约，随着市场竞争度的提高，竞争收益往往呈先递增后递减的变动趋势，而竞争成本一般随着市场竞争度的提高而增加，如图 12-1 所示。

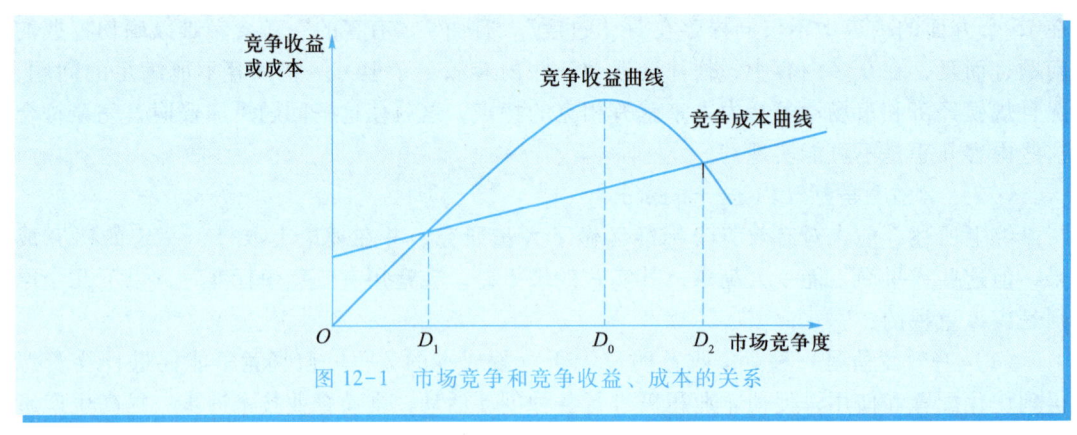

图 12-1　市场竞争和竞争收益、成本的关系

由图 12-1 可见，竞争收益先是递增，当市场竞争度小于 D_1 时，竞争成本大于竞争收益，表现为竞争不足；在 D_0 处竞争净收益达到最大，然后递减，在 D_2 处竞争收益和竞争成本相等；当市场竞争度继续增加，竞争成本便大于竞争收益，竞争净收益为负值。可见，(D_1, D_2) 是适度竞争范围，在此区间内才能保证竞争收益大于竞争成本。而且，必然存在这样一种市场竞争度状态（D_0），它能使竞争净收益最大。

（3）有效竞争是规模经济和市场竞争性的适度结合。规模不经济状况下的竞争是一种低水平的竞争，而低水平竞争意味着企业要以较多的资源投入才能得到一定量的产出，表现为经济效率低下。这显然是与以追求较高经济效率的有效竞争目标相违背的。因此，有效竞争应该是在满足最小经济规模条件下的竞争，这样才能实现较高的经济效率。

有效竞争是规模经济和竞争活力相互协调的一种理想状态，其协调点是合理确定规模经济和竞争活力的"度"，其协调目标是两者所发挥的综合作用使经济效率极大化。这可作为设计有效竞争标准的基本思路。由于规模经济和竞争活力具有相克的特征，显然，要达到有效竞争状态，就不能偏重一方面忽视另一方面，而是要综合考虑规模经济和市场竞争度，要求两者做出适当"让步"。根据规模经济理论，当企业处于适度规模范围（即

"最小最佳规模"到"最大最佳规模"区间)时,其平均生产成本和交易成本较小,规模收益较大。因此,规模经济"让步"的最低限就是要保证特定产业内的企业规模不低于最小经济规模,否则牺牲规模经济就谈不上有效竞争。而市场竞争度"让步"的最低限则是要保证竞争收益大于竞争成本,即属于适度竞争。由于两者都"留有余地",存在一个合理区间,因此,有效竞争状态不是一种点状态,而是一种区域状态。可以通过图12-2对之加以形象化。

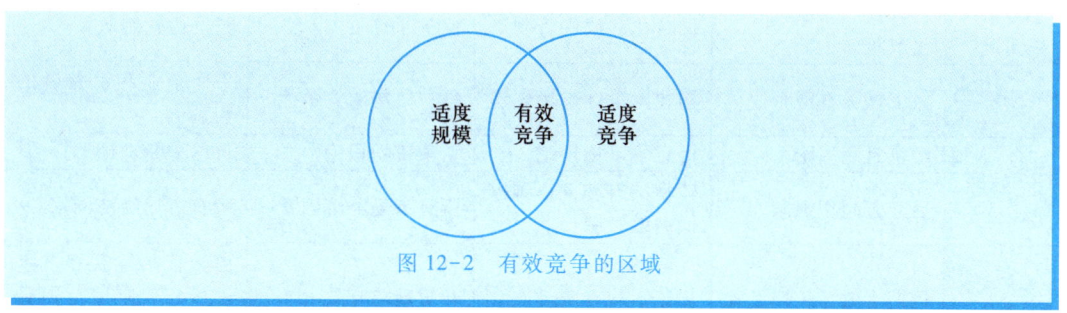

图12-2 有效竞争的区域

由图12-2可见,有效竞争是由适度规模与适度竞争相交部分组成的区域,虽然,在这一区域内所分别获得的规模效益和竞争效益不一定是最大的,但两者的综合效益最大,能实现经济效率极大化的目标。因此,只要在某产业中,企业的规模达到最低适度规模(即最小经济规模)要求,同时,其市场竞争度能保证竞争收益大于竞争成本,即处于适度竞争范围,这个产业就基本上处于有效竞争状态。这便构成衡量有效竞争的标准,可作为政府制定产业组织政策的基本目标。

(4) 有效竞争追求静态效率和动态效率的有机结合。有效竞争既不是追求完全竞争,也不是禁止所有的行业集中,有效竞争是为了实现静态效率和动态效率的有机结合,追求社会福利的最大化。传统的新古典经济学理论一直认为,在竞争市场中,企业会充分利用一切可以提高生产效率和获取更多利润的方式,包括各种各样的创新。熊彼特(1943)指出,垄断是研发激励的一个必要条件,尤其是当创新要求赋予创新者独占权的时候。熊彼特认为由于创新具有高风险和不确定性,因此高利润是激励企业创新所必不可缺的。熊彼特的基本观点体现在两个理论基础上:一是由于创新需要有高利润回报作为保障,因此垄断市场结构和大企业有利于技术创新,如果要鼓励企业研发就应该容许垄断的存在。二是由于技术创新具有外部性,通过有效的专利制度赋予企业对创新成果的独占权是激励创新所必需的。从"效率效应"的角度来说,垄断企业的创新激励更强。因此,各国都通过专利制度赋予创新企业一定时期内的独占权,这是追求长期动态效率所必需的。但是,如果企业滥用知识产权垄断地位来排挤竞争对手,造成对市场竞争的伤害,则仍然会受到政府的禁止。

三、产业组织政策的类型

产业组织政策是一个国家为了维护市场有效竞争或实现特定的效率目标,综合运用经济、法律、行政等手段，促进和维护市场竞争机制或对企业市场垄断行为进行干预的公共政策体系。

从各国产业组织政策实施情况来看，根据对市场竞争的影响，产业组织政策可以分为四类：竞争限制型、竞争促进型、竞争维护型和约束垄断型（见表12-1）。

表12-1 产业组织政策的类型

类型	竞争限制型	竞争促进型	竞争维护型	约束垄断型
政策体现	行政性产业组织合理化政策	民营化和放松管制	反垄断政策	经济性管制政策
政策目标	做大做强本国企业	构建竞争性市场体制	维护市场的竞争性	平衡企业和消费者的利益
理论基础	经济赶超理论	可竞争市场理论	竞争市场理论	自然垄断理论
适用国家	后起赶超型国家	转型国家和发达国家低绩效管制行业	所有市场经济国家	所有市场经济国家
政策绩效	短期有效，长期无效	长短期均有效	长短期均有效	由于管制俘获和技术进步，其应用范围日益缩小

资料来源：作者整理。

竞争限制型产业组织政策主要是后起国家为实现经济赶超，做大做强本国企业，通过行政性政策手段，以扭曲市场机制的方式来扶持典型行业重要企业的成长。

竞争促进型产业组织政策主要是转型经济国家和发达国家少数长期实行低绩效管制的行业，政府为了摆脱财政负担和提高经济效率，通过放松管制和实行民营化，来构建竞争性市场体制。

竞争维护型产业组织政策主要是反垄断政策，其主要是针对竞争市场中的各种垄断行为，在竞争市场，由于规模经济、创新经营以及政府行政保护等原因，造成少数大企业占据市场支配地位，并利用支配地位实行各种限制市场竞争的垄断行为，从而造成对社会福利的伤害。反垄断政策通过利用法律、经济、行政等各种手段，来对各种垄断行为进行处罚，从而恢复市场竞争机制，保护市场的竞争性。

约束垄断型主要是政府在自然垄断行业实行的经济性管制政策。政府管制政策主要是针对由于自然垄断等原因造成的市场失灵领域，在这些领域市场竞争机制无法发挥作用，需要政府出面从公共利益最大化的角度来对独家经营的企业实行以价格监管为核心的经济管制，限制企业的市场势力，平衡生产者和消费者之间的利益关系。

第二节 产业组织政策导向与政策演变

由于各国在不同时期的经济发展水平和具体产业特点不同，不同国家或一个国家在不同时期所采取的产业组织政策的侧重点也不同。根据政策导向的不同，各国产业组织政策可以划分为产业扶持导向的产业组织政策和市场竞争导向的产业组织政策。不同国家在不同时期的产业组织政策导向变化受到本国经济、政治等多种因素的影响。

一、产业组织政策导向

(一) 产业扶持导向的产业组织政策

产业扶持导向的产业组织政策通常是国家运用规模经济政策、行政性企业重组、政府直接给予企业各种政策优惠、政府直接投资经营等政策等来引导和支持特定产业中的骨干企业改组、联合和协作，扩大生产规模，加强专业化协作程度，从而增强这些企业和行业的国际竞争力。

日本、韩国等国家在经济发展初期为配合扶持性产业结构政策，采用以产业扶持导向的产业组织政策来促进政府选择的重点产业发展，做大做强重点行业的主要企业。其主要的政策包括以下几种。

1. 产业集中化政策

日本通产省1963年提出的"新产业体制论"指出当时日本产业组织的薄弱环节为产业规模过小，企业过度竞争，提出产业集中化政策。产业集中化政策推动特定产业中企业间的兼并来发展国家的大型企业，支持中小企业合理化卡特尔行为，以实现规模经济。在20世纪60年代，日本企业规模普遍较小，小规模企业之间存在过度竞争。日本政府为了从根本上改变这种不利状况，积极推行企业并购政策，以实现企业集中化，建立规模经济体制。20世纪60年代是日本企业并购政策全面贯彻时期，这一以增强国际竞争力为基本目标的并购运动一直持续到70年代前期。在这一过程中曾出现过两次高潮，一次在1963年，企业并购数量近千起，另一次在1966—1973年，年并购数量超过千起。[①] 这对日本后来优化产业组织，发挥规模经济效益，提高企业在国际市场上的竞争力产生了重大影响。

2. 经济规模政策

这一产业组织政策的基本目标是保证产业内企业能充分利用规模经济，降低单位产品成本。它通过政府制定最小经济规模标准，达不到经济规模要求的新企业不得进入产业；而对于产业内原有规模偏小的企业则要求通过企业兼并或企业联合等方式扩大其规模。可见，这一政策的主要功能是设置行政和法规进入壁垒，抑制企业盲目进入产业，以防形成过度竞争，影响规模经济。这一产业组织政策为许多国家所采用，如日本政府在1962年制定了《石油工业法》，政府掌握了新企业进入产业和进行技术改造的审批权。根据这一法规，日本通产省在1965—1967年规定乙烯装置的最小经济规模为10万吨，1967年又提高到30万吨。日本政府通过制定最小经济规模标准，很快促进了石化工业的大型化，提高了市场集中度，为实现规模经济创造了条件。

3. 中小企业政策

由于中小企业在各国企业总数中都占很大的比重（一般占95%以上），对促进经济社会发展和维护市场竞争具有举足轻重的作用，一些国家专门制定中小企业政策。就产业组织结构看，中小企业对有效竞争的影响表现在两个方面：一是中小企业若与大企业形成专

---

① 陈淮. 日本产业政策研究. 北京：中国人民大学出版社，1991：209-215.

业化分工协作关系，则有利于促进生产集中，抑制过度竞争，实现各层次企业的规模经济。二是大量中小企业的存在有利于保持较低的市场集中率，使市场充满竞争活力，因而具有抑制垄断的作用。这就决定了政府制定中小企业政策的基本目标也具有两重性，即以实现规模经济为基本导向和以保持市场竞争活力为基本导向。例如，韩国以实现规模经济为基本导向，在 1966 年制定了《中小企业基本法》，该法从政策上鼓励把普通中小企业改造成为生产多品种、小批量的专业化企业，并与大企业形成相互配合的分工协作关系。日本政府也通过制定中小企业政策，鼓励中小企业与大企业形成密切分工协作关系，在不同层次上实现规模经济。

4. 产品结构和技术结构调整政策

在特定时期，一些国家出于技术进步和提高竞争力等目标，采用直接的行政手段或间接的经济手段，对企业的产品结构和技术结构进行限制或鼓励。如日本在 20 世纪 60 年代制定《特振法》，对特殊产业实行相应的限制和鼓励，具体来说：限制政策主要是限制特定产业的产品品种，限制落后企业生产，限制落后技术工艺。鼓励政策主要是鼓励企业设备更新与技术革新，资助 R&D 活动。鼓励的措施主要包括减免税优惠，政府购买协议，为企业提供市场扶持，资助企业技术革新资金等。

（二）市场竞争导向的产业组织政策

市场竞争导向的产业组织政策主要是指国家的产业组织政策以反垄断法为核心，在竞争性行业实行维护竞争的反垄断政策，在传统的自然垄断或行政垄断行业实行放松经济管制、促进竞争自由和市场开放的政策。因此，促进竞争导向的产业组织政策也称为广义的竞争政策。

美国是一个典型的实行以促进竞争为导向的产业组织政策的国家，也是世界上最早对反垄断进行立法的国家。19 世纪 80 年代，随着美国的石油、酿酒、烟草、采煤、榨油、炼铝等部门垄断企业的大量出现，垄断对市场竞争的一系列扼制作用开始显现。美国在 1890 年颁布了《谢尔曼法》，主要是针对贸易中存在的垄断问题，禁止合谋和垄断是其重点；1914 年颁布的《克莱顿法》则是为了解决通过产权重组形成的排他性经营以及价格歧视等方面的问题；《联邦贸易委员会法》的重点则是防止重组并购中出现垄断行为。这三部法律构成美国反垄断政策的基础性法规。长期以来，美国一直执行严格的反垄断执法，禁止企业各种垄断行为，将维护自由竞争市场体制看作是促进美国经济繁荣和政治民主的重要基石来加以维护。

欧洲各国历史上也都有积极推进的产业扶持导向的产业组织政策，欧盟成立后，为了建立欧洲统一市场和维护欧盟市场的竞争性，成员国实行的产业扶持导向的政策与《欧共体条约》所倡导的竞争政策相冲突。在现实中，当欧盟实行的产业政策和竞争政策有着相互矛盾和冲突的时候，欧盟会把竞争政策放在优先使用的地位，这是因为欧盟的基本经济制度是自由竞争市场经济。如《欧共体条约》第 4 条第 1 款规定，成员国和共同体的共同活动包括"根据条约规定的措施和时间表，引入一种与成员国的经济政策相协调，以共同市场和既定共同目标为基础，并与自由竞争和开放的市场经济的基本原则相一致的经济政策。"欧盟从而明确了竞争政策的优先适用地位。

二、产业组织政策的动态演变

(一) 政治影响与反垄断法：美国早期的反垄断政策

反垄断法的发源地是美国。美国在内战前，几乎不存在由垄断导致的经济问题，社会经济的主要构成主体是小企业、小商人和农场主等。经过 19 世纪后半期开始工业化的快速发展，美国从一个地方性的分散的农业经济转变为一个迅速膨胀的工业化国家。在 19 世纪 80 年代，由于交通等基础设施的发展带来国内市场的扩大，美国许多大型公司迅速发展起来，行业市场集中度明显提高，石油、电力、铁路、烟草等行业出现了以"托拉斯"为主要形式的行业垄断组织，其对市场的支配势力逐渐增强，并且已经足以威胁到众多小企业的生存。数目庞大并且在政治上拥有广泛权力的工商阶层和消费者，包括农民和劳工，都感到了由新组成的托拉斯控制的大公司的威胁，强烈要求政府对大企业进行干预。由于美国国会担心不受政府控制的私人企业集中，会破坏自由市场，并最终毁灭民主的经济基础。因此，《谢尔曼法》被设计用来抑制私人企业的过分集中，促进和维护自由竞争体制，以实现最佳的资源配置状态。1914 年的《克莱顿法》、1936 年的《鲁宾逊－帕特曼法》，这些法律都体现了保护中小企业，维护分散市场结构，反对大企业的思想。

20 世纪 30 年代大危机的出现，使美国反垄断法抛弃了自由主义的内在理念，干预主义上升为主导的政策思想，这主要体现在对煤炭危机卡特尔的批准和《国家产业复兴法》与《鲁宾逊－帕特曼法》的颁布。1933 年，联邦最高法院批准了阿帕拉契亚地区 137 个煤炭生产企业为应对危机组建的实行保护性高价格的煤炭卡特尔。同期为了应对经济危机，美国政府颁布了《国家产业复兴法》，它允许出于防止破坏性过度竞争和追求公平竞争的目的，企业之间可以进行价格、销售等方面的协调。1936 年在小零售店主的压力下，通过了保护在与大的连锁商店竞争中失利的小零售企业。这些事件说明，大危机后干预主义的反垄断执法背离了反垄断法保护竞争的根本目标，成为保护竞争者和产业利益集团的工具，是对反垄断立法精神的背叛。美国 20 世纪三四十年代，政府的干预主义实际上是对反托拉斯法的自由竞争理念的背叛，因此被称为反托拉斯的"黑暗时代"或"被遗忘的时代"。从 20 世纪 50 年代开始，由于经济学理论的发展和对反垄断法的巨大影响，使反垄断法具有了坚实的经济学分析基础，使反垄断法发生了革命性的变化，反垄断法扮演了它应该扮演的角色。

从 1890 年美国第一部反垄断法——《谢尔曼法》颁布以来，反垄断法已经走过了 100 多年。在这个过程中，反垄断法的角色也在不断地发生着变化，现实经济形势的发展、政治体制环境的变化等都深刻影响着反垄断法作用的发挥。对于中国这样的反垄断立法和执法历史都较短，并且经济体制正处于转轨过程中的国家来说，政治体制、政治领导人的政策理念和传统的经济体制都会深刻影响反垄断法作用的发挥，产业政策和反垄断政策的冲突和协调将在很长一段时期内成为重要的政策难题。

(二) 产业政策与竞争政策：日本的经验教训

如何协调产业政策与竞争政策的关系是市场经济国家经济政策的难点，也是中国反垄断法实施面临的突出问题。产业政策的目标是扶持重点行业和重点企业,政府通过财政、金融、税收等手段对重点企业进行大力扶持,以期在较短的时间内培育出具有国际竞争力的大企业。因此产业政策往往鼓励重点企业通过增加投资和兼并重组等方式迅速扩大经营规模,提高市场占有率。竞争政策则对企业市场份额的扩大和市场集中度的提高持警惕态度,对企业之间的并购更是严格审查,对大企业的滥用行为加以禁止。通常来说,产业政策并不排斥竞争,更强调企业间既竞争又合作的关系。为避免某些行业的重复投资和过度竞争,政府往往设定行政性的进入壁垒,试图保护在位企业的利益,并避免重复投资。因此,企业间的竞争是政府干预下的有限的竞争。

日本的产业政策和竞争政策的关系演变,为我们认识两者的关系提供了很好的经验。

第一阶段:产业政策为主,竞争政策为辅(第二次世界大战以后至1975年)。第二次世界大战后日本经济政策的核心是解散财阀,推进日本经济市场化和民主化的进程,激活了国内市场的自由竞争。为巩固新的市场结构,防止过去财阀垄断体制的复活,1947年颁布了《禁止垄断法》。然而,在竞争政策的具体实施过程中,其与产业政策的矛盾和冲突逐渐显现。随着经济赶超战略的出台,竞争政策被放到次于产业政策的地位。

第二阶段:经济高速增长期的产业政策与竞争政策(20世纪50年代后半期到70年代初)。20世纪50年代中期以后,日本经济进入了高速增长时期。这一时期,日本政府提出了产业立国的目标。为此,政府加强了对经济生活的干预,采取了竞争政策服从和服务于产业政策的路线。在这一阶段,《禁止垄断法》处于有名无实的境地,在实际经济生活中根本不发挥作用,在此阶段日本颁布了众多反垄断豁免的具体法律,通过卡特尔豁免来保护某些产业发展。

第三阶段:强化竞争政策的主导地位(20世纪90年代初至今)。在20世纪90年代以后,日本开始进入发达国家行列,日本长期偏重产业政策的弊端逐渐显露。随着经济全球化进程的加快,日本长期实行的通过贸易壁垒保护国内市场、通过经济管制限制国内市场竞争的政策招致国外政府和企业的强烈批评。泡沫经济的崩溃使日本深刻认识到政府主导型经济体制的弊端,市场机制的调节作用逐渐增强,政府干预逐渐让位于市场调节,产业政策的重要性开始下降,竞争政策的作用日益显现。1997年、1998年、1999年和2000年日本数度修订反垄断法,不断加强公平交易委员会的权限,通过减少政府干预促进竞争,最后将整个经济运行机制从"官主导"变为"民自律"。在这种情况下,经过与产业政策的多次交锋,并经过对反垄断法的一系列修改和完善,竞争政策最终占据了优先地位。

日本产业政策与竞争政策关系的演变给中国的启示是深刻的。首先,一个国家的经济政策是产业政策为主导还是竞争政策优先必须与该国的经济发展阶段相联系,产业政策与竞争政策要协调发展,而两者最终都要以服从国家经济发展战略为目的。其次,产业政策和竞争政策的关系要随着一个国家市场化体制的发展而变化。在计划体制和经济赶超阶段,由于市场体制发育不完善,产业政策的作用会被政府高度强化,甚至产业政策阻碍和扭曲竞争政策作用的发挥。在市场经济体制日益成熟的情况下,政府的过多干预会扭曲市场的价格信号,从而损害市场的运行效率,因而竞争政策处于优先地位,产业政策的作用空间日益缩小。

三、中国产业组织政策演变

（一）产业扶持导向的产业组织政策及其绩效

1. 产业扶持导向的产业组织政策

中国长期以来也一直采用产业扶持导向的产业组织政策，为了实现国家经济赶超和提高中国企业的国际竞争力，中国政府及相关政府部门一直将培育大型国有企业作为产业组织政策追求的目标。改革开放以来，中国政府则明确提出了"大公司、大集团"战略，并维持实行了一系列的产业组织政策。如在2001年的《国民经济和社会发展第十个五年计划纲要》中就包含了产业扶持导向的产业组织政策，内容主要包括按照专业化分工协作和规模经济的原则，通过市场机制和宏观调控的手段，形成以大企业为主导、大中小企业协调发展的产业内适度集中，企业间充分竞争的格局，并且通过一些企业的上市、兼并、联合、重组等形式，培养出一批具有自主知识产权和品牌、核心能力强、主业突出的大公司或者企业集团，从而提高产品的开发能力和产业的集中度。

中国在改革开放前的计划体制下，国有企业垄断经营成为国家实现经济赶超的重要制度选择，但是这一制度体系却带来中国经济发展的长期低效率。改革开放以来，通过市场化改革和对内对外开放，非国有经济的迅速发展明显促进了市场竞争和中国经济的高效增长。但是长期以来做大做强大型国有企业始终是政府的重要政策目标。为此，1995年以来国家强化了对少数大型国有企业的管理和支持力度，实行大公司大集团战略、抓大放小战略、国有经济布局战略调整等系列政策，力图通过中央直接管理的大型国有企业强化对国民经济的控制力和培育具有国际竞争力的大型企业。

1997年党的十五大报告就提出，"国有经济起主导作用，主要体现在控制力上"，"要从战略上调整国有经济布局，对关系国民经济命脉的重要行业和关键领域，国有经济必须占支配地位，在其他领域，可以通过资产重组和结构调整，以加强重点，提高国有资产的整体质量"。1999年党的十五届四中全会通过的《中共中央关于国有企业改革和发展若干重大问题的决定》，进一步明确了"国有经济要控制的行业和领域"，包括"涉及国家安全行业、自然垄断行业、重要公共产品和服务行业，以及支柱产业和高新技术产业中重要骨干企业"。2003年新的国有资产监管机构建立后，过于强调"保值增值"和增加企业利润，修改国企控制的领域，如将自然垄断行业替换为重大基础设施和重要矿产资源。这使得国有经济布局战略性调整总体趋于中断甚至倒退，导致"国进民退"，造成严重的行政垄断和经济增长的低效率：一方面，垄断性行业改革和布局调整步伐迟缓，电力、石油、石化、电信、铁路、金融等行业至今仍由国有经济高度垄断控制，利益格局难以打破，行政特权和行业垄断仍是布局调整的最大制约；另一方面，国有资本配置偏离"关系国民经济命脉的重要行业和关键领域"的功能定位，一些竞争性行业的国有经济比重趋于上升，国有经济分布面过宽、过散、过杂，"战略性"难以体现。由于定位不科学国有经济重经济建设，轻公共服务；重经济基础设施，轻社会事业；重经济利益，轻社会责任；重规模扩张，轻技术创新的问题长期存在。

2. 产业扶持导向产业组织政策的绩效

中国在过去计划经济体制下长期实施产业扶持导向的产业组织政策,国家和地方政府实行大公司大集团战略、促进企业之间的并购重组等政策的实施,其目的都是在尽可能短的时间内,通过政府的规划引导和财税、信贷等政策的配合实现社会资源向特定产业集中,促进这些特定产业的高速发展,最终实现经济的跨越发展。在国民经济体系不完善,产业基础薄弱且社会资源有限的情况下,产业扶持导向的产业组织政策的实施确实在一定时期内促进了某些产业的迅速发展,从而在短期内促进了企业规模的迅速提升。

但是这种产业组织政策也带来很多问题:①影响公平竞争市场的形成。扶植导向产业组织政策改革必然是偏向性政策,加剧了不同所有制企业之间的不公平竞争,严重影响了公平竞争市场的形成,成为阻碍中国竞争性市场体制形成的最主要障碍。②扭曲市场资源优化配置。由于大型国有企业享受了过多的政策优惠,尤其是预算软约束和宽松的贷款,在国有资产管理委员会实行的规模导向的考核评价体制下,企业具有很强的投资冲动,这带来严重的产能过剩,使市场机制调解供需的机制实效。③不利于企业创新和目标竞争力提升。扶持导向产业组织政策无法培育出具有创新能力和国际竞争力的企业主体。虽然中国大型国有企业长期以来享受到各项国家政策优惠和政府赋予的市场支配地位,这些被政府视为"国家队"的企业在外无跨国公司冲击、内无民营企业竞争的市场环境中长期享受着政策赐予的高额利润,企业的核心竞争力没有得到实质性的提高。④影响社会收入公平。扶持导向产业组织改革带来严重的社会公平问题。由于大型国有企业的利润主要来自无偿占有国家重要的资源和要素,依靠行业垄断来获取利润,企业管理者和员工享受高垄断福利,并带来政治腐败,这加剧了社会分配不公和降低政府公信力,影响了整个国家的公平正义。

(二) 产业组织政策的重大转变:确立竞争政策的基础性地位

1. 竞争政策基础性地位的确立

1993年的党的十四届三中全会关于经济体制改革的决定指出,"发挥市场机制在资源配置中的基础性作用,必须培育和发展市场体系。当前要着重发展生产要素市场,规范市场行为,打破地区、部门的分割和封锁,反对不正当竞争,创造平等竞争的环境,形成统一、开放、竞争、有序的大市场"。2007年国家颁布了《中华人民共和国反垄断法》,对垄断协议、滥用市场支配地位、经营者集中、滥用行政权力排除限制竞争行为都做出了全面的禁止性规定,这标志中国竞争政策的基本法律制度的确立。

2013年十八届三中全会《关于全面深化改革若干重大问题的决定》再次重申,"建设统一开放、竞争有序的市场体系,是使市场在资源配置中起决定性作用的基础。""清理和废除妨碍全国统一市场和公平竞争的各种规定和做法,严禁和惩处各类违法实行优惠政策行为,反对地方保护,反对垄断和不正当竞争"。2014年党的十八届四中全会通过的《中共中央关于全面推进依法治国若干重大问题的决定》提出,"社会主义市场经济本质上是法治经济。使市场在资源配置中起决定性作用和更好发挥政府作用,必须以保护产权、维护契约、统一市场、平等交换、公平竞争、有效监管为基本导向,完善社会主义市场经济法律制度……反对垄断,促进合理竞争,维护公平竞争的市场秩序"。2015年10

月，中共中央国务院颁布的《关于推进价格机制改革的若干意见》提出，"逐步确立竞争政策的基础性地位"，第一次在政策层面用"竞争政策的基础性地位"回应十八届三中全会提出的"使市场在资源配置中起决定性作用和更好发挥政府的作用"。

2015年3月中共中央国务院颁布的《关于深化体制机制改革加快实施创新驱动发展战略的若干意见》提出，"探索实施公平竞争审查制度"。2016年6月国务院印发《关于在市场体系建设中建立公平竞争审查制度的意见》，建立了公平竞争审查制度，提出要逐步清理废除已有的妨碍公平竞争的规定和做法。公平竞争审查制度的正式建立成为了中国落实竞争政策的关键路径。公平竞争审查制度的基本原则是，尊重市场，竞争优先。尊重市场经济规律，处理好政府与市场的关系，着力转变政府职能，最大限度减少对微观经济的干预，促进和保护市场主体公平竞争，保障市场配置资源的决定性作用得到充分发挥。文件明确建立公平竞争审查制度，要按照加快建设统一开放、竞争有序市场体系的要求，确保政府相关行为符合公平竞争要求和相关法律法规，维护公平竞争秩序，保障各类市场主体平等使用生产要素、公平参与市场竞争、同等受到法律保护，激发市场活力，提高资源配置效率，推动大众创业、万众创新，促进实现创新驱动发展和经济持续健康发展。2016年6月国务院印发《关于在市场体系建设中建立公平竞争审查制度的意见》指出，没有法律、法规依据，各地区、各部门不得制定减损市场主体合法权益或者增加其义务的政策措施；不得违反《中华人民共和国反垄断法》，制定含有排除、限制竞争内容的政策措施。

2017年1月，国务院印发"十三五"市场监管规划明确提出"实行竞争中立制度"。2019年，"竞争中性原则"的表述被写入政府工作报告，党的十九届四中全会《决定》明确提出"强化竞争政策基础地位"，我国竞争政策地位逐步提高，体系日趋完善。2020年5月《中共中央国务院关于新时代加快完善社会主义市场经济体制的意见》明确提出要坚持正确处理政府和市场关系。坚持社会主义市场经济改革方向，更加尊重市场经济一般规律，最大限度减少政府对市场资源的直接配置和对微观经济活动的直接干预，充分发挥市场在资源配置中的决定性作用，更好发挥政府作用，有效弥补市场失灵。文件特别提出要"强化竞争政策基础地位，落实公平竞争审查制度，加强和改进反垄断和反不正当竞争执法"。至此，竞争政策的基础地位开始成为基本的政府政策思维。这就意味着政府政策体系需要围绕竞争政策展开，当其他政策与竞争政策不一致时，需要根据竞争政策的要求进行相应的调整。

2. 竞争政策基础性地位的政策重点

与产业扶持导向的产业组织政策不同，竞争政策强调对国民经济中的所有市场主体公平对待，反对扭曲市场的各种优惠政策，因此竞争政策是一种"普惠性"政策。确立竞争的基础性地位是中国市场化体制改革的重大理论发展和政策升级。确立竞争政策的基础性地位不仅能有利维护市场机制在资源优化配置中的决定性作用，而且能够更好地促进企业创新发展和高质量经济增长。

落实竞争政策基础性地位的工作重点：第一，继续深化市场化改革，放松不合理的行政管制和各种歧视性行政政策，重点打破行政垄断，消除非国有企业进入竞争的各种不合理的行政壁垒，构建不同经济主体平等竞争的市场环境。第二，确立竞争政策的基础地位，需要调整竞争政策与产业政策的关系。鉴于目前中国经济发展所面临的国内国际环境，产业政策方面则仅限于"市场失灵"领域，重点是支持基础性科学研究、人力资本支持等有限领域，确保竞争政策的普遍适用。国家部委和地方政府出台的产业政策都要进行竞争中立审查，产业政策不得扭曲和限制市场竞争。第三，强化反垄断执法，依法依规查处各类主体从事的各种严重损害市场竞争的行为。

落实竞争政策基础性地位重在强化公平竞争审查制度。针对我国现实生活中地方保护、区域封锁、行业垄断、企业垄断、违法给予优惠政策或减损市场主体利益等有违公平竞争的现象还十分严重。针对这种情况，建立和实施公平竞争审查制度、防止和纠正妨碍竞争的体制和政策设定，就成为一项十分重要和紧迫的任务。从我国发展的实际情况看，确立竞争政策基础性地位的主要矛盾，是如何有效约束政府行为，明确政府权力边界，解决政府干预过多、滥用"政策倾斜"等问题。为此，公平竞争审查制度规定，行政机关和法律、法规授权的具有管理公共事务职能的组织（以下统称政策制定机关）制定市场准入、产业发展、招商引资、招标投标、政府采购、经营行为规范、资质标准等涉及市场主体经济活动的规章、规范性文件和其他政策措施，应当进行公平竞争审查。行政法规和国务院制定的其他政策措施、地方性法规，起草部门应当在起草过程中进行公平竞争审查。公平竞争审查制度重点禁止以下四个方面共18项政府政策行为。

市场准入和退出标准：①不得设置不合理和歧视性的准入和退出条件；②公布特许经营权目录清单，且未经公平竞争，不得授予经营者特许经营权；③不得限定经营、购买、使用特定经营者提供的商品和服务；④不得设置没有法律法规依据的审批或者事前备案程序；⑤不得对市场准入负面清单以外的行业、领域、业务等设置审批程序。

商品和要素自由流动标准：①不得对外地和进口商品、服务实行歧视性价格和歧视性补贴政策；②不得限制外地和进口商品、服务进入本地市场或者阻碍本地商品运出、服务输出；③不得排斥或者限制外地经营者参加本地招标投标活动；④不得排斥、限制或者强制外地经营者在本地投资或者设立分支机构；⑤不得对外地经营者在本地的投资或者设立的分支机构实行歧视性待遇，侵害其合法权益。

影响生产经营成本标准：①不得违法给予特定经营者优惠政策；②安排财政支出一般不得与企业缴纳的税收或非税收入挂钩；③不得违法免除特定经营者需要缴纳的社会保险费用；④不得在法律规定之外要求经营者提供或者扣留经营者各类保证金。

影响生产经营行为标准：①不得强制经营者从事《中华人民共和国反垄断法》规定的垄断行为；②不得违法披露或者要求经营者披露生产经营敏感信息，为经营者从事垄断行为提供便利条件；③不得超越定价权限进行政府定价；④不得违法干预实行市场调节价的商品和服务的价格水平。

第三节 反垄断政策基础

广义的竞争政策通常不仅包括反垄断政策，也包括各种促进竞争的政策，前者的目标指向是禁止市场主体的各种限制、排斥市场竞争的垄断行为，以维护市场竞争活力；后者的目标指向是通过民营化，放松管制、引入竞争等来构建一个竞争性市场。随着一个国家市场化体制的发展，竞争政策日益同反垄断政策融合。在欧美等国家两者是同义语。

一、反垄断政策及其地位

反垄断政策是指通过对各种限制竞争行为的调节，以维护市场竞争的政策或法律体系。作为主要的产业组织政策，反垄断政策通常是以法律的形式存在，并通过法律手段来执行，反垄断法是反垄断政策的核心，因此从狭义来说，反垄断政策和反垄断法是同义语。同时由于反垄断法主要是保护市场竞争，因此也称为竞争法或竞争政策。从狭义来看，竞争法通常就是反垄断法，竞争政策通常就是反垄断政策。从广义来说，竞争政策是指促进市场竞争的所有政策，不仅包括反垄断法，也包括垄断产业的民营化和结构重组引入竞争的放松管制政策等。

经济学理论已经充分证明，竞争能够为消费者提供价格更低、质量更好的产品，能够实现资源的优化配置，达到帕累托最优的效率结果。因此，维护竞争是实现经济效率和促进经济增长的最基本机制，是一个国家一项基本的政策。反垄断法的直接目标就是保护竞争自由，维护市场经济体制的有效运转。由于反垄断法是保护竞争自由的，因此反垄断法也被称为"经济自由的宪法"或"经济宪法"。

二、美国、欧盟与中国的反垄断法

美国是反垄断法的发源地，经过多年的执法实践和法律发展，已经形成一套有效的反垄断法律制度体系和执法原则。[①] 美国反垄断法具有巨大的国际辐射力，现代各国的反垄断法基本规则大都与美国反垄断法具有一定渊源关系。比如目前已经建立反垄断法的主要国家地区如欧盟、日本、澳大利亚等，其反垄断法都是深受美国的影响。欧盟作为目前最有成效的区域合作组织，其竞争法具有明显的跨国协调特征，主要服务于促进共同市场这一核心目标，尽管其借鉴了美国反垄断法的合理因素，但是由于历史传统、立法理念、政治体制和跨国协调的需要等因素的影响仍保留了自己的特点，并形成了独具特色的反垄断法律体系。

（一）美国反垄断法

美国是世界上反垄断法历史最悠久和法律体系最发达的国家，经过多年的执法实践和法律发展，已经形成一套有效的反垄断法律制度体系和执法原则。从总体上来看，美国反垄断法体系主要由三部分组成：一是成文法，包括《谢尔曼法》《克莱顿法》和《联邦贸易委员会法》这三部基本法律，以及对这些基本法律进行修改和补充的相关法律法规；二是司法部、联邦贸易委员会各自或联合发布的不具有强制约束力的各种司法指南；三是法院审理各类案例所形成的大量判例以及由判例所确立的各项法律原则。

1890年美国国会通过的《谢尔曼法》以简洁的法律条款表明了美国政府对合谋和垄断化行为的反对态度，并确定了罚款、监禁等救济措施，以及法院的执法权限和执法程

---

① 在美国，反垄断法通常称为反托拉斯法。

序。《谢尔曼法》有两个独立的条款，其中第一条是禁止所有有碍贸易的合同、合并及合谋，它被用来打击诸如限价协议等垄断行为；第二条禁止垄断企图，被用于禁止诸如旨在排挤竞争对手的低成本定价之类的非合作策略性行为。1914年，美国颁布了《克莱顿法》和《联邦贸易委员会法》，这两部法律是对《谢尔曼法》的修改和补充，增加了一些反垄断、反限制竞争与不正当竞争的新规定，完善了《谢尔曼法》的有关制度与原则。《谢尔曼法》《克莱顿法》和《联邦贸易委员会法》这三部法律构成了美国反垄断法的基本框架。在此基础上，美国国会还颁布了一系列的对基本法律的修改、补充的相关法律规定，如1936年的《鲁宾逊-帕特曼法》对价格歧视进行了补充规定；1938年的《韦勒-李法》对不正当商业行为作了扩展；1950年的《塞勒-凯弗维尔法》弥补了反并购的法律漏洞；1976年的《哈特-斯科特-诺迪罗法》对执法程序进行了规定，重点是对企业并购申报制度做出规定。

《谢尔曼法》《克莱顿法》和《联邦贸易委员会法》等美国反垄断成文法，总体上规定的都是比较概括和原则性的，特别是对于实体性的规定往往不具体。为此，美国司法部和联邦贸易委员会根据美国经济发展和反垄断经济学的发展，在不同的时期先后发布了大量的不具有约束力的反垄断行为指南，以指导企业的经营行为。最典型的法律指南是迄今为止美国司法部和联邦贸易委员会多次修订发布的《企业横向并购指南》。此外，美国在100多年的反垄断司法实践当中，积累了大量、丰富的判例，并根据这些判例确立了一系列重要的法律适用原则，它们构成了美国反垄断法的重要组成部分。

（二）欧盟竞争法

欧盟竞争政策的基本目标是维护共同体市场竞争和欧洲的市场统一。作为特殊国际组织的欧盟，其竞争法体系比较复杂，体现出明显的跨国性和国家之间的协调性特征。欧盟竞争法又可分为三个层次：第一层次是《欧盟条约》中关于竞争的基本规则及有关规定。该条约是欧盟反垄断法的一级立法规范，具有最高的法律效力，对成员国政府、企业和个人具有普遍的约束力。其中直接规定竞争规则的是条约81~89条，81条和82条是欧盟竞争法的核心，第81条是禁止限制竞争的协议，第82条是禁止滥用市场优势地位行为，条约的第83、84、85、89、90条是涉及处理限制竞争行为案件程序规范的规定，第86条主要是调整国家的企业援助行为。第二层次是欧洲理事会制定的条例。欧洲理事会是欧盟主要的决策机关，与欧洲议会共同行使立法机关的职能。在竞争法方面，欧洲理事会制定第二层次的竞争规则，主要是就如何适用条约第81条、第82条等规则制定实施细则。第三层次是欧盟委员会制定的竞争条例、指令和决定等。除实体性规定之外，欧盟竞争政策还有很大部分的内容对程序性问题做出规定，特别是对执行欧盟竞争政策的权力在欧盟委员会和成员国执法机构之间的分配问题做出了具体的规定，因为这是区域性反垄断政策能否得到有效实施的重要内容。

（三）中国反垄断法

《中华人民共和国反垄断法》是2007年8月30日颁布，自2008年8月1日起开始施行的。《中华人民共和国反垄断法》（以下简称《反垄断法》）共有8章57条，法律禁止的核心内容规定体现在：

第 2 章禁止垄断协议。《反垄断法》第 13 条对横向协议做出禁止性规定"禁止具有竞争关系的经营者达成下列垄断协议：固定或者变更商品价格；限制商品的生产数量或者销售数量；分割销售市场或者原材料采购市场；限制购买新技术、新设备或者限制开发新技术、新产品；联合抵制交易；国务院反垄断执法机构认定的其他垄断协议。"第 14 条对纵向协议做出禁止性规定"禁止经营者与交易相对人达成下列垄断协议：固定向第三人转售商品的价格；限定向第三人转售商品的最低价格；国务院反垄断执法机构认定的其他垄断协议。"

第 3 章禁止滥用市场支配地位。《反垄断法》第 17 条规定"禁止具有市场支配地位的经营者从事下列滥用市场支配地位的行为：以不公平的高价销售商品或者以不公平的低价购买商品；没有正当理由，以低于成本的价格销售商品；没有正当理由，拒绝与交易相对人进行交易；没有正当理由，限定交易相对人只能与其进行交易或者只能与其指定的经营者进行交易；没有正当理由搭售商品，或者在交易时附加其他不合理的交易条件；没有正当理由，对条件相同的交易相对人在交易价格等交易条件上实行差别待遇；国务院反垄断执法机构认定的其他滥用市场支配地位的行为。"

第 4 章经营者集中控制（并购控制）。《反垄断法》第 20 条规定"经营者集中是指下列情形：经营者并购；经营者通过取得股权或者资产的方式取得对其他经营者的控制权；经营者通过合同等方式取得对其他经营者的控制权或者能够对其他经营者施加决定性影响。"第 22 条规定了经营者集中申报要求"经营者集中有下列情形之一的，可以不向国务院反垄断执法机构申报：（1）参与集中的一个经营者拥有其他每个经营者百分之五十以上有表决权的股份或者资产的；（2）参与集中的每个经营者百分之五十以上有表决权的股份或者资产被同一个未参与集中的经营者拥有的。"第 28 条规定"经营者集中具有或者可能具有排除、限制竞争效果的，国务院反垄断执法机构应当作出禁止经营者集中的决定。但是，经营者能够证明该集中对竞争产生的有利影响明显大于不利影响，或者符合社会公共利益的，国务院反垄断执法机构可以作出对经营者集中不予禁止的决定。"

三、垄断的危害及反垄断政策取向

（一）垄断的危害

竞争自由是反垄断法追求的目标，而防止垄断的出现和限制企业滥用市场势力则是实现竞争目标的现实基础和反垄断法的基本任务。根据社会福利的定义，在一个给定的产业当中，福利通常是由社会总剩余给出的，即消费者剩余加生产者剩余所构成。单个消费者剩余是消费者对产品的支付意愿与支付价格之间的差。单个生产者的剩余等于企业销售特定商品所获得的利润。当市场价格等于生产的边际成本时，消费者剩余和生产者剩余都实现了最大，因此在竞争市场实现了社会福利最大化。如果市场当中只有一家企业，而且该企业的产品没有替代品并且进入很困难，那么这家企业就是一个垄断企业。由于垄断企业提高价格的决策不用担心会有其他竞争者通过降低价格来抢夺市场，因此垄断企业就是市场，它对市场上出售的产品价格和销量具有完全的控制力。垄断企业追求利润最大化的决策将带来比竞争市场更高的价格和更低的产量，这会降低社会总福利。垄断对社会福利的影响主要体现在四个方面：一是由于垄断的高价格和低产量造成的资源错误配置损失；二是收入转移效应，一部分消费者的剩余转变成垄断企业的利润；三是垄断高价格和低产量带来的社会福利净损失；四是垄断企业寻租带来的社会性损失。

1. 资源错误配置损失

在图12-3中，长方形 STq_mq_c 表示在垄断情况下，由于产出下降带来的资源错误配置的损失。由于产出下降，原本在竞争市场可以投入使用的资源数量 STq_mq_c，将得不到应用或只好投资于其他使用效率较低的产业，这造成社会资源配置的低效率。

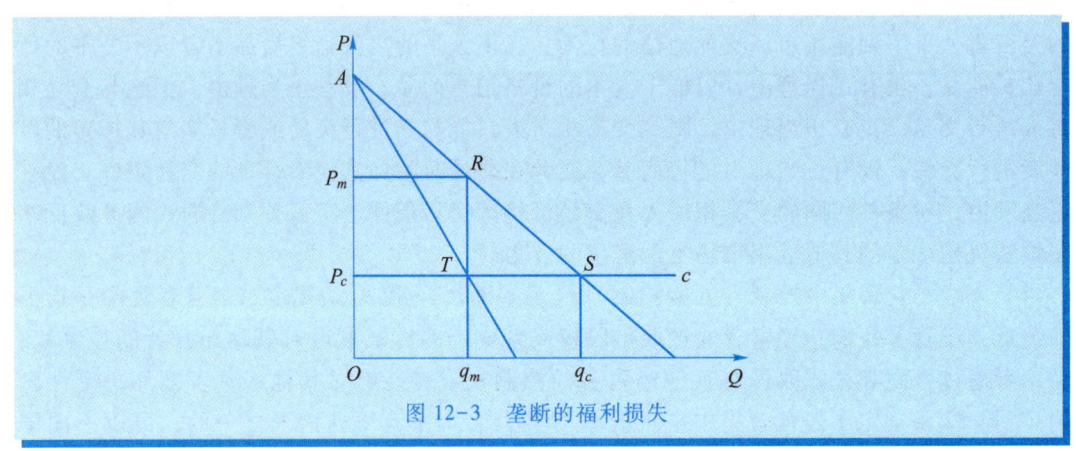

图12-3　垄断的福利损失

2. 收入转移效应

从图12-3中我们可以看到，在竞争性市场当中，价格为 $P_c=c$，消费者剩余是三角形 ASP_c 的面积，产品数量是 q_c。在垄断的情况下，垄断企业根据利润最大化来进行决策，在边际收益曲线与边际成本曲线的交叉点进行生产，此时产量是 q_m，消费者的剩余变成三角形 ARP_m 的面积。在消费者剩余减少的部分中，长方形 RP_mP_cT 的面积变成了垄断企业的利润。在这里垄断企业这一部分利润的增加并不是由于经营效率的提高，而完全是因为垄断势力的行使，从消费者手中"抢夺"过来的。因此，垄断的存在会加剧社会分配不公平问题，导致社会收入差距加大。

3. 社会福利净损失

垄断带来的福利损失，重要的不仅是消费者和生产者各自的福利变化，更重要的是生产者剩余增加的部分无法完全补偿消费者剩余减少的部分，带来了社会福利的净损失。在图12-3中，三角形 RST 代表了在竞争价格下将会购买，但是在垄断价格下停止购买该产品的那些消费者所损失的价值，三角形 RST 的面积被称为社会福利净损失，也称垄断福利净损失的"哈伯根三角形"。

4. 垄断社会性损失

垄断利润的存在会激励企业投入资源以取得垄断地位，并且在获得垄断地位之后，会继续投资来保持这种垄断地位。塔洛克（1967）认为垄断企业获取和维持垄断地位的这些资源的机会成本也是垄断的社会成本，波斯纳（1975）分析了企业在为了获得市场垄断地位的竞争中所造成的社会福利损失,认为企业为获得垄断租金的总支出等于垄断租金的总量,也就是说,垄断造成的福利损失不仅包括净损失,还包括长方形 RP_mP_cT 的面积,即"塔洛克四边形"的面积。

很多学者对垄断的福利损失进行了检验,美国学者哈伯根(1954)首先对垄断的福利损失进行了实证检验,他的结果显示美国制造业垄断势力行使造成的福利损失大约占国民生产总值的0.1%;考灵和穆勒(1978)的估计结果是垄断势力的福利损失占美国国民生产总值的4%左右,在考虑社会成本后,垄断的福利损失大约占美国国民生产总值的13%左右。

(二)垄断的类型及政策取向

根据垄断的形成原因和特征可以把垄断分为经济垄断、行政垄断和自然垄断三种基本类型。

1. 经济垄断。经济垄断是指市场主体滥用市场支配地位或者联合起来协调价格等,限制市场竞争的各种行为。其基本特征是:

(1)经济垄断的实施主体是市场主体(法人、自然人或其他经济组织),是私人垄断行为。一切非市场主体,不论是政府机构还是事业单位所实施的排斥、限制市场竞争的行为,都不属于经济垄断的范畴。

(2)经济垄断的基础是市场主体具有相当的市场势力。没有市场势力就不可能形成垄断。形成市场势力的主要途径是:通过优胜劣汰,生产集中于少数市场主体,形成市场势力;市场主体通过联合或合谋形成市场势力。

(3)经济垄断的根本目的是获得垄断利润。利润最大化是市场主体从事生产经营的根本动力和最终目标,市场主体实现经济垄断的根本目的是为了巩固其市场地位,并借此实现垄断利润。

2. 行政垄断。行政垄断是指政府运用其行政权力排斥、限制市场竞争的行为。行政垄断的主要形式是"地区垄断"和"部门垄断"。其基本特征是:

(1)行政垄断的实施主体是政府,是公共垄断行为。行政垄断的形成主体包括中央政府主管部门、地方政府及其职能部门,在某些情况下,行政垄断的主体也可能是代表政府及其职能部门意志或利益的经济实体。

(2)行政垄断是一种超经济垄断。行政垄断完全是政府运用行政权力的结果,与市场经济规律没有联系,是一种强可维持性的垄断,也称为"超经济垄断"。

(3)行政垄断的目的具有多样性。其目的可能是社会公众利益和社会长远目标,也可能是国家收入,还可能是某些产业或地区的利益,甚至可能是少数人的利益。

3. 自然垄断[①]。自然垄断是指由某些产业或其业务领域的技术经济特征所决定的垄断。例如,电信、电力、铁路运输、自来水和管道燃气等基础设施产业(特别是其网络性业务),具有显著的规模经济性、投资额大且回报期长、资产专用性强、沉淀成本大等技术经济特征,客观上由一家或极少数家企业垄断经营比多家企业竞争性经营具有更高的

[①] 本书第十三章将对自然垄断作详细讨论,这里不展开讨论。

生产效率，因此，政府通过特许经营或拍卖的形式，在一定期间内授予特定企业垄断经营权，从而形成垄断。

从经济垄断、行政垄断和自然垄断的概念、成因和基本特征可见：自然垄断是基于效率标准的垄断，是市场机制效率选择的结果，纯自然垄断属于政府管制的范围。行政垄断是导源于政府行政权力的垄断，反行政垄断的主要途径是深化经济体制改革和政府行政管理体制改革，尽可能减少政府滥用行政权力导致行政垄断的现象。经济性垄断是竞争市场中各种限制竞争行为，主要是适用反垄断法来加以调整。随着一个国家市场化体制的发展，行政垄断和自然垄断的危害会趋于减小，而经济性垄断现象则会日益突出。因此，反垄断法将日益成为主要的产业组织政策。

四、反垄断政策的结构主义与行为主义

在经济垄断中，存在垄断结构与垄断行为问题。垄断结构相对于竞争结构，属于市场结构范畴。如果某一市场中企业数量比较少，企业规模特别大，或者说少数企业在投入或产出中占据了整个市场的绝大部分比重，则称这种市场为垄断性市场结构，简称垄断结构。垄断行为相对于竞争行为，属于市场行为范畴。如果企业的市场行为决策是企业之间共同做出的，或者居于支配地位的企业对竞争对手或其他交易对方实行排他性行为或种种不利的交易条件，则称这种行为为垄断行为。因此，根据反垄断政策的导向，可将反垄断政策分为反垄断结构政策与反垄断行为政策。

（一）反垄断结构政策

反垄断结构政策是通过控制产业集中度，以调整有可能限制和排斥市场竞争的垄断结构的政策。其理论基础是哈佛学派的"结构主义"理论，哈佛学派认为，垄断性市场结构必然会导致垄断性市场行为，从而导致不良的市场绩效。因此，为实现有效竞争，就必须控制产业集中度，以保持竞争性市场结构，实现理想的市场绩效。正因为哈佛学派十分强调市场结构对市场行为和市场绩效的决定作用，哈佛学派又被称为"结构主义学派"。根据"结构主义学派"的基本观点，在反垄断政策实践中，其政策重点自然是反垄断结构政策，强调事前控制企业兼并、禁止卡特尔组织形成、分拆占市场统治地位的大企业等。例如，美国在1890年颁布《谢尔曼法》后的很长时期内，主要实施反垄断结构政策，重点是高市场集中度市场中的大企业。1968年美国司法部颁布的《兼并准则》则严格控制兼并活动。典型的判例是1945年美国铝公司案，美国最高法院仅以该公司占有90%的市场份额而判定它违法。

（二）反垄断行为政策

反垄断行为政策是对具有市场支配地位企业滥用其支配地位，以限制和排斥市场竞争的垄断行为实行控制的政策。其理论基础是后芝加哥学派的"策略行为"理论。后芝加哥学派证明指出，伤害市场竞争的主要是支配企业的各种策略性排他行为。根据"行为主义学派"的基本观点，在反垄断政策实践中，其政策重点当然是禁止各种反垄断行为。

在反垄断政策实践中，往往将上述两种政策结合起来，只是在不同时期、不同国家和不同经济发展阶段具有不同的侧重点。但就总体上而言，由于反垄断结构政策会制约大型

企业实现规模经济效益，在市场国际化、经济全球化的大背景下，还会影响企业的国际竞争力。同时，较高的市场份额是企业竞争的结果，也是企业竞争力的表现，不能因为企业有较高的市场份额就要受到制裁。鉴于反垄断结构政策存在这些明显的缺陷，理论界和反垄断部门更强调反垄断行为政策，这使许多国家的反垄断政策重心从反垄断结构政策到反垄断行为政策的转变，居于市场支配地位企业的各种限制竞争行为成为各国反垄断执法关注的重点。

第四节　反垄断法的禁止对象

尽管各国反垄断政策及其具体执法体制不尽相同，但其基本内容具有高度一致性，主要由禁止限制竞争协议、禁止滥用市场支配地位和并购控制三个方面构成。①

一、禁止限制竞争协议

限制竞争协议是两个或者两个以上的市场主体以协议、决议或者其他联合方式实施的限制竞争行为。从现实发生的垄断行为看，限制竞争协议的实际发生数量和执法机关查处的数量都远远高于其他垄断行为的数量。因此，禁止限制竞争协议是反垄断政策的核心内容。

（一）限制竞争协议的类型

限制竞争协议可分为两类：一类是具有竞争关系的企业之间签订的横向限制竞争协议，另一类是上下游企业之间签订的纵向限制竞争协议。

市场上同类产品的生产经营者都是竞争者。为了避免两败俱伤和获取垄断利润，它们在竞争中会联合成为同盟者。它们之间签订的协议被称为横向限制竞争协议，其协议内容通常包括：确定、维持或变更商品的价格；串通投标；限制产品的市场供应数量；限制交易地区或交易对象；限制购买新技术或新设备；共同阻碍其他企业进入市场或者排挤竞争对手等。

纵向限制竞争协议是指不同生产经营阶段的企业订立的限制竞争协议。例如，销售商要求生产商给予地域保护；生产商向批发商、零售商提供商品时限制其转售价格等。纵向限制竞争协议限制一方协议当事人与第三方订立合同的自由，限制某个生产阶段的竞争，限制销售数量、销售区域、销售对象等。这些横向限制竞争行为和纵向限制竞争行为都属于反垄断政策禁止的范围，但由于纵向限制协议的特殊性，它并不是执法关注的重点，对其主要是适用合理推定原则，充分考虑其可能的效率基础，而且在很大情况下，它是适用滥用支配地位的有关条款。

（二）反垄断执法原则

本身违法原则（rule of perse illegal）和合理推定原则（rule of reason）是分析反垄断案件的两个重要的原则。本身违法原则可以在不考虑某些行为造成影响的情况下，直接根

---

① 参见：王俊豪. 现代产业经济学. 杭州：浙江人民出版社，2003：344-347.

据行为本身就断定其违法，并禁止这些行为。合理推定原则要求对被质询的行为造成的经济影响进行调查分析，运用经济学的方法来综合分析和权衡该行为的限制竞争效应和效率促进效应。本身违法原则的基本含义：只要是限制贸易或商业的协议或联合，无论其是否具有合理性，都构成对反垄断法的违反，排除了一切有关合理性的经济解释。根据合理推定原则，在认定一项限制性行为是否应当作为对竞争强加不合理的限制行为予以禁止的过程中，应当权衡个案的效率效应和竞争伤害效应。

反垄断法只禁止限制竞争的协议，而不是禁止竞争者之间的所有协议。要想确定反垄断法所禁止的限制竞争协议，必须对促进竞争和伤害竞争的协议进行区分。然后对于那些其目的仅仅是消除企业之间的竞争，常常被称为"赤裸裸的限制（naked restraints）"的协议或恶性卡特尔适用本身违法原则。对于那些既有竞争伤害效应又有效率效应的企业间的协议，或者企业之间在实现某个促进竞争的主交易的过程中的附属性限制（ancillary restraints）协议，则需要运用合理推定原则来分析。对于那些没有竞争伤害效应的企业之间的联合行为或协议，则实行反垄断豁免。

适用本身违法原则的协议：有些企业间协议是本身具有非常明显的限制竞争性质，并且没有重大的促进竞争的利益，为了提高执法效率，可以直接认定其具有不合法性，无须进一步调查，直接适用本身违法原则。对于适用本身违法原则的卡特尔，一般也称为恶性卡特尔或硬核卡特尔（hardcore cartel），主要是固定价格、限制产量、分割市场、串通投标等行为。中国《反垄断法》第13条明确规定"禁止具有竞争关系的经营者达成下列垄断协议：①固定或者变更商品价格；②限制商品的生产数量或者销售数量；③分割销售市场或者原材料采购市场；④限制购买新技术、新设备或者限制开发新技术、新产品；⑤联合抵制交易；⑥国务院反垄断执法机构认定的其他垄断协议。

适用合理推定原则的协议：适用合理原则的限制竞争协议必须是个案审查，即根据它们在具体情况下对市场竞争的影响判断是否违法。企业之间的限制竞争协议，如果有利于促进经济发展与社会公共利益，且不影响实质性竞争，反垄断政策对其可以实行豁免。例如，经营者为了改进技术、提高产品质量、提高效率、降低成本，采取统一商品规格或型号、共同研究开发产品等共同行为；中小企业为提高经营效率、增强竞争能力而采取的共同行为；企业为保障进出口贸易和对外合作中的正当利益而进行的共同行为；企业为适应市场变化，制止销售量严重下降、生产明显过剩而采取的共同行为；企业为促进生产经营的合理化，分工协作进行专业化发展的共同行为等。这些行为都可以在反垄断政策中作为适用除外来处理。

（三）典型反垄断案例

典型的横向价格协议案件是国家发改委查处的上海黄金饰品行业协会案，该协会分别于 2007 年 7 月、2009 年 1 月、2009 年 10 月、2010 年 2 月、2011 年 11 月 21 日多次组织具有竞争关系的会员单位商议制定《上海黄金饰品行业黄金、铂金饰品价格自律实施细则》（以下简称《价格自律细则》），约定了黄金和铂金饰品零售价格的测算方式、测算公式核定价浮动幅度。执法人员依照《价格自律细则》中规定的测算公式以浮动范围制作了某商品测算价格及浮动范围表，经测算对比，老凤祥银楼、老庙、亚一、城隍珠宝、天宝龙凤五家金店黄、铂金饰品零售牌价全部落在测算公式规定的浮动范围内，并且调价时间、调价幅度以及牌价高度一致。五家金店操纵了黄、铂金饰品价格，损害了其他经营者和消费者的合法权益。国家发改委依法对这些企业处以上一年度相关销售额1%的罚款，共计人民币1 009.37万元。

典型的纵向价格协议案件是国家发改委查处的奶粉企业价格限制案。2013年8月7日国家发改委宣布，合生元等6家乳粉企业因违反反垄断法，限制竞争行为共被罚约6.7亿元。国家发改委调查，涉事企业通过合同约定、价格管控、扣除保证金、停止供货等方式，对下游经营者向第三人转售乳粉的价格进行固定等，这违反了《反垄断法》第十四条第一款的规定，构成了价格垄断。国家发改委称，合生元因严重违法、不积极整改被处上年销售额6%的罚款，约1.6亿元。美赞臣被处上年销售额4%、约2亿元罚款。多美滋、雅培、富仕兰、恒天然均处上年销售额3%罚款，约1.7亿元至0.04亿元不等。提供重要证据的惠氏、贝因美、明治公司免处罚。鉴于贝因美主动向国家发改委报告达成垄断协议的有关情况并提供重要证据，依据《反垄断法》规定，国家发改委决定对公司免除行政处罚，公司应当立即停止实施所达成的垄断协议。

二、禁止滥用市场支配地位

如果具有市场支配地位的企业，通过滥用市场支配地位行为来维护或扩大其市场势力，对市场竞争造成严重的伤害，则应受到反垄断法的禁止。滥用市场支配地位是指具有市场支配地位的企业对竞争对手的市场进入或市场扩张设置障碍，以将竞争对手排挤出市场的行为。在反垄断法当中，滥用市场支配地位有三个要件：①行为主体是具有市场支配地位的企业；②该企业实施了排斥竞争的行为；③该行为产生了显著限制竞争的后果。

（一）市场界定

在反垄断执法当中要准确判定企业是否具有市场支配地位，首先需要准确地界定相关市场。相关市场是指企业经营活动所属的一系列产品或地域，这些产品或地域能够对企业的经营活动产生竞争性限制。因此，相关市场即指与具体案件有关系的市场，即在具体案件中，竞争关系或者限制竞争行为发生在这个市场上。这个市场的大小或者范围是可以界定的。在界定一个相关市场或者确定一个相关市场的范围时，需要考虑两个因素：一是相关的产品生产，即在具体案件中，被告的产品或者服务与哪些产品或者服务存在竞争关系。这事实上是为了确定被告与哪些企业存在竞争关系。二是相关地域市场，即被告销售其产品或者服务的地理范围。也就是说，在这个地域范围内，相关的产品或者服务存在着竞争。

界定相关产品市场，需要从需求和供给两个方面来加以考虑。从需求的角度来看，关键的决定原则是产品之间的可替代性。这些替代性产品之所以被看作同一个特定的市场是因为产品在属性、用途和价格相同的情况下，它们能够满足消费者同样的需求，一个产品价格的上涨会导致消费者转向购买其他的产品。从供给的角度来看，可以用同样生产设备进行生产的产品才可以归为同一特定的市场，一个产品的涨价会吸引其他的生产者进入市场从事该产品的生产，即生产者之间的产品替代性。

反垄断意义上的地域市场是一个企业可以提高价格并且不会吸引新企业进入或不会导致原有顾客转向其他地区购买替代品的地理区域。界定地域市场实际上同界定产品市场一样，也是考虑合理的可替代性和需求的交叉弹性。同界定相关产品市场的不同之处是，地域市场只是为了确定一个适当的地域范围。在界定地区市场时，为了更好地分析产品之间的可替代性，除了考虑相关产品的性能和用途外，主要考虑如下因素：地区间的差异、地区间运输费用、产品价格、消费者的偏好差异等。

（二）市场支配地位的认定

市场支配地位是指企业的某种特定产品在特定市场范围内具有主导地位，使其他企业处于从属、被动的状况。认定相关企业是否具有市场支配地位有两种立法模式：[①] 一是以德国、日本为代表，在法律中明确规定市场支配地位的判定标准。例如，德国的《反对限制竞争法》第 19 条规定：如果一个企业占有相关市场至少 1/3 的市场份额，或者 3 个或 3 个以下企业共同占有其 50% 或 50% 以上的市场份额，或者 5 个或 5 个以下企业共同占有其 2/3 或 2/3 以上的市场份额，则判定其具有市场支配地位。日本的《禁止垄断法》第 2 条所规定的市场支配地位须具备三个条件：①企业的市场占有率过大，一个企业每年在相关市场的销售份额超过 1/2，或者两个企业的市场份额之和超过 3/4；②对其他企业造成市场进入障碍；③企业提供的产品在较长时间内，价格明显上涨或居高不下，取得显然超过正常利润率的利益或者支出了显然过大的销售费用或一般管理费用。韩国的《垄断管制和公平交易法》第 2 条规定：如果一个企业的市场占有率超过 50%，或者三家企业的市场占有率合计超过 75%，将认定当事企业具有市场支配地位。二是以美国、欧盟为代表，法律对市场支配地位不做明文规定，而由法院或反垄断机构通过司法实践进行判定。但从美国、欧盟的法院判例看，企业产品在相关市场上的占有率也是最重要的考虑因素。例如，在美国如果一个企业的市场份额达到 75%，反垄断机构将认定它具有市场支配地位；欧盟将占有 70% 市场份额的企业认定具有市场支配地位。

根据中国《反垄断法》第 18 条的规定，认定经营者具有市场支配地位，应当依据下列因素：①该经营者在相关市场的市场份额，以及相关市场的竞争状况；②该经营者控制销售市场或者原材料采购市场的能力；③该经营者的财力和技术条件；④其他经营者对该经营者在交易上的依赖程度；⑤其他经营者进入相关市场的难易程度；⑥与认定该经营者市场支配地位有关的其他因素。第 19 条指出"有下列情形之一的，可以推定经营者具有市场支配地位：①一个经营者在相关市场的市场份额达到 1/2 的；②两个经营者在相关市场的市场份额合计达到 2/3 的；③三个经营者在相关市场的市场份额合计达到 3/4 的。"

（三）主要滥用支配地位行为

垄断企业滥用市场支配地位的表现形式是：不正当地确定、维持、变更产品的价格；不正当地改变或调整产品的供给；不正当地妨碍其他企业活动；不正当地妨碍新的竞争者进入；其他有可能对竞争构成实质性限制或明显损害消费者的行为。具体来说主要有以下几种行为：

[①] 参见：尚明. 反垄断——主要国家与国际组织反垄断法律与实践. 北京：中国商务出版社，2005：65-66.

（1）价格歧视。处于市场支配地位的企业没有正当理由，不得对条件相同的交易对象，就所提供的商品价格或者其他交易条件，实行价格歧视等差别待遇。

（2）强制交易。处于市场支配地位的企业不得采取利诱、胁迫或其他不正当的方法，促使其他企业从事限制竞争的行为。

（3）搭售或者附加不合理的交易条件。处于市场支配地位的企业销售产品，不得违背购买者的意愿搭售其他产品或者附加其他不合理的交易条件。

（4）掠夺性定价。处于市场支配地位的企业不得以排挤竞争对手为目的，以低于成本的价格销售商品。

（5）独家交易。处于市场支配地位的经营者不得要求经销商在特定市场内只经销自己的产品，不经销其他企业的同种或同类商品。

（6）拒绝交易。拒绝交易又称抵制，是指占市场支配地位的经营者拒绝向其购买者销售或购买商品的行为。

（四）典型反垄断案例

企业滥用市场支配地位行为的典型反垄断案例是国家发改委查出的高通垄断案[①]。国家发改委于2013年11月依法对美国高通公司滥用在CDMA、WCDMA和LTE无线通信标准必要专利许可市场及CDMA、WCDMA和LTE无线通信终端基带芯片市场的支配地位，实施垄断行为进行了调查。调查情况和处理决定如下：

高通在无线标准必要专利许可市场和基带芯片市场具有市场支配地位。首先，高通在无线标准必要专利许可市场具有市场支配地位，主要事实和理由如下：当事人在相关市场占有100%的市场份额。当事人具有控制无线标准必要专利许可市场的能力。无线通信终端制造商对当事人的无线标准必要专利组合许可高度依赖。其他经营者进入相关市场难度较大。其次，高通在基带芯片市场具有市场支配地位。主要事实和理由如下：当事人在相关市场的市场份额均超过二分之一。当事人具有控制相关基带芯片市场的能力。主要无线通信终端制造商对当事人的基带芯片高度依赖。基带芯片市场进入门槛高、难度大，其他经营者进入基带芯片市场并有效参与市场竞争的难度较大。

高通滥用市场支配地位的具体行为如下：第一，当事人滥用在无线标准必要专利许可市场的支配地位，收取不公平的高价专利许可费。具体如对过期无线标准必要专利收取许可费，要求被许可人将专利进行免费反向许可。第二，当事人滥用在无线标准必要专利许可市场的支配地位，在无线标准必要专利许可中，没有正当理由搭售非无线标准必要专利许可。第三，当事人滥用在基带芯片市场的支配地位，在基带芯片销售中附加不合理条件。

国家发改委依据《中华人民共和国反垄断法》第四十七条、第四十九条的规定，对高通公司上述滥用无线标准必要专利许可市场和基带芯片市场支配地位的行为作出如下决定：责令当事人停止滥用市场支配地位的违法行为；对当事人处2013年度销售额8%的罚款，计60.88亿元人民币。

---

① 根据中华人民共和国国家发展和改革委员会行政处罚决定书（发改办价监处罚〔2015〕1号）整理。

三、并购控制

(一) 并购控制的法律规定

企业并购是指两家或更多家企业合并成一家企业,通常由一家占优势地位的企业吸收一家或更多家企业。并购的方法可用现金或证券购买其他公司的资产或股份,也可以对其他公司股东发行新股票以换取其所持有的股权,从而取得其他公司的股权和资产。并购的形式可分为横向并购、纵向并购和混合并购,由于横向并购最有可能对市场竞争造成伤害,因此成为反垄断执法关注的重点。并购控制只是为了防止企业规模无限扩张,防止形成垄断市场结构,伤害市场自由竞争,从而维持市场竞争性。

目前已经建立反垄断法的国家和地区,对企业并购普遍采用了事前控制为主的执法方式,也就是在反垄断法的企业并购条款中建立事前申报和审批制度。各国设立事前申报的根本目的是要对企业实施的并购行为实行有效的事前控制,以防患于未然,进而避免和减少可能给当事人造成的不必要的损失,降低执法成本。

一般来说,满足申报门槛要求的准备并购的企业需要向政府主管部门申报的内容包括:成为申报对象的企业并购及其范围、并购的禁止期间、申报义务人的基本要件、申报的方式和应当提交的资料和情报的范围等内容。并购申报制度的核心是申报的标准规定和申报材料要求。

根据《国务院关于经营者集中申报标准的规定》第3条,经营者集中达到下列标准之一的,经营者应当事先向国务院商务主管部门申报,未申报的不得实施集中:①参与集中的所有经营者上一会计年度在全球范围内的营业额合计超过100亿元人民币,并且其中至少两个经营者上一会计年度在中国境内的营业额均超过4亿元人民币;②参与集中的所有经营者上一会计年度在中国境内的营业额合计超过20亿元人民币,并且其中至少两个经营者上一会计年度在中国境内的营业额均超过4亿元人民币。

根据商务部《经营者集中申报办法》第10条的规定,申报文件、材料应当包括如下内容:①申报书。申报书应当载明参与集中的经营者的名称、住所、经营范围、预定实施集中的日期。申报人的身份证明或注册登记证明,境外申报人还须提交当地公证机关的公证文件和相关的认证文件。委托代理人申报的,应当提交经申报人签字的授权委托书。②集中对相关市场竞争状况影响的说明。具体包括:集中交易概况;相关市场界定;参与集中的经营者在相关市场的市场份额及其对市场的控制力;主要竞争者及其市场份额;市场集中度;市场进入;行业发展现状;集中对市场竞争结构、行业发展、技术进步、国民经济发展、消费者以及其他经营者的影响;集中对相关市场竞争影响的效果评估及依据。③集中协议及相关文件。具体包括:各种形式的集中协议文件,如协议书、合同以及相应的补充文件等。④参与集中的经营者经会计师事务所审计的上一会计年度财务会计报告。⑤商务部要求提交的其他文件、资料。

(二) 企业并购的反垄断审查

在收到企业并购申报材料后,反垄断机关应在法律规定的期限内对拟议中的并购进行审查,做出相关的裁决。根据2010年美国司法部和联邦贸易委员会联合发布的《企业横向并购指南》，对企业并购进行的审查包括以下五步：第一步，在市场界定的基础上，分析并购导致的市场集中度的变化；第二步，分析并购是否存在限制竞争的效应；第三步，分析进入条件等相关影响因素；第四步，并购的效率权衡；第五步，分析在没有并购的情况下，企业是否会因为破产而退出市场。

根据中国商务部《关于评估经营者集中竞争影响的暂行规定》，在审查并购的竞争影响时，综合考虑下列因素：①参与集中的经营者在相关市场的市场份额，以及相关市场的竞争状况；②参与集中的经营者产品或服务的替代程度；③集中所涉相关市场内未参与集中的经营者的生产能力，以及其产品或服务与参与集中经营者产品或服务的替代程度；④参与集中的经营者控制销售市场或者原材料采购市场的能力；⑤参与集中的经营者商品购买方转换供应商的能力；⑥参与集中的经营者的财力和技术条件；⑦参与集中的经营者的下游客户的购买能力；⑧应当考虑的其他因素。

（三）典型反垄断案例

采埃孚股份公司（以下简称采埃孚）收购威伯科控股公司（以下简称威伯科）股权案。[①] 收购方采埃孚主要从事乘用车和商用车零部件和系统的供应，其产品范围广泛，包括汽车底盘部件和系统、主动与被动安全技术和其他相关部件。采埃孚主要专注于乘用车和轻型商用车领域，在中重型商用车领域仅开展有限的业务活动。被收购方威伯科主要从事汽车制动控制系统业务，包括集成制动系统及稳定控制、空气悬架系统、变速箱自动控制装置、空气动力和远程信息处理等。威伯科主要专注于商用车领域，特别是中重型商用车领域业务。2019年3月28日，交易各方签署协议，采埃孚拟收购威伯科全部股份。集中完成后，威伯科成为采埃孚的全资子公司。

1. 相关商品市场界定

经审查，采埃孚和威伯科在中重型商用车转向柱市场和中重型商用车液压动力转向齿轮市场存在横向重叠，在机械式自动变速箱控制器（上游）—机械式自动变速箱（下游）、中重型商用车驾驶室空气悬挂阀门（上游）—中重型商用车驾驶室空气悬挂（下游）、中重型商用车空气压缩机用离合器（上游）—配备离合器的中重型商用车空气压缩机（下游）、中重型商用车离合器助力器（上游）—中重型商用车手动变速箱（下游）和中重型商用车高级驾驶员辅助系统用传感器（上游）—中重型商用车高级驾驶员辅助系统（下游）5组市场存在纵向关系，在中重型商用车防抱死制动系统/电子制动系统—中重型商用车高级驾驶员辅助系统用传感器这组市场存在相邻关系。

2. 竞争影响分析

2020年国家市场监督管理总局审查认为，此项集中对全球和中国机械式自动变速箱控制器（上游）和机械式自动变速箱（下游）这一组纵向关系市场可能具有排除、限制竞争效果。

一是集中后的实体具有实施原料封锁的能力。具体的依据是：第一，集中后实体在上

[①] 案例根据国家市场监督管理总局2020年5月15日发布的"关于附加限制性条件批准采埃孚股份公司收购威伯科控股公司股权案反垄断审查决定的公告"编辑整理。

游机械式自动变速箱控制器市场具有市场支配地位。第二，下游用户通常单源采购且用户黏性强，短期内更换供应商存在困难。第三，相关市场进入壁垒高，短期内出现新进入者可能性不大。第四，集中后实体有能力捕获竞争对手因受其原料封锁策略影响流失的销售量。

二是集中后实体具有实施原料封锁的动机。具体的依据是：第一，集中后实体从事原料封锁行为能够获利。第二，中国机械式自动变速箱市场发展潜力巨大。

三是竞争对手无法采取类似策略进行反击。机械式自动箱控制器产品开发周期长，上下游在合作期内相互锁定。采埃孚在中国市场的主要竞争对手目前已与威伯科完成控制器产品的开发、测试和验证工作，即将进入量产，不可能在合作期内转向威伯科的主要竞争对手进行合作，难以对集中后实体形成有效竞争约束。

3. 审查决定

鉴于此项经营者集中在全球和中国机械式自动变速箱控制器（上游）和机械式自动变速箱（下游）市场可能具有排除、限制竞争效果，根据申报方提交的附加限制性条件承诺方案，市场监督管理总局决定附加限制性条件批准此项集中，要求采埃孚、威伯科和集中后实体履行如下义务：继续向现有客户提供机械式自动变速箱控制器或组件，确保所提供的产品在价格、质量、数量、交货期、技术先进性和售后服务等方面不低于现有客户合同水平；依据公平、合理、无歧视原则，继续向中国客户供应机械式自动变速箱控制器；依据公平、合理、无歧视原则，继续向中国客户提供开发机械式自动变速箱控制器的机会以便后续供应。

案例

欧盟查处谷歌比较购物市场垄断案[①]

一、案情

在欧盟谷歌案中，对谷歌公司最初提起指控的主要是纵向搜索引擎平台企业，如Expedia、TripAdvisor等，这些企业主要是针对谷歌在搜索结果页对搜索结果展示中的偏向行为。在欧盟委员会对谷歌公司滥用行为的调查中，Foundem、TradeComet等纵向搜索引擎平台指控谷歌操纵在线广告搜索结果展示（AdWords）的竞标定价而将这些谷歌的潜在竞争对手置于不利的市场地位。因为这些纵向搜索引擎企业在细分市场对谷歌都成了竞争威胁，而这些市场的广告收入是谷歌的重要收入来源，为此谷歌为维持垄断利润有激励实施排斥竞争对手的行为。

谷歌公司在2004年进入欧盟在线比较购物市场，该业务最初被称为"Froogle"，2008年更名为"谷歌产品搜索"，2013年进一步更名为"谷歌购物"。该服务允许消费者比较在线产品及价格，发现各种类型在线零售商（包括在线商店的生产商、亚马逊等销售平台、其他转售商等）。在谷歌公司刚刚进入比较购物市场时，其市场份额和市场绩效都比

[①] 案例根据欧盟委员谷歌比较购物市场垄断案的裁决书编辑整理。

较差。在比较购物市场，用户流量是影响市场竞争的最重要因素，更多的用户流量会吸引更多的零售商。谷歌在搜索引擎市场具有支配地位，其搜索引擎服务决定了专门搜索网站的用户流量。欧盟委员会查明，自2008年开始，为力推自己的比较购物服务，谷歌系统性地将自己的比较购物服务放在搜索结果页的显著位置，而将竞争对手放在不起眼的页面下端或后续页面，这使谷歌比较购物很容易被用户关注，而竞争对手的服务则容易被用户所忽略。这一做法使谷歌比较购物的用户流量迅速增加，而竞争对手的用户流量则急剧下降。

二、市场界定与市场势力衡量

在欧盟谷歌比较购物市场垄断案中，欧盟委员会对谷歌公司滥用市场支配地位的反垄断裁决首先是从判定其是否具有市场支配地位开始的。欧盟委员会基于以下几点认为谷歌是一个具有市场支配地位的企业：首先，谷歌在一定时期内稳定地在欧盟搜索引擎市场维持90%以上的市场份额；其次，搜索引擎市场具有非常高的市场进入壁垒，开发搜索算法和维护网页需要非常高的专门化研发固定成本投入，同时巨大的用户规模和用户流量及其所吸引的广告商使谷歌具有非常强的跨侧网络外部性，这使竞争对手企业很难进入搜索引擎市场或者在该市场获得快速上升的市场份额；再次，谷歌搜索引擎收集了大量的消费者数据，这会被用来提高搜索结果的有效性，进一步强化了谷歌的市场支配地位。

三、反竞争效应的裁定

在2017年的最终裁决中，欧盟委员会指出，在通用搜索结果展示页中，谷歌将下游竞争对手比较购物服务的结果放在比自己比较购物更靠后的位置，从而使搜索用户较少关注竞争对手的网页链接，造成这些竞争对手的搜索结果无法到达搜索用户，从而造成对这些竞争对手的排斥。欧盟委员会认为，谷歌的搜索偏向行为具有如下的反竞争效应：一是在通用搜索结果页它降低了用户浏览竞争性比价商店的数据流量，同时增加了用户浏览谷歌购物的数据流量；二是这一行为在比较购物市场产生了反竞争的结果，即将上游通用搜索市场的市场势力延伸到下游专业搜索的比较购物市场。

欧盟委员会调查发现，在2007年11月谷歌实现谷歌商品搜索与通用搜索一体化之后，谷歌购物网站的用户流量呈现出大幅的增加，而其竞争对手的用户流量则明显下降。显然，这一用户流量的变化并不是谷歌基于创新和高效率经营的结果，而是利用上游搜索引擎市场的市场势力来在下游市场排斥竞争对手的产物。

欧盟委员会基于以上违法事实和违法行为的竞争损害分析裁定，谷歌公司的被诉行为构成了欧盟竞争法所禁止的滥用市场支配地位，因而对其做出罚款24.2亿欧元的处罚。

> 结合本案例，请讨论下列问题：
> 1. 认定数字平台市场支配地位需要重点考虑哪些因素的影响？
> 2. 为什么谷歌降低竞争对手的用户流量会造成竞争损害？

本章小结

- 市场经济本质上是一种竞争经济。从现代产业组织理论的角度而言，高效率的竞争应是规模经济与竞争活力相兼容的有效竞争。政府通过制定与实施产业组织政策，在总体上保证整个产业既能实现规模经济，又不失竞争活力，处于有效竞争状态，以提高产业经济效率。这决定了有效竞争是产业组织政策的基本目标。

- 有效竞争是指将规模经济和竞争活力两者有效地相协调，从而形成一种有利于长期均衡的竞争格局。有效竞争作为兼顾规模经济和竞争活力，两者相互协调的一种理想状态，其协调点是合理界定规模经济和竞争活力的"度"，其协调目标是规模经济和竞争活力所发挥的综合作用使社会经济效率极大化。有效竞争问题就是经济效率问题，有效竞争的实质就是追求较高的经济效率。

- 有效竞争状态不是一种点状态，而是一种由适度规模与适度竞争相交部分组成的区域状态。只要在某产业中，企业的规模达到最低适度规模（即最小经济规模）要求，同时，其市场竞争度能保证竞争收益大于竞争成本，即处于适度竞争范围，这个产业就基本上处于有效竞争状态。这可作为衡量有效竞争的标准，也是政府制定产业组织政策的重要依据。

- 在市场经济体制下，反垄断法（竞争政策）是产业组织政策的核心，是市场经济有效运行的"经济宪法"。中国产业组织政策应确立竞争政策优先的原则。

- 根据垄断的形成原因和特征可以把垄断分为经济垄断、行政垄断和自然垄断三种基本类型。其中，自然垄断是基于效率标准的垄断，属于政府管制的范围。行政垄断是导源于政府行政权力的垄断，反行政垄断的主要途径是深化政府行政管理体制改革，尽可能减少政府滥用行政权力导致行政垄断的现象。经济垄断主要适用《反垄断法》，它是限制、排斥市场竞争的主要力量，经济垄断的危害是反垄断的基本理由。

- 在经济垄断中，存在垄断结构与垄断行为问题。垄断结构相对于竞争结构，属于市场结构范畴；而垄断行为相对于竞争行为，属于市场行为范畴。因此，根据反垄断政策的导向，可将反垄断政策分为反垄断结构政策与反垄断行为政策。这两类反垄断政策具有不同的理论基础、政策重点和制裁手段。

- 尽管各国反垄断政策及其具体执法体制不尽相同，但其基本内容具有高度一致性，主要由禁止限制竞争协议、禁止滥用市场支配地位和并购控制三个方面。

关键词

产业组织政策（industry organization policy）；马歇尔困境（Marshall's Dilemma）；有效竞争（workable competition）；反垄断政策（antitrust policy）；垄断协议（monopolistic agreement）；本身违法原则（perse rule）；合理推定原则（rule of reason）；市场支配地位（market dominance）

自测自评

复习思考题

1. 为什么说实现有效竞争是产业组织政策的基本目标？
2. 简述有效竞争的衡量标准。
3. 为什么中国产业组织政策要转向竞争政策优先？
4. 垄断有哪些主要类型？

5. 反垄断法禁止的主要垄断行为有哪些？

延伸阅读

1. 胡家勇. 确立竞争政策的基础性地位. 学习与探索, 2020（1）.

2. 黄坤、张昕竹. 可口可乐拟并购汇源案的竞争损害分析. 中国工业经济, 2010（12）.

3. 唐要家、唐春晖、管霞霞. 排他性单一品牌经销的汽车售后市场垄断化效应. 中国工业经济, 2016（9）.

4. 唐要家、尹温杰. 标准必要专利歧视性许可的反竞争效应与反垄断政策. 中国工业经济, 2015（8）.

5. 唐明哲、刘丰波、林平. 价格检验在相关市场界定中的实证运用——对茅台、五粮液垄断案的再思考. 中国工业经济, 2015（4）.

6. 于立、徐洪海、冯博. "店选网购"跳单问题的竞争关系分析——以图书行业为例. 中国工业经济, 2013（9）.

7. 于立、刘玉斌. 中国市场经济体制的二维推论：竞争政策基础性与市场决定性. 改革, 2017（1）.

第十三章 公用事业的管制政策

> **本章提要**
>
> 本章将在分析公用事业的概念与特点、技术经济特征和管制需求的基础上,讨论公用事业的价格、市场进入、质量、联网和垄断企业内部业务间的交叉补贴等管制政策及其管制的有效性问题,并对公用事业的放松管制趋势进行分析。[①]

第一节 公用事业的基本特征

明确公用事业的概念和特点,分析其技术经济特征,这是政府制定与实施管制政策的基础。

一、公用事业的概念和基本特点

公用事业(public utilities)是一个产业集合,它是由以一定的基础设施为物质载体向现代社会提供普遍需要的产品(包括服务)的公用产业所组成的群体。而这些产业的生产经营企业被称为公用企业。公用事业的范围很广,既包括电信、电力、铁路、航空、邮政等全国性公用事业,也包括城市供水、供气、供热、公交、污水和垃圾处理,甚至环境卫生、园林绿化等区域性的城市公用事业。尽管这些公用产业具有特定的功能和服务对象,但通常具有以下基本特点:

(1)基础性。公用事业在经济发展和社会生活中具有基础性地位,主要体现在两方面:一是公用事业所提供的产品和服务是生产部门进行生产和人们生活的基础性条件,不但为制造业、加工业、商业和服务业等各产业的生产经营活动提供必要基础条件,也为家庭和个人提供必要的生活条件;二是公用事业所提供的产品价格构成了其他部门产品的成本,其性能和价格的变化,必然对其他部门产生连锁反应。同时,公用事业的基础性,意味着公用事业具有先导性,要发展社会经济,提高人民生活水平,就要优先发展公用事业。因此,公用事业通常被称为"基础设施产业"。

(2)垄断性。公用事业具有显著规模经济与范围经济等特点,因此,从技术经济的角度看,公用事业存在成本弱增性(subadditivity),表现为在特定的业务范围内,由一家企业提供一定数量的产品比两家或两家以上的企业提供相同数量的产品具有更高的生产效

[①] 通常所讲的公用事业的范围较广且边界不清,本章讨论的公用事业主要是最典型的、具有网络性业务的自然垄断性的公用事业。

率，即具有自然垄断性。同时，由于公用事业在整个社会中具有十分重要的地位，对国计民生具有重大影响，为避免重复和浪费，通常在一定时期内以法律或行政手段赋予特定企业垄断经营权。这些都使公用事业不可能实现充分竞争，政府往往采取特许经营等形式，实行一定程度的进入管制。因此，公用事业又被称为"自然垄断产业"或"垄断性产业"。

（3）网络性。公用事业通常具有生产、输送、销售等业务垂直一体化的特点，其中，网络输送业务是核心业务，许多产品只有通过物理网络才能进入消费领域。这使公用事业需要有一个完整统一的网络，并实行全程全网联合作业，实现网络的有效协调和高效运行。为此，政府应鼓励企业投资、扩大网络，并提高网络运行效率，以增强公用事业的供给能力，更好地满足城市生产和生活的需要。因此，公用事业还被称为"网络性产业"。

（4）外部性。作为基础设施产业，公用事业的发展不仅会相互促进这些产业的自身发展，而且为推动整个社会经济发展提供基础条件，从而产生巨大的正外部性。但除正外部性外，公用事业的某些活动也会产生负外部性，例如，如果缺乏必需的设施与技术，在电力生产过程中就会产生大气污染；又如，未经完全处理的各种污水流入江河、海洋会造成水污染。因此，政府管制的一个重要目标，就是要鼓励企业采取能产生正外部性的行为，防止企业采取产生负外部性的行为。

（5）公益性。公用事业所提供的许多产品，与其他产品不同，一般不是为特定对象服务，而是为社会公众服务，而且在使用和服务过程中一般不能独占或排他性消费，具有明显的公用性。更为重要的是，公用事业所提供的许多产品，不仅是社会生产生活必需品，需求弹性较小，而且是那些介于公共物品和私人物品之间的准公共产品，具有公益性的特点。这些都决定了公用事业还具有政策性，即使对公用事业实行市场化改革后，也不能完全根据市场机制定价，政府仍然需要采取价格管制政策，以防止企业制定垄断价格，切实保护社会公众利益。

二、公用事业的技术经济特征

就技术特征而言，公用事业的一个显著特征是具有网络性，即必须借助有形（物理）的或无形的网络系统，才能将产品从生产领域转移到消费领域，实现最终消费。建立与形成电信网、电网、铁轨网、航线、邮路、自来水管网和燃气管道网络等，往往需要巨大的投资，投资回报期较长，资产专用性强，沉淀成本大。但这些网络建成投入使用后，对生产者而言，表现为较高的固定成本和较低的边际成本，规模经济和范围经济十分显著；而对需求者来说，使用者越多，不仅所分摊的成本价格越低，而且使用者之间的联系就越方便（这在电信产业表现得特别明显）。因此，具有较为显著的需求方规模经济。

从经济特征的角度看，公用事业通常又被称为自然垄断产业。但经济学家们对自然垄断产业的经济特征具有不同的认识，如克拉克森（Clarkson）等经济学家主要是从规模经济的角度来说明自然垄断产业的技术经济特性的。[①] 在他们看来，自然垄断的基本特性是生产函数一般呈规模报酬递增状态，即生产规模越大，单位产品的成本就越小。以电力产业的电力生产为例，假定生产单位千瓦电力的单位成本如表 13-1 所示。

表 13-1 生产单位千瓦电力的单位成本

产量	单位成本	产量	单位成本
100	11	400	8
200	10	500	7
300	9	600	6

根据表 13-1，如果在一定地区范围内，消费者需要购买 600 单位千瓦的电力，显然，最有效率的方案是让一家企业生产，这家企业生产 600 单位千瓦电力的成本为 3 600（6×600）。作为比较，如果让具有同样规模和效率的企业各生产 300 单位千瓦的电力，则这两家企业发生的总成本为 5 400（2×9×300）；如果让三家同样规模和效率的企业各生产 200 单位千瓦的电力，则这三家企业的总成本就上升为 6 000（3×10×200）。这个简单的例子从规模经济的角度，描述了自然垄断的基本特性，即在一定的产出范围内，若由一家企业生产，随着产量的增加，单位成本将持续下降。

与规模经济决定论不同，一些经济学家对自然垄断有不同的描述。如沃特森（Waterson）认为，自然垄断是这样一种状况：单个企业能比两家或两家以上的企业更有效率地向市场提供相同数量的产品。[②] 而夏基（Sharkey）和鲍莫尔（Baumol）等著名学者则认为，自然垄断最显著的特征是其成本函数的弱增性（subadditivity）。[③]

如果某一产业中的企业只提供单一的产品，则这一产业具有自然垄断性的基本条件是：在一定的产出范围内，由一家企业提供产品比多家企业共同提供产品具有更高的效率。若以 Q 表示产量，以 C 表示成本函数，以 $C(Q)$ 表示一家企业提供产量 Q 所发生的各种成本（为方便起见，假定其他企业的成本函数也为 C），如果产量 Q 由 K 家企业共同生产，企业 i 的产量为 q_i，则 K 家企业生产 Q 产量的成本之和为

$$C(q_1)+C(q_2)+\cdots+C(q_k)=\sum_{i=1}^{k}C(q_i) \tag{13-1}$$

则该产业在产量 Q 范围内存在自然垄断性的充要条件是

$$C(Q)<\sum_{i=1}^{k}C(q_i) \tag{13-2}$$

在式（13-2）中，

[①] K. W. Clarkson and R. L. Miller. *Industrial Organization: Theory, Evidence, and Public Policy*. New York: McGraw-Hill Book Company, 1982: 119.
[②] M. Waterson. *Regulation of the Firm and Natural Monopoly*. Oxford: Basil Blackwell, 1988.
[③] W. W. Sharkey. *The Theory of Natural Monopoly*. Cambridge: Cambridge University Press, 1982: 4-5; W. J. Baumol. On the Proper Cost Tests for Natural Monopoly in a Multiproduct Industry. *American Economic Review*, 1977 (12).

$$Q = \sum_{i=1}^{k} q_i, \quad K \geqslant 2 \tag{13-3}$$

为进一步说明规模经济与成本弱增性的关系，下面以图 13-1 加以说明。

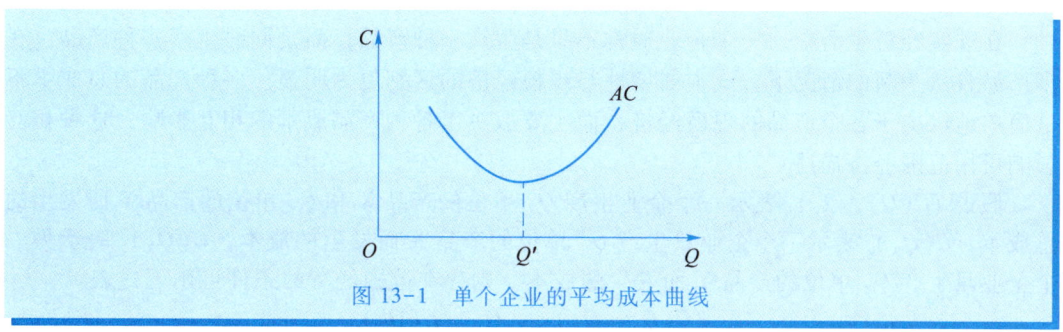

图 13-1　单个企业的平均成本曲线

图 13-1 显示了单个企业的平均成本曲线。在产量达到 Q' 之前，平均成本是不断下降的，当产量超过 Q' 后，平均成本就开始上升。即当产量小于 Q' 时存在规模经济，产量大于 Q' 时则存在规模不经济。

成本弱增性所要讨论的是，由一家企业提供整个产业的产量成本较低还是这家企业与另外的企业共同提供相同产量的成本较低。显然，当产量小于 Q' 时，由一家企业生产能使成本最小化，所以，在这一产出范围内，成本当然是弱增的。为了考察当产量大于 Q' 时能使成本最小的方案，可以引进两家企业的最小平均成本函数，如图 13-2 所示。假定这两家企业具有相同的生产效率，则 AC_2 就是这两家企业的平均成本曲线，而 AC_1 则是从图 13-1 中复制过来的单个企业的最小平均成本曲线。

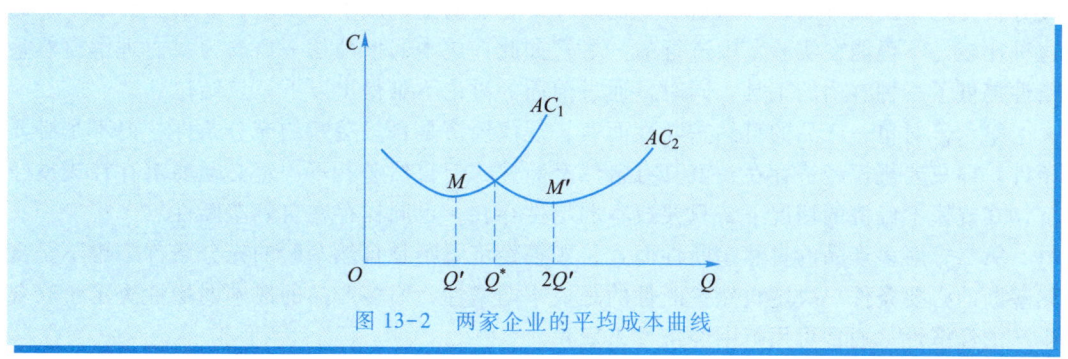

图 13-2　两家企业的平均成本曲线

在图 13-2 中，AC_1 和 AC_2 在产量为 Q^* 点处相交，Q^* 点决定了成本弱增的范围。当产量小于 Q^* 时，由单个企业生产成本最低，所以，在此范围内成本函数是弱增的。值得注意的是，成本弱增性是描述自然垄断经济特征的最好方法，尽管在产量 Q' 与 Q^* 之间存在规模不经济，但从社会效率看，由一个企业生产效率最高。由此可见，规模经济并不是自然垄断的必要条件，决定自然垄断的是成本弱增性。

根据自然垄断的成本弱增性程度，还可以将自然垄断分为"强自然垄断"和"弱自然垄断"。在成本弱增的前提下，在平均成本持续下降，平均成本大于边际成本的范围内（即在图13-2中，当产量小于Q'时），被称为"强自然垄断"；而在成本弱增的前提下，在平均成本呈上升趋势，边际成本大于平均成本的范围内（即在图13-2中，产量在Q'与Q^*之间时），被称为"弱自然垄断"。

在现实经济生活中，一个企业通常不只是生产一种产品，而是同时生产多种产品。在多产品自然垄断的情况下，成本弱增性与规模经济的区别更为明显。多种产品的总成本不是简单地取决于各个产品的规模经济，而主要取决于各种产品成本的相互影响，这种相互影响可用范围经济描述：

假设$TC(Q_X, Q_Y)$表示一个企业生产Q_X单位的产品 X 和Q_Y单位的产品 Y 所发生的总成本，$C(Q_X)$表示一个企业只生产Q_X单位的产品 X 而发生的成本，$C(Q_Y)$表示另一个企业只生产Q_Y单位的产品 Y 而发生的成本。则存在范围经济的条件可用下式表示：

$$TC(Q_X, Q_Y) < C(Q_X) + C(Q_Y) \tag{13-4}$$

即由一个企业同时生产产品 X 和产品 Y 比一个企业只生产产品 X、另一个企业只生产产品 Y 所花的成本较少。这时，同时生产两种产品的那家企业在生产某一种产品时，可能具有规模经济性，也可能不具有规模经济性。规模经济通常是按照不断下降的平均成本函数来定义的，而范围经济通常是以一个企业生产多种产品和多个企业分别生产一种产品的相对总成本来定义的。因此，多产品自然垄断的成本弱增性主要表现为范围经济性，即在某一多产品的产业中，只要一家企业生产所有产品的总成本小于多家企业分别生产这些产品的成本之和，该产业就是自然垄断产业。

从以上讨论可见，如果一家企业能比两家或两家以上的企业以较低的成本生产一定数量的某种产品或一组产品，则存在成本弱增性，相应地，企业所在的产业就是自然垄断产业。可是，虽然成本弱增性这一概念本身是简单的、容易理解的，但对成本弱增性做出实证分析则是相当困难的，因为这需要比较单个企业的生产成本和多个企业的生产成本，而这种比较是不可能在实验室中进行的。尽管如此，成本弱增性这一概念为我们理解自然垄断性提供了一种有用的工具。同时，通过前面的讨论不难得出以下三点结论：

第一，对单一产品的自然垄断性而言，规模经济是自然垄断的充分条件，但不是必要条件。即只要规模经济存在，就具有自然垄断性，但自然垄断不一定必须要求存在规模经济，在规模不经济的情况下，只要成本弱增性存在，也同样存在自然垄断性。

第二，对多产品的自然垄断性而言，规模经济既不是自然垄断的充分条件，也不是自然垄断的必要条件。决定自然垄断性的是成本弱增性，而多产品的成本弱增性决定于联合生产的经济性，通常可用范围经济性来表示。

第三，根据自然垄断的成本弱增性程度，可以将自然垄断分为"强自然垄断"和"弱自然垄断"这两种类型。对于不同类型的自然垄断，政府应采取相应的进入管制与价格管制政策。

第二节 公用事业的管制需求

管制是指具有法律地位的、相对独立的管制者（机构），依照一定的法规，对被管者（主要是企业）所采取的一系列行政管理与监督行为。① 在竞争性产业中，竞争具有一种内在的刺激机制，它能促使企业自觉追求生产效率（努力提高企业内部的运作、管理效率），保证分配效率（按照包括正常利润在内的成本定价），从而促进整个产业的经济效率。可是，具有自然垄断性的公用事业的一个显著特点是具有成本弱增性，由一家或极少数家企业提供特定的产品能使成本极小化。但由于企业实行垄断经营，垄断企业就会本能地追求自身利益最大化。习近平指出："党的一切工作，必须以最广大人民利益为最高标准。""我们要不断解决人民最关心最直接最现实的利益问题，努力让人民过上更好生活。"② 这就使以追求社会整体经济效率（特别是分配效率）、实现社会福利最大化为导向的政府管制成为必要。我们可以从以下四个方面讨论公用事业的政府管制需求。

一、抑制企业制定垄断价格，维护社会分配效率

公用事业的成本弱增性意味着，在成本弱增的范围内，从理论上讲，应该由一家企业提供产品，以保证较高的生产效率。但在另一方面，由于该企业处于独家垄断地位，如果不存在任何外部约束，它就成为市场价格的制定者（price maker），而不是价格接受者（price taker），它就可能会制定出大大高于成本的价格，以取得垄断利润，其结果必然扭曲分配效率。这就需要实行政府管制。我们可以用图13-3来说明。

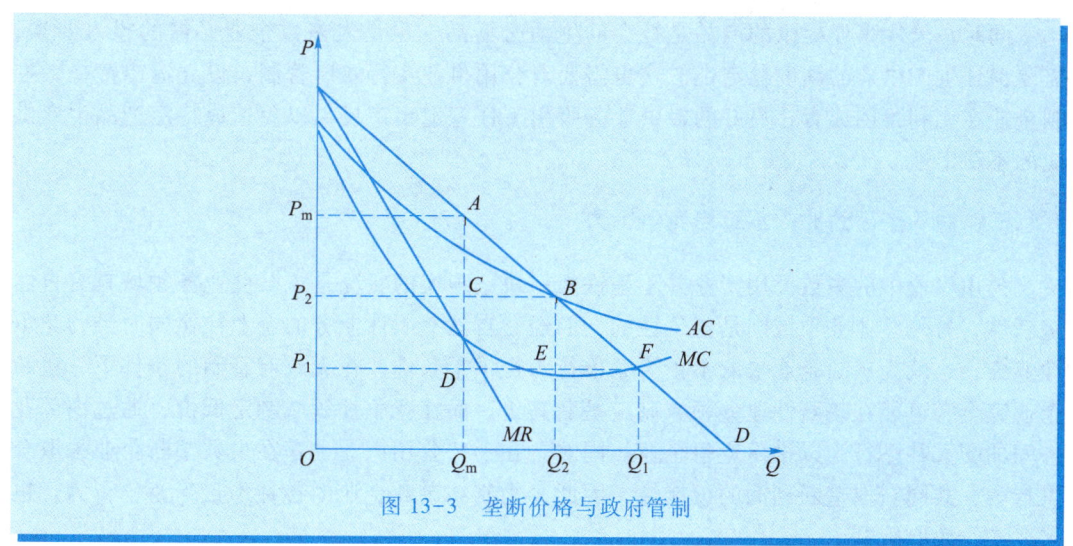

图13-3　垄断价格与政府管制

在图13-3中，垄断企业为了追求利润最大化，按照边际收益等于边际成本的原则制定垄断价格 P_m，并相应地决定产量 Q_m。实行政府管制，至少可以通过三种方案提高社会分配效率：第一种方案是，政府按照边际成本决定管制价格 P_1 和相应的产量 Q_1。由于在

---

① 对管制概念及其性质的详细讨论可参见：王俊豪. 政府管制经济学导论——基本理论及其在政府管制实践中的应用. 北京：商务印书馆，2001：1-3.

② 资料来源：中共中央宣传部. 习近平新时代中国特色社会主义思想三十讲. 北京：学习出版社，2018：87.

一定的产出范围内成本处于递减状态,这会造成企业亏损,其亏损额由政府的税收来弥补。第二种方案是,政府按照平均成本决定管制价格 P_2 和相应的产量 Q_2。此时企业不会发生亏损,不需要政府补贴。第三种方案是,政府管制者运用特许投标竞争理论,拍卖某种产品的独家经营权,只要竞争是充分的,竞争的结果也会使价格接近于 P_2,产量接近于 Q_2。无论采取哪一种方案,政府管制的结果都会抑制企业制定垄断价格,从而维持社会分配效率。

二、防止破坏性竞争,保证社会生产效率和供应稳定

公用事业的显著特点是需要巨额投资,投资回报期长,资产专用性强,规模经济非常显著,具有成本弱增性。因此,由一家或极少数几家企业垄断经营能使社会生产效率极大化。但如果不存在政府管制,在信息不完全的情况下,许多企业就会盲目地进入公用事业,进行重复投资,导致过度竞争。一种可能的结果是竞争力最强的企业最后将其他企业赶出市场,这些退出市场的企业的投资就不能得到回报,专用性强的资产就会闲置,造成社会资源的浪费。另一种可能结果是势均力敌的几家企业互不相让,最后造成两败俱伤,在生产能力严重过剩的状况下,互相争夺市场份额,从而造成生产低效率。因此,为了防止这些破坏性竞争,需要政府对公用事业实行管制,通过有效控制进入壁垒,抑制企业过度进入,以保证社会生产效率。

同时,公用事业提供的产品是社会的生活必需品,也是大多数企业必需的投入要素,需要保证生产供应的高度稳定性。这也需要对公用事业实行政府管制,设立退出壁垒,控制企业在无利可图或者在更好的投资业务吸引下任意退出市场,以免造成特定产品生产供应的不稳定性。

三、制约垄断企业的不正当竞争行为

公用事业中的多数公用产业并不是铁板一块,现实的状况是:某些业务领域具有自然垄断性,另一些业务领域则是竞争性的,而经营自然垄断性业务的企业往往同时经营竞争性业务,这就为垄断企业采取不正当竞争行为提供了条件。在无政府管制的条件下,垄断企业完全有可能在垄断性业务领域制定垄断高价,而在竞争性领域制定低价,通过内部业务间的交叉补贴行为以排斥竞争企业。同时,在一些公用产业也存在少数垄断企业采取合谋行为,共同获取垄断利润的可能性。因此,为制约垄断企业的各种不正当竞争行为,也需要实行政府管制。

四、解决垄断性产业的外部性问题

外部性是指一定的经济行为对外部的影响,造成私人(企业或个人)成本与社会成本、私人收益与社会收益之间相偏离的现象。外部性可分为正外部性与负外部性。正外部性是指一种经济行为给外部造成积极影响,使他人减少成本,增加收益。负外部性则是指一种经济行为给外部造成消极影响,造成他人成本增加,收益减少。这需要通过政府管制促进正外部性,减少甚至消除负外部性。

公用事业的许多活动具有正外部性，但某些活动也具有负外部性。例如，电信、电力、铁路运输、燃气和自来水供应等产业的发展，不仅会相互促进这些产业的自身发展，也会大大推动整个国民经济的发展，因而带来巨大的正外部性。这就要求政府通过宏观规划和具体的管制活动，以促进这种有利于社会经济发展的正外部性。具体到特定产业（如电信产业），原有通信网络使用者可能会因新的使用者增加而支付较低的价格，得到更广泛的通信便利，这就产生了在使用者之间通信网络的正外部性，政府在制定管制政策时应该考虑到这种正外部性，如采取一定的措施鼓励新用户使用现有的通信网络系统。在具有输送网络的垄断性产业，由于小规模的输送网络系统相对于一个较大规模的网络系统会发生较高的单位成本，因此，这也是政府通过管制活动促使各竞争企业的网络进行联网，以获得网络规模经济的基本依据。而向人口稀少的地区提供电力、通信、铁路运输等则是另一种类型的正外部性。如果没有政府管制，就难以取得这类正外部性。当然，政府管制者在鼓励有关企业产生正外部性的同时，应该让提供这些产品和服务的企业得到成本补偿并取得正常利润。

除了正外部性外，公用事业的某些活动也会产生负外部性问题。例如，如果自来水生产企业提供的自来水未达到卫生标准，就会影响消费者的身体健康；将未经完全处理的污水排入江河、海洋则会污染环境。这些都产生了对社会有害的负外部性。又如电力产业，如果发电厂没有必要的设备，使有害的烟尘散落在居民区和农作物上，也会引起负外部性问题。为了控制这些负外部性，也需要政府管制，政府管制者通过收取排污费、制定处罚政策等管制手段，以尽可能减少甚至消除垄断性产业的各种负外部性问题。

第三节 公用事业的主要管制政策

虽然在公用事业的某些竞争性业务领域（非自然垄断业务领域）可以运用市场竞争机制的积极作用，但就总体而言，政府有必要对公用事业采取一定的管制政策，以保证经济效率。本节将从价格、市场进入、联网、质量和垄断企业内部业务间的交叉补贴五个方面讨论政府管制的主要内容及其政策措施。

一、价格管制政策

价格管制是政府对公用事业管制的核心内容，我们在这里主要探讨公用事业价格管制的三维政策目标，分析美国投资回报率价格管制政策和英国的最高限价政策，比较分析这两种价格管制政策和性能。

（一）公用事业价格管制的三维政策目标

1. 促进社会分配效率

由公用事业的技术经济特征所决定，在成本弱增的范围内，由一家企业提供产品（或服务）比两家或两家以上的企业提供相同数量的产品具有更高的生产效率。因此，在自然垄断性业务领域通常由一家企业垄断经营。但由于这家企业拥有市场垄断地位，如果不存在任何外部约束机制，它就成为市场价格的制定者而不是价格接受者，就有可能通过制定垄断价格把一部分消费者剩余转化为生产者剩余,从而扭曲社会分配效率。这就需要政府对公用事业的价格实行管制,以促进社会分配效率。这是政府制定公用事业价格管制政策的第一个目标。

2. 刺激企业生产效率

政府管制的实质是,在几乎不存在竞争或竞争很弱的产业或业务领域中,政府通过采取一定的管制政策措施,建立一种类似于竞争机制的体制,以刺激企业优化生产要素组合,充分利用规模经济,不断进行技术革新和管理创新,努力实现最大生产效率。这是政府制定公用事业价格管制政策的第二个目标。

3. 维护企业发展潜力

公用事业具有投资量大、投资回收期长的特点。而且,随着国民经济的发展,对公用事业的需求具有一种加速增长的趋势。为适应这种大规模、不断增长的需求,就需要公用事业的生产经营企业不断进行大规模投资,以提高市场供给能力。这就要求政府在制定公用事业管制价格时,要考虑到使企业具有一定的自我积累、不断进行大规模投资的能力。这样,维护企业发展潜力便构成政府制定公用事业价格管制政策的第三个目标。

综上所述,促进社会分配效率、刺激企业生产效率和维护企业发展潜力,构成公用事业价格管制的三维政策目标体系。它是政府制定公用事业管制价格的主要依据,也是进行价格管制政策分析的重要工具。如果以 S,P 和 D 分别表示社会分配效率、企业生产效率和企业发展潜力,则上述三维目标可表示为图 13-4 所示的三维向量空间。

图 13-4 中的三维向量空间不仅是管制价格制定者的政策目标空间,从另一个角度看,它也是管制价格制定者的约束空间,限制着管制价格的选择范围。同时,它还可以作为一面"镜子",以衡量各种管制价格的经济合理性,并反映管制价格制定者对各种价格管制目标的偏重。例如,以图 13-4 中的阴影部分表示 S,P 和 D 三者比较协调的管制价格空间。A 点的管制价格表明管制者比较偏重企业发展潜力和社会分配效率,但对企业生产效率的刺激相对不足;B 点的管制价格落在阴影部分范围内,说明对 S,P 和 D 比较协调,而对维护企业发展略有偏重;C 点的管制价格意味着管制者相对重视社会分配效率,但实现价格管制三大政策目标的总体水平较低。

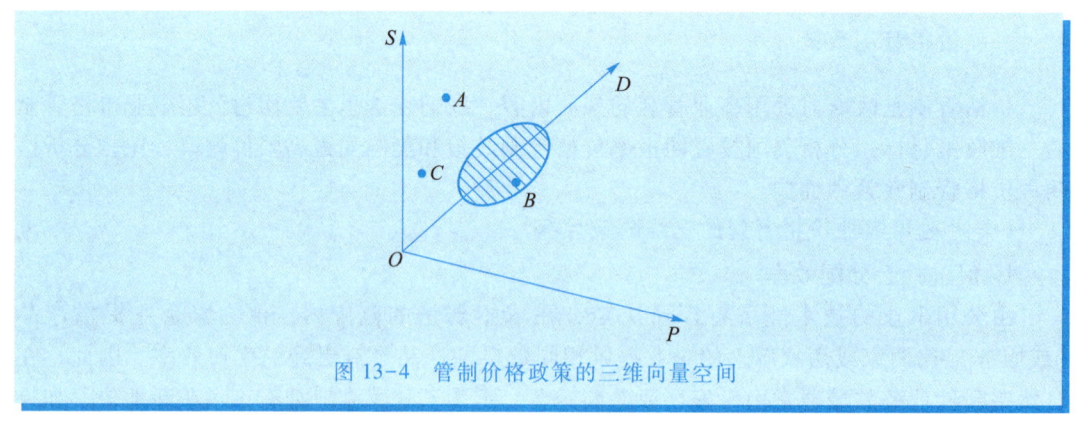

图 13-4 管制价格政策的三维向量空间

(二) 美国的投资回报率价格管制政策

美国对垄断性产业实行投资回报率管制价格具有悠久的历史,其投资回报率管制价格模型为

$$R(p \cdot q) = C + S(RB) \tag{13-5}$$

式中,R 为企业收入函数,它决定于产品价格 (p) 和数量 (q);C 为成本费用(如工资、税收和折旧等);S 为政府规定的投资回报率;RB 为投资回报率基数 (Rate Base),即企业的资本投资总额。管制价格 (P) 等于企业总收入 (R) 除以总产量 (Q),即

$$P = R/Q \tag{13-6}$$

从上式的右边可见,由于企业的成本费用一般容易估算,管制者对企业价格管制的难点是确定投资回报率水平和投资回报率基数。投资回报率水平问题是要找到一个合适的 S 值,使企业能取得正常的投资回报;投资回报率基数问题则是要合理确定资本投资的范围和计量方法,它直接关系到企业在一定的 S 值下的利润总额。

(三) 英国的最高限价管制政策

英国的最高限价管制采取 RPI-X 模型,RPI 表示零售价格指数 (Retail Price Index),即通货膨胀率;X 是由管制者确定的在一定时期内生产效率增长的百分比。例如,如果某年通货膨胀率是 5% (即 RPI=5%),X 固定为 3% (即 X=3%),那么,企业提价的最高幅度是 2%。这个简单的价格管制模型意味着,企业在任何一年中制定的名义价格 (nominal price) 取决于 RPI 和 X 的相对值。如果 RPI-X 是一个负数,则企业必须降价,其幅度是 RPI-X 的绝对值。这样,如某企业本期的价格为 P_t,则下期的管制价格 (P_{t+1}) 为

$$P_{t+1} = P_t(1 + RPI - X) \tag{13-7}$$

显然,在英国的 RPI-X 模型中,政府和企业谈判的焦点是 X 值的确定问题。

(四) 两种价格管制政策的比较分析

从理论上分析,美国的投资回报率价格管制模型与英国的最高限价管制模型具有根本性的差别,表现为:从利润水平管制到价格水平管制的转换,将会产生风险与利益在企业和消费者之间的转移。在投资回报率价格管制下,消费者是提高成本引起的风险与降低成本带来的利益的承受者;而在最高限价管制下,这种风险与利益都由企业来承担和享受。[①] 也就是说,在投资回报率价格管制下,消费者只能通过企业降低成本才能获得利益,但企业却没有降低成本的动力,因为企业只有通过提高投资回报率水平或扩大投资基数才能取得更多的利润;而在价格水平管制下,由于企业受到最高限价的制约,它们只有通过降低成本才能取得较多的利润。因此,相比较而言,英国的价格管制模型会对企业提高生产效率有更大的刺激。但中国不能照搬这种模型,其主要原因是:

(1) 英国的最高限价模型实质上只是规定管制价格的上升率(或下降率),它是以有一个合理的基价为假设前提的,而基价的决定必然要以成本为基础,这就决定了中国在构

---

① J. J. Hillman and R. Braeutigam. *Price Level Regulation for Diversified Public Utilities*. Boston: Kluwer Academic Publishers, 1989: 37.

建价格管制模型时不能回避成本问题。

（2）中国的许多产品价格还处于价格调整阶段，零售价格变动幅度较大，而且不稳定。同时，某些非价格因素会引起消费价格指数的变化，但不会导致企业成本的相应变化，这会使企业利润并不完全取决于企业的生产效率。

（3）虽然美国的投资回报率价格管制模型会产生低效率的 A-J 效应，但另一方面，英国的最高限价模型会抑制企业投资，特别是越接近价格调整期，企业的投资动力就越小，甚至会停止投资，从而影响正常投资的连续性。

（4）公用事业的价格变动既受消费价格的影响，也受生产价格的影响，而英国的最高限价模型只考虑零售价格变动因素，对生产价格缺乏动态考虑。

因此，中国在借鉴经济发达国家的公用产品管制价格模型时，应充分考虑这些因素，以设计符合中国特点的管制价格模型。①

二、进入管制政策

竞争机制能打破企业对产品的垄断和对信息的垄断，因而能刺激企业降低成本，积极开展技术创新，使消费者能享受较低的价格；同时，政府管制者能在竞争市场上获得较多的管制信息，这就有利于提高管制效率。因此，从总体上来说，政府应尽可能采取自由进入政策。但公用事业往往是自然垄断性业务和竞争性业务并存的产业群体，这就需要政府根据这些产业的具体业务领域的情况分别制定进入管制政策。显然，对于竞争性业务领域，适宜采取放开竞争政策，但这些业务领域毕竟也存在一定的规模经济性，因此，为了实现规模经济与竞争活力相兼容的有效竞争，政府也应该适当控制进入壁垒，以保持能维护规模经济的市场竞争。对于自然垄断性业务领域，由于存在较为显著的规模经济，竞争固然有利于消费者的一面，但以损害规模经济为代价的过度竞争最终会增加生产成本，不利于消费者。因此，对具有自然垄断性的业务领域应严格控制，逐步放松进入壁垒，以保证有效竞争。

假定在公用事业实行一定程度的放松进入管制政策，那么，就会遇到如何防止产业内原有主导性和垂直一体化企业阻碍新企业进入的问题。由于产业内原有主导企业会采取反竞争行为和利用自身的竞争优势抑制新企业进入，这不仅要求政府管制者监控主导企业的行为，而且需要帮助新企业建立自己的通信或输送网络与主导企业进行竞争。因此，政府可对原有主导性企业和新企业实行不对称管制政策，对新企业采取一定的优惠政策等，以培育市场竞争力量。

三、联网管制政策

在放松进入管制政策下，公用事业都存在联网管制的必要性。而联网管制在电信产业中最具典型性，它是政府管制的一项重要内容。这是因为，在一个独家垄断经营的通信网

---

① 对中国公用事业管制价格模型设计的讨论需要很大篇幅，而且目前还不成熟，有兴趣的读者可参阅：王俊豪主编. 管制经济学原理（第二版）. 北京：高等教育出版社，2014：94-97.

络中，各局部网之间的联系是企业组织内部的事，不存在收费价格等联网的条件问题。相反，如果各网络所有者之间的竞争是一种完全竞争，企业为了使尽可能多的消费者能通过本企业的网络获得服务，从而扩大企业的市场覆盖面，它们会出于互利而自动产生实行联网的刺激。但是，当网络市场上的竞争是一种不完全竞争，即某个网络经营企业具有市场垄断地位的情况下，企业之间就不能自动实行联网。因为具有垄断优势的企业为了保持其市场垄断地位，它只希望通过自身的网络向本企业的顾客提供服务。而且，垄断企业完全有能力通过拒绝与其他竞争企业联网而排斥竞争者。

可见，新企业进入特定公用产业后，与产业内原有主导性企业之间的竞争效果关键取决于企业之间的联网条件。已经建立了庞大网络的主导性企业完全有能力通过拒绝与其他竞争企业联网而排斥竞争者，或者通过制定尽可能高的联网成本价格而使竞争者望而却步。因此，联网条件的决定权不能掌握在主导性企业手中，而应当纳入政府管制的范围。政府对联网管制的目标和政策措施是，通过制定有关联网管制价格和联网条件，从政策上保证有关企业有同等权利，并以合理的价格使用网络，使网络成为公用事业的公共通道。

四、质量管制政策

政府管制的一个重要目标是保护消费者利益，而保护消费者利益要求企业所提供的产品或服务不仅价格低，而且质量高。如果不控制质量，被管制企业在最高限价制约下，为了减少成本就自然会产生降低质量水平的刺激。因此，政府在管制价格的同时，必须管制质量。由于各个公用产业具有不同的特点，这决定了特定公用产业具有不同的质量需求。例如，电信产业服务质量的某些方面与企业日常费用有关，如安装和维修速度、对询问通信地址的反应和维护公共电话亭等。而服务质量的另一些方面则取决于资本投资，如企业通过投资扩大通信网络容量，为开发新的服务项目和更可靠的网络操作系统而运用现代通信技术等途径，能避免通信网络"拥挤"现象，提高一次性通话成功率，使顾客能选择合适的服务项目。这些都有利于提高通信服务质量。而自来水产业的服务质量通常以水质综合合格率、管网压力合格率、自来水管网修漏及时率和用户用水设施修理及时率等指标进行管制。

政府为促进公用事业经营企业提高服务质量的管制政策措施是多方面的，例如，在价格管制模型中考虑服务质量参数，把企业的最高限价与质量水平挂钩；对低质量的服务进行经济制裁等。如英国自来水服务（管制）办公室为维护自来水产业消费者利益，在1997年制定了一个"服务标准保证方案"[1]，主要服务标准包括：遵守与顾客的约定、答复顾客的账单疑问、对顾客意见的反应、中断自来水供应、安装水表、排除溢水和处理自来水低压问题等许多方面。如果自来水经营企业不能满足这些标准，顾客有权要求经济赔偿，企业每次不能履行服务标准的赔偿额一般为 10 英镑，企业应该主动向顾客提供赔偿。如果企业和顾客发生赔偿纠纷，双方都可以要求自来水服务（管制）总监做出仲裁。这一方案无疑能促进企业提高服务质量。英国的这些政府管制经验非

---

[1] OFWAT. *The Guaranteed Standards Scheme*. Birmingham: Office of Water Services, 1977.

常值得中国借鉴。

五、对企业内部业务间交叉补贴行为的管制政策

在现实中，许多公用产业既存在垄断性业务，也存在竞争性业务，而不少企业同时经营着这两类不同性质的业务。这样，这些企业为了增强竞争性业务的优势，会通过内部转移各种业务的成本，在竞争性市场上以低价战胜竞争者。这就是企业内部业务间交叉补贴（cross-subsidization）行为，即企业以垄断性业务的高利润来弥补竞争性业务的微利或亏损。

在被管制的公用事业中，企业内部业务间交叉补贴行为是普遍存在的。如在电力产业中，电网营运业务是垄断性的，而发电、电力设备供应、电力销售业务是竞争性的；在电信产业中，有线通信网络业务（市内电话和长途电话）是垄断性的，而大量的电信增值业务等都是竞争性的。如果允许有关企业对所有业务实行垂直一体化经营，这些企业就会采取内部业务间交叉补贴战略，以在竞争性业务领域取得竞争优势，击败竞争对手。因此，这是一种不正当的竞争行为。另外，企业内部业务间交叉补贴行为还使接受垄断性服务（如市内电话服务）的消费者承担过高的价格，而使接受竞争性服务的消费者享受过低的价格，由此造成的消费者之间收入再分配效应扭曲了社会分配效率。因此，这种行为应受到政府管制的约束。对此，为实现有效竞争，可采取对垄断性业务和竞争性业务相分离的政策，由不同企业经营不同类型的业务。

但值得一提的是，企业内部业务间交叉补贴行为有时也有合理的一面，如向农村和山区提供电力、通信服务的平均成本大大高于向城市和平原地区提供相同服务的平均成本，为了考虑社会分配的"公平性"，就不能根据实际平均成本分别向农村和山区、城市和平原地区的消费者制定差别很大的价格。这样，在普遍服务政策尚未实施之前，有关电力和通信企业只能对不同地理位置的业务实行内部业务间交叉补贴行为。可见，政府管制者应把这种类型的企业内部业务间交叉补贴行为和不正当竞争的行为相区别，并采取相应的政府管制政策。

第四节 公用事业管制政策的有效性

公用事业的管制是有成本的，同时也为社会带来一定的收益。对管制进行成本与收益分析，是权衡政府管制的利弊得失、分析公用事业管制政策有效性的重要途径。

一、管制成本

管制过程是指政府决定对特定公用产业或特定领域实施管制，直到放松甚至解除这种管制的过程。正像产品生命周期要经过投入期、成长期、成熟期和衰退期一样，管制过程也可以看做一个政府管制周期，通常包括管制立法、管制执法、法规的修改与调整、放松或解除政府管制这四个阶段。[①] 在管制的每一个环节都会发生一定的成本，有时会因管制

---

① 对管制过程的详细讨论可参见：王俊豪. 政府管制经济学导论——基本理论及其在政府管制实践中的应用. 北京：商务印书馆，2001：43-49.

的成本太大而不得不延迟甚至停止对某一领域的管制。

从表面上看,管制立法就是政府颁布某项法规,并不会发生多大的成本,但实际的立法过程却复杂得多。因为管制立法是管制执法的基础和依据,这就决定了管制立法是一种十分严肃的管制活动,它需要进行广泛的调查研究工作,征求各种利益集团的意见,然后起草某项管制法规,再以座谈会、论证会、听证会等多种形式征求公众的意见,作为修改草案的依据。如果一项管制法规未能达成各利益集团较为一致的意见,这项法规就有可能被延迟颁布。因此,管制的立法成本是相当大的。这种管制立法成本不仅仅发生在政府身上,一些利益集团(主要是企业)为了促使政府颁布对其有利的法规,常常会对立法者进行游说,甚至行贿,这也构成由相关利益集团承担的立法成本。一项法规对利益集团的关系越密切,这种由利益集团承担的立法成本也越大。

在管制的总成本结构中,管制执法成本(或称管制运行成本)所占的比重最大,而且它与某项管制法规的有效期密切相关,即该项法规的有效期越长,则该项法规的实施成本也越大。那么,为什么会发生这么巨大的管制运行成本呢?其中一种基本解释是,管制机构(管制者)与被管制企业的目标之间存在高度的不一致性,表现为管制者更强调社会分配效率,通过制定管制价格,控制企业的最高价格,强制企业保证产品和服务质量,严格履行法定的社会责任,以实现社会经济福利最大化,而被管制企业则偏重于追求生产效率,并试图通过制定垄断高价,承担尽可能少的社会责任以实现利润最大化。管制者与被管制者之间的目标差异,必然会导致两者之间的矛盾及其相应的行为结果:管制者的管制效率在很大程度上取决于它所掌握的管制信息的数量与质量,但由于在管制者与被管制者之间存在严重的信息不对称问题,这就在管制者与被管制者之间普遍发生了"政府管制游戏"(regulatory game)。作为管制者,它们总是要求被管制者提供尽可能多的信息,但被管制者为了在"政府管制游戏"中处于优势地位,往往采取一定的策略应付管制者的信息要求,以垄断真实信息。例如,被管制企业在成本、利润、质量等比较敏感的方面只提供尽可能少的真实信息,而在次要的业务领域则提供许多无关紧要的、不清晰的信息。而且,着重提供对企业成本、利润不利的信息,甚至提供虚假信息,以掩盖企业生产经营活动的真实情况,旨在误导管制者,以取得较为优惠的管制政策。例如,在1984年英国电信产业管制体制改革前,作为电信垄断企业的英国电信公司曾公布许多成本、质量指标,但管制体制改革后,企业成为经济实体,该公司就以这些成本、质量指标是商业秘密为由拒绝提供这方面的信息。英国燃气供应(管制)办公室(Office of Gas Supply, OFGAS)也注意到英国燃气公司并没有向它提供有价值的管制信息。[1] 管制者在"政府管制游戏"中得不到被管制者的合作,就只能通过雇用大量的工作人员,进行广泛而深入的调查研究和分析活动,以取得必要的管制信息。这些管制机构的工作人员的工资及其活动经费便构成政府管制的重要运行成本。同时,作为被管制企业,它们总是千方百计减少管制者的管制行为对本企业所可能造成的成本和利润的负影响。为此,许多被管制企业在企

---

[1] John Winward. Privatization and Domestic Consumers. in Matthew Bishop. John Kay and Colin Mayer ed. *Privatization & Economic Performance*. Oxford: Oxford University Press, 1994: 251-264.

业内部设置了管制对策部门,其主要职能是对付管制者——试图通过对管制者的一系列游说、谈判活动以取得理想的预期结果。它们经常评价管制者的目标函数,并预计其可能采取的管制政策,然后针对性地采取相应的企业行为。可见,被管制企业在这种"政府管制游戏"中需要有较大的投入,这实际上也构成了管制的运行成本,而这种运行成本经常是难以统计的。

管制法规的修改与调整通常关系到有关利益集团的利益重新分配,一些利益集团要维护既得利益,而另一些利益集团要求瓜分一定的利益,政府则要从公正的立场协调各利益集团的关系。因此,管制法规的修改与调整像政府管制立法一样,也会发生相当的管制成本。

建立在一定管制法规基础上的管制者与被管制者的关系,类似于企业间的合同关系,因此,放松或解除政府管制固然能在以后减少管制运行成本,但会因违反原有的"合同条款"而发生成本。如管制机构因放松或解除了某一领域的管制而不能兑现以前的承诺,被管制企业就可能会起诉管制机构不遵守承诺,损害了企业的利益,要求政府实行经济补偿,等等。放松或解除某种管制后,政府就需要为原来在管制机构工作的职员安排新的工作岗位,或者提供失业后的经济补偿。此外,一些利益集团还会因失去既得利益而抵制政府放松或解除管制。这些都会发生一定的成本。

通过对管制成本的分析可见,管制成本可分为两大类:一类是由政府承担的成本,主要表现为管制机构的各种成本费用,因此比较容易估量;另一类是主要由被管制企业承担的成本,主要用于向管制立法者和执法者游说,甚至进行寻租活动。这一类成本在企业的财务报表中往往是被掩盖掉的,因而比较难以估量。

二、管制收益

许多经济文献主要是通过论证在政府管制下,垄断者收益减少而消费者收益增加来衡量管制收益的。如在前面讨论管制需求的图13-3中,政府若按照平均成本决定管制价格 P_2 和相应的产量 Q_2,则垄断者的利润减少的数量是 P_mACP_2-CBED;同时,消费者可以得到的收益是消费者剩余的增加,即 ABC。在价格管制前,消费者的购买量是 Q_m,实行价格管制后购买这部分商品的开支可以减少,减少量是 P_mACP_2。也可以把 $ABC+P_mACP_2$ 看成是实行管制后消费者剩余总增加量。这样,实行政府管制后,垄断者的部分所失(P_mACP_2)被消费者的部分所得(P_mACP_2)所抵消,只是在垄断者和消费者之间实现了利益再分配,并不发生管制净收益的增加。因此,从福利经济学的角度看,衡量管制收益的较好办法是计算消费者剩余和生产者剩余的总增加量,即消费者剩余增加量(ABC)和生产者剩余增加量($CBED$)。这为测度管制收益提供了理论工具。但由于消费者剩余和生产者剩余只是人们心理上的一种感觉,并不是消费者和生产者实际收入的增加。因此,在现实中难以定量测度消费者剩余与生产者剩余的实际数值。这意味着必须设计一种比较具有可操作性的度量政府管制收益的办法。

借助于测度实行管制后消费者剩余和生产者剩余净增量而衡量管制收益的基本思路,一种较为简单可行的方法就是,通过计量实行管制后消费者支出的减少数量和生产者因效率提高而增加的收益的数量的加总数来衡量管制收益。其中,消费者支出减少数量的计算方法是：以不存在管制条件下的垄断价格（P_m）和实行管制后的价格（P_r）之差，乘以所有消费者购买某种被管制产品或服务的数量（Q_r），即（P_m-P_r）·Q_r，如某地区自来水公司若在不存在价格管制的情况下，自来水售价为 2.50 元/吨，而管制价格为 2.00 元/吨，设该地区所有消费者每年使用自来水 10 亿吨，则消费者因管制而减少的支出为 5 亿元（即 0.50 元×10 亿吨）。

把实行管制后生产者因效率提高而增加收益的数量作为管制收益的理论依据是，一种有效的管制机制能刺激企业努力提高效率，以降低成本，增加收益。以英国为例，在 20 世纪 80 年代以前，英国政府对电信、电力、燃气、航空等垄断性产业实行政企合一的垄断经营体制，企业缺乏竞争活力和经营风险，生产效率低下。[①] 80 年代初，英国以电信产业为开端，相继对这些垄断性产业进行了重大改革，其改革的中心内容是：政府不再直接干预企业的经营活动，而是在各个公用产业依法设立管制机构，对企业的产品或服务的价格、质量等实行管制，间接干预企业的经营活动，并通过设计最高限价模型等政策措施，以刺激企业提高效率。表 13-2 反映了英国 9 个国有企业在 20 世纪 70 年代和 80 年代的劳动生产率平均发展速度。

表 13-2 劳动生产率平均发展速度

企业名称	1970—1980 年/%	1981—1990 年/%
英国航空公司	7.4	6.0
英国机场管理局	0.6	2.7
英国煤炭公司	-2.4	8.1
英国燃气公司	4.9	4.9
英国铁路公司	-2.0	3.2
英国钢铁公司	-1.7	13.7
英国电信公司	4.3	7.1
英国电力供应局	3.7	2.5
英国邮政局	-0.1	3.4
平均	1.6	5.7

资料来源：Mattew Bishop and David Thompson, "Privatization in the UK: Deregulatory Reform and Public Enterprise Performance", in V. V. Ramanadham ed, *Privatization: A Global Perspective*, London: Routledge, 1993.

由表 13-2 可见，这 9 个国有企业在 20 世纪 70 年代的劳动生产率平均发展速度为 1.6%，而在 80 年代，劳动生产率平均发展速度为 5.7%，其中一个重要原因就是英国政府经过改革管制体制，减少了政府的直接干预，强化了政府管制的作用。就具体企业而言，以作为英国电信产业主导企业的英国电信公司为例，在新的管制体制下，强化内部管理，进行大幅度裁员，职工人数从 1991 年的 22.7 万人减少到 1996 年 3 月底的 13 万人，而营业额则从 1991 年的 131.54 亿英镑增加到 1996 年的 144.46 亿英镑，从而大大提高了生产效率。从社会分配效率的角度看，在最高限价管制模型下，从 1984 年以来，该公司

---

① 王俊豪. 英国政府管制体制改革研究. 上海：上海三联书店，1998.

的电话收费价格已平均下降一半。而在 1984 年以前，该公司经济效益差，不但没有利润上缴给政府，也没有缴过税。但从 1984 年管制体制重大改革以后，截至 1996 年，该公司就累计向政府缴纳各种税收、红利 330 亿英镑。[①]

从英国的具体例子可见，实行管制后，生产者因效率提高而增加收益的数量是可以计量的。它既可以按整个被管制产业效率提高后成本下降和收益增加的总量测度管制收益，也可以对被管制企业逐一计量，然后加总以测度管制收益。当然，这其中需要扣除因非管制因素引起的效率增长而增加的部分收益。

三、管制的有效性

对管制进行成本与收益分析的意义在于，从理论上说明对特定公用产业或特定业务领域的管制是否有效。在西方经济学中是按照边际收益等于边际成本的原则（即最大利润原则）决定最佳产量的。但对公用事业特定领域的管制不具有像实物产品那样的可分性，难以计算管制的边际成本和边际收益，因此，也就不能用边际成本等于边际收益的原则决定最佳管制。对此，植草益和施蒂格勒从不同的角度对管制的成本与收益做了分析。植草益认为[②]，政府管制必然会引起成本增大，如果全部管制成本通过价格转嫁给消费者，如图 13-5 所示，特定公用产业的平均成本由于管制成本的增加而从 AC 上升至 AC'，以平均成本为基础的管制价格便从 P_r 上升到 P'_r。由此，消费者就要承担由政府管制引起的成本 P'_rBCP_r。如果管制引起的成本负担（P'_rBCP_r）比不实行管制时的垄断价格下的生产者剩余（P_mJKP_r）和资源配置效率损失（JKI）之和（P_mJIP_r）小，即管制的净收益是正的，那么，管制是有效的；反之，这种管制是无效的。

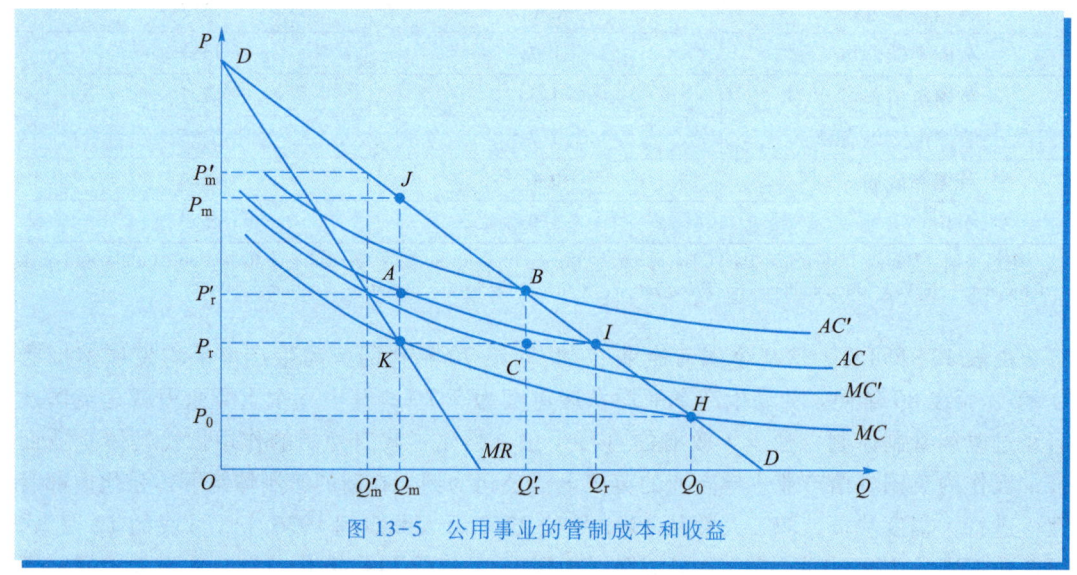

图 13-5 公用事业的管制成本和收益

---

① 王俊豪. 中英电信产业政府管制体制改革比较. 中国工业经济, 1998（8）.
② 植草益. 微观规制经济学. 北京：中国发展出版社, 1992：149-150.

施蒂格勒则是从福利经济学的角度来分析管制成本与收益，以说明管制的有效性。他认为[①]，如果管制成本小于消费者剩余增量与生产者剩余增量之和，则管制增加了社会福利，那么，管制的社会成本是负的，即管制是有效的；如果相反，通过管制获得垄断，管制的社会成本就是正的，即管制是无效的。也就是说，只有当管制成本小于消费者剩余增量与生产者剩余增量之和时，采取某项管制才是有效的，否则就是无效的。

但是，由于消费者剩余与生产者剩余只是人们在心理上的感觉，很难进行定量计算，这就决定了上述两位学者的观点在现实中是难以操作的。因此，可以运用前面所讨论的计量管制收益和成本的方法，即实行某项管制后，以消费者支出的减少数量和生产者因效率提高而增加收益的数量的加总数计算政府管制收益，而以管制立法成本和运行成本等的加总数计算政府管制成本，然后，通过对比管制收益与成本，以决定对特定领域是否值得采取某项管制。如果管制收益大于管制成本，则这种管制是有效的，否则就没有必要采取这种管制政策。

第五节 公用事业的放松管制政策

20世纪80年代以来，对公用事业放松管制已成为一种世界潮流，而科技进步则对放松管制产生强有力的推动作用。中国公用事业现行管制体制存在一系列低效率问题，客观上也要求放松管制。

一、以放松管制为特征的改革已成为一种世界潮流

由于公用事业具有特殊性，长期以来，传统的管制理论认为，公用事业应该由政府垄断经营。但理论与实践都证明，政府垄断经营往往使企业缺乏竞争活力，从而使公用事业处于低效率运行状况。20世纪70年代以来，经济发达国家在管制经济学的理论研究方面有了较快的发展，提出了许多新的管制理论与方法，特别强调在公用事业重视运用市场竞争机制，以提高经济效率。这在实践上就表现为，在80年代以来，经济发达国家对公用事业纷纷实行了重大的管制体制改革，积极引进和不断强化市场竞争机制的力量，以提高公用事业的运行效率，从而形成了一股世界范围的管制体制改革浪潮。

尽管世界各国在公用事业管制体制改革的时间、具体改革内容等方面存在较大差异，但其改革的实质内容就是放松管制，实行开放与竞争政策，即通过改革原有垄断经营的管制体制，实行政企分离，使公用事业的生产经营企业成为自负盈亏的竞争主体，在此基础上，开放公用事业，允许国内外新企业进入，强化市场竞争力量对经济效率的刺激作用，从而使竞争规律成为一种普遍规律。而且这种竞争逐渐跨越国界，形成了国际化竞争的态势。

由于政策上的限制，中国在公用事业所面临的国际竞争还仅仅是初步的，但随着中国公用事业管理体制改革的深化，特别是市场化的不断推进，中国公用事业的对外开放已势

---

① 乔治·J. 施蒂格勒. 产业组织和政府管制. 上海：上海三联书店，1989：245.

二、科技进步对放松管制的推动作用

政府对公用事业如何进行管制，如何确定管制的范围和内容，建立什么样的管制体制，对于这些问题，不是由政府决策者的主观意志决定的，而应该根据公用事业的技术经济特征来决定。也就是说，有效的管制体制应以公用事业的技术经济特征为基础。因此，管制体制与公用事业的技术经济特征存在某种函数关系，在这一函数关系中，公用事业的技术经济特征（T）是自变量，而管制体制（G）是因变量，即$G=f(T)$。这一简单的函数表达式实际上蕴含着两方面的关系：一是从静态方面看，要根据公用事业的技术经济特征设计管制体制及其相应的管制政策。二是从动态方面看，随着公用事业技术经济特征的变化，要对原有的管制体制作相应的调整，从动态上保持管制体制与公用事业的技术经济特征相协调。可见，公用事业技术经济特征的可变性是管制体制改革的基本原因。因此，高效率的管制体制不仅要根据公用事业的技术经济特征而建立，更重要的是，应当随着公用事业技术经济特征的变化而改革，以得到不断优化。

科学技术的进步对公用事业的影响是多方面的，它会引起公用事业设备的革新、运作方式的变化、企业组织结构的调整，等等，从而引起公用事业技术经济特征的变化。对此，最明显的产业是电信产业。众所周知，电信产业是科学技术和经济结构变化最快的公用产业，随着无线区域网络、电视和电话信号共用的同轴电缆、从模拟向数字信号的转换、通信卫星、蜂窝电话、光纤和微波等科学技术在电信产业中的应用，电信产业的网络经济性明显减少，从而大大缩小了自然垄断的范围，甚至有人提出，电信产业将不再具有自然垄断性质。电信产业的这种技术经济特征的重大变化，为新企业进入电信产业，建立新的、比原有通信网络效率更高的新型通信网络提供了现实可能性。这就要求改革电信产业的管制体制，放松进入管制，让更多的新企业进入电信产业，强化市场竞争机制的作用。

从实证资料看，许多经济发达国家放松管制的改革都是以电信产业为开端的。这也是中国电信产业成为管制体制改革较早、改革幅度较大的一个公用产业的基本原因。在电力、铁路运输、自来水与燃气供应等公用产业，科技进步对放松经济性管制也产生了重要的推动作用。

三、放松管制是提高中国公用事业经济效率的根本途径

新中国成立以来，对公用事业基本实行政府直接投资、垄断经营的管制体制。其主要特征是：企业由政府建、企业领导由政府派、资金由政府拨、价格由政府定、盈亏由政府负、不存在经营风险，即实行政企高度合一的管制模式。从历史的角度看，这种高度集中的管制体制在1949年后的一定时期内，在集中大量资金投资建设垄断性产业方面曾发挥了相当大的作用，但随着中国经济、技术的发展，这种高度集中的管制体制的弊端就日益

明显，主要表现在以下几个方面。

（一）传统管制体制是一种低效率的体制

传统管制体制是政府直接投资，国有企业垄断经营，实行政企合一的体制。在这种管制体制下，垄断性产业的投资、价格等重大决策都是由政府制定的，企业不是真正的决策者，而只是决策执行者。企业不能以利润为目标，而是以实现"公共利益"最大化为目标，而"公共利益"又是一个比较模糊、难以界定的概念。在正常的情况下，利润最大化要求成本最小化，企业缺乏利润目标就不可能有足够的动力去追求成本最小化，结果使生产成本膨胀。同时，企业还要按照上级的要求履行多种目标，在这些目标中，利润目标（假定它存在）被排在相当次要的位置。政府为了达到一定的政治目的，可以指令企业执行非营利性目标。由于企业不是真正的决策者，也不以利润目标为主要目标，因此，自然不承担市场风险，一切亏损都由政府财政补贴，不存在破产倒闭的压力。因此，由于企业没有市场主体地位，这必然造成其经营的低效率。

（二）垄断经营使企业缺乏竞争活力

在传统管制体制下，公用事业的主要业务都是由中央政府或地方政府的企业（或机构）垄断经营的，政府既是管制政策的制定者和监督者，又是具体业务的实际经营者，这就决定了这种垄断的性质是一种典型的行政性垄断，而不是基于自然垄断的经济性垄断。在这种行政性垄断状况下，往往会产生一系列低效率问题，其结果使企业实际达到的生产成本大大高于按企业能力可能获得的最小生产成本。由于不存在外部竞争压力，企业内部就没有追求成本极小化的动力，因此，在许多方面企业浪费现象十分严重，致使企业成本费用膨胀，最终使产品的平均成本大大高于"最低可能成本"。在中国许多公用产业生产经营企业中存在机构臃肿、人浮于事、工作效率低、信息传递效率差等组织管理低效率现象，致使潜在规模经济效率未能得到较好发挥，产品成本高，其重要原因就是由于企业普遍缺乏市场竞争的外部压力，从而在相当程度上抑制了通过技术和组织创新以提高生产经营效率的动力。其结果必然导致经济效率低下。

（三）单一的投资渠道造成公用事业投资严重不足

在相当长的一段时期中，政府几乎是公用事业的唯一投资者，由于受财政支出的限制，无力对公用事业进行大规模投资，以适应公用事业的发展需要，其结果使公用事业的供应能力（数量与质量）与需求存在较大的缺口，从而影响社会生产和社会公众的生活质量。

（四）垄断性产业的价格形成机制不能刺激企业提高生产效率

长期以来，中国在公用事业基本上采取"成本加成定价法"，即以企业的实际成本为基础，加上一定的利润。这种价格形成机制不能刺激企业努力降低成本，通过提高效率而取得更多的利润。由于某些企业在特定的地区范围内，甚至在全国范围内具有独家或极少数几家企业垄断经营权，不存在由多家企业的平均成本决定的社会成本。这样，企业的实际成本就成为"社会成本"，在利润率一定的情况下，企业降低成本就意味着降低价格。因此，以企业实际成本作为政府定价的基础，就不能促使企业努力降低成本，反而会刺激企业增加成本或虚报成本，这就必然导致生产经营低效率。

中国改革开放以来,公用事业是一个改革相对滞后的领域。虽然从20世纪90年代以来,在电信、电力等领域实行了一定程度的改革,但传统管制体制的不少弊端还不同程度地存在,垄断问题还比较严重。因此,中国要从根本上消除公用事业的低效率问题,就必须进一步放松管制,在公用事业建立与市场经济体制相适应的管制体制,尽可能发挥市场机制的积极作用,以提高公用事业经济效率。

案例

电力行业的放松管制[①]

2002年国务院正式批准《电力体制改革方案》,决定对电力工业实施市场化改革。经过近十余年的改革历程,电力行业破除了独家办电的体制束缚,初步形成了电力市场主体多元化竞争格局。

与此同时,电力行业发展还面临一些矛盾和问题。其中,交易机制缺失、市场化定价机制尚未完全形成等问题仍然突出,这造成了市场配置资源的决定性作用难以发挥,节能高效环保机组不能充分利用,弃水、弃风、弃光现象时有发生。此外,现行电价管理仍以政府定价为主,电价调整往往滞后于成本变化,难以及时并合理反映用电成本、市场供求状况、资源稀缺程度和环境保护支出。

为此,2015年推进了新一轮电力体制改革,明确了"三放开、一独立、三强化"的总体思路。"三放开"是指在进一步完善政企分开、厂网分开、主辅分开的基础上,按照管住中间、放开两头的体制架构,有序放开输配以外的竞争性环节电价,有序向社会资本放开配售电业务,有序放开公益性和调节性以外的发用电计划。"一独立"是指推进交易机构相对独立,规范运行。"三强化"是指进一步强化政府监管、强化电力统筹规划、强化电力安全高效运行和可靠供应。

新一轮电力体制改革对电网企业功能和运营模式进行了重新定位。其中,电网企业主要从事电网投资运行、电力传输配送,负责电网系统安全,保障电网公平无歧视开放,按照国家规定履行电力普遍服务义务。电网企业不再以上网电价和销售电价的价差作为收入来源,按照政府核定的输配电价收取过网费。

在新一轮电力体制改革之前,发电和用电沿用计划分解电量方式,没有考虑不同机组的发电效率、能耗水平等因素。在新一轮电力体制改革后,政府除保留必要的公益性和调节性发电计划外,有序缩减发用电计划。根据市场发育程度,直接交易的电量和容量不再纳入发用电计划。鼓励新增工业用户和新核准的发电机组积极参与电力市场交易,使其电量尽快实现以市场交易为主。

此外,在新一轮电力体制改革后,国家放松售电与配电市场准入管制,允许各类资本进入售电领域和新增配电领域,这增加了用户用电的便利性,提高了工商业电力用户的自

[①] 本案例主要参考:电力体制改革再出发——三问新一轮电改,中华人民共和国中央人民政府网站;王秀强.新电改核心:管住中间、放开两头、多买多卖,21世纪经济报道。

主选择权，提升了市场议价能力，改善了供电服务质量，保障了用户权益。新一轮电力体制改革指出，多途径培育市场主体，允许符合条件的高新产业园区或经济技术开发区，组建售电主体直接购电；鼓励社会资本投资成立售电主体，允许其从发电企业购买电量向用户销售；允许拥有分布式电源的用户或微网系统参与电力交易；鼓励供水、供气、供热等公共服务行业和节能服务公司从事售电业务；允许符合条件的发电企业投资和组建售电主体进入售电市场，从事售电业务。同时，售电主体可以采取多种方式通过电力市场购电，包括向发电企业购电、通过集中竞价购电、向其他售电商购电等。鼓励售电主体创新服务，向用户提供包括合同能源管理、综合节能和用能咨询等增值服务。

结合本案例，请讨论下列问题：

1. 请从技术经济特征角度，分析为什么新一轮电力体制改革要放松对发电、售电领域的管制？

2. 试分析售电主体采取的向发电企业购电、通过集中竞价购电、向其他售电商购电等多种方式，与只向发电企业购电相比，会带来什么样的效果？

3. 请分析新一轮电力体制改革的主要变化。

本章小结

- 公用事业是由以一定的基础设施为物质载体向现代社会提供普遍需要的产品的公用产业所组成的群体。公用事业的范围很广，既包括全国性的公用事业，也包括区域性的城市公用事业。公用事业具有基础性、垄断性和网络性等基本特点，因此，公用事业通常又被称为"基础设施产业"、"垄断性产业"和"网络性产业"。此外，公用事业还具有外部性和公益性等特点。

- 公用事业的一个显著技术特征是具有网络性，建立与形成公用事业的传输网络需要巨大的投资，投资回报期较长，资产专用性强，沉淀成本大。但这些网络建成投入使用后，生产者的规模经济十分显著，同时也具有较为显著的需求方规模经济。

- 对单一产品的自然垄断性而言，规模经济是自然垄断的充分条件，但不是必要条件，在规模不经济的情况下，只要成本弱增性存在，也同样存在自然垄断性。对多产品的自然垄断性而言，规模经济既不是自然垄断的充分条件，也不是自然垄断的必要条件。决定自然垄断性的是成本弱增性，而多产品的成本弱增性通常可用范围经济性来表示。

- 公用事业的管制需求是实行政府管制政策的基础。其管制需求主要表现为：抑制企业制定垄断价格，维护社会分配效率；防止破坏性竞争，保证社会生产效率和供应稳定；制约垄断企业的不正当竞争行为；解决垄断性产业的外部性问题。

- 公用事业的管制政策是实现其管制目标的基本手段，由公用事业的特点所决定，公用事业的管制政策主要包括价格管制政策、进入管制政策、联网管制政策、质量管制政策和对企业内部业务间交叉补贴行为的管制政策，这些管制政策形成公用事业的管制政策体系。

- 在公用事业管制过程的各个阶段都会发生一定的管制成本；同时，管制也能带来一定的收益。如何衡量管制成本与收益是一项十分复杂的工作。只有当管制收益大于管制成本时，管制才是有效的。因此，管制的成本与收益分析，是权衡管制的利弊得失、确定公用事业管制政策有效性的重要途径。

- 以放松管制为特征的公用事业改革已成为一种世界潮流，科技进步对放松管制产生了巨大的推动作用，放松管制是提高公用事业经济效率的根本途径。这些都决定了放松管制是中国公用事业改革的必然趋势。

关键词

公用事业（public utilities）；公用产业（public utility industries）；网络性产业（network industries）；需求方规模经济（demand side economies of scale）；成本弱增性（cost subadditivity）；管制需求（demand of regulation）；管制机构（regulatory agency）；价格管制（price regulation）；进入管制（entrance regulation）；不对称管制（asymmetric regulation）；联网管制（regulation of interconnection）；质量管制（quality regulation）；企业内部业务交叉补贴（cross subsidization）；管制过程（regulatory process）；管制成本（costs of regulation）；管制收益（benefits of regulation）；放松管制（deregulation）

自测自评

复习思考题

1. 如何理解公用事业，它有哪些基本特点？
2. 如何理解垄断性产业的成本弱增性？
3. 结合一个具体事例讨论公用产业的管制需求。
4. 简述价格管制的政策目标。
5. 简述制定进入管制政策的基本思路。
6. 为什么说联网管制是公用事业实现有效竞争的关键？
7. 如何看待企业内部业务间的交叉补贴行为？
8. 如何评价管制的有效性？
9. 试论公用事业的放松管制趋势。

延伸阅读

1. 刘自敏，杨丹，冯永晟. 递增阶梯定价政策评价与优化设计——基于充分统计量方法. 经济研究，2017（3）.
2. 王俊豪，金暄暄. 中国能源监管体制深化改革研究. 经济学家，2020（9）.
3. 王俊豪. 城市污水处理行业的竞争机制与标杆价格原理. 财贸经济，2013（3）.
4. 王俊豪. 中国城市公用事业民营化绩效评价与管制政策研究. 北京：中国社会科学出版社，2013.
5. 王岭. 城市公用事业特许经营权竞标机制分类设计与管制政策研究. 北京：中国社会科学出版社，2017.
6. 冯永晟，王俊杰. 阶梯电价之后应该引入峰谷电价吗——对中国居民电价政策的价格补贴与效率成本评估. 财贸经济，2016（2）.

第十四章 产业结构政策

> **本章提要**
>
> 本章将讨论产业结构政策的内涵、特征和功能等基本问题，分析产业结构政策的理论演进，重点讨论产业结构政策的主要内容，并系统分析中国的产业结构政策实践。

第一节 产业结构政策概述

本节主要讨论产业结构政策的内涵、特征和功能等基本问题，为后面深入探讨产业结构政策做必要的准备。

一、产业结构政策的内涵

产业结构政策是指一国政府依据本国在一定时期内的具体情况，遵循产业结构演进的一般规律和一定时期内的变化趋势，制定并实施的有关产业部门之间资源配置方式、产业间及产业部门间比例关系，通过影响与推动产业结构的调整和优化，以促进产业结构向协调化和高度化方向发展的一系列政策措施的综合。它旨在促进本国产业结构优化，进而推动经济增长。

产业结构政策的含义具有以下五个基本要点：①产业结构政策的目的是指导和促进产业结构优化，即通过产业政策促进产业的合理化、高度化与高效化；②产业结构政策制定的主要理论依据是产业结构演变规律；③产业结构政策是一个含有支柱产业政策、主导产业政策、幼稚产业扶植政策和衰退产业援助政策等构成的政策体系；④产业结构政策的制定主体是政府；⑤产业结构政策的实施主体是企业，也包括政府和中介组织的合力。[①]

产业结构政策的主要任务是通过有关的结构规划和政策措施，提高产业结构的转换能力，在此基础上调节供给结构，协调供给结构与需求结构的矛盾，最终实现经济的持续、稳步、高质量的快速增长。产业结构的优化选择，是产业结构政策的灵魂和最终目标，也是一个国家在一个较长期间内经济发展战略的核心内容和具体体现。产业结构优化的根本问题，就是要研究资源在产业间的配置与再配置。基于此，产业结构政策就应该回答：在发展一国经济时，具体应着力发展什么主导产业和支柱产业？培育什么新兴产业？限制发展乃至压缩、淘汰什么产业？

---

① 戴伯勋．现代产业经济学．北京：经济管理出版社，2001：371．

二、产业结构政策的特征

一般说来,产业结构政策具有以下几个方面的特征。

(一) 产业结构政策的指导性

产业结构政策具有明确的指导性。产业结构政策作为旨在促进和加快发展的政策体系,一方面给企业指明了宏观经济环境的变化方向,向企业指明哪些产业是具有发展前途的,哪些产业是面临衰落的,企业可以在相同环境中比较有把握地做出自己的选择,防止决策的盲目性和造成资源投入的浪费;另一方面,财政部门、银行部门、外贸部门、法律部门等也可以根据这种产业政策的指导,来正确决定如何采取各种经济杠杆和法律手段,对各类不同产业和企业的投融资实行差别化的政策措施。

(二) 产业结构政策的时序性和动态性

产业结构政策具有时序性和动态性。由于收入水平随着经济增长呈现出从低到高的时序性,需求结构、生产结构和就业结构的变化也都呈现出一定的时序性,相应的产业政策因而也具有时序性。这种时序性从产业政策本身来说,其内容和形式会随着经济的发展和世界经济环境的变化而变化,不同国家或同一国家不同发展阶段的产业政策可能存在根本性的区别。

(三) 产业结构政策的协调性

产业结构政策具有政策体系的协调性。由于产业和产业之间存在着各种投入产出关系,每一项生产活动又总是和流通、消费、分配、技术进步等其他经济活动形成一定的相关关系,因此,各项产业政策之间都是相互关联的。一个有效的产业政策体系本身应该是互相协调的。除此之外,国家的经济政策不仅有产业政策,还包括财政政策、金融政策等,产业政策和其他经济政策之间也应协调一致、互相促进、相辅相成。

三、产业结构政策的功能

现代经济增长加快了产业结构变动的频率,产业结构政策能自觉调整迅速变动的产业结构,加快资源配置的优化过程,在弥补市场缺陷、纠正市场失灵的同时实现产业之间的相互协调和配合,在衰退产业、支柱产业、主导产业和幼稚产业之间形成合理的推进序列,促进产业结构朝预期的方向发展。由于产业结构具有发展导向性、系列平衡性、产业协调性与动态提升性等特点,因此,国家可以通过制定赶超产业结构政策策略,利用后发优势,实现经济腾飞。具体而言,产业结构政策具有以下功能。①

(一) 调整资源和生产要素在不同产业间的配置

产业结构政策的重要目标是使相对有限的经济资源和生产要素集中加快向某些部门的流入。产业结构间的差别最终会体现在资本、劳动力、技术等资源在不同产业间的配置差异上。在市场经济条件下,由于价格机制的作用,通过产业间利润率的动态差异,市场会自行促进和配置资源的流向,提高资源的配置效率。但是,市场配置资源在垄断、外部

---

① 下河边淳,管家茂. 现代日本经济事典. 北京:中国社会科学出版社,1982:195-198.

性、信息不对称条件下又会产生市场失灵。特别是发展中国家市场发育比较迟缓，市场配置资源效率较低，因而更需要有资源配置导向的结构政策。即使在市场化程度较高的发展中国家，也在开放经济条件下同发达国家在同一世界市场上竞争，形成和发达国家相匹配的垂直国际产业分工体系，而这种分工格局同发展中国家的赶超目标又具有一定的矛盾。因此，产业结构政策作为一项配置资源的手段和实施赶超战略的重要内容，就被赋予了引导资源合理配置和加快产业结构优化进程的重要使命。

（二）促进产业结构升级转换，培育优势产业

产业结构转换是一国经济增长的内在要求，产业结构转换的能力和水平也直接关系到一国的经济发展质量和水平。作为后起国家，可以根据发达国家产业结构升级演进的内在规律，通过有效的政策手段实现产业结构适度、有序的升级转换，促进具有比较优势产业的发展和培育本国的产业国际竞争力，更好地实现赶超目标。

（三）指导产业发展和产业结构调整

产业结构政策体现一国政府在中长期的经济发展规划中进行经济建设的重大战略构想，是一定时期内国家资源配置的布局重点，也是其他政策（如货币政策和财政政策）的制定依据。因此，能够从宏观上、方向上指导一国产业和经济的长远发展。根据"十二五"规划，中国要在这五年间加快发展现代农业，改造提升制造业，培育发展战略性新兴产业，推动能源再生产和利用方式变革，构建综合交通运输体系，全面提高信息化水平，推进海洋经济发展，推动服务业大发展。

（四）协调、调整经济运行态势

从经济工作的实践看，产业结构政策不仅是发展政策，还是协调、调整经济运行态势的有效工具。也就是说，产业结构政策的阶段性目标和措施同总量政策相配合可熨平经济的周期波动。

（五）促进产业的可持续发展

由于资源的使用会带来"公地悲剧"和环境污染等外部性问题，在这些领域如果没有有效的产业结构政策对资源型产业和高污染产业进行科学的规划和管理，会严重影响这些产业的可持续发展。产业结构政策通过合理规划和布局资源产业的发展，对高污染、高能耗产业实行有效的减排和节能政策，会促进产业的可持续发展。

第二节 产业结构政策的主要内容

产业结构政策的主要内容包括主导产业政策、支柱产业政策、幼稚产业扶植政策、衰退产业援助政策。

一、主导产业政策

（一）主导产业的含义和特征

主导产业是指对一个产业结构系统的未来发展具有决定性引导作用的产业。作为引领产业结构系统发展方向的主导产业，为达成其目标，应具有明显的特征。主导产业的特征

包括以下几个方面。

(1) 具有较强的关联效应。主导产业对一个产业结构系统的引导功能是通过其带动作用实现的，而带动作用的实现则依赖于关联效应。因此，主导产业对一个产业结构系统的引导功能的发挥，最终取决于其有无较强的关联效应。主导产业对经济发展和产业结构的引导带动作用，主要通过前向关联效应、后向关联效应和旁侧关联效应表现出来。

(2) 能创造出新的市场需求。产业结构的升级与发展，总是伴随着经济总量的扩张，而一个产业结构系统的发展，又直接受制于社会的需求。若不能不断地开发潜在的需求，经济总量的扩张就无法实现。因而一个主导产业只有创造出新的市场需求，才能促进经济总量的扩张。

(3) 具有较高的生产效率和高附加价值。产业结构升级是有序的，表现为对需求的更多满足和对资源的更有效利用。而要达成这一目标，产业技术必须不断得到提升。主导产业作为产业结构升级的"领头羊"，必然要求其能够迅速吸收先进的科学技术成果，提升自身的产业技术水平。

(二) 主导产业政策的内容

由于主导产业对经济发展和产业结构升级的巨大拉动作用，各国都采取各种相关主导产业政策，包括以下几个方面的内容。

(1) 产业环境协调政策。政府在规划主导产业、培育和扶植主导产业发展时，必须采用各种有效手段，尽可能地协调主导产业与产业环境之间的矛盾，解除主导产业发展的约束条件，减少这些约束条件的消极影响，创造一种比较完整的、有利于主导产业成长的市场条件和有利于主导产业发展的环境，特别是要减少阻碍市场机制发挥作用的各种行政壁垒。

(2) 产业扶植和保护政策。对某些国内市场潜力巨大、技术先进、产业关联度高的产业，在它成长到具有国际竞争力之前，需要政府在国际贸易协定许可的范围内，通过适当的财政、金融扶植政策和贸易保护政策对其进行适当的扶植和保护。

(3) 优先发展基础产业政策。基础产业对主导产业具有巨大的支持作用，因此，政府对主导产业的扶植，可以通过加大对基础产业的扶植力度，提高基础产业对主导产业的支持能力，以避免由于基础产业发展不足而制约了主导产业的发展。

(4) 技术引导政策。主导产业的技术要求高，投资需求大，因此，在实施主导产业政策时，要充分考虑通过技术政策优化主导产业的产品结构，制定有利于主导产业成长的技术进步政策，完善科技信息、流通体制，加强产业科技队伍建设，并建立起有利于促进主导产业发展的投融资体系，增加研究开发投入，促进高新技术产业化。

当前，中国已经确定把服务业作为发展的主导产业。2007 年国务院出台的《关于加快发展服务业的若干意见》明确提出：到 2010 年，我国服务业增加值占国内生产总值的比重要比 2005 年提高 3 个百分点；服务业从业人员占全社会从业人员的比重要比 2005 年提高 4 个百分点；服务贸易总额将达到 4 000 亿美元；有条件的大中型城市将形成以服务经济为主的产业结构；服务增加值的增长速度将超过国内生产总值和第二产业的增长速度。到 2020 年，我国将基本实现向服务经济为主的经济结构转变，服务业增加值占国内生产总值的比重将超过 50%。到那时，服务业结构显著优化，就业容量显著增加，公共服务均等化程度显著提高，市场竞争力显著增强，总体发展水平基本与全面建成小康社会的要求相适应。这是服务业发展的方向，也是我国实现科学发展、可持续发展、构建和谐社会战略思想的具体体现。

加快服务业发展已经具备了很多有利条件。贯彻落实科学发展观，进一步提升了服务业的战略地位和作用；保持经济又好又快发展，注重增长的质量和效益，则需要服务业提供有力的支撑；走新型工业化道路，转变经济发展方式，又为服务业提供了新动力；提高自主创新能力，深入实施科教兴国战略，进一步加快了制造业与服务业的融合，对生产型服务业产生了巨大拉动；消费结构的不断改善和升级，为消费型服务业创造了更加广阔的市场需求；对外开放水平的提高，为服务业提供了国际发展的空间；要转变经济发展方式，由主要依靠第二产业，向依靠第一、第二、第三产业协同带动转变，要发展现代服务业，提高服务业的比重和水平。当前的一段时间将是我国经济社会发展的关键时期，也是经济结构战略性调整的重要时期。必须抓住有利时机，坚持创新发展，完善政策措施，尽快提升服务业的发展水平。

二、支柱产业政策

（一）支柱产业的概念

支柱产业是一个国家在一定时期内产业体系的主要构成部分，它在国民经济中占据了重要地位，是相对于其他产业对经济增长的贡献份额较大的产业。支柱产业是支撑一个国家或地区经济规模和经济增长的主要经济部门，对于国家或地区经济增长有着重要的贡献。从静态方面看，支柱产业在国民经济中占有较大比重，与其他产业的关联度较高；从动态方面看，支柱产业具有较大需求收入弹性、生产率上升快，对相关产业具有较大带动作用。

（二）支柱产业振兴的目标

1. 促进主导产业向支柱产业有序转换

随着科学技术的突飞猛进，新兴主导产业不断崛起，主导产业的更替速度在不断加快。支柱产业的振兴必须以主导产业的不断更新为基础。通过促进主导产业的规模化发展和竞争力的提高，实现主导产业向支柱产业的有序转换。

2. 重视产业结构演变规律，有目的地培育新兴支柱产业

一般来说，可以采取两个途径：一个途径是通过培育新的支柱产业群来替代原来的支柱产业群，即整体替代；另一个途径是通过对原来支柱产业群进行分化以形成新的支柱产业，即部分替代。这两条途径的选择必须以产业结构所处阶段和发展趋势为根据。

3. 增强支柱产业技术创新能力，延伸其生命周期

通过持续的技术创新，促进支柱产业内部持续地进行技术革新，并及时地采用高新技术来改造支柱产业的生产技术，使支柱产业不断更新和升级，提升产业的竞争力，延长产业的生命周期。

4. 瞄准世界科技发展制高点，振兴支柱产业

支柱产业须立足求实、重在创新，跟踪世界产业发展的最新动态，迅速提升产业结构。特别是通过高科技的发展来加速主导产业向支柱产业的转换，振兴、发展支柱产业。

（三）支柱产业政策的具体内容

支柱产业政策是指根据产业结构演进的规律和产业结构优化的目标，结合国家或地区经济的实际情况，采用一系列经济或者非经济政策，对经济贡献比较大、符合该国或地区经济发展规划的支柱产业给予一定的支持。具体政策主要有以下几个方面。

1. 支柱产业结构高度化政策

（1）优化有关支柱产业产品结构，提供更多的优质优价产品，使供给结构与需求结构相适应。启动消费需求，拉动支柱产业的飞跃发展，优化供给是一个非常关键的因素。从企业的角度看，应该努力进行产品创新，提高产品质量，增加品种与产品系列，提供更多、更好的适合消费需求的产品。只有价廉物美的产品和符合消费者口味的产品，才能有市场需求，才能根治支柱产业发展的结构性矛盾。

（2）压缩和淘汰支柱产业过剩、过时的生产能力，加大支柱产业内部结构的调整力度，实现支柱产业内部结构的优化升级。

（3）提高支柱产业信息化水平，用信息化拉动支柱产业升级。应该按照"量力而行，循序渐进，不断发展"的方针，引导支柱产业发展，提高网络资源应用水平及生产、经营、管理和决策的效率。

（4）发展高技术产业，改造支柱产业，促进支柱产业的结构优化和产业升级。政府应当从两方面入手：一是加快高技术产业的发展；二是用先进技术改造支柱产业。

2. 支柱产业结构协调化政策

（1）协调三次产业结构。正确处理第一、第二、第三产业之间的关系，使其保持协调发展，是转变经济增长方式、提高经济运行质量和效益的内在要求，也是保持国民经济持续、快速、健康发展，壮大支柱产业的客观需要。

（2）协调产业级次关系。以第二产业为例，要求其产业结构具有明显的层次性。产业间的相对地位协调，在产业的纵向层次上要求优先发展基础产业，支持高新技术产业，使基础产业为支柱产业的发展提供良好的基础条件，高新技术产业为支柱产业提供最新技术和动力支持，最终促进整个产业协调发展。

（3）加强产业关联效应。建立有关支柱产业与其他产业间在投入产出联系基础上相互服务、相互促进的良性互动机制，通过产业间的产品和服务关联、技术和劳务关联、价格关联、投资关联等方式，促进支柱产业的发展。

（4）均衡产业增长速度。协调产业增长速度分布，要求支柱产业的增长速度与其他产业差距不能太大，使高速增长产业、减速增长产业和潜在增长产业的增长速率差距较为合理，防止出现产业发展过程中的结构性滞差。

值得关注的是，高端装备制造业是"十二五"期间重点发展的新兴产业。"十二五"期间装备制造业的一个战略是"调整转型、创新升级"，一个目标则是"推进装备制造业

由大变强"。发展高端装备制造业的总体思路是面向中国工业转型升级和战略性新兴产业发展的迫切需求，重点发展智能制造、绿色制造和服务性制造。同时，做大做强航空装备和卫星及应用产业，提升轨道交通装备水平，加快培育发展海洋工程装备业。

三、衰退产业援助政策

（一）衰退产业的概念及特征

衰退产业是指在正常情况下，在一定时期内，一个国家或地区的某一产业处于产业自身生命周期的衰退期，由于技术进步或需求变化等因素致使市场需求减少，生产能力过剩且无增长潜力，同时在国民经济中的地位趋于下降的产业。衰退产业的基本特征是需求增长减缓甚至停滞。具体来说，衰退产业具有以下特征：

（1）产业内拥挤着众多达不到最小有效规模的企业，每个企业都没有在边际成本以上控制价格的能力。

（2）产业内主导企业的固定成本相对于平均成本而言具有较高的比例，一旦销售量达不到盈亏分界点，就容易出现大面积的亏损。

（3）生产传统产品，产品需求增长率下降较快，其产业所提供的产值在 GDP 中的比重呈下降或者加速下降的趋势，因而新进入企业不断减少，原有企业不断退出。

（4）产业生产率较低，技术进步缓慢，技术创新停滞，但由于存在退出产业的社会经济障碍，如因劳动密集型的特征，大量解散员工存在社会风险，企业按市场原则退出该类产业比较困难。

（5）产品需求的价格弹性和收入弹性非常低，因行业生产能力过剩、需求不足，容易导致价格低于边际成本的恶性竞争，价格战较频繁，产业利润受到价格战的影响日趋下降。

（6）产业受到新兴产业替代的威胁。有的衰退产业将被新兴产业替代，其产品淘汰在即；有的虽然没有完全被新兴产业替代，但产品市场不断萎缩。

（二）衰退产业援助政策的具体内容

（1）进行必要的产业融合。产业融合使各产业间的边界模糊化，各产业间的联系更加紧密。产业融合将产生新型的产业体系。要使产业结构合理化，必须从市场的角度，积极引导和培育健康的市场环境，促进产业融合产品需求的增长，以适应产业融合规模扩大的需要。对衰退产业援助不是维持衰退产业的生存，而是帮助衰退产业有序地收缩和转移，并引导其资本存量向高增长率产业部门转移。由于产业融合比较容易发生在高新技术产业和传统产业之间，通过推动衰退产业高新技术化，可以生产出品质、性能更好的产品并提高产业的技术含量，从而使衰退产业重现生机。因此，在产业融合的条件下，政府应制定政策促进衰退产业与高新技术产业融合，而不是一味地寻求衰退产业的收缩和转移。

（2）将衰退产业调整、援助政策列入国家产业政策规划。传统的产业政策侧重于对重点产业、主导产业的扶持和引导，对衰退产业的调整援助还十分薄弱。因而有必要将对衰退产业的调整援助政策加入产业政策体系，其主要内容应包括：明确界定衰退产业，对有形衰退（自然衰退）产业和无形衰退（非自然衰退）产业分别进行量化指标的界定，使符合条件的产业能够在衰退之前得到及时的调整和援助；对符合衰退产业条件的产业及所在地区，执行衰退产业调整援助政策，包括产业组织政策、产业技术政策、产业贸易政策等。

（3）制定相关财政、税费调控政策。对衰退产业施行优惠的财政政策，具体办法是设立衰退产业调整援助基金，主要用于衰退产业的转产贷款贴息及下岗职工安置。同时对衰退产业及所在地区实施适度的税费减免制度，以缓解衰退产业的资金紧张状况。对无形衰退产业，要积极促进其技术改造，在强行淘汰陈旧设备的同时，鼓励和支持企业用高新技术和先进设备改造传统产业，促进其升级换代。

（4）建立衰退产业特殊的社会保障制度。一般的社会保障难以满足衰退产业的要求，因而应建立衰退产业特殊的社会保障制度。应制定衰退产业下岗职工再就业援助计划，可在衰退产业调整援助基金中分立衰退产业社会保障基金，用于下岗职工的安置、生活补贴和再就业培训。衰退产业的企业与所在地政府联合设立专门机构——衰退产业下岗职工再就业指导中心，专门负责下岗职工的技能培训和职业介绍。

四、幼稚产业扶持政策

（一）幼稚产业的含义及特征

1. 幼稚产业的含义

所谓幼稚产业，是指在工业后发国家的产业结构体系中，相对于工业先行国家成熟的同行产业而言，处于"幼小稚嫩"阶段的产业。

在开放的产业结构系统中，一个新产业的形成和发展，必然会受到来自系统外部同行竞争的压力。工业后发国家为了加速本国的工业化进程，发展民族产业，势必要采取支持其发展的政策，而"保护制度是使落后国家在文化上取得与那个优势国家同等地位的唯一方法"[1]。

2. 幼稚产业的特征[2]

（1）新生性。这类产业在工业后发国家往往处于起步阶段，而在工业先行国家则已经具有一定的发展基础和较强的产业竞争力。因此，在自由竞争的环境中，这些产业难以生存，更谈不上发展壮大。

（2）成本递减的趋势。被保护的幼稚产业在本国往往具有良好的市场前景。随着时间的推移，生产规模将不断扩大，其生产成本将会越来越小，一定时期后其平均成本、销售成本会低于进口价格。而且其成熟后给社会带来的收益，能够弥补社会为保护而付出的成本。

（3）一定的外部经济性。此特征一般具有两种形式：一是技术性外部经济，即幼稚产业在某些发展过程中能够形成全国范围内的知识基础；二是需求性外部经济，即幼稚产

---

[1] 李斯特. 政治经济学的国民体系. 北京：商务印书馆，1997：113.
[2] 刘吉发. 产业政策学. 北京：经济管理出版社，2004：51-52.

业的发展能为本国的专业化劳动和供应商提供更广阔的市场。

（4）潜在的动态比较优势。被保护的幼稚产业是有发展前途的产业，从国际贸易角度看，具有潜在的比较优势。

（5）支持民族经济发展的潜在支柱性。一方面它的发展关系到相关产业的发展及本国潜在资源的利用；另一方面，该产业是未来一个时期内潜在的主导产业，在国内具有较高的需求收入弹性和技术进步率。

（6）存续时间上的暂时性。保护只是暂时性的，一旦该产业的产品具有足以同外国同类产品竞争的能力，该产业就不再需要保护。

（二）幼稚产业扶植政策的具体内容

1. 贸易保护政策

贸易保护政策的主要目的是限制国外有关产品的进口，以削弱进口产品在国内市场上的竞争力，为本国幼稚产业的生存和发展提供一个适宜的环境。主要的贸易保护政策包括以下几类。

（1）关税壁垒。关税壁垒是工业后发国家在对幼稚产业进行保护时采用的最常见的手段。实施时应研究关税结构，设置对幼稚产业有利的关税结构。为提高关税的有效保护率，通常根据同类产品国内企业的生产成本而定，使得进口产品在市场上的价格高于国内同类产品的价格。通过关税对幼稚产业进行保护，其效果是相当显著的。但关税壁垒通常会违反 WTO 规则，所以使用时应非常慎重。

（2）非关税壁垒。非关税壁垒是指除关税以外的各种直接和间接的以限制国外产品进口为目的的政策法律措施。要适时、适度地使用 WTO 所允许的非关税壁垒，并且将 WTO 框架中对发展中国家的优惠条款用足、用好。非关税壁垒虽然不对进口产品进行限制，但它通过相关的政策法律同样可以起到限制进口的目的。常见的直接性的非关税壁垒有进口额配制、进口许可证制等。

2. 扶植政策

具体的扶植政策一般有以下几方面：

（1）财政扶植政策。如通过税种的设立、税率的确定和税收的减免，为幼稚产业的长期发展创造自我积累的能力和良好的发展环境；通过财政补贴，弥补幼稚产业在成长时期因技术开发或市场开拓等方面出现的暂时性亏损；通过制定特殊折旧方法，促进幼稚产业的技术水平迅速提高；通过政府在基础设施方面的直接投资，为幼稚产业的发展提供必要的基础保证，使其能获得较多的外部经济效应，等等。

（2）金融扶植政策。金融扶植政策包括组建专门的开发银行，为幼稚产业的发展提供融资渠道；对幼稚产业实行优惠的贷款利率；实行外汇管制政策，直接或间接地支持幼稚产业的发展；为幼稚产业向商业银行贷款提供信誉担保，等等。

（3）技术扶植政策。技术扶植政策包括：组建政府与企业合作的技术开发体系，分担企业的技术开发风险；政府直接投资于技术开发领域，将开发成果在同行业企业中推广，促进产业的技术进步；结合财政、金融手段，支持企业的技术引进，等等。

（4）直接管制扶植政策。最为常见的直接管制扶植政策是通过行政或立法的手段，干预企业的组织结构，以增强幼稚产业的竞争能力。

3. 优化市场环境

良好的市场环境有利于产业的发展和竞争。国内市场竞争越充分，越有利于产业在国际市场的生存。但如果国内市场环境直接影响到公平竞争环境的建立，如政府的职能"越位"、地区市场的壁垒等，就要优化市场环境，努力消除市场失灵引起的对幼稚产业发展的障碍，完善市场体制，理顺市场体系，为幼稚产业提供良好的发展环境。

幼稚产业保护的一个案例是政府对直升机产业的扶持。由于直升机具有垂直起降、空中悬停、前后左右飞行的能力，在美国、俄罗斯、英国、法国、日本等发达国家的军民用领域已非常广泛地使用直升机。与国外民用直升机相比，我国民用直升机的使用水平非常低，尚属幼稚产业，从国外直升机产业发展的历程来看，发展初期都离不开国家的大力支持。对我国来说，直升机产业的扶植政策应包括：增加对军用直升机型号研制和技术预研的支持力度；国家支持建设必要的试验设施，并针对我国民用直升机安全性、舒适性、经济性、适用性和适航取证等薄弱环节组织技术攻关，支持解决制约我国直升机产业化发展的技术"瓶颈"；在保证直升机安全性条件下，我国直升机适航取证条例应与我国直升机技术的发展水平相适应；将直升机纳入国家紧急救灾体系建设中，用公共财政采购一批国产直升机用于抢险救灾、公安执法、医疗救护等公共事业；制定相应的金融、财税、空域管制等优惠政策，鼓励通用航空企业的发展和国产直升机的销售，促进我国直升机产业链的形成和发展。[①]

第三节　中国的产业结构政策实践

本节在分析中国产业结构调整中存在问题的基础上，分析有关产业结构政策有效性的争论，回顾我国产业结构政策的演变过程，并提出产业结构政策实施的若干建议。

一、中国产业结构调整中存在的问题

中国产业结构与发达国家相比，具有以下特点：

第一，第一产业比重逐步下降，产业基础亟待加强。到 2020 年，第一产业的比重为 7.7%，呈缓慢下降态势。第一产业在经济结构中的比重转换较慢，产业基础薄弱，结构升级缓慢，劳动生产率过低。因而中国第一产业面临提高技术水平、加快产业内部结构升级和提高劳动生产率的重要任务。

第二，第二产业比重较高，内部结构有待优化。2020 年第二产业比重为 37.8%，近年来呈缓慢下降之势，但产业内部结构不合理，主要是基础工业与加工工业的增长不协调，低技术、高能耗、高污染、低附加值的产业仍占有较高的比重，高附加值、高技术含量的产业和产品比重不高，高新技术产业发展不快。

第三，第三产业发展仍有巨大空间。第三产业发展不仅会拉动需求的增长，而且还是

---

① 中国直升机尚属幼稚产业，民用机数量不足美国1%，引自"新华网"，2008-07-21.

公民生活质量提高的重要体现。目前发达国家第三产业占 GDP 的比重已达 60%~80%，美国 2019 年第三产业的比重为 80.6%，而中国 2020 年第三产业的比重为 54.5%。因此，需要大力发展第三产业，优化和升级第三产业内部结构，促进第三产业的发展。

第四，产业素质较低，技术能力较差。在全球产业分工和产品生产环节分工中主要从事低技术含量和低附加值的活动，产业国际竞争力有待进一步提高。在国际制造业转移以及跨国公司按照价值链进行全球分工的大背景下，中国的竞争优势主要体现在加工组装环节，对国外核心技术和关键部件高度依赖，附加价值难以较大幅度提高。相应地实现经济增长投入的物耗、能耗也比发达国家高得多，导致了与发达国家利益分配格局的不对等。

第五，由于资源成本和价格的不断上升以及环境保护要求的日益提高，中国产业结构的优化和升级面临资源和环境的压力和约束。这一方面为产业发展和结构升级带来障碍；另一方面也为产业结构优化提供了新的动力。

第六，在经济新常态下，制造业转型升级任务日益紧迫。我国已成为制造业第一大国，党的十八大以来，工业总体规模和综合实力再上新台阶，但是与发达国家工业水平和制造业强国建设目标相比，多数领域在技术创新、质量品牌、环境友好等方面还有很大差距，结构性供需失衡问题凸显，制造业"大而不强"和关键技术受制于人的局面仍未得到根本扭转。今后制造业发展须着眼于解决面临的深层次矛盾和问题，深化供给侧结构性改革，同时也要着眼于抢占未来产业发展先机，加快战略性新兴产业培育，推动制造业加快实现质量效益提高、产业结构优化升级、发展方式转变和增长动力转换。

由以上分析可以看出，中国产业结构升级的根本出路就是产业科技能力的提升。经济全球化背景下的国际分工形式不但包括产业间分工，还包括产业内部和产品生产环节的分工。因此产业结构升级不仅体现在高科技产业比重上升，低技术产业比重下降，而且体现在各产业内部科技含量提高以及产品生产环节科技能力的提升。因而实施有效的产业结构政策对当前中国产业结构升级是必要的，政策干预的主要目标应确定为提升产业的科技水平与创新能力。

二、产业结构政策有效性的争论

对于在产业发展国际化和市场化的背景下，产业结构政策的作用目前还存在争论。反对意见认为，在全球化背景下和 WTO 框架下，产业结构政策是一种无效政策。产业结构演进是经济发展的自然结果，政府应该发挥比较优势，让产业结构根据经济发展的内在规律不断演进。具体来说，其主要论据有以下几点：

第一，在相对封闭的经济环境中，政府施行产业结构政策的空间较大，但产业结构政策绩效却微乎其微。加入 WTO 后，政府推行产业结构政策的行为受到了 WTO 规则的极大限制，由政府主导产业结构的调整和升级不可能取得成功。

第二，以充分发挥比较优势为原则促进产业发展，可以为产业结构升级提供资本积累。资本积累固然不能自动导致产业结构升级，但是，不建立起能够最有效地快速积累资本的产业结构，需要大量资本支撑的资本密集型和技术密集型产业就不可能建立和发展起来。如果把稀缺的资本资源用来发展不具有比较优势和国际竞争力的幼稚产业，不仅幼稚产业因缺乏盈利能力影响资本的积累，而且优势产业也会因可用资本被挤占而得不到应有的发展，因而不能提供更多的剩余，产业结构的升级也就会因资本积累不足而受阻。因此，政府应明确并大力支持发展具有比较优势的产业，否则就会导致政策失灵。

第三，在目前中国资源约束状况下，突出发展具有比较优势的劳动密集型产业，不仅能够为产业结构升级提供资本支持，而且能够提供技术和管理支持。因为比较优势既存在于产业间，也存在于资本密集型和技术密集型产业内部的产业链上，所以依据比较优势原则布局产业结构，也能形成技术水平不同的、多层次的产业结构，产业结构不会因技术断层升级受阻。随着资本、技术和管理经验的不断累积，比较优势不断变化，原有的竞争优势产业或产业环节将被新的更具有竞争优势的产业或产业环节所取代，产业结构也就逐步地向高度化方向演进。而政府很难根据比较优势的变迁适时调整产业结构政策。

这些观点使我们认识到以下几点：首先，政府能力对产业结构政策的有效实施具有关键性作用。如果政府能力差，政策失当，将会导致政府失灵的成本。其次，发挥比较优势对产业结构升级非常重要，不注重发挥比较优势的产业结构升级将会失去根基。再次，全球化及 WTO 规则使产业结构政策实施的空间改变。

尽管产业结构政策的有效性受到质疑，但不能全盘否定产业政策的效果。政府干预型产业结构政策之所以必要，在于解决市场失灵问题，而不是超越职能范围，取代市场的功能。因此，实施产业结构政策应注意以下两点：

一要完善市场机制。市场配置资源的效率是最优的，不注重发挥市场功能的产业结构政策必将失败。因而实施产业结构政策，必须完善市场机制，充分发挥市场配置资源的功能。对市场失灵的领域，适宜的产业结构政策可以提升经济效率。

二要增强政府政策干预能力。政府实施产业结构政策的目的是弥补市场失灵。在复杂的经济环境中，政策干预是一个复杂的过程，政府的干预必须是科学的、恰当的，否则政府失灵的代价将使得政策干预失去意义。另外，政策干预过程容易滋生腐败，不但会增加政策成本，而且容易导致政策干预背离其目标。大多数发展中国家的产业结构政策之所以失败，其重要原因之一就是政府自身能力较差。因此加强政府能力建设，提高政府能力是产业结构政策有效的必要条件。要提高政府工作人员的专业化知识化水平，实现决策过程的科学化，加强政府监督，防止政府在政策实行过程中被利益集团所俘获。

三、中国产业结构政策的演变

产业结构政策对一个国家的经济发展和落后国家实现经济赶超具有重要的意义。不同的产业结构政策选择和产业结构政策实施体制对其效果具有重大的影响。在改革开放之前的计划经济时期，中国产业结构政策基本是一种直接干预下的产业结构强制调整。产业政策的核心是平衡生产和消费，以及农业、轻工业和重工业的比例关系。1949 年后的三年经济结构调整时期，中国实行的产业结构重组政策，以及"一五"时期以重工业为主、轻工业为辅的产业结构政策，基本改变了1949年前失衡的产业结构。但是在随后的20年左右的时间里，中国产业结构政策则是过于极端和被动的。特别是"大跃进"时期"以钢为纲"的产业结构政策以及"文化大革命"时期重工业化的被动调整，使得中国的产业结构一度出现严重的失调（具体数据参见表14-1）。

表14-1 我国改革开放前产业结构政策的演变

时期	产业结构政策	农、轻、重的比例
国民经济恢复时期（1949—1952）	产业结构重组；重点扶植工业和农业	56.9:27.8:15.3（1953年）
"一五"时期（1953—1957）	重工业为主，轻工业为辅	43:31.2:25.5（1957年）
"大跃进"时期（1958—1960）	以钢为纲；重点扶植重工业	21.8:26.1:52.1（1960年）
国民经济调整时期（1961—1965）	先农后工，先轻后重；重点扶植轻工业和农业	37.3:32.3:30.4（1965年）
"文化大革命"时期（1966—1978）	重工业化，以加工工业为主	27.8:31.2:41.1（1978年）

资料来源：龚仰军，应勤俭.产业结构与产业政策.上海，立信会计出版社，1999.

改革开放以来，中国分别在1979—1984年和1988—1991年对失衡的产业结构进行较大调整。特别是在市场机制尚在形成中的改革开放初期，调整农业、轻工业、重工业结构的产业结构政策效果比较显著。20世纪90年代，中国明确了经济体制改革的市场化方向，产业结构政策的重点变为产业结构的高度化和技术升级以及支柱产业的扶植等方面。

可以看出，中国产业结构政策在其演进的过程中具有不同的特征。在中国明确提出建立社会主义市场经济体制之前，产业结构政策的实行基本上都是在计划经济体制的框架下进行的，采用的是直接干预的行政性手段。在20世纪90年代以后，产业结构的调整由单纯的政府导向，向发挥市场基础调节作用和政府导向作用并存的方向转变，调控手段由主要靠行政手段，向经济、法律手段结合必要行政手段的方向转变。

1977—1978年的国民经济恢复时期，虽然急于求成的政策导致了产业结构的畸形化，但在"六五"时期的一系列合理的产业结构政策还是使产业结构向合理化的方向发展。从"七五"时期开始，对产业政策的制定和实施更加明确化，《国民经济和社会发展第七个五年计划》中第一次提出并规定了产业政策，并且重点体现在产业结构政策上。为了达到"七五"计划规定的各产业比重的一系列指标，制定了发展农业生产、消费品工业、能源工业、电子工业以及交通运输业等的产业结构政策。1989年，国务院又颁布了《中国产业政策大纲》和《关于当前产业政策要点的决定》，这说明产业政策已经成为一种系统化的政府政策。

1992年以后，中国经济进入了高速发展时期，产业结构的演进更加趋于合理，产业结构的偏差不断被矫正。但是产业内部的结构问题仍然存在，也就是产业内的组织结构不合理现象更加突出。所以这个时期的产业结构政策主要集中在制造业内部的产业技术政策和产业组织政策，另外还专门制定了汽车产业的发展政策、环保产业政策以及高科技产业发展政策。1994年颁布的《九十年代国家产业政策纲要》，是在市场化改革初期政府对产业结构进行重大调整的纲领性文件。该纲要中首次提出了把机械电子、石油化工、汽车制造以及建筑业作为国民经济的支柱产业，并在投融资、资金担保等方面给予政策倾斜。2005年国务院颁布的《促进产业结构调整暂行规定》中强调了农业的基础地位，能源、交通、水利和信息等基础设施建设，装备制造业发展，高技术产业发展，产业组织结构优化等内容，在产业结构调整目录中鼓励类主要集中在对经济社会发展有重要促进作用，有利于节约资源、保护环境、产业结构优化升级，需要采取政策措施予以鼓励和支持的关键技术、装备及产品。

2008年，受美国次贷危机影响，中国第二、第三产业同比增速明显放缓。为了应对危机带来的冲击，中国先后发布了汽车、钢铁、纺织、装备制造等十大产业的调整振兴规划。规划主要应用金融与财政产业政策工具增加内需，促进产业技术升级、建设知名品牌。规划对大中型企业提出具体要求，在企业兼并、迁移、生产计划方面都做出了明确指示，并提出发展金融业，放宽审批贷款要求，以保障小型企业资金供给。①

后次贷危机时期，为取得新一轮技术竞争优势，产业政策将技术发展放在首位。2010年国务院《关于加快培育和发展战略新兴产业的决定》对国家新兴产业做出界定，包括新一代信息技术、节能产业、生物产业、高端制造业、新能源、新材料、新能源汽车产业等。2012年《"十二五"国家战略性新兴产业发展规划》着重发展信息网络产业、高端软件业、网络服务业，争取战略性新兴产业增长占比15%，节能环保、新一代信息技术、生物、高端装备制造成为支柱产业，加强新能源、新材料产业发展。

2013年至今，中国进入了新常态产业政策时期。随着中国经济进入新常态，传统的"三驾马车"难以满足经济增长需求，产业增长速度由高速转向中高速，产业发展方式由追求产业规模转变为提高产品质量和生产效率。产业结构调整进入"阵痛期"，各产业积极消化存量、优化增量。同时，劳动力成本上升促使产业发展转向创新驱动。因此，产业政策更加注重产业创新能力，并兼顾产业结构调整，以适应经济发展新常态。

一是制定一系列政策，促进淘汰落后产能。党的十八大以来，中国重工业产能过剩情况仍未解决，此阶段产业政策的重要目标是继续更新产能。2013年，国务院发布《关于化解产能严重过剩矛盾的指导意见》。意见指出中国传统制造业产能普遍过剩，特别是钢铁、水泥、电解铝等高消耗、高排放行业产能过剩情况尤为突出，提出要坚决遏制产能盲目扩张，清理整顿建成违规产能，淘汰和退出落后产能。对钢铁、水泥、电解铝、船舶等产能严重过剩行业，要根据行业特点，分业施策，开展有选择、有侧重、有针对性的化解

---

① 陈剩勇，陈晓玲. 产业规划、政府干预与经济增长：2009年"十大产业振兴规划"研究. 公共管理与政策评论，2014（3）.

工作。2015 年,"供给侧结构性改革"由中央财经领导小组初步提出,指出当前主攻方向为产业供给侧,主要方式包括化解过剩产能、发挥市场价格的调节功能、扩大外部市场规模,开拓新的经济增长点。2016 年国务院《关于钢铁行业化解过剩产能实现脱困发展的意见》和 2017 年《关于做好 2017 年钢铁煤炭行业化解过剩产能实现脱困发展工作的意见》的发布严格限制了以上产业的新建投资,并专门成立专项基金淘汰落后技术。

二是提出"互联网+"产业发展规划,提升"互联网+"与文化产业地位。2015 年国务院政府工作报告提出"互联网+"产业发展概念和规划。同年,国务院推出《关于积极推进"互联网+"行动的指导意见》,建议以"互联网+ 制造业"和"互联网+ 小微企业"为主,培育中国产品竞争优势。此后各地纷纷出台特色文化产业发展规划,相应的文化产业服务体系有序建立,文化产业得到迅猛发展,文化基础设施不断普及。[①]

三是科学制定"十三五"规划、"十四五"规划和 2035 年远景目标纲要,为产业发展做好顶层设计。"十三五"规划(2016—2020 年)重在落实"三去一降一补",提出发展先进制造业,农业发展绿色现代化,建设农村"新六产",发展互联网产业和大数据产业等。2017 年,党的十九大提出我国社会的主要矛盾已经转化为人民日益增长的美好生活需要和不平衡不充分的发展之间的矛盾,必须把发展经济的着力点放在实体经济上,把提高供给体系质量作为主攻方向,继续深化供给侧结构性改革。"十四五"规划(2021—2025 年)和 2035 年远景目标纲要进一步提出加快发展现代产业体系,巩固壮大实体经济根基,即加快推进制造强国、质量强国建设,促进先进制造业和现代服务业深度融合,强化基础设施支撑引领作用,构建实体经济、科技创新、现代金融、人力资源协同发展的现代产业体系。其规划的政策要点是:第一,深入实施制造强国战略,推进产业基础高级化、产业链现代化,保持制造业比重基本稳定,增强制造业竞争优势,推动制造业高质量发展;第二,发展壮大战略性新兴产业,着眼于抢占未来产业发展先机,培育先导性和支柱性产业,推动战略性新兴产业融合化、集群化、生态化发展;第三,促进服务业繁荣发展,聚焦产业转型升级和居民消费升级需要,扩大服务业有效供给,提高服务效率和服务品质,构建优质高效、结构优化、竞争力强的服务产业新体系;第四,建设现代化基础设施体系,统筹推进传统基础设施和新型基础设施建设,打造系统完备、高效实用、智能绿色、安全可靠的现代化基础设施体系。

四、中国产业结构政策实施的建议

世界正经历百年未有之大变局,当前和今后一个时期,我国发展仍然处于重要战略机遇期,机遇和挑战都有新的发展变化。同时,我国已转向高质量发展阶段,制度优势显著,但创新能力不适应高质量发展要求,要立足新发展阶段,贯彻"创新、协调、绿色、开放、共享"[②] 的新发展理念,以深化供给侧结构性改革为主线,以创新驱动为引领,构筑产业高质量协调发展的现代产业体系。

---

① 马宇,张扬. 新中国 70 周年国家产业政策变迁. 产业经济评论,2019(9).
② 习近平. 深入理解新发展理念. 求是,2019(10).

(一)推动科技创新与传统产业结合,促进传统产业升级发展

传统产业应按照比较优势原则进行发展,并支持其对落后的设备、工艺进行升级改造,提升科技含量。传统产业的比较优势一般为廉价劳动力的自然资源禀赋,发挥其比较优势参与国际贸易和竞争是我国产业发展的必经之路,它可以为产业升级提供资本积累和生产技能积累。但是低工资虽然在竞争中起作用,但在大多数活动中起的作用将越来越小;自然资源赋予拥有者竞争优势,但仅限于开采阶段,接下来的加工处理需要竞争力;制造业正在呈现信息密集化态势,即其产品附加值的大部分是由无重力活动(weightless activities)(如研究、设计、营销和网络等)组成的。这表明传统产业需要不断提升科技能力,否则其现有的比较优势就会很快失去。所以必须采取必要的政策干预实现现代科技与传统产业的结合,提升其科技能力水平,实现传统产业内部的结构升级。知识经济时代和经济全球化背景下,高生产率和高附加值的产品并不只存在于高科技产业,竞争优势可以体现在产业、产品和生产环节各个层次上。科技知识与传统产业、产品和生产环节的有效结合都可能带来生产效率和产品附加值的提高。因此,健全技术推广机构,加强大学、科研机构与产业的联系,促进科技知识与传统产业的有机结合也是产业结构升级的一项重要内容。

(二)构筑技术创新体系,提升产业自主创新能力

强化国家战略科技力量,打好关键核心技术攻坚战,完善科技创新体制机制,形成以企业为主体、市场为导向、产学研用深度融合的技术创新体系。要着力于提升产业层次和技术水平,尽快掌握一些重要产业的核心技术并提高系统集成能力,形成一批拥有自主知识产权的技术、产品和标准,推动制造业高端化、智能化。

(三)聚焦新一代前沿科技的创新应用,发展壮大战略性新兴产业

抢占未来产业发展先机,聚焦新一代前沿科技和产业变革领域,加快关键核心技术创新应用,鼓励技术创新和企业兼并重组,培育先导性产业和支柱性产业,构筑产业体系新支柱。一是聚焦新一代信息技术、生物技术、新能源、新材料、高端装备、新能源汽车、绿色环保以及航空航天、海洋装备等战略性新兴产业,加快关键核心技术创新应用,增强要素保障能力,培育壮大产业发展新动能。二是深入推进国家战略性新兴产业集群发展工程,健全产业集群组织管理和专业化推进机制,建设创新和公共服务综合体,构建一批战略性新兴产业增长引擎。三是鼓励技术创新和企业兼并重组,防止低水平重复建设。发挥产业投资基金引导作用,加大融资担保和风险补偿力度。四是在类脑智能、量子信息、基因技术、未来网络、深海空天开发、氢能与储能等前沿科技和产业变革领域,组织实施未来产业孵化与加速计划,谋划布局一批未来产业。

(四)推动产业协调发展,促进先进制造业与现代服务业深度融合

构建以国内循环为主体,国内国际双循环相互促进的产业协调发展新格局。近年来,国际力量格局加快变化,我国产业发展的外部环境发生重大改变,国际外部循环受限受阻较为明显。在新时代背景下,产业发展要发挥国内市场优势,以国内循环为主体,把满足国内需求作为产业发展的出发点和落脚点,让发展成果更好地为全民所共享,还要在高水平开放和高质量发展新阶段,更加注重外部循环质量,并通过高水平外部循环带动高质量

国内循环，激活内循环的发展潜能，促进产业协调发展。此外，还要推动先进制造业、基础设施产业，上游关键资源产业，高等教育、金融等现代服务业等各产业部类之间的协调发展，着重推动先进制造业与现代服务业之间的深度融合，提升产业发展水平和产业结构质量效益。

（五）实施绿色制造工程，推动产业绿色发展

实施绿色制造工程，推进绿色工厂、绿色产品，建设绿色园区。加大结构调整力度，坚决遏制高耗能、高排放产业增长，依法关闭浪费资源、污染环境和不符合安全生产条件的企业，淘汰落后生产能力，大力发展环保产业和清洁能源。对项目建设实施更加严格的能耗、水耗、环境、安全、资源综合利用和质量、技术等标准，加快建立淘汰落后产能退出激励机制。大力调整能源结构，积极开发可再生能源。大力发展循环经济，努力构建循环经济体系。

（六）开放发展服务业，促进服务业结构升级

将加快发展金融、保险、咨询、物流等知识型服务业和"生产型"服务业，致力于服务业的结构升级和增强服务业的竞争力，作为调整三次产业结构的突破口。消除服务业发展中仍大量存在的政策障碍和体制障碍，开放服务业市场。推进事业单位改革，积极发展非公有制服务企业。改变当前因事业单位改革滞后而造成大量服务业"体制内"循环的现状；改变当前服务业领域非公有制经济的发展远远落后于公有制的现状，以提高服务业的活力和竞争力。

（七）融合发展乡村产业，推进农业产业化和农村城市化

积极支持农业与现代产业要素的跨界配置，促进农业与关联产业渗透融合，催生新产业、新业态、新模式。一是支持推进"农业+"多业态的融合发展趋势，包括"种植+"林牧渔形成循环型农业，"农业+"加工流通形成延伸型农业，"农业+"文化、教育、旅游、康养等产业形成体验型农业，"农业+"信息产业形成智慧型农业等。二是不断壮大融合主体，造就大批新型经营主体向全产业链、价值链方向发展，形成龙头企业引领、新型经营主体为主、广大农民广泛参与的融合格局。三是创新融合模式，鼓励支持农业"内向"融合，产业延伸"顺向"融合，功能拓展"横向"融合，以及农业与各产业"多向"融合等。四是共建融合机制，推进企业与各类经营主体建立契约式、分红式、股权式等多种紧密利益联结机制，将产业链各主体打造成为风险共担、利益共享、命运与共的联合体。

（八）加快推动数字产业化、产业数字化，全民共享数字经济新优势新成果

加强关键数字技术创新应用，加快推动数字产业化，推进产业数字化转型，打造数字经济新优势，加快数字社会建设步伐，构筑全民畅享的数字生活。一是要充分发挥我国海量数据及其应用场景丰富的优势，促进数字技术与产业经济深度融合，推动数据赋能传统产业全产业链协同转型升级，催生数字经济新产业、新业态和新模式，壮大经济发展新引擎。二是构建完善的产业数字化基础设施，加快产业园区数字化改造，推进服务业数字化转型，推动农业生产经营和管理服务数字化改造。三是促进公共服务和社会运行方式数字化创新，加快数字社会建设步伐，构筑全民畅享的数字生活。

案例

杭州：推动产业数字化，促进产业转型升级[①]

近年来，杭州因地施策，政府引领促转型，着力推动产业数字化，利用互联网新技术新应用对传统产业进行改造升级，从机器换人、智能化改造、企业上云到工业互联网，梯度推进，层层深化，探索出了颇具特色的产业数字化转型之路。

杭州市余杭区双轮驱动实现数字经济高质量发展，传统产业数字化改造已成为该区经济强劲发展的主要引擎。2019年11月，余杭区成立首席信息官俱乐部和智能制造服务商联盟，旨在凝聚制造业企业技术管理高端人才力量，迈出"新制造业计划"新步伐。依托这两个组织，余杭区政府组织各类服务对接活动，持续帮助企业解决改造过程中的重点、难点和堵点。2019年全年，该区共催生数字化改造项目77个、工厂物联网项目89个、"机器换人"项目105个、入选市级制造业数字化改造攻关项目库29个。同时，余杭区政府还开展服务诊断，深层次挖掘企业需求度，立足产业现状，研究制定了《余杭区推进企业智能化技术改造咨询诊断工作实施方案》，拨付专项资金400万元，为中小企业提供"一对一"入户诊断，挖掘企业智能化改造需求。

通过推进数字技术与实体经济融合，赋能传统制造企业转型升级，余杭区内涌现了海的动力、老板电器、西奥电梯、春风动力、运达风电等一大批智能制造示范企业。杭州海的动力机械有限公司是一家生产舷外机（船体外推进式用发动机）的制造企业。2018年，公司斥资2亿多元，新建了海的动力智能制造平台，完成公司智能化改造。智能化装配车间整洁明亮，装配、运输、组装等功能区有序分布。借助平台的自动识别系统，动力2.5马力至85马力的不同产品源源不断从生产线下线，分门别类，各归其位。得益于智能化改造，2020年初新冠肺炎疫情复工复产仅仅两天，该公司就达到满负荷生产。相比2019年同期，已接订单数量增加20%，南美、西欧、俄罗斯等地市场对公司产品需求旺盛，预期能够完成年初制定的海外市场销售增长30%的目标。

萧山是杭州市的传统制造业大区，民营企业数量多、规模大。2018年，萧山有"全国民营企业500强"企业15家，"浙江民营企业百强"企业15家，是浙江省内入围企业数量最多的区（县、市）。全省前十强企业中，萧山占据3席，万向、荣盛、恒逸进入"千亿俱乐部"。在新一轮发展中，虽然萧山错失了培育新产业、新业态的先机，传统产业遇到了发展"阵痛"，但是随着数字技术与实体产业的全面融合，传统产业插上了"数字"的翅膀。截至2019年6月，萧山83个项目列入浙江省重点技改项目，完成投资额46.64亿元；77个项目列入杭州市"机器换人"项目，完成投资额46.14亿元；24个项目列入杭州市工厂物联网和工业互联网试点项目，实现企业上云7 393家，"两化"（信息化、工业化）融合发展指数再创新高。

[①] 根据"浙江：产业数字化助推高质量发展"（浙江新闻网，2020-01-03），"杭州余杭：数字化转型让'制造'走向'智造'，助推企业化危为机"（文汇报，2020-04-22），以及"产业数字化加速萧山传统行业走创新之路"（浙江日报，2019-06-14）等资料整理。

在传统产业数字化的过程中，萧山越来越多的企业从原来的"单脚跳"变为与互联网协作的"双腿跑"：恒逸集团利用产业互联网平台，打造国际一流石化产业集团；萧山胜达包装集团数字工厂3月底投产，引领包装产业的数字化改造；德意电器全业务流程互联网化，产值增加3~4倍；派登洋服开发智能定制软件数据库，全球任何城市都能个性化下单……

数字赋能传统产业，萧山弯道超车、赶超跨越成为可能。根据计划，到2022年，萧山区要实现规模以上企业数字化改造全覆盖，建设示范数字车间30个、示范智能工厂30家，累计实现2万家企业上云。届时，萧山"两化"融合指数将达到100以上，成为全省产业数字化第一区、标杆区。

> 结合本案例，请讨论下列问题：
> 1. 什么是产业数字化？试从产业经济学视角提出你的见解。
> 2. 试分析产业数字化促进传统产业转型升级的作用机理。
> 3. 政府在推动产业数字化、促进传统产业转型升级的政策实践中应当着重注意什么？

本章小结

- 产业结构政策是指一国政府依据本国在一定时期内的具体情况，遵循产业结构演进的一般规律和一定时期内的变化趋势，制定并实施的有关产业部门之间资源配置方式、产业间及产业部门间比例关系，通过影响与推动产业结构的调整和优化，以促进产业结构向协调化和高度化方向发展的一系列政策措施的综合，它旨在促进本国产业结构优化，进而推动经济增长的产业政策。

- 产业结构政策的主要内容包括主导产业政策、支柱产业政策、幼稚产业扶植政策、衰退产业援助政策。主导产业是指对一个产业结构系统的未来发展具有决定性引导作用的产业。支柱产业是一个国家在一定时期内产业体系的主要构成部分，相对于其他产业对经济增长的贡献份额较大的产业。衰退产业是指在正常情况下，在一定时期内，一个国家或地区的某一产业处于产业自身生命周期的衰退期，生产能力过剩且无增长潜力的产业。幼稚产业是指在工业后发国家的产业结构体系中，相对于工业先行国家成熟的同行产业而言，处于"幼小稚嫩"阶段的产业。

- 中国作为发展中国家，政府对产业结构进行干预有一定的必要性，但不是取代市场的功能。中国产业结构调整应该重视发展第一产业和第三产业，重视自主创新和产业科技进步，以及节能减排和产业绿色发展。在产业政策实施过程中要注重发挥市场机制的作用，加强基础设施建设，提高自主创新能力。

关键词

产业结构政策（industrial structure policy）；主导产业（leading industry）；支柱产业（pillar industry）；幼稚产业（young industry）；衰退产业（failing industry）

自测自评

复习思考题

1. 产业结构政策的基本内涵是什么?
2. 简述产业结构政策的基本特征。
3. 产业结构政策的主要内容是什么?
4. 中国应如何有效实施产业结构政策?

延伸阅读

1. 史丹,李鹏.中国工业70年发展质量演进及其现状评价.中国工业经济,2019(9).
2. 邱风,等.地方保护、市场分割与地区产业结构差异化.财经论丛,2015(10).
3. 郭克莎.中国产业结构调整升级趋势与"十四五"时期政策思路.中国工业经济,2019(7).
4. 江小涓.论我国产业结构政策的实效和调整机制的转变.经济研究,1991(2).
5. 马宇,张扬.新中国70周年国家产业政策变迁.产业经济评论,2019(9).
6. 桑瑜.论产业结构演进与产业结构调整——从理论探究到政策延伸,四川大学学报(哲学社会科学版),2015(5).
7. 宋坛,许冰.中国产业结构与就业结构的互动关系及就业政策研究.产业经济评论,2015(7).
8. 陈剩勇,陈晓玲.产业规划、政府干预与经济增长:2009年"十大产业振兴规划"研究.公共管理与政策评论,2014(3).
9. 张杰.中国产业结构转型升级中的障碍、困局与改革展望.中国人民大学学报,2016(5).
10. 黄群慧.改革开放40年中国的产业发展与工业化进程.中国工业经济,2018(9).

第四篇　产业分析 ▶

第十五章　产业分析方法与应用

> **本章提要**
>
> 产业分析日益成为投资机构从业人员、企业经营管理人员、政府职能部门官员等的主要工作内容，产业分析是否到位是其行为决策能否准确制定的基本前提。本章在概述产业分析基本轮廓的基础上，着重介绍产业组织、产业价值链、产业周期、产业环境与产业风险等产业分析内容与方法。

第一节　产业分析概述

本节主要介绍产业分析的主体和对象、产业分析的作用与意义、产业分析基本框架，提供产业分析的一个基本轮廓。

一、产业分析的主体与对象

（一）产业分析的主体

产业分析的主体是指那些需要阅读产业分析报告的人，他们愿意投入人力、物力制作或购买某一产业的分析报告。他们之所以有这样的动力是因为他们是利益的关系者，他们需要正确的分析结论以帮助其做出正确的决策。这些人包括投资机构从业人员、企业经营管理人员、政府职能部门官员等。

投资机构是受托从事投资活动的组织。其从业人员以专业化投资能力参与社会分工，是以自己的知识从事投资业务并获取报酬的组织。投资机构的专业知识主要是对行业机会、长期趋势、发展动力与障碍等正确掌握，这些都需要借助于正确的产业分析方法。他们必须掌握大量的产业分析参数，全面、准确地认识和把握产业走向，以便对投资人说明项目投资的意义与未来的回报；即使他们不需要对每个项目进行说明，也必须正确认识产业趋势，减少投资失误，提高投资的信任度，以此获得高额回报。

企业经营者也会关心产业分析，因为企业需要制定发展战略和经营决策，正确掌握产业发展方向、认识产业发展趋势是正确制定战略的基础。大中型企业和跨国企业更需要产业分析报告，主要是因为它们投资数额巨大，投资周期和回报周期较长，不确定性较高，其参与生产对全局影响巨大，它们更希望有科学的论证为依据。

政府职能部门需要产业分析报告是因为政策支持必须有明确的目的性和执行上的精准性。虽然政府面对着整个经济，但在制定政策时主要通过产业形成传导机制，即使是宏观政策也总是非均衡地影响各个产业。因此，政府十分关心产业受到政策的影响和产业运行的趋势，以使政府的政策目标顺利实现。从这个意义上说，产业分析报告是政府的重要决策依据。

（二）产业分析的对象

产业分析的对象是指构成产业的所有企业行为的总和，也可以称之为行业行为。在市场中，行业行为是由企业行为加总而成的，可以表现为代表性企业的行动，行业指标是企业行为的外在表现。

1. 企业行为

企业在市场中的基本行为是竞争行为和合作行为。竞争行为是企业为了争夺市场、生产资源而付之于实践的行动，是在顾客和资源约束条件下，扩大自身利益、减少竞争对手利益的争夺活动。正因为存在着减少对手的利益，因此出现了避免被减少和战胜对手的竞争动力。合作行为是企业之间的协调行动，在既定顾客和资源约束下协商分割利益的行为。由于企业天然维护自身的利益，因此，企业间合作可持续性往往面临巨大挑战。

企业存在着短期利益和长期利益，形成了短期目标和长期目标，因此，企业的竞争行为和合作行为也会发生改变。短期的竞争行为可能引起长期的合作，或者短期的合作是为了长期的竞争，即行动与目标之间存在着背离，这种行为称为策略性行为。

环境也随企业行为改变而变化。当企业找到新的市场时，企业因为独占市场而不必参与竞争，也就是，为避免竞争而创新，不仅可以回避竞争，还可以扩大市场。企业也可以在扩大资源上实现创新，这不仅可以减少竞争，还可以扩大资源供应量，放松市场整体的约束。这些行为称为创新行为。环境约束的改变也可能会加剧竞争，例如顾客数量减少、资源供应量减少，都会引起竞争升级。

企业的行为总是发生在特定的制度、政策、技术环境之中，它决定着企业的行动成本。当制度和政策环境发生变化，企业的行动成本也必然改变，这时企业会调整其行为。企业也会因对手的行动变化而改变自己的行为。这两种行为都是反应行为，所不同的是，前者是对环境的反应，后者则是对竞争对手的反应。值得关注的是，随着数字、生物新材料等技术创新的日新月异，替代产业以更快的速度涌现，对现有企业形成强烈竞争，甚至颠覆现有产业。因而，技术变革对企业的竞争与合作行为产生了深刻的影响。

2. 行业指标

描述企业行为的加总，就是那些具有抽象意义的经济指标，主要是需求量、供给量、价格、成本、研发投入、利润率等。

（1）需求量。即消费者或下游行业对上游产品数量的要求，它不是实际成交量，表示了对产品数量的需要，其提高会引发产业机会，而其下降则会引发和加剧产业内竞争。

（2）供给量。即企业产量的加总，通常是以成交量或销售量表示，但有时也用企业的没有成交前的产量表示，它表示企业利用产能的情况和对市场供给的影响。其值越大，竞争越激烈；相反，其值越小，市场越宽松。

（3）价格。包括市场成交价格的平均值和样本成交价。价格反映了供求关系和竞争关系，它是很多指标的综合。随着时间变化，这些关系会改变，因此价格也会波动。

（4）成本。即生产企业在产品生产、运输、安装和服务中的支出。每个企业的成本差异较大，因此，在价格竞争中表现出来的价格下降空间也有差别，人们经常把成本作为企业竞争能力的体现。因此，考察和分析成本的意义在于研究产业内竞争关系。就产业而言，行业各企业的平均成本往往具有整体性影响，例如分析供求均衡时，需要考虑产业平均成本。

（5）研发投入。研发既是企业竞争的重要手段，又是产业更新的重要影响因素，研发投入越大，产业更新越快。

（6）利润率。即产业平均盈利能力或企业的盈利能力，它综合了产业创新能力和垄断状态。该指标较高，有可能是产业发展速度较快，也可能是产业垄断势力影响较大。

除了以上六大类指标，还有诸如各种投入、消耗、环境影响等其他指标也可以成为分析产业运行与发展趋势的重要指标。

二、产业分析的作用与意义

对很多人来说，产业分析是有关产业未来发展趋势的评估，其作用与意义在于：通过选取科学的分析方法与视角，把握产业发展的现状与问题、机遇与挑战，获得对产业未来的评估数据，提高对产业发展趋势判断的准确性，加深对产业发展规律的理解，发现产业发展的障碍和主要矛盾。

由于产业运行受到多种因素影响，很多市场参数变化牵一发而动全身，有些参数变化具有全局性影响，有些参数变化的影响是突然爆发的，而此前这些影响十分隐蔽，这些信息的不确定性导致很多决策者的判断失误。产业分析就是为了消除和减少这些不确定因素，使产业信息更加明确以提高经营决策的科学性，降低企业运营风险，提升产业政策的精准性。

（一）预测产业发展趋势

掌握产业发展趋势有助于把握投资方向、投资时机和投资数量。把握产业发展趋势意味着对未来不确定性的控制。对投资者来说，由于投资经常具有不可逆性，因此，对未来趋势的正确认识是减少投资失误的基本途径。产业发展的总体趋势是去掉表面波动、干扰等因素的总体方向，它隐藏在实际数据之中，受到经济运行规律的支配。人们往往被表面现象所迷惑，这样就可能无法正确判断趋势，形成两种投资失误：一种是应该投资却因为暂时的市场低迷而不敢行动；另一种是追逐市场热点，在投资完成以后失去了市场。这两种错误往往会叠加，前期的失误往往会造成后悔，而热点出现后又盲目追入。出现这样的投资错误的主要原因就是重视现象而忽略本质，因而导致对趋势判断的失误。

（二）分析产业发展障碍

产业发展不仅受到其内在规律的左右，还受到多方因素的影响。例如，中国交通需求一直十分旺盛，节假日往往成为交通需求的高峰，但这一产业发展却长期受到技术和制度限制。如通用航空业务的发展就有待于制度的改革和管理技术的提高。当具有瓶颈性的因素消除以后，产业发展将呈现快速上升趋势。这意味着，需求趋势的分析是基础，障碍分析是关键，当清楚地认识到这两个因素以后，一旦制度和技术问题得到解决，产业发展方向的判断就是肯定的。

产业发展障碍的分析可以为制度改革和政策创新提供依据，而这两者又都与政府决策有关。所以，障碍分析可以为政府服务，指导政府如何制定政策和进行制度改革，同时也给投资人提供了这样的信号，即一旦政府决心改革和制定政策时，就意味着产业爆发性增长的时机即将到来。

（三）提供可行性论证支持

投资机构、实体企业需要的产业分析报告，其目的在于论证投资项目，是从发现机会、考察机会和确认机会、评估投资风险方面把握项目。在他们的可行性论证中，引用产业分析数据是不可或缺的，其中就要有权威的产业分析报告，以此阐述项目提出的背景、未来机会和项目形成条件。如果投资项目的技术上、要素提供上都不存在限制，但产业发展趋势却有着不确定性，则意味着项目本身可能会有极大的风险，在这种情况下，产业分析报告在可行性论证中处于一票否决的地位。对项目管理人员来说，产业分析报告还意味着对投资过程的控制，包括产业链关系控制，重要原料、配件和能源的供给控制等。

三、产业分析的基本框架

（一）构建产业分析基本框架的必要性

产业分析是利用产业经济学相关理论和方法就某一产业进行系统分析的过程，是产业经济学理论指导实践的重要拓展，也是产业经济学内容的延伸和实践性发展。要对某一产业进行分析，建立分析框架和分析逻辑是必不可少的，是提高产业分析准确性的重要保证。建立分析框架和逻辑的必要性表现在以下四个方面。

1. 有利于提高产业分析的系统性

一个产业可以看成是由众多的具有某种相同特征的企业及其关联部门构成的系统，是社会经济系统的子系统，由生产企业（包括同类企业或者上下游企业）、配套企业（物流、检测、培训、信息等）以及管理者（政府派出机构或者行业协会）等部门有机组成。从动态角度看，具体产业必然是处于生命周期某一阶段并随着时间推移而发生阶段更替的，在动态更替进程中，产业系统内部的各个部分也将发生变化，进而影响整个产业的绩效。产业具有的系统性特征要求产业分析活动的系统性，这种系统性包括横向和纵向两个维度，前者指在某一时间截面上产业发展的技术经济特征、组织状态、影响因素、产业绩效等内容，后者指从时间序列角度看产业发展的变迁。只有作横向和纵向的系统分析，才能更加前瞻、深刻、全面地分析产业发展趋势和绩效。然而，系统的分析由于分析层次众多和分析客体繁杂，加之产业间差异明显，往往会引起产业分析的碎片化，因此，必须通过构建一个产业分析框架才能有效避免产业分析过程中出现的碎片化问题。

2. 有利于抓住产业发展中的主要矛盾

产业发展过程就是各种各样的矛盾形成与破解的过程，产业发展矛盾无疑会影响其在某一时期的发展绩效。这些矛盾来自国情差异、制度羁绊、要素缺陷、结构失衡等。从国内外实践经验看，在一个国家某一时期，具体产业发展中出现问题必然有其深层次的主要矛盾。矛盾也有自身发展规律，随着时间推移而强化或者弱化，更为重要的是，深层次矛盾往往隐藏于纷乱复杂的表象背后。构建产业分析的框架有利于分析主体抓住这种隐藏其中的主要矛盾。

3. 有利于梳理影响产业发展的主要因素

从表面上看，产业发展受到诸多因素的影响，来自技术、政策、社会、经济、文化以及自然环境等方面的因素都会对产业发展产生长期或短期、局部或全部、深刻或浅层的影响。如何识别某一时期影响产业发展的主要因素及其对产业发展影响的路径、机制与程度是产业分析活动应解决的重要问题。由于影响产业发展的因素来自方方面面，相互之间也不一定存在关联性，而这些因素在不同的发展阶段对产业发展的影响程度也会动态变化，因此，需要构建一个分析框架，把这些因素纳入总体框架中加以系统分析，才能更加有效地识别、梳理影响产业发展的主要因素。

4. 有利于提高产业分析流程的科学性

产业分析的最终价值体现在为金融投资者、企业经营决策者、政策制定者乃至消费者提供高质量的有关产业发展的决策参考。产业分析结论的可信度、有效性是决定能否被采用进而影响其价值高低的根本所在，而要实现产业分析的可信度又是以产业分析流程的科学性为基础的。如何保证流程的科学性？关键就是应该按照产业发展的深层次规律构建产业分析框架，在抓住产业发展灵魂的基础上探寻产业分析的主线。只要有了产业分析的总体框架，就能在产业分析中避免较大偏差，就能过滤掉影响产业发展的噪声，就能理顺产业发展的逻辑关系，最终保证产业分析的可信与高效进而提升产业分析的价值。

(二) 供求分析在经济分析中的地位

市场供给与需求分析是贯穿于整个经济学理论体系的轴心。供求分析为什么会在经济分析中拥有如此地位，其深层原因有两个方面。一是代表生产的供给和代表需求的消费是构成人类社会经济系统的两个基本方面；二是市场经济条件下，供给和需求两种力量是市场得以形成和发挥作用的基本前提。由于交通、通信、技术等原因，在人类"自然经济"发展阶段，生产（供给）与消费（需求）两个环节基本还处于"二合一"状态。到了商品经济（尤其是市场经济）阶段，生产与消费在主体上分离了，而且生产过程中的专业化分工日益精细，此时影响产业发展的因素也就日趋复杂，因为：①生产者与消费者之间存在信息不对称；②表现为同一生产环节企业之间和上下游生产环节企业之间关系的组织形态对产业发展产生重大影响；③在生产者与消费者之间形成博弈关系，比如"当价格下降时，消费者持币观望；反之，生产者囤积惜售"。日趋复杂的影响因素也从另一个侧面凸显了产业分析的重要性。尽管产业发展的影响因素由于生产和消费的社会化而变得日趋纷繁复杂，但是经济活动（包括产业发展）并没有从根本上脱离"供给—需求"主线，只是这一主线呈现出多层次特征，以及影响因素碎片化。因此，在市场机制条件下，供给和需求作为市场的两种基本力量构成了产业分析的基本框架。

主流经济学理论体系中的微观经济学和宏观经济学都把供求分析作为经济分析的基本框架。在微观经济学中，以资源稀缺和欲望无限这一矛盾引出的资源配置为主线，在阐述基本的供求理论之后，构建了分析需求的消费者行为理论以及分析供给的厂商理论，并以供求框架分析了生产要素市场和外部性、公共产品、垄断、信息不充分等典型的市场失灵现象。在宏观经济学中，国民收入决定是宏观经济分析的核心，依据不同的市场假设构建了简单的国民收入决定模型、IS-LM 模型、AD-AS 模型、IS-LM-BP 模型等经典国民收入决定模型，并以此为基础阐述分析短期宏观经济波动以及宏观经济政策作用机理和绩效。作为中观层面的产业经济学，以由生产具有高度替代性产品的企业组成的产业为研究客体，同样应以供求分析为基本分析框架。除了前面所述的生产消费构成人类经济活动基础等原因外，还有以下三个方面原因。

（1）产品的需求与供给是产业形成的基本前提，两者缺一不可。产业之所以称为产业，是因为它是建立在一定规模的产品供给和消费基础上的。显然，一定规模的产品生产和需求对于产业形成都是不可或缺的。比如旅游中的乡村休闲旅游和太空旅游。发端于 20 世纪 90 年代中期的我国乡村休闲旅游在城市化发展到一定阶段后逐步形成了需求量，在乡村卫生、餐饮、交通、住宿等接待能力获得质和量的双突破后才得以形成并进入快速发展的轨道。而当前太空旅游尽管在技术上可行，但其高昂的生产成本与建立在消费效用基础上的支付意愿之间的巨大差异，使得太空旅游仅限于少数身体素质极好的富豪才能享受，而对于一般人群还无法形成供给需求的对接点，因而太空旅游在当前经济、技术条件下还不可能成为一个产业。当然，科技进步将使太空旅游成本大幅下降，同时，居民收入提高后支付能力也将随之提高，太空旅游最终将会发展成为一个产业。

（2）供给和需求的改变决定了产业发展的趋势，反之，必然能从产品供求中找到产业波动的原因。从动态的角度看，不论是产业的兴盛还是衰弱，以及发展进程中发生的波动，都可以在供给和需求两个方面做出追溯，也就是，必然能够从供求两个方面找到引起产业发展动态变化的原因。反之，产业发展外部变量或者内生变量的改变，都会先表现在供给（生产能力、成本、销售范围等）与需求（偏好、数量、品质、种类等）的变化，最后影响下一层次的交易价格、交易数量、技术水平等中间变量，最后影响产业发展规模与绩效。

（3）供求关系反映了产业链中的投入与产出关系，从而是形成产业关联的基础。从产业链角度看，上下游产业环节之间正是按照供求关系建立联系的，也就是，上游环节的供给构成了下游环节的需求。这种错综复杂的供给与需求关系，是影响具体产业生存和发展的重要因素之一。随着专业化分工日益精细、产业链纵向拓展以及横向关联的加强，产业发展日益受到上下游和其他产业发展的影响而波动加剧。因此，必须从产业间的供求关系来审视产业发展，以更为宽泛的视野考察影响产业发展趋势和波动的影响因素。

（三）产业分析的基本框架：供求分析

根据产业分析目标、内容以及流程的内在逻辑，可以把产业分析基本框架按照"因素—市场—绩效—决策"四个层次表示为图15-1。

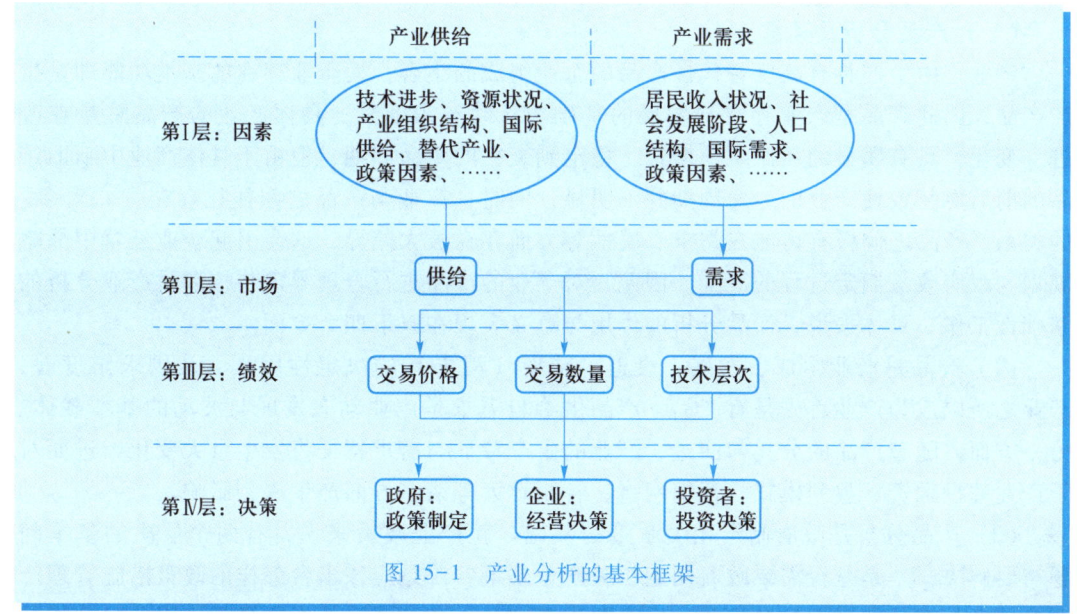

图15-1 产业分析的基本框架

第Ⅰ层为影响产业供给与需求的因素。这一层面在于探析决定产业发展的最深层次原因。影响具体产业供给的因素主要有技术进步、资源状况、产业组织结构、国际供给、替代产业以及政策等,而需求的影响因素主要考虑居民收入状况、社会发展阶段、人口结构、国际需求状况与政策等因素。

第Ⅱ层为供给与需求相互作用形成市场。这一层面是指具体产业供给方与需求方在市场上进行信息交流、讨价还价后形成交易价格和交易数量,同时根据需求方消费需要以及生产方的生产成本确定产品的功能、款式、档次等。这一层面还需要考虑,具体产业市场主体之间的信息特征,这对于市场运作效率有较大影响。

第Ⅲ层为产业绩效。这一层面是指通过供求双方在市场上的较量,产业分析主体对于交易价格、交易数量、产品档次等市场结果进行综合评价,这一环节作为中间变量对于后续决策具有重要意义。同时,在具体评价过程中,只有对这些中间指标进行必要的动态化考察,才能使得分析结果更具有前瞻性与实用性。

第Ⅳ层为分析结论及以此为基础的决策。尽管不同产业分析主体在分析目标上存在差异,但通过产业分析提高决策科学性是他们共同之处。在这一层面,产业分析主体将按照第Ⅲ层面所得出结论进行后续决策。

有必要指出一点,产业分析者观察到产业发展现状往往已经是一种结果,而引致这一结果的原因和机理往往隐藏于结果的背后,因此,产业分析往往是从结果出发进行的一种"追溯式"分析,目标是由表及里探寻背后的原因,归纳产业发展的成功经验或者问题所在,以利于提高后续决策的科学性。

四、核心产品分析

(一) 产品分析及其意义

产业是由生产具有高度替代性产品的企业组成的集合,而企业存在的基本功能即是生产产品,因此产品是产业存在与发展的基础。从动态角度看,具体产业的产品总是在改进、变化,具有明显的从产生、增长、稳定到衰亡的生命周期,但由于具体产业中新旧产品的前后更替致使产业的生命周期并不明显,同时,产业与产品之间往往存在"一对多"的关系,产品之间极有可能在需求、属性等方面存在极大差异,这会引起企业经营中战略规划与政府政策制定过程的混乱。因此,对产业的产品进行合理界定与梳理是产业分析的基础性工作。具体来说,产品分析的作用与意义表现在以下四个方面。

(1) 产品是产业生成、发展、衰退、转型(消失)的决定性因素。从供求角度看,产业之所以成为产业首先是有产品,产品供给与需求是产业动态发展与波动的基本载体。另一方面,随着产品的分化与演进,产业的生产特征与需求特征将发生重大变化,进而对于产业的投融资、盈利模式、营销网络、管制政策等诸多方面产生深刻影响。

(2) 产品分析是政府制定相关政策的基础。就产业政策来说,有两个层次的基本问题需要解决,一是是否需要政府制定相关产业政策?二是应该出台怎样的政策措施管理产业?前者与产品的属性息息相关,后者取决于产业生产和消费的内在机理。因此,分析并确定具体产业的核心产品是什么,以及该产品的属性有哪些,是政府制定科学合理、精准高效的产业政策的基本前提。

(3) 产品分析是企业战略制定的基础。从国内外实践经验看,制定科学合理的发展战略是把准企业发展方向、降低企业经营风险、提高投资回报率的基本条件,而建立在产品分析基础上的产业分析是企业制定战略规划的基础性工作。

(4) 一些新兴产业的产品具有模糊性。随着技术创新步伐的日益加快以及消费的"多元化、高端化、服务化、耐用化"发展趋势,产业门类日益增多。与粮食、服装、水泥、钢铁等传统产业相比,新兴产业尤其是服务性新兴产业的产品具有一定模糊性。如果不能明确界定这些产业的产品,则很难把握产业发展的规律,在某种程度上难以设计商业模式,从而影响进一步的投资机会分析与企业经营战略的制定。

(二) 产品分析的内容与思路

根据产业分析目标和用途,尽管不同分析主体对产业分析的需要有差异,但基本上可以把产业的核心产品分析的内容归纳为以下三个方面。

(1) 产品属性分析。从产品收益的排他性和使用的竞争性两个维度把产品区分为四类,即公共产品(无排他性和无竞争性)、共有资源(无排他性和有竞争性)、自然垄断产品(有排他性和无竞争性)、私人产品(有排他性和有竞争性)。毫无疑问,不同属性的产品在盈利模型设计、产业政策制定以及发展模式选择等诸多方面存在显著差异。比如,相对于私人产品(private goods)在成本和收益上的对称性,公共产品(public goods)会出现明显的"搭便车"现象,这种差异对于公共产品投融资、盈利模式等方面产生了深刻的影响。除了以上用排他性和竞争性的二维属性分析外,也有许多产品被归结为公用事业范畴,要求让全体民众"用得上、买得起",关乎居民生计,这又会对这类产品产业政策产生重大影响。

(2) 产品的收益分析。产业分析主体中的金融投资者、企业经营者对于产业盈利能力分析异常重视,而产业盈利能力及其商业模式设计与产品息息相关,因此产品收益分析是企业决策的重大方面,其收益结构对于产业发展有很大影响。然而,细究而言,产品收益涉及种类差异、收益溢出及其经济伦理关系。①从收益体现内容来看,可以把产品收益区分为经济收益、社会收益和环境收益。经济收益指通过产品的生产、销售获得利润;社会收益包括税收、就业以及对关联产业技术进步的促进等;而环境收益是针对产品生产消费过程在节能减排、生态质量改进等方面而言的。从实践角度看,经济收益可以由产品生产者占有,而社会收益与环境收益往往由社会全体成员获得。②由于各种主客观原因,许多产业中企业存在收益外溢甚至无法享受收益的状况,从社会角度看,尽管收益外溢,但只要社会总收益大于总成本即可。但从企业经营、投资角度看,企业能否获得足够具有产权保证的收益以弥补成本支出是不能不考虑的重要问题。③收益中的合理合规问题。从宏观层面看,社会收益(收入)来源于生产要素的投入,但是产品的收益来源除此以外还有许多其他途径。比如,许多企业依赖于信息不对称、垄断地位、强迫性消费、行贿受贿、破坏生态等途径来增加利润。显然,这些收益在法制健全的社会并不能长期维持,因而在对产品收益分析时,必须明晰收益来源是否合法、是否有悖社会伦理。

(3) 多个产品之间关系分析。具体产业由于资产、渠道、中间产品等多样性使用而往往生产多个产品,范围经济的存在也为多产品生产提供了重要依据。然而,同一产业的不同产品之间在重要性上存在差异,也会对盈利点和定价模式的确定产生重大影响。①核心产品、副产品、增值产品。许多产业拥有多种产品,这些产品有主副之分,也可能是增值性产品。比如说,在现有的技术、经济条件下,垃圾发电产业有两大产品:电和垃圾处理服务。根据历史分析方法可以得出,垃圾处理服务是核心产品,而电只是在垃圾焚烧处理过程中把多余的能量回收利用而已,是副产品。又如电信产业中,提供通话、信息服务是核心产品,而依托信息服务而开发的数据业务是增值产品。②竞争点和盈利点。比如电视产业中的节目与广告,由于节目的收视具有明显的公共产品特征,无法获得有产权保证的收益,但放送节目中集中了公众的注意力,把这种注意力加以利用就可以用来发布广告,而广告发布权是可以获得排他性收益的。另一方面,电视节目越精彩,收视率越高,越受到公众关注,广告发布权的收益就越多。因此,对于电视产业来说,电视节目是竞争点,而广告发布权是盈利点,两者相辅相成。③互补品与替代品。如果具体产业产品之间存在互补与替代关系,那么将会对产品定价策略产生重大影响。对于互补品来说,一种产品的低价低收益可以用其互补品的高价来弥补,而替代品正好与此相反,一种产品的高收益可能会导致其替代品的低收益。因此,不管互补还是替代关系,多产品的定价策略应该实行协调定价模式。

第二节 产业组织形态分析

随着经济全球化与市场化程度的提高,以及交通、通信技术的发展,资源对于产业发展的约束已日渐式微,而产业组织形态却越来越显示出其影响产业发展的重要性。产业内部企业规模大小、市场集中度、上下游企业关系等组织状态对于产业的产品定价、技术创新、品牌建设、业务重组等市场行为存在着决定性影响。另一方面,产业组织形态中竞争强度对于企业盈利能力及其可持续性具有重要影响作用,同时,产业组织形态变化会导致诸如反垄断等方面的产业组织政策调整,进而影响产业发展的总体格局。因此,产业组织分析已经越来越不可或缺,是产业分析的重要内容。

SCP 分析是基于"结构(Structure)—行为(Conduct)—绩效(Performance)假说"形成的产业组织分析逻辑,以市场结构、市场行为和市场绩效来描述产业发展状态,评估一个产业的竞争强度、上下游关系等结构状态,考察产业内企业的市场行为,以把握产业盈利前景,挖掘投资机会。

一、市场结构

市场结构是描述企业所处市场环境的综合性概念,其核心是产业内企业面临的竞争强度。市场结构反映了市场上各种主体间的比例关系,如供给方面的比例关系反映产出的集中程度,需求方面的比例关系反映需求的集中程度,可以从生产需求主体数量、产品差异、进入与退出壁垒等维度分析市场结构。

(一)集中度

集中度分为绝对集中度(CR_n)和相对集中度。在指标选取上可以选择产量、员工人数、资产额,相应地分为生产集中度(销售额、附加值、生产量)、雇佣集中度和资产集中度。相对集中度可用基尼系数计算。集中度与产业竞争强度呈反向关系,可根据市场集中度数值,将产业分为表 15-1 所示的若干类型。

例如,日本 1962 年啤酒业 CR_4 为 100%,为寡占一型,美国 1958 年 CR_4 为 29%,CR_8 为 45%,为寡占五型。从市场集中度看,日本啤酒业倾向于垄断,生产企业具有市场势力,而美国啤酒业面临更为激烈的市场竞争。

表 15-1 市场集中度类型

集中度	CR_4/%	CR_8/%
寡占一型	>75	
寡占二型	65~75	>85
寡占三型	50~65	75~85
寡占四型	35~50	45~75
寡占五型	30~35	40~45
竞争	<30	<40

在具体产业分析中，用集中度来判断竞争强度时应与市场容量（需求）配合使用。当在市场需求爆发式增长的产业中，即使集中度处于较低水平，产业内企业感受到的竞争强度可能较为微弱，反之，在市场容量有限的产业中，集中度较高也未必是强竞争度的必然含义。如 2007—2013 年的中国汽车市场，市场需求快速上升，尽管有德国、美国、日本等众多车企的存在，而市场集中度处于较低水平，但不同品牌汽车企业的实际竞争强度并不高，某些品牌汽车甚至存在较为明显的垄断势力。

（二）产品差异

产品差异包括物理特性、主观差异、服务质量、顾客知识、销售区域、销售活动，它是判断产品同质性的重要根据，主要用交叉价格弹性系数判断。交叉价格弹性系数越大，产品差异性越小，对应企业的竞争行为互相影响越大。产品差异不仅是市场结构的影响因素，也是理解企业行为（非价格竞争）的变量。现在越来越多的研究成果将产品差异看做是企业行为的影响因素。

（三）进入与退出壁垒

进入壁垒是指在位企业与进入企业所承担的成本差异。它的主要影响因素有：①规模经济。这是影响进入成本的重要因素，经济规模要求越高，进入企业为最低产量所需支付的投入越大；同时，经济规模水平越高，相对同一市场规模而言，剩余空间越小，进入的难度也越大。②必要的资本壁垒。这是进入市场的资产投入，与行业资本密度有关。③产品差异。产品差异越大，越难以模仿，越不容易进入。④绝对费用和资源占有。它是指进入时所需要的总费用和控制资源的能力。⑤政策法律。它取决于市场是否开放和是否有允许公平竞争政策倾向。

退出壁垒是指企业从市场上退出的障碍，表现为退出成本的大小。退出成本有下列几项内容：①专用性资产。当企业退出市场时，这部分资产如果不能出售，则会变成沉淀成本，包括资产重估损失和无形资产损失，如果这一损失巨大，会阻碍企业退出市场。②解雇成本，即企业退出市场时需要对员工支付的一系列解雇费用。③政策法律，即企业退出市场时所需要面对的政策法律障碍。

二、市场行为

市场行为是指企业为了获得市场利益而采取的垄断或竞争行为，包括产品定价、市场营销、技术创新、品牌塑造、兼并重组等行为，可以区分为价格行为和非价格行为。

（一）价格行为

价格行为是指企业与价格相关的行为，包括价格竞争，即促进价格竞争的行为和限制掠夺定价的行为；价格协调，即价格协议和暗中合谋。值得注意的是，捆绑式定价、差别化定价行为是现实产业中较为普遍的价格行为。

（二）非价格行为

非价格行为包括产品政策、技术开发、销售活动等。

（1）产品政策。产品政策主要是指企业与产品相关的政策，包括稳定和开发市场的政策即差异化政策、加强实力和应变能力的政策、协调企业关系政策。每一种政策都涉及企业间的关系和企业竞争性行为。

（2）技术开发。技术开发主要包括技术创新方向，即产品创新还是工艺创新；变换程度，即是采取根本性创新还是局部性创新；产品变换频率，即创新的间隔时间长短；产品差异与价格联系；专利制度利用，即是利用他人专利还是实施自己专利的保护策略。

（3）销售行为。销售行为主要包括销售活动，如广告费用（绝对支出与密度）、媒介、广告内容；销售服务，如订货、包装、运输、安装、维修、结算和洽谈；销售组织，如线上销售、线下销售、批发、百货、仓储式商店、连锁店、超市、直销等；销售费用去向，如用于销售组织建立与完善、广告、直接推销活动。这些行为间接地影响着企业的市场份额，影响着企业间的竞争关系和企业间的相互地位。

（三）组织协调行为

企业组织协调行为分为外部协调和内部协调。外部协调主要是卡特尔与企业行动合作。内部协调是指企业并购行为，进一步分为企业合并与企业集团。

企业合并的类型包括水平合并、垂直合并和混合合并，也包括吸收与新建合并，还包括准合并（股票合并）行为。

企业集团是指企业用资本和技术连接起来的多家企业，它会影响到每个企业的独立行动。企业集团的资本比例、集团稳定性、企业内部的行动一致性以及内部交叉补贴都会影响到每个企业的行为。

三、市场绩效

按照产业分析的目标和内容，考虑到产业分析主体差异和数据的可获得性，可以从经济绩效、社会绩效、技术绩效和资源绩效四个方面对具体产业的发展成效和前景进行评价。

经济绩效是产业整体经营状况最为直接的反映，也是产业竞争力和后续发展可持续性的间接观测指标，产业的经济绩效可以用劳动生产率、销售利润率、资产回报率衡量。劳动生产率越高，代表产业的劳动效率越高，应对工资上涨压力的能力越强，从另一个侧面说明该产业在人才竞争中的竞争力状况。销售利润率代表产品附加值水平，指标值越大代表附加值越高，标志着产品更受市场欢迎，应对成本上升压力的能力越强。资产回报率代表产业资本进入该行业的吸引力，相对于无风险债券收益率，资产回报率的指标值越高，进入该行业的吸引力越强，行业发展潜力越大。

社会绩效体现产业对全社会的贡献率高低，具体来说是产业对创造就业岗位、提升税收收入等方面发挥的作用，可用就业弹性系数、亩均税收等指标进行计算。就业弹性系数越高代表该产业单位收入增长率带动就业岗位增长的潜力越大，创造就业岗位的能力越强；亩均税收表示产业税收提升强度，数值越大，税收创造能力越强，对社会的间接贡献越大。

技术绩效体现产业科技进步的潜力和成效，在科技创新日益重要的当今社会，技术绩效不仅代表产业未来发展的可持续性，更是获得和保持产业竞争优势的关键性支撑。具体可用研发投入强度、创新平台数量、发明专利数、国际（家）行业标准制定数等指标衡量某一产业的技术绩效。

资源绩效指的是产业对于土地、能源、环境容量、水等资源性要素利用效率或者耗费强度，资源效率越高的产业应该体现出对自然资源要素更高的集约化利用水平。一般来说，可用单位面积增加值、单位增加值能耗、单位增加值水耗、单位增加值主要污染物排放量来刻画某一产业的资源绩效。

除了以上经济绩效、社会绩效、技术绩效、资源绩效四大类定量分析指标外，还可以从核心零部件技术水平、系统集成能力（包括软件集成）、国际品牌、可选择性和可获得性、目标客户与销售地区结构等方面对某一产业的绩效进行定性分析。值得注意的是，不同的产业主体关注产业绩效的侧重点存在差异，实体企业经营者和财务投资者显然对经济绩效更为关注，而政府则会将社会绩效、资源绩效、产业安全等摆在优先考察的位置。

第三节　产业价值链分析

一、价值体系分析

（一）价值体系的概念

1985年，哈佛大学商学院的迈克尔·波特提出了"价值链"概念，认为每一个企业都是在设计、生产、销售、发送和辅助其产品的过程中进行种种活动的集合体。[①] 所有这些活动可以用一个价值链来表明。在价值链上形成的价值分配结构形成了价值体系。

价值链是基于产业纵向连接关系的一组价值生产环节，其实体是从原料到最终产品的产业链条关系，每个生产阶段不仅完成着实体产品生产，也完成着价值的生产，逐级放大价值，形成了以实体生产链条为基础的价值递增链环。同时，在某一生产环节（或具体到某一产品）存在由创意、研发、设计、制造、销售、售后服务、回收等环节构成的横向产业链条，在当今社会，这一链条日益重要。因此，可把产业价值链区别为纵向产业链与横向产业链，如图15-2。

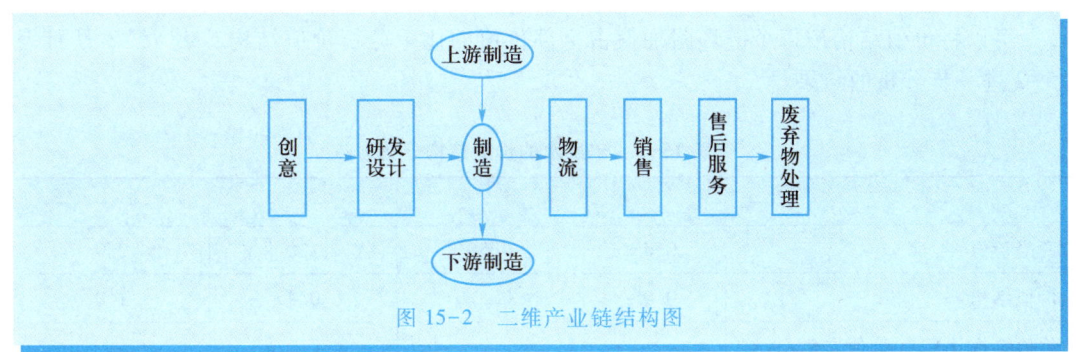

图15-2　二维产业链结构图

价值体系则是价值链上的价值结构。例如矿泉水的价值体系是以矿泉—包装瓶矿泉水—运输后矿泉水—销售点矿泉水上每个价值链环为基础构成，如表15-2所示。

---

① 迈克尔·波特. 竞争优势. 北京：华夏出版社，2005：36.

表 15-2　矿泉水的价值体系

项目	矿泉	包装瓶矿泉水	运输后矿泉水	销售点矿泉水
产品价值	0.05	0.55	1.0	2.0
价值结构	0.05	0.5	0.45	1.0

表 15-2 显示，矿泉水的全部价值为 2.0，由每个链环的价值贡献加总构成，即 0.05+0.5+0.45+1.0=2.0。每个链环上的价值贡献都由本阶段产品总价值减上游产品总价值得出，例如，销售点价值贡献=2.0-1.0=1.0，运输的价值贡献=1.0-0.55=0.45，包装生产的价值贡献=0.55-0.05=0.5，矿泉的价值贡献=0.05-0=0.05。从表 15-2 的价值分布看，销售价值贡献最大，自然资源矿泉价值贡献最小。

如果矿泉是稀缺的，而最终产品价格不能增加，这时会出现价值结构的变化，灌装厂可能必须向矿泉拥有者支付更多的费用。例如装瓶后的矿泉水价值仍然为 0.55，但它向上游支付的价格，即购买矿泉的成本提高到 0.2，它能够创造的价值只能是 0.55-0.2=0.35，而不是 0.5。如果运输企业竞争激烈，运输价格压得很低，例如，降低到 0.3，产品价格不变，则灌装厂获得的利润会增加到（2.0-1.0-0.3）-0.2=0.5，也就是说，如果上游加强了垄断，下游却加强了竞争，这时中间企业可以将由上游垄断造成的损失传递到下游，或者由下游所有链条上的企业共同分摊。

（二）价值体系分析

价值体系是实现产品价值的方式，它决定了产品价值的组成、价值的贡献和价值的高低，因此，价值体系体现了产品价值的构成，也体现了产品价值贡献的结构与比例。在表 15-2 中，最终产品价值为 2.0，每个链环所贡献的价值比例并不相同，但最终产品价值却是由这些比例不等的链环价值加总而成的。价值体系分析就是对各个链环的价值贡献及其产生的原因进行剖析，分析价值链上的价值转移进行分析。

1. 价值体系的结构分析

可以将价值结构按每个链环附加值占全部价值的比重分析价值结构，表 15-3 是对表 15-2 进一步分析的结果。

表 15-3　矿泉水的价值结构分析

项目	矿泉	包装瓶矿泉水	运输后矿泉水	销售点矿泉水
产品价值	0.05	0.55	1.0	2.0
价值结构	0.05	0.5	0.45	1.0
价值结构比例（价值贡献/最终产品价值）	2.5%	25%	22.5%	50%
增加值率（价值贡献/本阶段产品价值）	—	90%	45%	50%

从价值结构比例分析，贡献最大的是销售，其次是矿泉水包装生产，再次是运输，最

后是矿泉。从增加值率分析，矿泉水包装生产获得的增加值最大，其次是销售和运输。

2. 价值创造分析

如果产品经过调整，为客户带来了新的价值，则最终产品价值提高。但这种提高不会均匀地分配给价值链条的每个链环，而只能给那些产生贡献的链环。例如对上例中矿泉水的包装和产品定位加以改进，重新定位的新产品价值提高到 3.0。对新产品销售需要投入人力和创造力，销售参与新创价值的分配；而运输的对象以重量计算几乎没有变化，则其附加值不应有改变；矿泉本身没有变化；贡献最大的是包装瓶矿泉水的生产环节，它和销售环节一同分享新创价值 1.0，而究竟生产和销售谁在新创价值中得到的更多，要取决于双方的投入和贡献。例如，经过谈判双方认定新创价值中各占 50%，则新的价值体系结构如表 15-4 所示。

表 15-4 价值创造分析

项目	矿泉	包装瓶矿泉水	运输后矿泉水	销售点矿泉水
价值结构	0.05	0.5+0.5=1.0	0.45	1.0+0.5=1.5
产品价值	0.05	1.05	1.5	3.0
价值结构比例	2%	33.3%	15%	50%

表 15-4 表明从价值结构分析结果看，销售的价值贡献没有变化，运输和矿泉的价值贡献有所下降，包装生产价值贡献上升。这意味着，当产业链上有创新活动，就有可能通过产业链传递到最终产品，并增加最终产品价值，而有助于产业链条上进行创新的链环都有可能因创新而获得利润增加，而那些没有创新贡献的链环则不会增加收益。

这只是从一件产品的价值分析得到的结论，但创新经常会影响到市场需求，一般会扩大市场需求，这时产业链上的其他链环都可以获得溢出效应，即通过产品数量的增加获得业务量增加并降低了成本、提升了利润。这意味着，如果产业链上存在着创新，不管你所处的链环是否有创新贡献，也仍然需要分析由创新的溢出效应带来的本链环价值和利润的增加。

3. 价值体系内的价值转移分析

有时价值体系的改变不是由创新带来的，而是由产业链上的竞争状态决定的。也就是对终端顾客来说，产品价值并没有改变，但可能由于产业链上的垄断势力分布变化而导致了价值结构的改变，具体分为三种情况。

（1）最终产品价值不变，而产业链条上垄断势力提高。这时会降低没有改变垄断势力链环的利润，增加了具有垄断势力链环的利润。由于不存在产品价格的变化，因此，不存在外部性，其他链环只是在价格谈判时受到垄断势力提升的链环压制，而将利益转移给了垄断势力提高的链环。

（2）产业链条上竞争加剧，形成价格竞争，并通过产业链传递到最终产品，使其价格下降。这时那些没有改变市场势力的链环会搭便车，形成利润扩大效应。那些降低了市场势力的链环要根据价格需求弹性确定整体利润是否增加。也就是说，产业链条上任何链环的竞争都可能使产业链条其他链环受益，同时也会因为价格降低和产量扩大而扩大社会福利。

（3）最终需求提高，产业链的整体垄断势力加强，但分布在不同环节上的价值比例因为市场势力的不均匀而有所改变。例如，由于全球经济增长，特别是人口大国的经济增长，导致了对能源需求的增加。但是，炼油企业的市场竞争激烈，而石油作为战略资源受到国家利益的限制，在通常情况下，这一需求增长带来的价值增长的好处主要为上游资源类企业所获得。即使炼油企业没有增加单位产品的附加值，但外部需求增长仍然会给它们带来总价值的增加。

（三）新价值发现的分析——以创意产业为例

前述是以产品使用价值进行的分析，假设所有人对产品的价值认同度相同。而事实上，由于文化、审美以及其他原因会出现产品价值认同差异。随着社会进步，包含在产品内的价值内容正在从物质意义走向文化意义，观念价值占全部价值的比重越来越高。

创意产业是构造观念价值的产业，它从外观形式上、提供方式上为顾客提供文化上的满足，因此，可以提高产品附加值。例如，将文学作品卡通化，典型的如西游记中的悟空，再将其形象玩具化和运用到其他产品作为商标或者宣传标志。由于人们对形象的喜爱而增加了产品的价值，这一现象有两层含义：一是创意的加入会不断加长产业链条，从而构造出更新、更多的产业链环；二是物质产品生产过程中的创意加入，有可能增加最终产品价值，并提升产业链条上有创意贡献的生产链环价值。

二、价值重心分析

（一）价值重心的概念

价值重心是指在价值体系中附加值比重最大的链环。一般而言，价值重心表示了两个含义：一是最终产品价值的最大贡献者；二是它很大程度上决定了产品特征，并决定了产业链下游的生产方式。例如，当产品确定以后，会形成对应的包装、运输、销售以及品牌运营环节。从这个意义上说，价值重心是最终产品价值的核心，它影响着产业链的整体活动。

（二）微笑曲线

20 世纪 90 年代，我国台湾宏碁集团董事长施振荣提出著名的微笑曲线（Smiling Curve），用一个开口向上的抛物线来描述工厂产业价值链的价值结构，如图 15-3 所示。

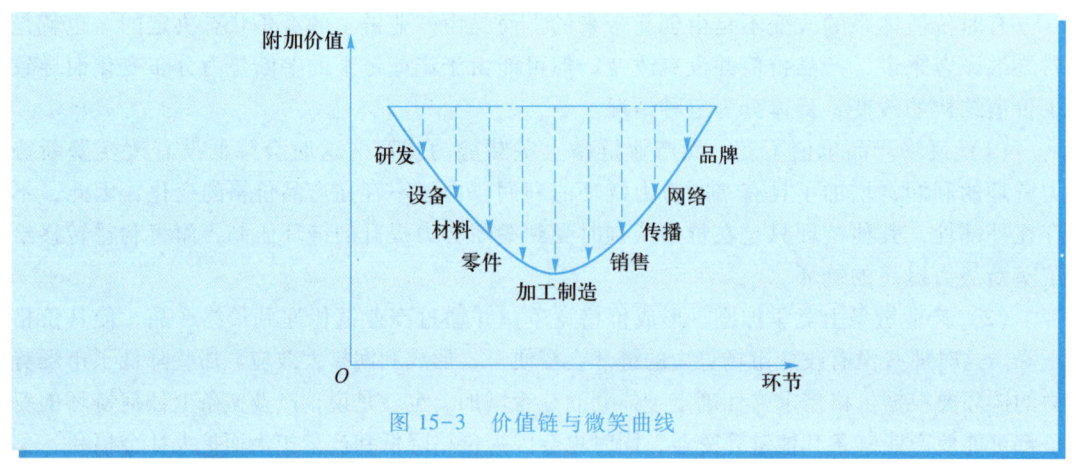

图 15-3 价值链与微笑曲线

微笑曲线描述了产业链条附加值变化规律，按研发、设备、材料、零件、加工制造次序附加值依次下降，之后按销售、传播、网络、品牌次序附加值再依次上升。这样，就形成了各链环与附加价值之间的 U 形关系，即微笑曲线。微笑曲线揭示了一个现象：在曲线的左侧（价值链上游），随着技术研发的投入，产品附加价值逐渐下降；在抛物线的右侧（价值链下游），随着品牌运作、销售渠道的建立，产品附加价值逐渐上升。

微笑曲线表明，一般产业存在着两个价值重心：一是研发和装备的价值重心，另一个是销售网络和品牌经营的价值重心。很多国家都将自己的产业发展战略确定在微笑曲线的两侧，以求自己处于高附加值的产业链环上。而另一些国家，如中国，由于缺少品牌经营能力和技术研发能力，只能暂时选择非价值重心作为自己的发展重点。

第四节 产业周期分析

一、产业周期与产品生命周期

（一）周期的概念

从经济意义上说，周期是指周而复始的波动，即状态的往复。例如，从经济的高峰到低谷，再到高峰；又如，从没有这一产业到这一产业热旺，再到这一产业衰退甚至消失。以销售量表示，从销售量几乎为零，达到高峰以后，再回复到几乎为零。根据是否再次出现相同的一轮波动可以分为产业周期波动和产品生命周期，如图 15-4 所示。

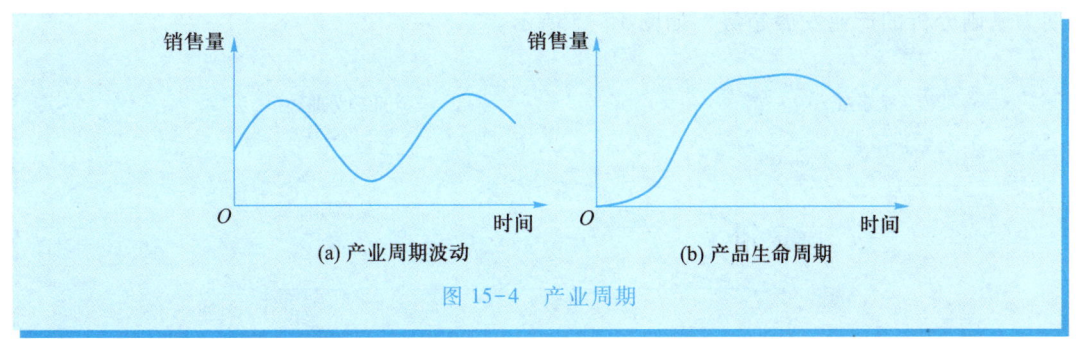

图 15-4 产业周期

由于存在着波动和状态循环，很多产业活动都会受此影响，如竞争强度、供求关系、均衡价格以及企业合作行为，所以周期分析十分重要，特别是对于短期产业活动更有重要意义。

（二）产业周期波动

产业周期波动概括了经济变量多次往复循环现象，其最大的特点是会在时间轴上重复相同的波形，经历几乎完全相同的历史过程。也就是说，每当产业进入波峰时就意味着下一阶段即将进入波谷，而每当进入波谷时，产业就将进入波峰，似乎永远不会结束。

有些产业的周期性明显，可以根据周期的两个特征对产业周期进行认识，一是高波动性,二是周期的完整性。所谓的产业周期明显是指二者居其一。

高波动性是指波幅巨大。以原油价格(WTI,下同)波动为例。从1985年11月的31.75美元/桶降到1986年4月10美元/桶后,世界原油价格度过了相当长一段时间的低油价时代,大部分时间都在10—30美元/桶区间振荡、徘徊。2003年11月后,国际原油价格开始一路振荡走高,2008年7月上涨至147美元/桶,受国际金融危机冲击,2009年1月国际原油价格跌至33.20美元/桶,又于2011年4月升至114.83美元/桶。从2014年6月始,国际原油价格又进入下跌通道,至2015年8月底处于45美元/桶。尽管周期时间跨度不十分一致,但是由于波幅巨大,给产业带来的影响也十分巨大。

周期的完整性是指周期时间长度基本一致,这意味着存在明显的周期性转折,在几乎固定的时间点上出现产业发展方向的变化并且不断重复。即使波幅不明显,但由于周期性完整,使人们容易预测到产业的未来,这种周期可能更有意义。

(三) 产品生命周期

在特定阶段,产品对应着产业,但当某种产品被更好的产品替代(或迭代)以后,产业还将继续发展,原来的产品则退出了历史舞台。我们把特定历史阶段下的产品销售量变化描述为产品生命周期,把若干产品生命周期间的衔接作为产业发展趋势认识的工具,用于产业趋势预测。

产品生命周期由四个阶段构成,即进入期、成长期、成熟期和衰退期。产业生命周期分析的意义在于掌握产业处于产品生命周期的哪个阶段,从较长时间跨度来判断目前产业所处的阶段和今后的发展趋势。

一系列产品生命周期构成了产业发展趋势,可以用包络曲线表示,它是以产品生命周期为基础分析的产业发展趋势,如图15-5所示。

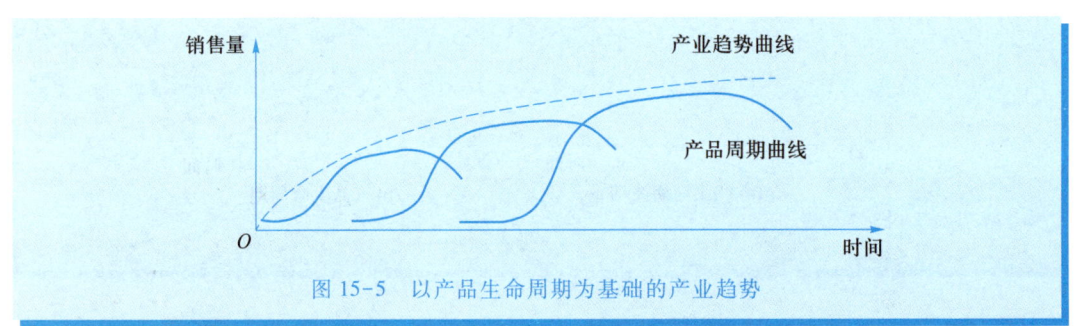

图15-5 以产品生命周期为基础的产业趋势

(四) 产业周期分析的意义

与世界万物一致,产业也存在明显的生命周期特征,在每一个阶段,产业在技术特征、风险强度、规模扩张、市场营销、盈利能力等诸多方面有显著差异,这些差异对政策制定、投资决策、经营策略都会产生巨大影响。对政府而言,针对处于不同发展阶段的产业,制定的产业政策应与这一发展阶段相匹配;对投资者而言,产业发展阶段的变迁是影响其盈利能力的重要方面,应该根据产业发展趋势设定投资预期和投资回报目标;对生产者而言,在不同的产业发展阶段,生产函数和核心要素存在较大差异,应采取与之匹配的经营策略和经营思路。

二、产业波动的周期测定

产业周期最重要的指标是周期长度,而波动幅度往往难以预测。周期长度即周期顶点之间的时间长度,如两个高峰之间的时间长度或者两个低谷之间的时间长度。

第一种周期是季节周期,它的时间长度是固定的,在四季分明的地区,可以分为四个阶段。在现代社会,不仅存在着自然季节周期,还存在着社会性季节,节假日对销售季节性影响更大。例如,客运产业受到春节、"五一"、"十一"等假期影响,火车、汽车客运线路要加开临时班线以满足爆发式增长的客流需要。

第二种周期是宏观周期,也就是产业因受宏观经济周期变化的影响而形成。由于宏观经济周期的原因不同,所以不同产业的周期发生的时间和波幅有所差别,需要对每个产业单独分析。例如,宏观调控使用金融手段,如提高利率,可能对房地产业的影响是直接的,然后再对钢铁等材料行业和电梯等建筑装备产业产生间接影响。宏观周期时间长度可以利用宏观经济分析的结论来确定产业周期。

第三种周期是市场均衡周期,这是产业周期中最重要的周期。

市场均衡是通过产品供求数量和价格调节完成的,但供给量超过需求量时,价格会下降,而当需求量超过供给量时,价格会上升。供求均衡并不是立即实现的,它需要一定的时间调节,这正是价格走向均衡的过程,从而形成波动。

如图15-6所示,当出现需求冲击时,价格会上涨,持续时间为 $T/2$,达到价格顶点会带来利润增加,这会吸引供给进入,此后价格持续下降,直到时间 T 价格恢复到初始水平,完成价格波动的一个全部周期。

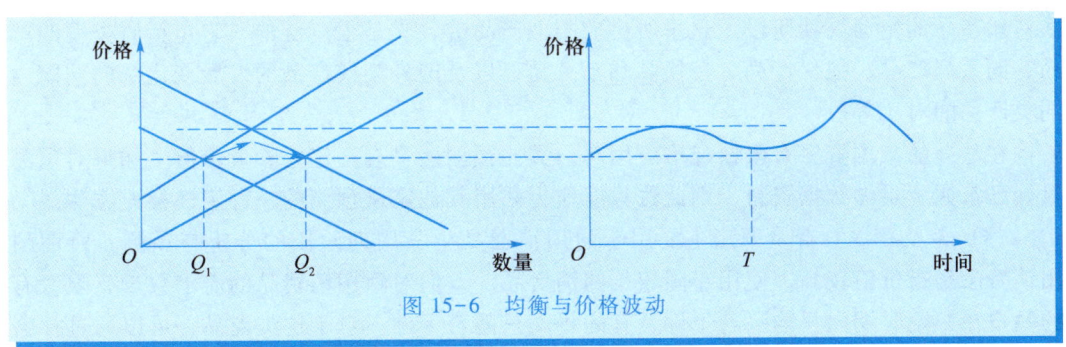

图15-6 均衡与价格波动

供求周期并非一定对称变化。通常需求冲击较小,所以价格上升较慢;而供给冲击较大,则价格下降较快。个别时也有相反情况,即价格上升速度快,而下降速度较慢。如果出现需求减少的冲击,则上述过程相反,但也会形成周期。

如果存在促进需求上升的因素并且人们预期需求会增长,则存在着价格上涨趋势;反之,存在使得需求减少的因素,可以据此判断价格会呈现下降的可能性。例如,2003年起中国的小金属价格快速上涨,原因是中国建筑标准发生了根本性变化,原来对高层建筑使用增加韧性的合金没有要求，但在2003年建设部提出新要求后，人们意识到小金属需求将快速增加，造成了矿产资源价格的大幅上涨。这种制度变化推动了人们的预期变化，促使人们对小金属产业的走向做出新的判断并形成价格波动。

三、产品生命周期分析方法

产品生命周期分析方法的关键在于周期拐点特征的确定，主要方法有以下三类。

（一）经验判别法

所谓经验判别法就是通过一个经验或典型的值作为参考来对产品生命周期阶段进行区分，大致有以下三种方法。

（1）销售增长率法。产品销售增长率法就是用产品销售增长率的大小来判断产品生命周期的各个阶段。产品投放市场的初期，销售增长率缓慢时为导入期，呈快速上升时为成长期，稳定时为成熟期，呈持续下降时为衰退期。销售增长率快慢的具体判断，可参考下列经验数据：在导入期、成熟期产品销售增长率在0~10%之间，大于10%为成长期，增长率小于0则是衰退期。

在采用上述经验数据作为判断产品生命周期阶段划分的标准时，应在较长时期考察销售的趋势，而不能仅以受客观环境影响形成的短期波动来确定。也就是说，有时可能受到某种客观因素的影响，致使产品的销售增长率发生短期的不规则波动，不能据此说明产品销售改变了其产品生命周期。

销售增长率法只是一种定性分析的量化技术，应根据产业具体特征修正拐点阈值，往往需要同其他方法结合使用才有可能达到预期的效果。

（2）类比预测法。类比预测法简称类比法或类推法，用于产品生命周期阶段的分析和预测时，就是与对比产品与相类似的产品生命周期的发展变化规律进行比较分析，以判断对比产品的生命周期阶段。这里所讲的类似产品的含义是很广泛的，它包括同类型的产品、同系列产品、换代产品、替换品和互补品，以及国外某些产品的发展变化倾向同国内同类产品的对比等。

在掌握的数据资料有限情况下应用时，类比预测法具有一定的参考价值。如果对预测目标已掌握了足够数据资料，则此法只能作为采用其他定量预测的一种定性补充方法。

（3）普及率法。普及率法主要用于耐用消费品生命周期阶段的分析与预测。所谓耐用消费品是指价值较高、使用年限较长的消费品。人们对耐用消费品的需求数量有限，有的每户在一定时期内只购买若干件，有的每人只需若干件。对于这类商品，可以通过社会拥有量、社会普及率等方法来测算产品生命周期所处的阶段及社会需求量。

利用耐用消费品平均普及率数据，可以大致判断其产品生命周期所处阶段。下列经验数据，可供判断时参考：当家庭普及率在5%以内时，可视为导入期，5%~50%为成长前期，50%~80%为成长后期，80%~90%为成熟期，90%以上则已基本满足市场需求，逐步转入衰退期，如无新产品代替，市场需求将稳定在某一水平。

（二）数学模型法

数学模型法是指通过建立数学模型来拟合或推断产品生命周期各个阶段的方法，主要有以下几种。

1. 龚伯兹曲线法

龚伯兹（Comperz）曲线法，是一种纯粹的数学方法。其数学思路是用 S 形生长曲线（龚伯兹曲线）拟合产品生命周期的典型状态曲线，从而对产品生命周期进行识别。

龚伯兹曲线的数学模型为：

$$\lg y_t = \lg k + (\lg a) \cdot b^t$$

（1）参数估计将动态数列均分三组，每组各有 N 个观察值。分别计算各组观察样本的对数值 $\lg y$ 并求和。

（2）识别原则是产品生命周期阶段通常以效率的显著变化作为各阶段的分水岭。根据 S 曲线的变化特征并利用参数 a、b 的估计数值，可以实现产品生命周期阶段的理论估计：

① $\lg a > 0$，$b > 1$，产品生命的导入期阶段。其表现是：产品设计尚未完全定型，产品性能和产品质量不够稳定，生产成本较高，产品市场占有率低，销售缓慢成长。

② $\lg a < 0$，$0 < b < 1$，产品生命周期的成长阶段。其特征为：产品设计基本定型，生产工艺和质量趋向稳定，批量生产，销售快速增长，市场占有率持续扩大，利润不断增加。

③ $\lg a < 0$，$b > 1$，产品生命周期的成熟期阶段。该阶段市场逐渐饱和，销售稳中有降，市场竞争加剧，企业利润稳定。

④ $\lg a > 0$，$0 < b < 1$，产品生命周期的衰退期阶段。其表现为：市场基本饱和，生产能力过剩，销价竞争加剧，市场占有率收缩，销售出现负增长，积压滞销，利润下降。

2. 模糊数学法

模糊数学法是以产品销售量、市场占有率和利润率为识别指标使用模糊方法对产品生命周期进行识别，具体步骤如下：

（1）首先建立隶属函数，这是模糊数学中描述某一个元素属于某一个集合的特征函数，它可以反映各个指标的不同状态，可以将这些不同状态综合，形成用特定函数所表达的不同产品生命周期阶段的模糊集合。

（2）求出这些不同阶段的隶属度，即某一个元素属于某一个集合的程度，用以描述元素的阶段特征。

（3）然后根据最大隶属度原则（模糊数学中一种识别元素属于集合的原则，某一个元素对于不同的集合有不同的隶属程度，哪个隶属度大就判定该元素属于哪个集合）对生命周期阶段进行判断，哪个隶属度最大，就属于哪个阶段，从而完成对产品生命周期的识别。

龚伯兹曲线法是根据典型的产品生命周期曲线进行拟合，但由于产品生命周期曲线并不总是遵循这种曲线进行，因而不具有通用性。模糊数学法的缺陷主要在于建立隶属函数的困难，因为其中涉及经验点的选择问题；其次，该方法采用指标要素较少，整体性不足，所以需要更全面的考虑。

（三）联合预测法

联合预测法的应用范围比较广泛，除用于产品生命周期的分析预测以外，在其他预测领域的应用也较为普遍。

人们在进行预测的时候,往往是从众多的可行预测方法或预测模型中选择认为最适合预测对象的一种方法。20 世纪 70 年代,西方一些预测专家对上述传统的做法进行了改进,创建了联合预测法。联合预测法就是以简单算术平均或加权平均的方式,将两种或两种以上的可行预测方法或预测模型所得出的预测结果进一步综合起来,将其作为最终结果。

对于联合预测结果的精确度问题,从理论上讲,由于这种方法的最终预测值是平均数,所以其精确度不可能是最高的,它比所采用的几种预测方法中精确度最高的要差,而比精确度最低的那种要好。既然它是平均数,无疑将几种方法的预测结果,起到了"中和"作用。可见,只有当预测者对所采用的几种方法的预测结果难以准确地评价,才采用联合预测法。如果能判断每种方法的预测误差,则采用多种可行方法中预测误差最小的那一种方法为好。

第五节 产业环境与产业风险分析

一、产业环境分析

产业环境分为宏观环境和微观环境。

(一) 宏观环境

宏观环境又被称为一般环境,是行业内所有企业都必须面对的环境,对一个产业形成、发展有重要影响。PEST 分析法是大家较为认可的宏观环境的分析工具,它通过政治的(Politics)、经济的(Economic)、社会的(Society)和技术的(Technology)角度从总体上把握宏观环境,并评价这些因素对产业发展的影响。

(1) 政治法律环境。政治环境主要包括政治制度与体制、政局、政府的态度等。法律环境主要包括政府制定的对企业经营具有约束力的法律、法规,如反不正当竞争法、税法、环境保护法以及外贸法规等。政治、法律环境实际上是和经济环境密不可分的一组因素。当政治制度与体制、政府对企业所经营业务的态度发生变化时,企业的经营战略必须随之做出调整。处于竞争中的企业必须仔细研究政府和商业有关的政策和规划,如研究国家的税法、反垄断法以及取消某些管制的趋势,同时了解与企业相关的国际贸易规则、知识产权法规、劳动保护和社会保障规定等。这些相关的法律和政策能够影响各个行业的运作和利润。

(2) 经济环境。经济环境是指一个国家的经济制度、经济结构、产业布局、资源状况、经济发展水平以及未来的经济走势等。构成经济环境的关键要素包括经济增长趋势、利率水平、通货膨胀程度及趋势、失业率、居民可支配收入水平、汇率水平、能源供给成本、市场机制的完善程度、市场需求状况等。由于企业是处于宏观大环境中的微观个体,经济环境决定和影响其战略的制定。经济全球化还带来了国家之间经济上的相互依赖性,企业在各种战略的决策过程中还需要关注、搜索、监测、预测和评估本国以外其他国家的经济状况，包括利率、通货膨胀率、就业率、人均 GDP 的长远预期等。

（3）社会文化环境。社会文化环境是指产业所处社会的民族特征、文化传统、价值观念、宗教信仰、教育水平以及风俗习惯等因素。构成社会环境的要素包括人口规模、年龄结构、种族结构、收入分布、消费结构和水平、人口流动性等。其中人口规模直接影响着一个国家或地区的市场容量，年龄结构则决定消费品的种类及推广方式。值得注意的是，当前我国人口数量、质量与结构均处于明显的拐点与调整时期，对于农业、制造业、商业、旅游等产业影响已经日益显现，因此，对人口因素的分析应成为产业环境分析重要内容。

每一个社会都有其核心价值观，它们具有高度的持续性，这些价值观和文化传统是历史的沉淀，通过家庭繁衍和社会教育而传播延续的，因此具有相当的稳定性。每一种文化都是由许多亚文化组成，它们由共同语言、共同价值观念体系及共同生活经验或生活环境的群体所构成，不同的群体有不同的社会态度、爱好和行为，从而表现出不同的市场需求和不同的消费行为。

（4）技术环境。技术自然环境不仅包括发明，还包括与企业市场有关的新技术、新工艺、新材料的出现以及应用背景。在过去的半个世纪里，最迅速的变化就发生在技术领域，众多大型高技术公司的崛起改变着世界和人类的生活方式。同样，技术领先的医院、大学等非营利性组织，也比没有采用先进技术的同类组织具有更强的竞争力。

（5）自然环境。近年来，我国企业海外投资日益高涨，但由于对东道国自然环境重视不够使得项目遭遇搁浅而带来巨大损失，尤其是部分投资于矿产资源的项目，更呈由于当地气候、地形、地质因素信息调查不足而遭受损失。

（二）微观环境

在产业运行过程中，最直接影响行业的因素是竞争强度，因此将所有引起竞争的因素概括为具体的产业环境，这种环境的关键方面是参与竞争的某个或某些企业行为。产业微观环境的分析重点是该产业内部企业之间在经营上的差异以及这些差异与它们的战略地位间的关系。分析前者的常用工具是波特的"五种力量模型"，同时，也充分考虑了"其他利益相关者"因素，称为行业"六力模型"。按照波特的观点，一个行业中存在着五种基本的竞争力量，即潜在竞争对手、现有企业之间的竞争、替代品的威胁、供应商的讨价还价与买方的讨价还价。如果在这五种竞争力量的基础上加入"其他利益相关者"，则构建了"六力模型"。

（1）潜在进入者威胁。所谓潜在进入者是指随时可能进入某行业而成为竞争者的企业。由于潜在进入者的加入会带来新的生产能力和物质资源，并要求取得一定的市场份额，因此对产业内现有企业构成威胁，这种威胁称为进入威胁。进入威胁的大小主要取决于进入壁垒的高低以及现有企业的反应程度。

（2）现有企业之间的竞争。现有企业间的竞争是指产业内各个企业之间的竞争关系和程度。如果一个产业内主要竞争对手势均力敌，产业内企业数目较多，产业内部的竞争必然激烈，在这种情况下，某个企业要想成为产业的领先企业或保持原有的高收益水平，就要付出较高的代价；反之，如果产业内只有少数几个大的竞争者，形成寡占状态，企业间的竞争便趋于缓和，企业的获利能力就会增大。

（3）替代品的压力。替代品是指那些与本产业产品具有相同功能或类似功能的产品。如糖精在具有甜味的功能上可以成为糖的替代品，飞机在提供远距离运输的功能上是火车的替代品。

（4）供方的讨价还价。供方是指企业从事生产经营活动所需要的各种资源的供应单位。它们往往通过提高价格或降低质量及服务等手段，向产业链的下游企业施加压力，以此来获取尽可能多的产业利润。

（5）买方讨价还价的能力。作为买方（顾客、用户）必然希望所购产品物美价廉，服务周到，且从产业现有企业之间的竞争中获利。因此，它们总是为压低价格，要求提高产品质量和服务水平而同该产业内的企业讨价还价，使得产业内的企业相互竞争残杀，导致产业利润下降。

（6）利益相关者的影响。政府机构以及企业的股东、债权人、工会组织等其他利益相关者群体对产业竞争的性质与获利能力也有着直接的影响。

二、产业风险分析

（一）产业风险的含义及其危害

所谓产业风险即产业受到技术、环境、制度和政策的影响而出现产业整体衰退并造成损失的现象。

产业风险不是个别企业倒闭或者退出市场，或者企业出现风险的现象。个别企业的行为由企业自身决策决定，是市场优胜劣汰的结果；而产业风险则是整体产业出现衰退乃至消失的危机，是非市场因素作用的结果。

产业风险所造成产业整体衰退将导致大量专用设备闲置或者亏损销售，形成沉淀成本，这有可能引发债务危机。产业整体衰退还会导致大量失业，引发经济增长性危机和政府的财政危机，带来一系列的社会问题和冲突。

（二）产业风险形成的原因

产业风险分为技术风险、国际贸易风险、环境风险、制度和政策风险。

（1）技术风险。在新产品不断更新换代的条件下，一些产品会整体为其他产业所取代。例如，基于互联网技术的微信、QQ等即时通信方式对于传统有线电话与移动电话业务造成重大冲击；同样基于互联网技术的淘宝、京东商城等在线零售，重创传统线下零售，甚至导致某些零售业者直接退出市场。一般来说，技术风险是可以预期的，退出过程相对缓慢，对产业整体影响是一个量变到质变的过程。然而这种转换具有不可逆转性质，损失一旦形成便无可挽回。

（2）国际贸易风险。在国际贸易活动中，一些国家的比较优势受到其他国家比较优势的影响而降低，或者受到贸易壁垒因素影响，使本来可以顺利发展的产业受到限制。其中比较优势的改变是可以预期的，变化比较缓慢，但市场信号并不明确；而贸易壁垒则经常是突然的，企业来不及调整，对产业具有系统性负面影响。

（3）环境风险。很多产业受到原料、能源供给以及土地、自然环境等的限制，无法继续生产而出现产业整体衰退。如原料严重短缺、能源供给紧张，导致企业无法正常开工。在生产环境受到严重破坏以后，也可能引起产业的整体衰退。由于自然环境受到破坏，短期中难以恢复的产业生存环境是最重要的环境影响因素。

（4）制度和政策风险。在产业受到制度或者政策性限制时，产业会迅速衰退。如果这种制度或政策性限制与地区竞争结合起来，可能会出现时效性更强的结果。我国经常出台"关停并转"的政策，会明显地影响到地区产业。例如，我国煤炭安全制度十分明确，但有些地区为了发展经济，对安全制度重视不够，造成重大事故以后，会形成严格执行制度的政策，并引起地区性煤炭产业的关停。

（三）产业风险预测及方法

产业风险的出现多有前兆，如果能够对相关信息加以综合，可以预见到产业风险。例如，浙江某地是中国木器产品生产的聚集区，此地不生产木材，依靠便利的交通运输购进原料。当地政府认为，大规模生产下的原料供应缺乏可能会产生原料供应上的风险，一旦出现交通或者原料地的限制，则会造成巨大的产业灾难；同时，森林资源在我国十分稀缺，存在着出台限制开采制度的可能性，制度性产业风险比较明显。综合来看，尽管产品竞争优势明显，但由于产业规模扩张过快，本地经济对它的依赖性过强，未来的风险可能更大。为避免产业风险，他们提出向电器产业升级的战略设想。

可以从定性和定量两个方面来预测与评估产业风险。层次分析法（analytic hierarchy process，AHP）是一种定性和定量相结合的方法，在严格的假定下，运用逻辑严密的数学工具，综合考虑不同的层次解决产业风险评价的问题。层次分析法于1977年由美国匹兹堡大学的运筹学家萨蒂（T. L. Saaty）提出。层次分析法的基本思路是将系统问题先分解再综合，具体可分为如下七个步骤：①广泛搜集决策方案，最终确立产业风险分析的总目标、分析的范围、所要采取的措施和政策、实现目标的准则和各种约束条件；②按因素的优劣和目标的不同，将系统分层，建立一个多层次的递阶层次结构模型；③对指标体系和结构模型进行评价，并对各个指标的重要度进行分配；④构造两两比较判断矩阵对矩阵运算，用每个指标评价某下一个层次中各个元素的优劣并计算其重要度；⑤对判断矩阵进行一致性检验；⑥计算各层次对产业风险合成的重要度，进行总排序，以确定递阶结构中最低层，即方案层各个元素对总目标的重要度；⑦分析检查所有结果，确定产业风险程度并对细分项目进行分项分析，为管理者提供决策依据。

近些年来，随着计算机科学的发展，基于演化仿真的可视化建模技术逐步应用于产业风险预警和评估，如于1986年由鲁姆哈特（Rumelhart），欣顿（Hinton）和威廉姆斯（Williams）为首的科学家小组完整提出来的BP神经网络（back propagation neural networks），即反向传播神经网络理论在产业风险分析应用逐渐流行。

本章小结

- 产业分析报告是提供给那些以此为依据获得利益的主体。科学的产业分析可以使利益主体获得对产业未来的评估数据，提高对产业发展趋势判断的准确性，加深对产业发展趋势的理解，发现产业发展的障碍。因此，产业分析不仅可以成为一种职业技能或职业，甚至可以成为一个行业。

- 产业分析有着相对固定的程序与内容，通过分析背景、分析目标、分析提纲以及专家与用户的评定等基本流程，可以简化工作，形成相对比较规范的分析结果。
- SCP分析是以结构—行为—绩效假说形成的产业组织分析方法，以市场结构、市场行为和市场绩效来描述产业组织状态，重点应在于绩效分析。但为了预测绩效，应对产业行为和市场结构进行分析。
- 产业价值链分析是重要背景和基础性分析，可以为产业分析提供产品的价值组成、价值贡献和价值高低等纵向关系的分析结论，从产业链角度找到产业发展的重点环节。其重点是产业价值重心分析。
- 产业周期分析，分为产业周期性波动分析和产品生命周期分析。产业周期性波动最大的特点是会在时间轴上重复相同的波形，经历相似的历史过程；产品生命周期一般由四个阶段构成，即进入期、成长期、成熟期和衰退期。
- 产业风险是产生产业危机的重要原因，敏感性分析是对外部重要影响的变化的分析，产业风险分析则是对产业整体风险的因素分析，对产业变化的把握有着重要意义。

关键词

产业分析（industrial analysis）；价值体系（value system）；价值重心（centre of value）；产业周期性波动（periodic fluctuation of industry）；产品生命周期（products life cycle）；产业风险（industrial venture）

复习思考题

1. 简述产业分析的重要性。
2. 产业分析的基本框架是什么？为什么？
3. 运用价值链分析方法，结合我国计算机产业在全球生产网络中的地位，分析该产业应如何升级。
4. 产业生命周期分析方法主要有哪些？各种方法有哪些优缺点？
5. 请结合我国能源产业数据进行产业分析，指出未来可能的技术变化与产业危机。

延伸阅读

1. 金通. 垃圾焚烧产业：市场结构与价格机制. 北京：经济管理出版社，2008.
2. 张文魁. 经济学与经济政策. 北京：中信出版集团，2018.
3. 查德·西维尔森. 生产率的决定因素. 比较，2017（2）.
4. 周新生. 产业分析与产业策划——方法及应用. 北京：经济管理出版社，2005.
5. 张炳江. 层次分析法及其应用案例. 北京：电子工业出版社，2014.

第十六章 产业分析报告写作规范与范本

> **本章提要**
>
> 本章从报告标题、产业定义与外延、产业现状描述、产业分析核心内容、分析结论五个方面阐述产业分析报告的基本构成要素及其要求。选取煤炭企业经营战略、新时期特色农业、水泥产业需求的分析案例作为产业分析报告范本。

第一节 产业分析报告的基本构成要素及其要求

产业分析报告是产业分析活动的书面成果，凝结了产业分析人员的劳动和智慧，是分析活动质量高低的最终检验载体。一份高水平的产业分析报告应告诉读者关于某一产业系统分析的分析范围、数据来源、分析方法、分析逻辑和最终结论与建议，显然这些信息需要通过产业分析报告各个部分加以综合体现。因此，高质量的产业分析报告是其基本构成要素及其之间的合理组合。产业分析报告应该包括以下基本的构成要素：

一、报告标题

产业分析报告的标题是对产业分析客体、分析目标、分析视角、分析层次等信息的综合体现，通过产业分析报告的标题，读者能够大致明确分析的时间跨度、分析重点、目标内容和要求等基本信息。产业分析报告的标题应该按照"信息明确、重点突出、语言简练"的基本原则加以凝练。

二、产业定义与外延

尽管产业经济学对于产业有严格的定义，但在具体产业分析的应用中，产业边界往往是模糊的，尤其是日益增加的产业融合和科技创新使得许多新兴产业内涵较难把握，如果不在产业分析前加以明晰，将对数据采集、分析逻辑、结论的准确性等造成不利影响。在清楚界定被分析产业定义后，应明确所讨论产业的外延，即包括哪些产品或服务。例如，对电力产业的分析，不仅包括火电，还包括水电、核电、风电和其他电力，其标准是从需求角度看，产品具有同质性。对于产业定义与外延界定应该保证产业分析报告的读者明确拟分析产业的产品有哪些，产业边界是清晰的，也就是说，某一种产品是否涵盖在拟分析产业中是没有异议的。

三、产业现状描述

产业现状描述分为一般性产业总体状况的描述和产业的关键性状况描述。前者旨在为分析产业发展的长期趋势奠定基础,以利于从趋势上发现产业未来的走向;后者的目的在于对影响产业的关键性因素进行把握,以便发现和确认产业的转折点。产业现状描述既有事实性描述,也可以看做是对产业未来发展趋势估计的假说。总之,产业现状描述是产业分析的逻辑起点和基础,只有对产业现状作透彻分析,才能对产业发展的规律、制约因素、主要矛盾有清晰的把握。有时,为了更好地分析产业现状,需要对产业发展的历史作简要梳理。

四、产业分析的核心内容

围绕一个产业所进行的分析有许多角度,也有不同的层次,因此不太可能面面俱到地对具体产业做出分析,往往只能抓住某一个或者几个方面作深入剖析,得出分析结论。这一部分是产业分析的核心内容,分析是否到位直接影响整份产业分析报告的质量。因此,产业分析报告的核心内容,应该在现状分析的基础上,收集尽可能充分的产业资料,选取科学合理的分析方法,依据清晰的分析逻辑,对产业分析的客体做出细致分析。产业分析核心内容应该做到数据充分、逻辑清晰、方法得当、分析透彻、上下连贯,既要强调分析的严谨性,又要注重分析的理论支撑。本部分有两点需要注意,一是产业分析多以案例分析、实地调研、比较分析等方法为主,不宜追求复杂、深奥的分析方法;二是产业分析报告不必专辟章节阐述相关理论,理论只是内含于报告内容中。

五、分析结论

产业分析报告的落脚点在于清晰明了、通俗易懂且具有实践操作性的分析结论与建议,这也是整份产业分析报告的价值所在。分析结论在语言表述上应该按照产业分析的服务对象做出调整。产业分析的目的无非是政府制定政策、企业制定发展战略或者经营决策、投资者选择投资领域和时机。但是产业分析的适用主体不同,分析结论的语境、内容、重点等都将存在差异,应该遵循适用主体和分析结论在写作方式上的一致性。值得注意的是,分析结论的可信度并不由其本身决定,而取决于产业分析方法、数据、逻辑等前置要素。

第二节 范本一:TH 控股公司煤炭产业纵向一体化经营战略分析

TH 控股公司是一家资金实力极为雄厚的民营企业。随着公司经营规模的壮大,为了进一步拓展公司业务,经董事会研究决定,公司计划逐步进入煤炭产业领域,总投资约为 300 亿元。鉴于民营企业进入煤炭产业的特殊性和复杂性,公司专门就煤炭产业的经营战略做系统研究和分析,本分析报告重点阐述公司煤炭产业环节的选择,架构煤炭业务的整体经营框架。

一、影响煤炭工业纵向一体化的三大因素

我国的煤炭工业进入了一个新的历史时期,其技术经济特征与以往比较也存在明显差异,在这样的背景下,煤炭工业的发展模式和产业组织形态也将随之改变。

(一)煤炭价格预期与煤炭工业纵向一体化

煤炭是煤炭企业的原料基础,煤炭价格的变化对于煤炭企业的运营有重大的影响,给煤炭企业带来更大的不确定性。煤炭价格上涨预期将增加煤炭供给方违约激励,从而影响煤炭加工企业的原料供应的稳定性。在完善的市场机制条件下,违约行为取决于违约的成本-收益权衡,当煤炭价格上涨时,违反煤炭供给合约的收益增加,从而提高了违约激励。

传统煤炭工业的核心环节是煤炭的采掘,显然,煤炭价格的上升对于煤炭企业来说将增加它们的盈利能力,进而扩大整个煤炭工业的规模,促进煤炭工业的进一步发展。然而,现代煤炭工业的核心环节已经从采掘逐步转向加工环节,其发展更多地依赖煤炭加工环节的发展。在这样的大背景下,煤炭价格的上升对于煤炭工业来说是把"双刃剑",对于煤炭加工企业将带来较大的不确定性,进而反过来影响整个煤炭工业的健康、持续、快速发展。

根据纵向一体化的基本理论,化解煤炭价格上涨带来的不确定性的基本路径是煤炭工业的纵向一体化发展,具体来说就是煤炭加工企业对煤炭采掘环节实施后向一体化,拥有煤炭采掘环节的煤炭加工企业能在盈利能力的预测、煤炭供给等方面有效地降低煤炭加工项目的经营风险。

(二)煤炭运输与煤炭工业纵向一体化

我国煤炭资源总量丰富,分布广泛。从我国的区域角度来看,以2004年为例,中国各区域煤炭产量分布如下:华北39%,东北10%,华东18%,中南12%,西南11%,西北10%,可见中国煤炭生产主要集中在中西部。与此不同,我国煤炭消费布局与煤炭资源布局呈逆向分布状态,主要集中在东部和南部地区,尤其以环渤海经济圈、长江三角洲和珠江三角洲地区最为集中,消费的煤炭分别占了全国总消费量的32%、23%和10%。因此,我国煤炭资源分布的总体格局:北富南贫,西多东少,煤炭的赋存量与经济发展呈逆向分布。因此,"北煤南运、西煤东运"的格局将长期存在。于是,煤炭运销链环节中的流输通道成为煤炭供需平衡的关键所在。

我国煤炭运输的基本特征是:①在很长的一段时期内,煤炭运输将是我国煤炭工业总体发展的瓶颈;②煤炭运输成本是煤炭到岸价格的重要组成部分,其高低、波动直接影响煤炭下游企业的财务状况;③由于存在"数量大、距离长、衔接多"的基本状况,我国煤炭运输过程充满了不确定性。毫无疑问,煤炭运输的上述特征对于煤炭工业的发展具有重大影响,包括:①煤炭运输的瓶颈增加了煤炭下游企业原材料供给的稳定性;②煤炭运输中的不确定性导致了煤炭运输成本的波动,从而造成煤炭加工项目的财务风险。

煤炭运输对于煤炭工业发展的影响无疑是重大的,也是众多煤炭企业所不能回避的。

根据基本的纵向一体化理论，煤炭企业对于煤炭运输瓶颈在产业组织形态上的反应就是煤炭企业对于煤炭物流的纵向一体化。

（三）煤炭加工技术进步与纵向一体化

随着经济的发展和技术的进步，煤炭工业的核心环节已经由采掘逐步转向煤炭的加工，而煤炭加工需要技术的强有力支持，煤炭加工技术的研究开发是未来煤炭企业行为的重要方面。煤炭加工技术的研究开发和产业化不仅需要大量的投入，其产业化也将面临极大的不确定性，因而煤炭加工企业在获得巨额回报的同时也将存在较大的经营风险。企业行为取决于产业组织形态，同时也对产业组织形态产生影响，我们认为，煤炭工业加工技术的进步要求煤炭工业发展的纵向一体化发展模式。

煤炭加工尤其是煤化工行业是技术、资金密集产业，同时对水资源和环境有较强的依赖性，充满不确定性和风险。我们认为，化解煤炭加工技术进步的不确定和风险的基本路径是实施纵向一体化战略。①煤炭工业纵向一体化能够有效地化解煤炭加工技术的财务风险。煤炭加工技术不仅需要巨额的前期投资，而且也需要一定数量的后续投资，其投资具有持续性特征，因而不仅时间跨度长，而且投资风险大。如果由现有的资金实力雄厚、人才储备丰富、技术力量强大、主营业务稳定的处于煤炭开采、煤炭使用环节的成熟煤炭企业来投资煤炭先进的加工技术，将有效地化解煤炭加工技术进步的财务风险，这一结论基于以下五个理由：A. 这些企业原有业务的利润流是煤炭加工技术进步所需资本的有效保障；B. 这些企业拥有煤炭工业成熟的管理体系和丰富的人力资源；C. 如果投资失败，这些企业的转型成本较低；D. 这些企业已经积累了煤炭加工技术进步所需的必要启动资金；E. 我国现有的大型煤炭企业基本还是中央直属的大型国有企业，先进的煤炭加工技术研究不仅具有显著正外部性，而且也涉及我国未来的能源安全，在这样的所有制结构下，煤炭加工技术进步环节由这些大型国有企业来承担也有了更为厚实的理论基础。②煤炭工业纵向一体化将为煤炭加工企业投资大型煤炭加工项目提供稳定的原材料。现代煤炭加工项目具有投资大、期限长的特征，其规模经济性十分明显，其有效生产规模也将处于较高水平。同时，煤炭的加工往往环节众多，转换成本较高，如果一经停产，重新投产的启动成本较高。因此，煤炭加工技术的产业化要求有稳定的原煤供给。在我国现有煤炭生产、运输环境下，企业自身缺乏必要的煤炭生产资源将会给煤炭深加工带来巨大的不确定性和风险，因此，煤炭加工企业对煤炭的生产、运输环节实施后向一体化是煤炭加工企业的必然选择。

二、分析结论与投资战略

（一）分析结论

首先，随着煤炭管理体制改革的深入，煤炭资源有偿使用制度将逐步建立和完善，从而带来资源补偿费、购买开采权、安全生产投入等方面的支出显著增加。同时，淘汰落后小煤矿将一次性降低煤炭供给，全球性的通货膨胀将使国际煤价趋于上升。煤炭价格的变化对于煤炭企业的运营有重大的影响和不确定性。化解煤炭价格上涨带来的不确定性的基本路径是煤炭工业的纵向一体化发展，具体来看就是煤炭加工企业对煤炭采掘环节实施后向一体化，或者，拥有煤炭采掘环节的煤炭加工企业能在盈利能力的预测、煤炭供给等方面有效地降低煤炭加工项目的经营风险。

其次，我国"北煤南运、西煤东运"的基本格局、流通通道建设的落后，以及因超载、季节转换、自然灾害而存在煤炭运输的不确定性，导致了我国煤炭工业在运输环节上存在较高成本与风险。

最后，随着经济的发展和社会的进步，煤炭的加工日益重要。煤炭加工尤其是煤化工行业是技术、资金密集产业，同时对水资源和环境有较强的依赖性，充满不确定性和风险。化解煤炭加工技术进步的不确定和风险的基本路径是实施纵向一体化战略。如果由现有的资金实力雄厚、人才储备丰富、技术力量强大、主营业务稳定的处于煤炭开采、煤炭使用环节的成熟煤炭企业来投资先进的煤炭加工技术，将有效地化解煤炭加工技术进步的财务风险。同时，在我国现有煤炭生产、运输环境下，自身缺乏必要的煤炭生产资源将会给煤炭深加工带来巨大的不确定性和风险，因而煤炭加工企业对煤炭的生产、运输环节实施后向一体化是煤炭加工企业的必然选择。

(二) 投资战略

根据上述煤炭产业分析，TH公司将制定如下投资战略：公司依托内蒙古资源优势，面向西部开发，以重载高速公路投资、建设为基础，以煤炭物流为核心，实施"产、配、运、销、化、研"六位一体的全方位发展战略。

(1) 采用收购和合作形式，开发四个煤矿项目。在当地政府的支持和协调下，公司拟收购或合作开发四个煤矿项目，建设煤炭基地。

(2) 建设煤炭现代物流园，积极发展煤炭选配加工。公司拟建设四个煤炭现代物流园，均与高速公路和铁路相通，不仅具有储煤、装卸、外运功能，而且运用现代技术进行选煤、配煤，优化产品结构，提高产品质量。

(3) 建设高速公路，衔接国铁通路。公司积极与当地政府合作，与铁路部门达成合作意向，构筑煤矿、公路、物流园、铁路相互连通的煤炭运输网络。

(4) 建设煤炭交易中心，强化煤炭营销。随着煤炭市场改革的深化，公司建立全国性煤炭交易市场已成趋势。公司拟投资10亿元人民币与中国煤炭运输协会及地方政府合作，建立煤炭交易中心。交易中心建设项目包括煤炭交易中心、集团办公楼、煤炭应用技术研发中心、四星级酒店、职工公寓及其配套工程。按照交易中心的目标定位，公司将把交易中心建设成为覆盖煤炭产区，面向全国销区，逐步与国际煤炭市场接轨。

(5) 积极发展煤化工产业，推进煤炭转化升级。公司煤炭技术研发中心将配合有关科研单位进行煤炭液化新技术的开发，形成具有国内先进水平和竞争能力的煤炭液化产品，并为产业化规模建设和生产提供成套成熟的先进工艺和技术装备。

(6) 开展煤炭技术研发工作，加快煤炭科技创新。公司计划联合教育科研机构，开展科技攻关，进行选煤、配煤和煤化工研发工作，推进技术进步。公司已与当地政府达成协议成立教育事业有限公司，发展煤炭教育事业。

第三节　范本二：新时期 WY 县特色农业发展的关键问题与对策建议①

"三农"问题是关系国计民生的根本性问题，党的十九大报告高度重视"三农"工作，提出坚持农业农村优先发展，实施乡村振兴战略。WY 县提出着力优化农业产业结构和资源配置，加快构建现代农业产业体系，切实转变农业经营方式、生产方式、资源利用方式和管理方式。经历了改革开放 40 年的快速发展，伴随着城镇化、工业化的推进，浙江省的农业发展已经从自给自足的经济形态转向了商品农业形态，在产业组织、农业科技、经营模式、要素流转等方面都发生了根本性转变，农业生产的集聚性、专业性、特色化发展日益明显，为人民生活水平提升奠定了坚实基础。在新的历史时期，广大人民群众对农业的品质、流通、功能等诸多方面提出了新的更高要求，但农业发展依然存在不平衡不充分的问题。与此同时，互联网技术的发展和迅速普及，以及乡村振兴战略的有力实施，为特色农业的后续发展带来了前所未有的机遇。有鉴于此，浙江财经大学在 WY 县财政局、供销社、部分乡镇以及若干龙头企业的大力支持下，组建了调研小组，对 WY 县特色农业发展进行了深入系统调查，聚焦当前特色农业发展现状、基础和存在的问题，有针对性地提出 WY 县特色农业未来发展思路及政策优化方案。

一、调研概况

（一）调研对象

WY 县位于浙江省中部，有"中国有机农业第一县"之称，辖区内特色农业发展具有典型样本意义。调研小组选取 WY 特色农业为调研对象，重点调研了新宅镇政府、王宅镇政府、山海协作管委会、财政局等政府职能部门。实地考察了后林畈村、沿溪村、柘坑村、三坑口、郑迥村等特色农业专业村以及 WY 供销社、WY 雅绿茶厂、佳盛茶叶有限公司、浙江省寿仙谷药业、浙江骆驼九龙砖茶有限公司等农业龙头企业。

（二）调研内容

本次调研采用座谈讨论、深度访谈、实地考察等方法，从特色农产品的要素保障、销售渠道、产销对接模式、品牌建设、农业产业政策等方面深入分析并梳理 WY 特色农业发展情况及存在的问题。具体的调研内容如下：

1. 针对基层政府与相关职能部门调研

根据与新宅镇和王宅镇镇政府领导的座谈讨论内容，调研小组从总体上把握了当地特色农业的发展情况，了解了当地特色农产品的品种、产量、要素保障情况、主要销售渠道、市场管理模式等方面的内容。调研发现，WY 县当前有机农产品存在生产成本高但品质溢价不足、加工技术水平低、劳动力短缺、品牌效应不足等普遍性问题，需要提出新的发展思路和针对性举措。

---

① 本文资料来源于金通主持的浙江省哲学社会科学规划课题（涉农专项）研究报告《新时期我省特色农业发展中的关键问题与对策建议》，2019 年。

2. 针对特色农产品生产基地调研

调研组对新宅镇后林畈村香菇种植基地、沿溪村香榧培育种植基地、柘坑村辣椒种植基地、郑迥村桑葚种植基地进行了实地考察与系统调研,对村委干部、村民、种植户进行了深入访谈。调研发现,农产品种植基地尽管在生产规模上稳步提升,但由于销售渠道和销售方式未能有效升级,特色农产品销售陷入"柠檬市场效应",种植户无法获取高山蔬果的品质红利。另一方面,特色农产品种养环节与后续销售环节严重割裂,农户无法获取产业链下游环节的增值收益。

3. 针对农业龙头企业调研

农业龙头企业是现代农业发展的基本主体。调研小组在 WY 县财政局的协调下,对 WY 县农业龙头企业——寿仙谷药业、骆驼九龙、雅绿茶厂、佳盛茶叶有限公司以及 WY 供销社开展调研,就各个企业的生产规模、技术水平、销售模式、要素瓶颈、政策效果、未来发展思路进行深入了解。调研发现,随着收入水平的提升,市场对高品质特色农产品的需求快速增加,呈现"品质化、多元化"的需求特征。但同时农业龙头企业也面临土地、资金、人工等要素瓶颈制约,对于农业政策理解和了解还有待进一步加强。

二、WY 县特色农业发展现状分析

(一) WY 县特色农产品生产情况

1. 自然条件保障下的高质量农产品

WY 县自然条件优越,是全国唯一一个在 2017 可持续城市与人居环境颁奖典礼上入选"全球绿色城市"的地区。县境属中亚热带季风气候,四季分明,温和湿润,雨量丰沛。1986 年至 2005 年的 20 年间,WY 县年平均温度 17.292 度,无霜期 253 天左右,年平均降水量 1 534.48 毫米,年平均相对湿度 80%,年平均日照时数为 1 859 小时,全县森林覆盖率高达 74%,空气优良率为 89.6%。

得天独厚的自然条件为 WY 县孕育了茶叶、香菇、辣椒、番薯、大豆、香榧、桑葚、名贵中药材等富有品质优势的特色农产品。根据 WY 县 2017 年统计年鉴,WY 县全年农业增加值 12.10 亿元,增长 7.6%。其中蔬菜种植面积 8.66 万亩,产量 11.19 万吨,下降 3.0%;药材播种面积 0.79 万亩,产量 2 475 吨,增长 58.0%;果园面积 3.12 万亩,水果产量 5.23 万吨,增长 0.4%;茶园总面积 10.34 万亩,茶叶产量 1.28 万吨,增长 4.8%。

同时,WY 县特色农产品还通过多项有机认证。2015 年 WY 县被国家认监委正式授予国家有机产品认证示范区称号,成为全国首批被授予国家有机产品认证示范区的 9 家县市区之一。全县有机食品、绿色食品、无公害农产品、地理标志农产品等"三品一标"的认证面积达 15 万亩,共有 26 家单位获得 40 多张有机产品认证证书,认证品种达 60 多种,认证面积近 3.2 万多亩。如 WY 县有机茶的颁证面积和产量居全国之冠,新宅镇柘坑辣椒基地也通过有机认证,寿仙谷公司的灵芝基地通过了中国有机产品、欧盟有机产品双重认证,铁皮石斛基地通过了中国有机产品、欧盟有机产品和中药材 GAP 三重认证。但与高品质农产品不相符的是,WY 县特色农业还处于传统农业生产销售阶段,有机农产品绿色溢价不足。

2. 传统的生产加工方式

当前WY县特色农业生产加工总体上以小农户分散生产加工为主。这种生产加工模式既没有统一规范的标准约束,也缺乏现代技术和设备的支撑。以新宅镇的香菇产业为例,香菇种植没有统一规划的生产基地,农户将菌棒散点加工后常常随意堆放,给交通和环境造成了不良影响。同时,小规模生产模式无法获得规模经济效益。另外,由于多数果蔬产品保鲜期较短且缺乏深加工技术,不仅果蔬产品在储存方面出现较大问题,而且使市场范围也受到限制。

尽管WY县特色农业整体仍处于传统农业生产阶段,但调研组也发现部分农产品生产加工出现了现代化转型升级,由龙头企业整合资源,实现农产品一体化生产加工。如王宅镇从事生产加工杏鲍菇的浙江兴森科技有限公司;种植加工铁皮石斛、原木赤灵芝、藏红花等名贵中药材的浙江寿仙谷药业;集茶叶种植、加工、研发、销售、旅游以及茶文化传播为一体的浙江骆驼九龙砖茶有限公司等。但是,总体上看,WY县农业龙头企业的数量和质量远远无法满足现代特色农业发展的需要。

(二) WY县特色农产品产销对接现状

中国农产品产销对接经历四个阶段:第一阶段是自给自足的自然经济模式下剩余农产品的自发集市销售模式;第二阶段是专业小规模种植下的田间地头二道贩子上门收购模式;第三阶段是专业合作社的线下门店销售模式;第四阶段是"互联网+"背景下的销售模式。WY县农产品产销目前以第二阶段为主,农户收益仅限于种养殖环节的增值部分,未能充分获得全产业链运营的附加值。

WY县内绝大多数特色农产品由二道贩子上门收购销售为主,这种销售方式和农户自行到集市销售的方式都会使消费者无法区分有机农产品和普通农产品,从而造成特色农产品的"有机绿色"品质溢价不足。例如新宅镇柘坑村有机辣椒由农户自行到集市售卖,与其他商户的普通辣椒混合而无法区分,最终导致销售价格必然和普通辣椒相近;又如WY县的高山有机茶被其他企业收购后到松阳茶叶市场销售,也只能与当地低品质茶叶混淆,按照低价销售。这种因销售方式带来的市场认可度低和产品溢价不足的现象普遍存在于WY县农产品产销的过程中。

调研组也欣喜地看到,随着互联网技术的导入和新型农业经营主体的发展,WY县依托互联网技术和具有全产业链资源整合能力的部分新型农业经营主体,也开始尝试进行农产品销售模式的创新。这些产业对接模式的创新把WY县优质农产品与一般农产品在市场上形成了有效区分的细分市场,实现"绿色有机"溢价,并让这种溢价与农户共享,形成产、销的良性互动。如新宅镇后林畈村党支部书记朱平设想的集菌棒生产、品牌运行、物流销售、文化体验加订单式放养的,依托新型农业经营主体推动的全产业链发展模式;又如,县供销社力推WY县人依托电商平台、农贸市场、供销物流(与海宁山海协作、海宁供销社农贸市场)在全国各地开设的5 000家超市,组织WY县优质特色农产品货源外销,这是典型的依托销售平台的后向整合发展模式;又如,新宅镇的WY县雅绿茶厂基于多年经营口碑和微信技术建立的熟人社会销售模式——微信销售和茶园认养(1 500元/亩,供应10斤干茶,已认养1 500多亩);新宅镇佳盛茶叶有限公司尝试为熟悉的客户实行高端定制模式（售价达 5 000 元一斤）。再如，浙江寿仙谷药业主要通过老字号店、天猫旗舰店、商超等渠道销售其灵芝孢子粉等药材；浙江骆驼九龙砖茶有限公司积极发展农旅结合，投资 5 000 多万元建设黑茶产业园，以黑茶养生为核心，为消费者提供黑茶加工观光、工艺观摩、品茶、茶膳、住宿等项目，在通过产业融合扩大企业规模的同时，更好地带动产品销售。

三、WY 县特色农业发展的若干关键问题及其原因分析

WY 县农业具有天然的生态环境优势，茶叶、高山蔬果、药材等特色农产品品质优良，已具有一定的市场知名度。但调研小组深入调查后发现，目前 WY 县特色农业发展在产品溢价、要素保障等方面还存在若干关键问题，是今后发展的重要阻碍。

（一）供求信息不对称仍然是急需破解的首要问题

第一，落后的农产品销售模式导致农产品品质溢价不足。农户自主销售和二道贩子收购转销还是目前特色农产品销售的基本形式，农产品成本不断上涨，但"有机绿色"农产品品质溢价严重低估，阻碍了高品质特色农业的发展。如 WY 县新宅镇柘坑村的高山有机辣椒，品质上乘，但其主要销售渠道是农民自己采摘后到当地集市上售卖或通过二道贩子收购后与普通辣椒混合销售，高品质辣椒的售卖价格每斤只有 0.5 元左右，接近普通辣椒价格，椒农无法获得品质红利。第二，农产品生产的长期性、周期性与市场需求的多变性导致农产品价格波动过大，影响农业投资的信心和可持续性。调研中发现，由于前几年资本的过多、过快进入，2018 年 WY 县等地的火龙果、桑葚、香菇等高山蔬果出现了较为严重的滞销，带来了"果贱伤农"的不良后果，严重影响农业生产企业的生产信心。目前总体来看，我省许多特色农产品市场供求严重错配，价格波动明显，弱化了投资预期的稳定性，不利于工商资本进入特色农业领域。

（二）产销分割导致农户难以获取农产品市场端增值收入

调研发现，浙江省绝大多数农户仅关注特色农产品的种养殖环节，与农产品销售环节割裂，无法得到销售流通领域中的各种价值增值。如 WY 县的高山有机茶属于浙江优质茶品，种植量较大，但更多的只是在松阳茶叶市场低价销售，甚至被茶贩收购青叶后运至杭州龙坞等地炒制后充作西湖龙井售卖，无法获得品牌溢价。香菇、番薯干、蜜梨等有机蔬果均存在与 WY 县有机茶类似的情况。

（三）特色农业发展中的要素保障问题

首先，土地流转中的交易成本过高。如浙江寿仙谷药业公司向 3 000 多个农户租用 4 800 多亩土地用于有机栽培，涉及租地合同数量众多，逐户订立租用合同使得交易成本过高；另一方面，灵芝、铁皮石斛等中草药种植对环境、土壤、肥料有着严格的要求，因此寿仙谷在选定种植区域后必须将其附近的土地一并承包，以防其他农作物的花粉、农药对企业中药材种植的影响。但在实际租用农户土地过程中往往达不到以上标准，对农产品生长造成了不良影响。其次，农业从业人员严重老龄化，素养还有待提升。留守老人成为了许多村庄实质上的常住人口，是农村尤其是偏远乡村日常农事活动的主体。如种植辣椒的 WY 县新宅镇柘坑村户籍人口 678 人，实际在村人口仅 200 多人，其中年龄最小的 48

岁,70岁以上人口有100多人。特色农业的可持续发展需要高素质人力的支撑,老一辈农民的知识素养、劳动能力、劳动纪律较弱,与现代农业的高要求不匹配。再次,农产品保鲜、加工技术急需加快研发应用。大多数特色农产品缺乏高水平的深加工技术,既无法延长农产品的储存时间,又无法提升特色农产品的价值。例如WY县柳城镇郑迥村桑葚种植专业合作社拥有20亩桑葚果园,受制于保鲜期极短和深加工技术的支持,其销售大多限于WY县域,产量丰收却未能转化为增收。

四、WY县特色农业发展的对策建议

(一)加强农村土地流转制度创新

一方面,农村土地流转尝试"人田分离"制度改革,即土地面积到人,但田不到人,不具体分配土地,对村民按照土地面积给予股份;另一方面,行政村、乡镇政府成立土地流转公司,农民把土地流转给具有政府背景的土地流转公司后,由公司将土地统一租借给农业企业。该举措能有效避免农户与企业的纠纷,利用政府信用解决以往土地流转中的契约不完全、履约机会主义带来巨大交易成本等问题,有利于农业龙头企业的长期投资。

(二)率先推动特色农业的数字化转型

特色农业数字化转型是指把数据作为关键生产要素,构建出色农业数据"采集-传输-运算-应用-反馈"的全产业数字化链条,实现农业生产的智能化、个性化、定制化并与消费端形成反馈闭环从而推动产业效率提升。作为数字经济发展的先行地区,WY县具有大规模实施特色农业数字化转型的可行性。为此,需要做好以下三方面工作:首先,明确组织机构,确立特色农业数字化转型的基本路径。由县农业农村局牵头,协调相关部门绘制数字化转型的路线图,明晰各部门任务清单,形成数字化转型的合力;明确把农业电子商务平台作为推动特色农业数字化转型的牵引部门,依托销售环节的数字化转型上推下拉,以点带线,推动特色农业全产业链数字化转型。其次,按照PPP模式打造县级统一、规范、高效的农业电子商务平台。充分发挥互联网平台的规模经济、范围经济、网络经济,打造全县统一的特色农产品电子商务平台。该平台按照PPP模式筹集建设资金,既体现政府信用在农产品品质保证上的作用,又发挥民营企业经营管理效率;平台按照17个乡镇街道设置链接入口,把全县各地符合质量要求的特色农业产品统一置于同一平台内,以产品的多样化和需求的多样化提升供求匹配度,这有利于凝聚人气,提升知名度;把与具体特色农产品有关的土地、气候、历史、文化、种植过程等相关信息纳入平台,供买方点击查阅参考,用充足信息区分产品之间的差异性,发挥数据在农产品差异化上的重大作用;平台应以食品安全、品质保证、信息真实作为基本支撑点、立足点,主动积极打击假冒伪劣、商业欺诈等不正当竞争行为。再次,加快特色农业数字化基础设施建设。加快农村数字化基础设施建设,尽早筹谋推动农村5G网络的全覆盖建设;突破特色农业数据采集、传输、存储、分析、反馈等一批关键技术,制定特色农业数据标准化体系,不断健全安全防护体系,切实保障数据信息安全;搭建浙江省农业云计算平台,组织开展应用示范;依托高校和科研院所资源力量,建设全县特色农业典型村庄的土壤、气候、温度、湿度等专业数据库,与省特色农业电子商务平台打通,实现数据共享。

(三) 优化涉农财政支持政策,提升政策实施的精准性

涉农财政资金对于引导农户、农业企业的经营行为具有较为明显的作用,但在支持领域、政策工具、绩效评价等方面需要随着时代变化和需要破解的难题更替而进一步动态优化。一是调整财政资金的着力点,提高资金使用效率。新时期涉农财政资金应以更加精准的方式投入到以下方面:加快农业数字化软硬件基础设施建设;农产品产销融合衔接、区域品牌塑造与宣传;进一步加大农业从业人员培训,尤其应该关注农业数字素养的提升培训;促进产学政研结合,在省级层面建立系统性"高校(研究机构)涉农学科与特色农业所在区县"的可持续合作机制,推进特色农产品保鲜、深加工等农业科技研发和指导;设立特色农业数字化转型引导投资基金等,加大贴息贷款力度和广度,引导社会资金进入农业领域。二是加强农业惠农政策宣传,提高政策覆盖面。应多方面、多渠道加大政策宣传力度,如对于不识字的农户口头讲解政策,对于偏远山区信息接收困难的乡村集中进行政策知识的宣讲和培训;针对不同农业主体进行政策的精准宣讲,不断强化后期跟踪调查政策宣传效果,切实掌握相关农业主体的政策了解情况。三是加强特色农业数字化转型政策实施效果评价。应该把政策实施与可度量的绩效指标挂钩,明确失败标准和终止条款。在项目实施一段时期后,进行适时、及时、全面的综合评估,根据评估结果确定项目的下一步走向,同时建立健全问责机制,注意政策实施中的公开透明。

第四节 范本三:中国水泥行业需求分析及投资策略[①]

本分析的目的是通过对 2009 年中国水泥行业的需求、供给进行系统分析,预测水泥市场的发展趋势,为投资者(主要是金融投资)提供决策参考。本分析的基本思路是在简要回顾我国水泥产业发展现状的基础上,从新农村建设、非能源工业、房地产、基础设施建设四个方面利用统计推断方法估计新增水泥需求,从水泥产业投资、淘汰落后产能两个方面分析新增水泥产能。在对比新增水泥需求和水泥供给后,为投资者证券投资提出策略。

(一) 我国水泥行业发展回顾

自改革开放以来,我国经济快速发展,建设规模不断扩大,从而推动国内水泥行业快速发展。据统计,1978 年我国水泥产量为 0.65 亿吨,2007 年的水泥产量达到 13.6 亿吨,净增 12.95 亿吨,比 1978 年翻了近 20 倍,年均复合增速为 16.4%。水泥行业的迅速发展,促使我国成为世界水泥行业大国,自 1985 年起我国水泥产量已连续 23 年位居世界第一位,水泥产量在世界占比由 1978 年的 7.64%,至 2007 年提高到 48.5%。

由于水泥行业属于典型的高污染、高耗能行业,"十一五"前中国水泥行业的发展主

[①] 本分析报告的内容参考了某研究机构所做的水泥行业分析报告《基建设施建设支撑 09 年需求看好——建材行业 2009 年度投资策略》。

要依靠粗放式扩张方式，存在工艺水平落后、产业集中度低等问题。自"十一五"以来，国家陆续出台一系列产业政策，包括2006年10月的《水泥产业发展政策》，2007年1月的《国家重点支持水泥企业60强名单》，以及2007年2月的《2007—2010年全国分省市淘汰落后水泥能力计划表》和《淘汰落后水泥生产能力责任书》。这些政策的发布有利于水泥行业的技术进步，提高新型干法比例；有利于余热发电等节能环保措施推进；有利于水泥行业优化产业结构，淘汰落后产能。从而提高水泥企业竞争力，帮助水泥行业从粗放式扩张向集约式增长过渡。

（二）2009年我国水泥需求分析

1. 行业周期与宏观经济的步伐高度吻合

水泥行业作为典型的周期性行业，其景气波动与宏观经济步伐高度吻合。自20世纪90年代起，水泥行业经历过两次较为困难时期，第一次为90年代中后期，第二次为2005年，两次进入景气低点均是国家宏观调控导致的，同时两次复苏都是受益于国家宏观调控基调改变。两次低点最大的不同是工业投资状况存在差异，导致非能源工业投资状况不同，1997年受东南亚金融危机的影响，工业投资下滑，非能源工业投资1997—1999年出现负增长，而在2005年工业投资虽然略有下滑，但依然保持28%的增速。我们认为该轮经济调整与1997年、1998年情况类似。

2. 需求增速放缓，成本推动价格上升

2006年以来水泥需求一直保持较高的增长速度，但自2008年4月起，水泥需求的高速增长已明显放缓，2008年1—9月全国水泥总产量10.12亿吨，较2007年同期仅增长6.9%，增速同比下滑了8.1%。需求放缓的主要原因有两个方面：一方面是2008年的雪灾和地震对水泥需求有一定影响，同时华北地区受奥运会的影响，导致水泥销量下滑。

另一方面是水泥需求的主要拉动因素——固定资产投资增速出现下滑。虽然2008年1—9月全国固定资产投资名义增速为27.6%，较去年同期增长了0.9%，但若扣除价格因素的影响，实际增速则呈下降趋势，同比下滑7.06%，固定资产投资增速下行趋势基本确立。同时，随着工业化进程的不断推进，亿元固定资产投资对水泥的需求量也在逐年下降。1991年亿元固定资产投资对水泥的需求量为4.5万吨，到了2007年该数字仅为0.99万吨。亿元固定资产投资对水泥需求量的下降是水泥需求增速放缓的主要原因，预计今后亿元固定资产投资对水泥的需求量还将进一步下降。

3. 基础设施建设支撑2009年水泥需求

国家为达到保增长目的，目前国家设立了庞大的投资计划，包括"交运部门正在酝酿的5万亿元的投资计划"，"扩大内需促进经济增长的10项措施"的四万亿投资。并强调"扩大投资出手要快，出拳要重，措施要准，工作要实"，显现了中央加大基建投资的力度和决心。

我们将水泥需求分为四部分：城市房地产、基建投资、工业制造投资、农村建设，预计2009年基础设施建设占比将大大提高（见表16-1、表16-2）。

表 16-1 2009 年水泥需求结构预测表

水泥需求项目	2007 年	2008 年	2009 年	2010 年
新农村建设	10%	10%	9%	10%
非能源工业	27%	27%	20%	18%
房地产	26%	26%	26%	26%
基础设施建设	37%	37%	45%	46%

表 16-2 水泥需求预测表

	项目	2005 年	2006 年	2007 年	2008 年	2009 年	2010 年
房地产投资	房地产投资额（亿元）	15 909	19 423	25 280	31 094	32 649	35 261
	比上一年增长	21%	22%	18%	23%	5%	8%
	投资拉动系数（万吨/亿元）	1.65	1.60	1.40	1.23	1.23	1.23
	水泥消耗量（万吨）	26 250	31 077	35 392	38 339	40 256	43 477
	占比	25%	25%	26%	26%	26%	26%
基础设施建设	基础设施投资额（亿元）	15 909	19 423	25 280	29 830	40 271	44 298
	比上一年增长	28%	21%	15%	18%	35%	10%
	投资拉动系数（万吨/亿元）	2.30	2.20	2.0	1.80	1.76	1.76
	水泥消耗量（万吨）	36 591	42 730	50 560	53 695	70 877	77 965
	占比	34%	35%	37%	37%	45%	46%
非能源工业	非能源工业投资额（亿元）	20 615	26 972	36 137	48 062	51 907	56 060
	比上一年增长	40%	31%	34%	33%	8%	8%
	投资拉动系数（万吨/亿元）	1.50	1.30	1.00	0.81	0.60	0.53
	水泥消耗量（万吨）	30 922	35 063	36 173	38 690	31 144	29 712
	占比	29%	28%	27%	27%	20%	18%
农村建设	农村建设投资额（亿元）	13 679	16 629	19 859	24 229	29 801	36 655
	比上一年增长	19%	22%	19%	22%	23%	23%
	投资拉动系数（万吨/亿元）	0.80	0.75	0.70	0.60	0.50	0.48
	水泥消耗量（万吨）	10 943	12 472	13 902	14 537	14 901	17 595
	占比	10%	10%	10%	10%	9%	10%

目前水泥需求下滑的主要风险来自房地产投资下滑的影响，受信贷紧缩和销售低迷的影响，2008年以来房地产行业受到较大冲击，导致与水泥需求密切相关的房地产投资增速下滑，至2008年9月房地产投资增速为26.5%，较2007年30.16%出现回落。同时房地产新开工面积及施工面积增速均出现下滑，至2008年9月房地产新开工面积为73 521万平方米，同比仅提高10%，相对于2007年的19%的增速已出现回落。

由于国家目前正在加大经济适用房投资，按计划通过三年时间，增加200多万套廉租住房，400多万套经济适用房，另外还有220多万户林业、农垦、矿区的棚户区改造，三年投资额为9 000亿元。根据申万房地产小组预测，每年3 000亿元的投资方向为：廉租房每年60万套左右，预计年投资额为400亿元左右；经济适用房年开工130万套，预计投资额1 600亿元左右；棚户区改造年投资额约为1 000亿元左右。

但该部分投资仍无法弥补房地产下滑的影响，预计房地产投资下滑趋势将持续，综合考虑商业房地产投资和经济适用房投资后，我们预计2008—2010年房地产投资增速为26.5%、5%、8%，这对未来水泥需求带来较大压力。我们预计，2008—2010年房地产新增水泥需求2 947、1 917、3 221万吨。

虽然房地产下滑造成很大冲击，但是国家对于基建项目的投资将支撑2009年的水泥需求。预计2008—2010年基建投资分别为2.98、4.02、4.43万亿元，同比增长18%、35%、10%，2009年、2010年将成为基建投资大量释放期。基础项目投资中交运投资（不包括船只和飞机购买）分别为1.2、1.77、1.81万亿元，同比增长22%、46%、2%，相对2007年的0.99万亿元，分别提高了0.21、0.78、0.82万亿元，2008—2010年较原预测增加0.07、0.63、0.63万亿元，其中2009年新增投资主要集中在公路和铁路方面，2009年公路投资、铁路投资较原预测提高0.35、0.24万亿元。

在2009年基础设施建设保持35%增速的前提下，我们认为基础设施建设拉动水泥需求新增1.7亿吨，占2007年总产量的11.76%，对2009年房地产投资下滑拖累的水泥需求起到一定支撑，预计2008—2010年基建投资新增水泥需求量为0.31、1.72、0.71亿吨。这是建立在国家2009年将持续推进基建项目投资的基础上的，未来还要进一步观察项目落实情况。

水泥需求的其他两部分：农村建设和工业生产投资，其中农村建设可受益于政府投资增加，可保持20%以上增长，但工业生产投资可能出现大幅回落，由33%回落至8%，两者合计预计2008—2010年新增水泥需求0.32、-0.72、0.12亿吨。

综合对水泥需求各个部分分析，我们预计2008—2010年水泥需求增速分别为6.8%、8.2%、7.4%，即在2009年基础设施建设增速保持35%，且房地产投资保持5%增长则水泥需求增速的假设下，我们认为需求下滑的趋势可能出现反转，预计可由2008年的6.8%回升至8.2%。由于基建、房地产对2009年水泥需求影响较大，无论任何一方面低于预期，将使得水泥需求增速下滑，因此我们仍然要观察未来基建项目落实情况，以及房地产投资下滑情况是否发生变化（具体见表16-3）。

表 16-3 预计 2009 年新增水泥需求情况

行业	基建投资	房地产	非能源制造业	农村建设
投资额（亿元）	40 271	32 649	51 907	29 801
投资增速（%）	35.00%	5%	8%	23%
预计新增	17 182	1 917	-7 546	363
对 09 年需求增速贡献	11%	1%	-5%	0%
合计拉动水泥需求（万吨）	11 917			
增速（%）	8.20%			

（三）2009 年我国水泥新增供给分析

2008 年水泥固定资产投资保持旺盛，至 2008 年 9 月水泥固定资产投资额为 725 亿元，已超过 2007 年全年 654 亿元的水平，按照水泥生产线一年至一年半的建设期，预计 2009 年、2010 年可发挥产能。我们按照吨水泥投资成本为 300—350 元/吨测算，预计 2008—2010 年将新增产能 15 262、18 919、19 765 万吨。

落后产能淘汰量是影响新增供给量的另一个重要因素（见表 16-4），日前工信部已公示了拟公布的《2008 年应予淘汰落后水泥产能的企业名单》，按照发改委的文件，2007—2008 年需淘汰落后产能 1.36 亿吨，2009—2010 年需淘汰落后产能 1.50 亿吨，2007—2010 年合计共需淘汰落后产能 2.86 亿吨，其中 2007 年已淘汰约 0.8 亿吨左右。按照这次公布的《2008 年应予淘汰落后水泥产能的企业名单》，我们预计 2008 年可淘汰落后产能 0.7 亿吨，同时考虑到未来水泥淘汰落后产能进展将减缓，我们预计 2009—2010 年水泥淘汰落后产能为 6 000、6 000 万吨，有效新增水泥产能为 9 262、12 919、13 765 万吨。

表 16-4 2008—2010 年水泥行业新增供给和新增需求比较

项目	2008 年	2009 年	2010 年
水泥新增产能（万吨）	15 262	18 919	19 765
落后产能淘汰（万吨）	7 000	6 000	6 000
水泥有效新增产能（万吨）	8 262	12 919	13 765
水泥新增需求（万吨）	9 262	11 917	11 570
新增需求—新增供给	1 000	-1 002	-2 195

（四）分析结论与投资策略

1. 分析结论

考虑基建投资后，2008—2010 年依然存在新增供给大于新增需求，受水泥淡季以及基建项目水泥需求无法立刻体现的影响，预计 2009 年一季度水泥行业业绩依然存在风险。同时 2008 年水泥行业固定资产投资旺盛，未来新增供给威胁加大，因此 2009 年、2010 年依然会存在新增供给大于新增需求。在 2008—2010 年煤价为 810 元/吨、653 元/吨、620

元/吨假设下,由于全国水泥供求关系不能完全转好,预计吨水泥毛利仍会出现下滑,我们预计 2008—2010 年吨水泥毛利分别为 45 元/吨、38 元/吨、35 元/吨,2009 年、2010 年吨毛利相对 2008 年略有回落。

但必须看到,水泥行业的区域差异正在逐步加大,石灰石资源和水泥销售半径约束导致水泥呈区域性特征,区域市场相对独立。2008 年以来水泥区域性特征更加显著,各个区域水泥价格,毛利率差异加大,2008 年 8 月西北地区水泥毛利率为 25.7%,而华东地区仅为 13.7%,两者相差近一倍,主要是由于各个区域资源品价格、供需状况以及竞争格局,存在很大差异,从而导致区域分化加剧。

2. 投资策略

虽然全国水泥行业可能存在新增供给大于新增需求的情况,但是由于水泥区域性较强,供需情况存在较大区域差异,部分区域已存在过剩,但部分区域仍存在缺口。我们认为,预计政府后续还会出台一系列政策,促进国内经济状况好转,无论是加大基础投资还是促进房地产投资(如经济适用房、廉租房),对水泥行业来说都可刺激水泥需求,有利于 2009 年水泥行业需求进一步好转。

前期水泥板块在政策拉动下,行业估值回升,目前主要水泥企业 2008 年市盈率为 17 倍左右,较国际水泥龙头企业 Holcim、拉法基 8 倍市盈率偏高,这是由于我国水泥行业政策推动效应较高,同时国内市场相对封闭导致的。基于未来基建投资对水泥需求的实质性支撑作用,和其他行业相比,供需矛盾的压力最小。另一方面,水泥行业市净率和市盈率虽高于 2005 年最低点水平,但仍位于历史底部水平。我们上调行业评级为"看好"。

正是由于水泥行业区域性特征,综合分析供需两方面影响,选择目前市场状况良好的地区。供给方面,选择水泥固定资产投资额,作为衡量新增产能影响的主要标准,新增供给影响:中南>华东>西南>华北>西北,即相对而言西北、华北地区新增产能影响较小。需求方面,由于 2009 年受基建影响较大,因此看好未来基建投资旺盛,且房地产受冲击较小的中西部地区。综合供需两方面,未来西北、华北地区区域状况良好。

外部环境虽然对水泥企业毛利率有很大影响,但是公司内部管理水平对公司净利率的影响也是不可忽视的。

主要参考文献

著作

[1] 奥兹·夏伊. 产业组织: 理论与运用. 周战强, 等, 译. 北京: 清华大学出版社, 2005.

[2] 保罗·贝拉弗雷姆, 马丁·佩泽. 产业组织: 市场与策略. 陈宏民, 胥莉, 等, 译. 上海: 格致出版社. 2015.

[3] 戴维·M. 纽伯里. 网络型产业的重组与规制. 何玉梅, 译. 北京: 人民邮电出版社, 2002.

[4] 丹尼斯·卡尔顿, 杰弗里·佩罗夫. 现代产业组织. 黄亚钧, 等, 译. 上海: 上海三联书店、上海人民出版社, 1998.

[5] 多纳德·海, 德里克·莫瑞斯. 产业经济学与组织. 张维迎, 等, 译. 北京: 经济科学出版社, 2001.

[6] 干春晖. 产业经济学: 教程与案例. 北京: 机械工业出版社, 2006.

[7] 干春晖. 大并购: 30个世界著名企业并购经典案例. 上海: 上海人民出版社, 2006.

[8] 干春晖. 企业策略性行为研究. 北京: 经济管理出版社, 2005.

[9] 郭克莎, 王延中. 中国产业结构变动趋势及政策研究. 北京: 经济管理出版社, 1999.

[10] 胡代光. 产业经济学. 大连: 东北财经大学出版社, 2003.

[11] 胡立君等. 产业经济学. 北京: 中国财政经济出版社, 2002.

[12] 胡立君等. 经济发展不平衡与产业结构调整升级研究. 武汉: 湖北人民出版社, 2020.

[13] 季晓南. 中国反垄断法研究. 北京: 人民法院出版社, 2001.

[14] 江世银. 区域产业结构调整与主导产业选择研究. 上海: 上海三联书店, 2004.

[15] 金碚. 产业组织经济学. 北京: 经济管理出版社, 1999.

[16] 金通. 产业集群动态能力: 理论框架、评价体系与公共政策. 北京: 中国社会科学出版社, 2012.

[17] 克拉克. 经济进步的条件, 张旭昆, 等, 译. 北京: 中国人民大学出版社, 2020.

[18] 肯尼斯·W. 克拉克森, 罗杰·勒鲁瓦·米勒. 产业组织: 理论、证据和公共政策. 华东化工学院经济发展研究所, 译. 上海: 上海三联书店, 1989.

[19] 劳杰·克拉克. 工业经济学. 原毅军, 译. 北京: 经济管理出版社, 1990.

[20] 李明志, 柯旭清. 产业组织理论. 上海: 上海三联书店, 2003.

[21] 林恩·派波尔, 丹·里查兹, 乔治·诺曼. 当代产业组织理论. 唐要家, 等, 译. 北京: 机械工业出版社, 2012.

[22] 林毅夫, 张军, 张维迎, 等. 产业政策: 总结、反思与展望. 北京: 北京大学出版社, 2018.

[23] 刘戒骄. 垄断产业改革: 基于网络视角的分析. 北京: 经济管理出版社, 2005.

[24] 刘易斯·卡布罗. 产业组织导论. 胡汉辉, 赵震翔, 译. 北京: 人民邮电出版社, 2002.

[25] 马建堂. 结构与行为: 中国产业组织研究. 北京: 中国人民大学出版社, 1993.

[26] 乔治·J. 施蒂格勒. 产业组织和政府管制. 潘振民, 译. 上海: 上海三联书店, 上海人民出版社, 1989.

[27] 让·雅克·拉丰, 让·梯若尔. 电信竞争. 胡汉辉, 等, 译. 北京: 人民邮电出版社, 2001.

[28] 让·雅克·拉丰, 让·梯若尔. 政府采购与规制中的激励理论. 石磊, 等, 译. 上海: 上海三联书店, 上海人民出版社, 2004.

[29] 芮明杰. 产业经济学. 上海: 上海财经大学出版社, 2005.

[30] 斯蒂芬·马丁. 高级产业经济学. 史东辉, 译. 上海: 上海财经大学出版社, 2003.

[31] 苏东水. 产业经济学. 5版. 北京: 高等教育出版社, 2021.

[32] 泰勒尔. 产业组织理论. 张维迎, 译. 北京: 中国人民大学出版社, 1997.

[33] 唐晓华, 等. 产业组织与信息. 北京: 经济管理出版社, 2005.

[34] 唐晓华, 等. 我国先进制造业发展战略研究. 北京: 经济科学出版社, 2020.

[35] 唐晓华, 等. 振兴装备制造业研究. 北京: 中国社会科学出版社, 2012.

[36] 唐晓华. 产业经济学导论. 2版. 北京: 经济管理出版社, 2018.

[37] 唐要家. 电力体制改革与节能减排. 北京: 中国社会科学出版社, 2014.

[38] 唐要家. 价格合谋的反垄断政策研究. 北京: 中国社会科学出版社, 2011.

[39] 唐要家. 三级价格歧视竞争效应与反垄断政策. 北京: 经济科学出版社, 2016.

[40] 唐要家. 转售价格维持的经济效应与反垄断政策. 北京: 中国社会科学出版社, 2013.

[41] W. 吉帕·维斯库斯, 约翰·M. 弗农, 小约瑟夫·E. 哈林顿. 反垄断与管制经济学. 4版. 陈甬军, 等, 译. 北京: 机械工业出版社, 2010.

[42] 王传辉. 反垄断的经济学分析. 北京: 中国人民大学出版社, 2004.

[43] 王慧炯. 产业组织及有效竞争. 北京: 中国经济出版社, 1991.

[44] 王俊豪, 等. 中国城市公用事业政府监管体系创新研究. 北京: 中国社会科学出版社, 2016.

[45] 王俊豪, 等. 中国现代能源监管体系与监管政策研究. 北京: 中国社会科学出版社, 2018.

［46］王俊豪，等．中国城市公用事业民营化绩效评价和管制政策研究．北京：中国社会科学出版社，2013.
［47］王俊豪，等．现代产业组织理论与政策．北京：中国经济出版社，2000.
［48］王俊豪，等．中国垄断性产业结构重组、分类管制与协调政策．北京：商务印书馆，2005.
［49］王俊豪，肖兴志，唐要家．中国垄断性产业管制机构的设立与运行机制．北京：商务印书馆，2008.
［50］王俊豪．市场结构与有效竞争．北京：人民出版社，1995.
［51］王俊豪．政府管制经济学导论——基本理论及其在政府管制实践中的应用．北京：商务印书馆，2017.
［52］王俊豪．管制经济学原理．2版．北京：高等教育出版社，2014.
［53］王廷惠．微观规制理论研究．北京：中国社会科学出版社，2005.
［54］威廉·格·谢佩德．市场势力与经济福利导论．易家祥，译．北京：商务印书馆，1980.
［55］沃西里·里昂惕夫．投入产出经济学．崔书香，译．北京：中国统计出版社，1990.
［56］吴照云．欠发达地区产业竞争力分析．北京：经济管理出版社，2001.
［57］吴照云．中国航天产业市场运行机制研究．北京：经济管理出版社，2004.
［58］夏大慰，等．产业政策论．上海：复旦大学出版社，1995.
［59］夏大慰，等．政府规制：理论、经验与中国的改革．北京：经济科学出版社，2003.
［60］夏大慰．产业组织：竞争与规制．上海：上海财经大学出版社，2002.
［61］夏大慰．产业组织学．上海：复旦大学出版社，1994.
［62］小艾尔弗雷德·D.钱德勒．企业规模经济与范围经济．张逸人，等，译．北京：中国社会科学出版社，1999.
［63］谢勒．产业结构、战略与公共政策．张东辉，等，译．北京：经济科学出版社，2010.
［64］杨公朴，干春晖．产业经济学．上海：复旦大学出版社，2005.
［65］杨公朴，夏大慰．现代产业经济学．上海：上海财经大学出版社，2005.
［66］杨蕙馨．企业的进入退出与产业组织政策，上海：上海三联书店、上海人民出版社，2000.
［67］杨治．产业经济学导论．北京：中国人民大学出版社，1985.
［68］杨治．产业政策与结构优化．北京：新华出版社，1999.
［69］于立，王询．当代西方产业组织学．大连：东北财经大学出版社，1996.
［70］于立，肖兴志．产业经济学的学科定位与理论应用．大连：东北财经大学出版社，2002.
［71］臧旭恒，徐向艺，杨惠馨．产业经济学．北京：经济科学出版社，2004.
［72］张维迎．博弈论与信息经济学．上海：上海三联书店，上海人民出版社，1997.
［73］张耀辉，等．中国劳动密集型产业发展战略研究．北京：经济科学出版社，2006.

- [74] 张耀辉．产业创新的理论探索．北京：中国计划出版社，2002．
- [75] 张耀辉．产业组织与规制．北京：经济科学出版社，2006．
- [76] 张耀辉．技术创新与产业组织演变．北京：经济管理出版社，2004．
- [77] 张耀辉．区域经济理论与地区经济管理．北京：中国计划出版社，1999．
- [78] 张耀辉．衰退地区经济振兴战略．北京：中国计划出版社，2000．
- [79] 张耀辉．消耗经济学：中国工业化过程中的消耗战略．北京：经济管理出版社，2002．
- [80] 植草益．产业组织论．卢东斌，译．北京：中国人民大学出版社，1988．
- [81] 植草益．日本的产业组织：理论与实证的前沿．锁箭，译．北京：经济管理出版社，2000．
- [82] 植草益．微观规制经济学．朱绍文，等，译．北京：中国发展出版社，1992．
- [83] 周新生．产业分析与产业策划方法及应用．北京：经济管理出版社，2005．

论文

- [1] 曹建海．对我国工业中过度竞争的实证分析．改革，1999（4）．
- [2] 昌忠泽．进入壁垒、退出壁垒和国有企业产业分布的调整．经济理论与经济管理，1997（3）．
- [3] 陈宏民．网络外部性与规模经济性的替代关系．管理科学学报，2007（3）．
- [4] 陈尚前．规模经济：市场选择的结果抑或有效竞争的起点．经济学家，1997（6）．
- [5] 陈小勇．产业集群的虚拟转型．中国工业经济，2017（12）．
- [6] 戴魁早，刘友金．要素市场扭曲、区域差异与R&D投入：来自中国高技术产业与门槛模型的经验数据．数量经济技术经济研究，2015（9）．
- [7] 戴魁早，刘友金．要素市场扭曲的研发效应及企业差异：中国高技术产业的经验证据．科学学研究，2015（11）．
- [8] 戴魁早．垂直专业化的工资增长效应：理论与中国高技术产业的经验分析．中国工业经济，2011（3）．
- [9] 戴魁早．垂直专业化对创新绩效的影响及行业差异：来自中国高技术产业的经验证据．科研管理，2013（10）．
- [10] 戴魁早．中国高技术产业垂直专业化的生产率效应．统计研究，2012（1）．
- [11] 干春晖，等．策略性行为理论研究．中国工业经济，2005（11）．
- [12] 干春晖，等．规制分权化、组织合谋与制度效率．中国工业经济，2006（4）．
- [13] 干春晖，等．互联网接入价格机制研究．财经研究，2006（2）．
- [14] 干春晖，等．网络信息产品市场的定价模式．中国工业经济，2003（5）．
- [15] 干春晖，等．我国轿车工业的产业组织分析．中国工业经济，2002（8）．
- [16] 干春晖．企业非合作策略性行为的产业组织研究．经济学动态，2001（11）．
- [17] 干春晖．企业兼并的产业组织理论评述．经济学动态，1999（8）．
- [18] 高虹，袁志刚．产业集群的规模与效率影响．财贸经济，2021，42（2）．

[19] 贺灿飞,朱晟君.中国产业发展与布局的关联法则.地理学报,2020(12).
[20] 胡安俊,孙久文.产业布局的研究范式.经济学家,2018(2).
[21] 胡安俊.中国的产业布局：演变逻辑、成就经验与未来方向.中国软科学,2020(12).
[22] 胡炳志,王兵.市场结构有效性理论述评.经济评论,2002(4).
[23] 胡国良,王继源.全球产业布局调整背景下中国制造业外迁问题研究.财贸经济,2020(1).
[24] 胡立君,等.产业结构与产业组织互动关系的实现机理研究.中国工业经济,2005(5).
[25] 胡立君,王宇.技术标准与管理标准互动关系的实现机理.经济管理 2016(5).
[26] 胡立君,薛福根,王宇.后工业化阶段的产业空心化机理及治理——以日本和美国为例.中国工业经济,2013(8).
[27] 胡立君,郑玉.知识产权保护、FDI 技术溢出与企业创新绩效.审计与经济研究,2014(8).
[28] 胡立君.体育消费属性研究.财贸经济,1999(3).
[29] 胡立君.虚拟企业的竞争战略初探.数量经济技术经济研究,2000(8).
[30] 简新华.产业经济学发展的几个基本理论问题.经济评论,2000(3).
[31] 江飞涛,李晓萍.改革开放四十年中国产业政策演进与发展.管理世界,2018(10).
[32] 江小涓,刘世锦.竞争性行业如何实现生产集中：对中国电冰箱行业发展的实证分析.管理世界,1996(1).
[33] 江小涓.体制转轨与产业发展：相关性、合意性以及对转轨理论的意义：对若干行业的实证研究.经济研究,1999(1).
[34] 金通.基于绩效式管理的产业扶持政策激励客体选择研究.社会科学战线,2013(9).
[35] 金通.特许招投标、不对称管制和光伏发电产业发展.当代财经,2011(11).
[36] 金通.稀土出口管制和最优出口配额设计.浙江社会科学,2011(12).
[37] 黎新平.论中国汽车工业的规模经济问题.经济评论,2001(5).
[38] 李海舰,魏恒.新型产业组织分析范式构建研究——从 SCP 到 DIM.中国工业经济,2007(7).
[39] 李金华.我国创新型产业集群的分布及其培育策略.改革,2020(3).
[40] 林金忠.论企业规模经济的四种形态.经济科学,2002(6).
[41] 卢华.国有企业退出壁垒的案例分析.管理世界,2000(1).
[42] 平新乔,魏军锋.我国汽车工业的市场规模和企业数量研究.经济研究,2001(11).
[43] 戚聿东.中国产业集中度与经济绩效关系的实证分析.管理世界,1998(4).
[44] 戚聿东.中国垄断行业的竞争状况研究.经济管理,2006(2).

[45] 邱风, 等. 对长三角产业结构问题的再认识. 中国工业经济, 2005 (4).

[46] 任保平, 等. "十四五"时期新经济推进我国产业结构升级的路径与政策. 经济与管理评论, 2021 (1).

[47] 孙晓华, 郭旭, 王昀. 产业转移、要素集聚与地区经济发展. 管理世界, 2018 (5).

[48] 唐晓华, 刘蕊. 中国高铁全球价值链地位测度和国际竞争力比较. 财经问题研究, 2020 (2).

[49] 唐晓华, 刘相锋. 能源强度与中国制造业产业结构优化实证. 中国人口·资源与环境, 2016 (10).

[50] 唐晓华, 刘相锋. 中国装备制造业产业结构调整中外资修复作用的实证研究. 数量经济技术经济研究, 2016 (2).

[51] 唐晓华, 苏梅梅. 产业过度竞争测度基准及聚类分析. 中国工业经济, 2003 (6).

[52] 唐晓华, 唐要家, 苏梅梅. 技术创新的资源与激励的不匹配性及其治理. 中国工业经济, 2004 (11).

[53] 唐晓华, 唐要家. 不完全信息与网络产业激励性规制改革. 中国工业经济, 2002 (6).

[54] 唐晓华, 王伟光, 马晓平. 经济转型期的企业技术创新障碍分析. 中国工业经济, 2001 (8).

[55] 唐晓华, 吴春蓉. 生产性服务业与装备制造业互动融合的差异性研究. 社会科学战线, 2016 (11).

[56] 唐晓华, 张保胜. 电子产业竞争的特殊性分析及其启示. 中国工业经济, 2002 (12).

[57] 唐晓华, 张保胜. 自然垄断产业放松规制的理论观点及其分析. 中国工业经济, 2001 (12).

[58] 唐晓华, 张欣钰, 李阳. 制造业与生产性服务业协同发展对制造效率影响的差异性研究. 经济研究, 2018 (3).

[59] 唐晓华, 张欣钰. 制造业与生产性服务业联动发展行业差异性分析. 经济与管理研究, 2016 (7).

[60] 唐晓华, 周婷婷. 基于时间序列的中国制造业能源利用效率研究. 当代经济科学, 2017 (2).

[61] 唐要家, 唐春晖, 管霞霞. 排他性单一品牌经销的汽车售后市场垄断化效应. 中国工业经济, 2016 (9).

[62] 唐要家. 标准必要专利歧视性许可的反竞争效应与反垄断政策. 中国工业经济, 2015 (8).

[63] 唐要家. 电信主要运营商价格压榨的竞争效应. 中国工业经济, 2012 (4).

[64] 唐要家. 反垄断法能有效威慑卡特尔犯罪吗. 财贸经济, 2009 (11).

[65] 唐要家. 销售电价隐性补贴及改革经济影响研究. 中国工业经济, 2014 (12).

[66] 唐要家. 涨价信息发布的合谋效应与反垄断政策. 财贸经济, 2011 (9).

[67] 唐要家．数字经济赋能高质量增长的机理与政府政策重点．社会科学战线，2020（10）．

[68] 汪建成，毛蕴诗．中国上市公司扩展的业务、地域多元化战略研究．管理世界，2006（2）．

[69] 汪祥春，于立．产业经济学的产生与发展．首都经济贸易大学学报，1999（1）．

[70] 王风彬．企业集团组织规模与边界的有效性．中国工业经济，1998（10）．

[71] 王俊豪，程肖君．网络瓶颈、策略性行为与管网公平开放——基于油气产业的研究．中国工业经济，2017（1）．

[72] 王俊豪，付金存．公私合作制的本质特征与中国城市公用事业的政策选择．中国工业经济，2014（7）．

[73] 王俊豪，胡飞．核电的经济特性及其安全性管制的有效性分析．经济理论与经济管理，2021（5）．

[74] 王俊豪，贾婉文．中国医疗卫生资源配置与利用效率分析．财贸经济，2021（2）．

[75] 王俊豪，金暄暄．电网企业纵向一体化、成本效率与主辅分离改革．中国工业经济，2021（3）．

[76] 王俊豪，金暄暄．中国能源监管体制深化改革研究．经济学家，2020（9）．

[77] 王俊豪，穆秀珍．中国石油产业市场结构重组与分类管制政策．财贸经济，2015（5）．

[78] 王俊豪，王建明．中国垄断性产业的行政垄断及其管制政策．中国工业经济，2007（12）．

[79] 王俊豪，周晟佳．中国数字产业发展的现状、特征及其溢出效应．数量经济技术经济研究，2021（3）．

[80] 王俊豪．A-J效应与自然垄断产业的价格管制模型．中国工业经济，2001（10）．

[81] 王俊豪．城市污水处理行业的竞争机制与标杆价格原理．财贸经济，2013（3）．

[82] 王俊豪．发达国家的市场结构政策及其启示．世界经济，1996（9）．

[83] 王俊豪．垄断性产业市场结构重组后的分类管制与协调政策．中国工业经济，2005（11）．

[84] 王俊豪．论自然垄断产业的有效竞争．经济研究，1998（8）．

[85] 王俊豪．区域间比较竞争理论及其应用．数量经济技术经济研究，1999（1）．

[86] 王俊豪．特许投标理论及其应用．数量经济技术经济研究，2003（1）．

[87] 王俊豪．中国基础设施产业政府管制体制改革的若干思考．经济研究，1997（10）．

[88] 王俊豪．中国特色政府监管理论体系：需求分析、构建导向与整体框架．管理世界，2021（2）．

[89] 王俊豪．自然垄断产业市场结构重组的目标、模式与政策实践．中国工业经济，2004（1）．

[90] 吴松强，蔡婷婷，赵顺龙．产业集群网络结构特征、知识搜索与企业竞争优势．科学学研究，2018（7）．

[91] 吴照云. 航天产业与市场运行机制的兼容分析. 中国工业经济, 2004 (12).
[92] 吴照云. 我国国有控股公司的难点、问题及发展对策. 中国工业经济, 1998 (7).
[93] 吴照云. 我国企业国际竞争力比较研究. 中国工业经济, 2000 (3).
[94] 夏大慰, 等. 产品差异、转移成本和市场竞争. 财经研究, 2006 (4).
[95] 夏大慰, 等. 市场经济中过度竞争存在性的理论基础. 经济科学, 2002 (4).
[96] 夏大慰, 等. 网络效应、消费偏好与标准竞争. 中国工业经济, 2005 (5).
[97] 夏大慰, 等. 微软案中的新奥地利学派思想分析. 经济管理, 2003 (8).
[98] 夏大慰, 等. 中国经济过度竞争的原因及治理. 中国工业经济, 2001 (11).
[99] 夏大慰, 等. 自然垄断产业进一步放松规制的理论依据. 中国工业经济, 2003 (8).
[100] 夏大慰. 产业组织与公共政策: 哈佛学派. 外国经济与管理, 1999 (8).
[101] 夏大慰. 产业组织与公共政策: 可竞争市场理论. 外国经济与管理, 1999 (11).
[102] 夏大慰. 产业组织与公共政策: 新奥地利学派. 外国经济与管理, 1999 (10).
[103] 夏大慰. 产业组织与公共政策: 芝加哥学派. 外国经济与管理, 1999 (9).
[104] 夏大慰. 从微软案看美国反垄断政策取向. 财经研究, 2000 (8).
[105] 肖兴志. 中国电力规制效果的实证研究. 中国工业经济, 2006 (9).
[106] 肖兴志. 纵向一体化网络的接入定价研究. 中国工业经济, 2003 (6).
[107] 熊贤良. 区分规模经济的层次及其相应对策. 管理世界, 1997 (4).
[108] 许辉. 我国汽车工业进入壁垒与进入壁垒失效研究. 管理世界, 1999 (5).
[109] 殷醒民. 论中国制造业的产业集中和资源配置效益. 经济研究, 1996 (1).
[110] 于立, 吴绪亮. 关于"过度竞争"的误区与解疑: 兼论中国反垄断立法的"渐进式"思路. 中国工业经济, 2007 (1).
[111] 于良春, 丁启军. 自然垄断产业进入管制的成本收益分析: 以中国电信业为例的实证研究. 中国工业经济, 2007 (1).
[112] 于良春. 自然垄断产业垄断的"自然性"探析. 中国工业经济, 2004 (11).
[113] 宇燕, 席涛. 监管型市场与政府管制: 美国政府管制制度演变分析. 世界经济, 2003 (5).
[114] 张文魁. 我国汽车产业组织现状和新时期重组政策取向. 经济研究参考, 2002 (1).
[115] 张耀辉, 等. 市场交易制度与市场绩效关系的实验经济学研究: 对 SCP 分析范式的修正. 中国工业经济, 2005 (12).
[116] 张耀辉, 等. 需求诱导、技术独立与产业环境: 中国短信产业透视. 中国工业经济, 2007 (4).
[117] 张耀辉. 包含交易费用的市场绩效模型. 中国工业经济, 2004 (1).
[118] 张耀辉. 产业创新: 新经济下的产业升级模式. 数量经济技术经济研究, 2002 (1).
[119] 张耀辉. 技术创新不确定性的系统分析. 数量经济技术经济研究, 2000 (12).
[120] 张永林. 规模经济与国际分工的对策论模型分析. 数量经济技术经济研究, 1998

(1).

[121] 张宇燕. 国家放松管制的博弈：以中国联合通信有限公司的创建为例. 经济研究, 1995（6）.

[122] 周灿, 曾刚. 经济地理学视角下产业集群研究进展与展望. 经济地理, 2018（1）.

英文论著

[1] ADELMAN, M A. Comment on the "H" Concentration Measure as a Numbers Equivalent. *Review of Economics and Statistics*, 1969（51）：99-101.

[2] ARMSTRONG M, Cowan S, VICKERS J. *Regulatory Reform：Economic Analysis and British Experience*. Cambridge：The MIT Press, 1994.

[3] AVERCH H, Johnson L. Behavior of the Firm under Regulatory Constraint. *American Economic Review*, 1962（52）：1052-1069.

[4] BAILEY E E, BAUMOL W J. Deregulation and the Theory of Contestable Markets. Yale Journal on Regulation, 1984（1）：111-113.

[5] BAIN J S. *Barriers to New Competition*. Cambridge：Harvard University Press, 1956.

[6] BAIN J S. Economies of Scale, Concentration, and Conditions of Entry in Twenty Manufacturing Industries. *American Economic Review*, 1954（44）：88-99.

[7] BAKER J. *The Antitrust Paradigm：Restoring a Competitive Economy*. 1st Edition. Cambridge：Harvard University Press, 2019.

[8] BARON D P. Noncooperative Regulation of a Nonlocalized Externality. *Rand Journal of Economics*, 1985（16）：553-568.

[9] BAUMOL W J, PANZAR J, WILLIG R D. *Contestable Markets and the Theory of Industry Structure*. New York：Harcourt Brace Jovanovich, 1982.

[10] BAYE M, MORGAN J. Information Gatekeepers on the Internet and the Competitiveness of Homogeneous Product Markets. *American Economic Review*, 2001（91）：454-474.

[11] BERRY S, WALOFOGEL J. Free Entry and Social Inefficiency in Radio Broadcasting. *Rand Journal of Economics*, 1999（30）：397-420.

[12] BLAIR J M. *Economic Concentration：Structure, Behavior and Policy*. New York：Harcourt Brace Jovanovitch, 1972.

[13] BRESNAHAN T, REISS P. Entry and Competition in Concentrated Markets. *Journal of Political Economy*, 1991（99）：977-1009.

[14] BRESNAHAN T. Competition and Collusion in the American Automobile Industry：The 1955 Price War. *Journal of Industrial Economics*, 1987（35）：457-482.

[15] BURGESS G H. *Industry Organization*. New York：Prentice-Hall, 1989.

[16] CLARK J M. Towards a Concept of Workable Competition. *American Economic Review*, 1940（30）：241-256.

[17] CLARKSON K W, MILLER R L. *Industrial Organization：Theory, Evidence, and Public*

Policy. New York: McGraw-Hill Book Company, 1982.

[18] COASE R H. The Nature of the Firm. *Economica*, 1937 (4): 386-405.

[19] COASE R H. The Nature of the Firm: Origin, Meaning, Influence. *Journal of Law, Economics, and Organization*, 1988 (1): 33-47.

[20] CORTS K. Conduct Parameters and the Measurement of Market Power. *Journal of Econometrics*, 1998 (88): 227-250.

[21] CORTS K. Third Degree Price Discrimination in Oligopoly: All-Out Competition and Strategic Commitment. *Rand Journal of Economics*, 1998 (29): 306-323.

[22] DIETER H, JENKINSON T. *Competition in Regulated Industries*. Oxford: Oxford University Press, 1998.

[23] DOMOWITZ I, HUBBARD R, PETERSEN B. Business Cycles and the Relationship Between Concentration and Price-Cost Margins. *Rand Journal of Economics*, 1986 (17): 1-17.

[24] ELLISON G. Theories of Cartel Stability and the Joint Executive Committee. *Rand Journal of Economics*, 1994 (25): 37-57.

[25] EVANS, SCHMALENSEE. *Matchmakers: The New Economics of Multisided Platforms*. Cambridge: Harvard Business Review Press, 2016.

[26] EZRACHI A, STUCKER M. Artificial Intelligence and Collusion: When Computers Inhibit Competition. *University of Illinois Law Review*, 2017 (5): 1775-1787.

[27] EZRACHI A, STUCKER M. *Virtual Competition: The Promise and Perils of the Algorithm-Driven Economy*. Cambridge: Harvard University Press, 2016.

[28] FERGUSON P R. *Industrial Economics: Issues and Perspectives*. London: Macmillan Education LTD, 1988.

[29] FERSHTMAN C, PAKES A. A Dynamic Oligopoly with Collusion and Price Wars. *Rand Journal of Economics*, 2000 (31): 207-236.

[30] FUDENBERG D, TIROLE J. Customer Poaching and Brand Switching. *Rand Journal of Economics*, 2000 (31): 634-657.

[31] GEITHMAN F E. Concentration, Price and Critical Ratios. *Review of Economics and Statistics*, 1981 (63): 346-353.

[32] GENESOVE D, MULLIN W. Testing Static Oligopoly Models: Conduct and Cost in the Sugar Industry, 1890-1914. *Rand Journal of Economics*, 1998 (29): 355-377.

[33] GENESOVE D, MULLIN W. Rules, Communication, and Collusion: Narrative Evidence from the Sugar Institute Case. *American Economic Review*, 2001 (91): 379-398.

[34] GILBERT R J, NEWBERY D M. The Dynamic Efficiency of Regulatory Constitutions. *Rand Journal of Economics*, 1994 (25): 538-554.

[35] GREEN E, PORTER R. Non-cooperative Collusion Under Imperfect Price Information. *Econometrica*, 1984 (52): 87-100.

[36] GREENWALD B C. Rate Base Selection and Structure of Regulation. *Rand Journal of Economics*, 1984(15): 85-95.

[37] GROSSACK I M. Towards an Integration of Static and Dynamic Measures of Industrial Concentration. *Review of Economics of Statistics*, 1975(37): 301-308.

[38] HALL M, TIDEMAN N. Measures of Concentration. *Journal of the American Statistical Association*, 1967(62): 162-168.

[39] HANNAH L, KAY J A. The Concentration of Mergers to Concentration Growth: a Reply to Professor Hart. *Journal of Industrial Economics*, 1981(29): 305-313.

[40] HARRINGTON J. Developing Competition Law for Collusion by Autonomous Artificial Agents, *Journal of Competition Law and Economics*, 2018(14): 331-363.

[41] HAUSMAN J, LEONARD G. The Competitive Effects of a New Product Introduction: A Case Study. *Journal of Industrial Economics*, 2002(50): 237-263.

[42] HAY D A, MORRIS D J. *Industrial Economics and Organization: Theory and Evidence*. Oxford: Oxford University Press, 1991.

[43] HELPMAN E, KRUGMAN P. *Market Structure and Foreign Trade: Increasing Returns, Imperfect Competition, and the International Economy*. Cambridge: MIT Press, 1985.

[44] HOLMES T. The Effects of Third-Degree Discrimination in Oligopoly. *American Economic Review*, 1989(79): 244-250.

[45] HOOD N, YOUNG S. *The Economics of Multinational Enterprise*. UK: Longman Group Limited, 1979.

[46] HOVENKAMP K. *Principles of Antitrust*. 1st Edition. Eagan: West Academic Publishing, 2017.

[47] KAY J A, MAYER C, THOMPSON D. *Privatization and Regulation: The U.K. Experience*. Oxford: Oxford University Press, 1986.

[48] KLEMPERER P. The Competitiveness of Markets with Switching Costs. *Rand Journal of Economics*, 1987(18): 138-150.

[49] KLOBUCHAR A. *Antitrust: Taking on Monopoly Power from the Gilded Age to the Digital Age*. Knopf Press, 2021.

[50] KOCH J V. *Industrial Organization and Price*. Englewood Cliffs: Prentice-Hall, 1980.

[51] LAFFONT J J, TIROLE J. *A Theory of Incentives in Procurement and Regulation*. Cambridge: MIT Press, 1993.

[52] LAU L. On Identifying the Degree of Competitiveness from Industry Price and Output Data. *Economics Letters*, 1982(10): 93-99.

[53] LESLIE P. Price Discrimination in Broadway Theater. *Rand Journal of Economics*, 2004(35): 520-541.

[54] LEWIS T R, YILDIRIM H. Learning by Doing and Dynamic Regulation. *Rand Journal of Economics*, 2002(33): 22-36.

[55] LITTLECHILD S. *Regulation of British Telecommunications Profitability*. London: HMSO,

1983.

[56] MARTIN S. *Advanced Industrial Economics*. Malden, Mass.: Blackwell Publishers, 2002.

[57] MARTIN S. *Industrial Economics, Economic Analysis and Public Policy*. Cambridge: Macmillan Publishing Company, 1988.

[58] MASKIN E, TIROLE J. A Theory of Dynamic Oligopoly II: Price Competition, Kinked Demand Curves, and Edgeworth Cycles. *Econometrica*, 1988 (56): 571-599.

[59] MCAFEE R P. Multiproduct Equilibrium Price Dispersion. *Journal of Economic Theory*, 1995 (67): 83-105.

[60] NEEDHAM D. *The Economies of Industrial Structure, Conduct and Performance*. New York: St Martin's Press, 1978.

[61] NEVO A. Measuring Market Power in the Ready-to-Eat Cereal Industry. *Econometrica*, 2001 (69): 307-342.

[62] NEWBERY D M. *Privatization, Restructuring and Regulation of Network Utilities*. Massachusetts: The MIT Press, 1999.

[63] PASHIGIAN B P. The Effect of Market Size on Concentration. *International Economic Review*, 1969 (10): 291-314.

[64] PELTZMAN S, WINSTON C. *Deregulation of Network Industries: What's Next?* Washington. D. C.: Brooking Institution Press, 2000.

[65] PETIT N. *Big Tech and the Digital Economy: The Moligopoly Scenario*. Oxford: Oxford University Press, 2020.

[66] ROBINSON C. *Utility Regulation and Competition Policy*. Glasgow: Edward Elgar Publishing Limited, 2002.

[67] SALANT D, WOROCH G. Trigger Price Regulation. *Rand Journal of Economics*, 1992 (23): 29-51.

[68] SCHERER F M. *Industrial Market Structure and Economic Performance*. Chicago: Rand Mcnally Co., 1980.

[69] SCHERER F M. The Causes and Consequences of Rising Industrial Concentration: a Comment. *Journal of Law and Economic Policy*, 1979 (22): 191-208.

[70] SHAKED A. SUTTON J. Relaxing Price Competition through Product Differentiation. *Review of Economic Studies*, 1982 (49): 3-14.

[71] SHAPIRO C. Antitrust in A Time of Populism. *International Journal of Industrial Organization*, 2018 (61): 714-748.

[72] SHAPIRO C. Protecting Competition in the American Economy: Merger Control, Tech Titans, Labor Markets. *Journal of Economic Perspectives*, 2019 (33): 69-93.

[73] SHARKEY WILLIAM W. *The Theory of Natural Monopoly*. Cambridge: Cambridge University Press, 1982.

[74] SHLEIFER A. A Theory of Yardstick Competition. *Rand Journal of Economics*, 1985 (16): 319-327.

[75] SIDAK G, SPULBER D. *Deregulatory Takings and the Regulatory Contract*. Cambridge: Cambridge University Press, 1997.

[76] SORENSEN A. Equilibrium Price Dispersion in Retail Markets for Prescription Drugs. *Journal of Political Economy*, 2000 (108): 833-850.

[77] SOSNICK S H. A Critique of Concepts of Workable Competition. *Quarterly Journal of Economics*, 1958 (72): 380-423.

[78] STAHL D. Oligopolistic Pricing with Heterogeneous Consumer Search. *International Journal of Industrial Organization*, 1996 (14): 243-268.

[79] SULLIVAN T, Harrison J. *Understanding Antitrust and Its Economic Implications*. Seventh Edition. Durham: Carolina Academic Press, 2019.

[80] SUTTON J. *Sunk Costs and Market Structure*. Cambridge: MIT Press, 1991.

[81] TAMER E. *Empirical Strategies for Estimating Discrete Games with Multiple Equilibria*. mimeo, 2002.

[82] TEECE D J. Economies of Scope and the Scope of the Enterprise. *Journal of Economic Behavior and Organization*, 1980 (3): 223-247.

[83] TIROLE J. *The Theory of Industrial Organization*. Cambridge: MIT Press, 1988.

[84] VELJANOVSKI C. *Privatization & Competition: A Market Prospectus*. London: Institute of Economic Affairs, 1989.

[85] VICKERS J, YARROW G. *Privatization: An Economic Analysis*. Cambridge: MIT Press, 1988.

[86] VISCUSI W K, VERNON J M, HARRINGTON J E Jr. *Economics of Regulation and Antitrust*. Cambridge: MIT Press, 2005.

[87] WATERSON M. *Regulation of the Firm and Natural Monopoly*. Oxford: Basil Blackwell, 1988.

[88] WILLIAMSON O E. *Markets and Hierarchies: Analysis and Antitrust Implications*. New York: Free Press, 1975.

[89] WOLFRAM C. Measuring Duopoly Power in the British Electricity Spot Market. *American Economic Review*, 1999 (89): 805-826.

郑重声明

高等教育出版社依法对本书享有专有出版权。任何未经许可的复制、销售行为均违反《中华人民共和国著作权法》，其行为人将承担相应的民事责任和行政责任；构成犯罪的，将被依法追究刑事责任。为了维护市场秩序，保护读者的合法权益，避免读者误用盗版书造成不良后果，我社将配合行政执法部门和司法机关对违法犯罪的单位和个人进行严厉打击。社会各界人士如发现上述侵权行为，希望及时举报，本社将奖励举报有功人员。

反盗版举报电话　　（010）58581999　58582371　58582488
反盗版举报传真　　（010）82086060
反盗版举报邮箱　　dd@hep.com.cn
通信地址　　北京市西城区德外大街4号
　　　　　　高等教育出版社法律事务与版权管理部
邮政编码　　100120

防伪查询说明

用户购书后刮开封底防伪涂层，利用手机微信等软件扫描二维码，会跳转至防伪查询网页，获得所购图书详细信息。也可将防伪二维码下的20位密码按从左到右、从上到下的顺序发送短信至106695881280，免费查询所购图书真伪。

反盗版短信举报

编辑短信"JB，图书名称，出版社，购买地点"发送至10669588128
防伪客服电话
（010）58582300

教学支持说明

　　建设立体化精品教材，向高校师生提供整体教学解决方案和教学资源，是高等教育出版社"服务教育"的重要方式。为支持相应课程教学，我们专门为本书研发了配套教学课件及相关教学资源，并向采用本书作为教材的教师免费提供。

　　为保证该课件及相关教学资源仅为教师获得，烦请授课教师清晰填写如下开课证明并拍照后，发送至邮箱：songzhw@hep.com.cn 或 lifl2@hep.com.cn，进行索取。

　　咨询电话：010-58581020，编辑电话：010-58556651

证　　明

　　兹证明_____大学_____学院/系第_____学年开设的_____课程，采用高等教育出版社出版的《_____》（主编_____）作为本课程教材，授课教师为_____，学生_____个班，共_____人。授课教师需要与本书配套的课件及相关资源用于教学使用。

　　授课教师联系电话：_____　E-mail：_____

　　　　　　　　　　　　　　　　　　　　　　学院/系主任：_____（签字）
　　　　　　　　　　　　　　　　　　　　　　　　　　（学院/系办公室盖章）
　　　　　　　　　　　　　　　　　　　　　　　　20____年____月____日